2022
杭州
统计年鉴
HANGZHOU STATISTICAL YEARBOOK

杭州

2022 统计年鉴

HANGZHOU STATISTICAL YEARBOOK

杭 州 市 统 计 局
国家统计局杭州调查队
杭州市社会经济调查队

中国统计出版社
China Statistics Press

图书在版编目（CIP）数据

杭州统计年鉴. 2022 = Hangzhou Statistical Yearbook 2022 : 汉英对照 / 杭州市统计局, 国家统计局杭州调查队, 杭州市社会经济调查队编. -- 北京 : 中国统计出版社, 2022.10
ISBN 978-7-5037-9933-4

Ⅰ. ①杭… Ⅱ. ①杭… ②国… ③杭… Ⅲ. ①社会经济统计－统计资料－杭州－2022－年鉴－汉、英 Ⅳ. ① C832.551-54

中国版本图书馆CIP数据核字(2022)第157059号

杭州统计年鉴 2022

作　　者/ 杭州市统计局
国家统计局杭州调查队
杭州市社会经济调查队
责任编辑/ 钟钰
装帧设计/ 张子杰
出版发行/ 中国统计出版社有限公司
地　　址/ 北京市丰台区西三环南路甲6号
邮政编码/ 100073
电　　话/ 邮购 (010) 63376909　书店 (010) 68783171
网　　址/ http://www.zgtjcbs.com
印　　刷/ 浙江新中商务印刷有限公司
经　　销/ 新华书店
开　　本/ 890mm×1240mm　1/16
字　　数/ 428千字
印　　张/ 27.75　彩页0.25
版　　别/ 2022年10月第1版
版　　次/ 2022年10月第1次印刷
定　　价/ 300.00元 Price:300.00yuan(RMB)

统计年鉴

HANGZHOU STATISTICAL YEARBOOK

2022 编委会和编辑人员

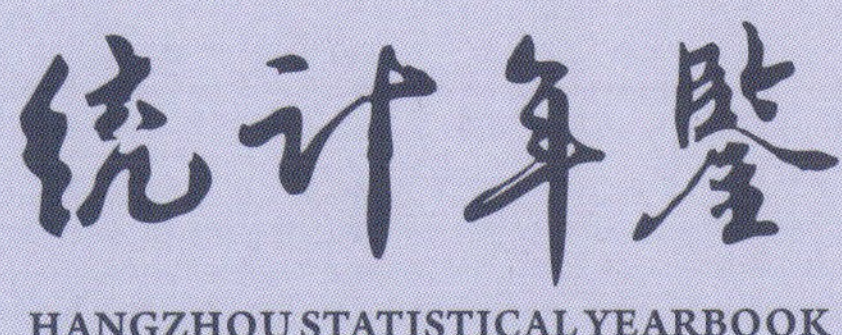

2022 Editorial Board and Staff

编者说明

一、《杭州统计年鉴2022》是一部信息密集的资料性年刊。本年鉴系统收集了全市和各区、县（市）2021年经济和社会各方面的统计数据，以及多个重要历史年份和近年全市主要统计数据。

二、本年鉴分为13个篇章：综合；人口和就业人员；农业；工业、能源；建筑业；交通运输、邮电；固定资产投资；批发、零售贸易和住宿餐饮业；对外经济、旅游；财政、金融、保险；城市建设、环境保护；科技、教育、文化、卫生、体育；人民生活、物价、民政。为便于读者使用，各篇章附有简要说明和主要统计指标解释。

三、本年鉴中涉及历史数据，均以最新版本为准；本年鉴中部分数据合计数或相对数由于单位取舍不同而产生的计算误差，均未做机械调整。

四、2001年起，萧山、余杭撤市建区，市区数据含萧山、余杭区；2014年起富阳撤市建区，市区数据包括富阳区；2017年起临安撤市建区，市区数据包括临安区；2019年起区县分组新增钱塘新区，萧山区数据未做特殊说明的均含托管在钱塘新区的街道数据；2021年起撤销原上城区、下城区、江干区、拱墅区、余杭区，设立新的上城区、拱墅区、余杭区、临平区、钱塘区。

五、本年鉴表中符号使用说明：“－”表示这一栏没有数字；“…”表示该数字不足本表最小计量单位；“#”表示其中的主要项；“空格”表示该项统计数据不详或无该项数据；“＊”表示表下有注解。

六、本年鉴所使用的度量衡单位均采用国际统一标准计量单位，金额除特别标明外，均以人民币计量。

七、《杭州统计年鉴》公开出版以来，受到了社会各界的关心和支持，对此我们深表谢意。限于我们的水平，欢迎各界人士继续对年鉴的不足之处给予批评指正，帮助我们进一步提高统计年鉴的编辑工作，更好地为社会各界服务（网址：http：//tjj. hangzhou. gov. cn）。

Editorial Note

Ⅰ. *Hangzhou Statistical Yearbook 2022* is an informative annual which contains very comprehensive statistics of Hangzhou's social and economic development in 2021, and selected data of recent years and some historically important years.

Ⅱ. This yearbook is composed of 13 chapters: 1. General Survey; 2. Population and Employment; 3. Agriculture; 4. Industry and Energy; 5. Construction; 6. Transportation, Post and Telecommunications; 7. Investment in Fixed Assets; 8. Wholesale and Retail Trade and Hotel and Catering Trade; 9. Foreign Economic Cooperation and Tourism; 10. Finance, Banking and Insurance; 11. Urban Construction and Environmental Protection; 12. Science and Technology, Education, Culture, Public Health and Sports; 13. People's Livelihood, Price Indices and Civil Administration. To facilitate readers, each chaper provides brief introduction and explanatory notes on main statistical indicators.

Ⅲ. Please refer to the newly published version of the yearbook for updated historical data. Statistical discrepancies on totals and relative figures due to rounding are not adjusted in the yearbook.

Ⅳ. Because of the change of urban administrative division, the data of Xiaoshan District and Yuhang District have been included into the urban districts since 2001, and it is the same for Fuyang District since 2014, Lin'an District since 2017. Qiantang New Area has been added into classification of districts and counties since 2019. Figures of Xiaoshan District without special explanation all include districts under administered by Qiantang New Area. Since 2021, the original Shangcheng, Xiacheng, Jianggan, Gongshu and Yuhang have been abolished, and the new Shangcheng, Gongshu, Yuhang, Linping and Qiantang have been established.

Ⅴ. Notations used in this yearbook: "—" indicates that the column has no figure; "…" indicates that the figure is not large enough to be measured with the smallest unit in the table; "#" indicates the major items of the total; "blank" indicates that the data are unknown or unavailable; " * " indicates "see footnotes below".

Ⅵ. International standard units of measurement are applied in this yearbook, all amounts are denominated in RMB, unless otherwise indicated.

Ⅶ. Since published openly, we are so grateful that the previous editions of *Hangzhou Statistical Yearbook* have been widely concerned and supported. In order to get further improvement in the yearbook editing, we welcome all candid comments and criticism from our readers (website: http://tjj.hangzhou.gov.cn).

目 录
Contents

一、综合

Ⅰ. General Survey

二、人口和就业人员

Ⅱ. Population and Employment

三、农业
Ⅲ. Agriculture

四、工业、能源
Ⅳ. Industry and Energy

五、建筑业
Ⅴ. Construction

六、交通运输、邮电
Ⅵ. Transportation, Post and Telecommunications

七、固定资产投资

Ⅶ. Investment in Fixed Assets

八、批发、零售贸易和住宿餐饮业

Ⅷ. Wholesale and Retail Trade and Hotel and Catering Trade

九、对外经济、旅游

Ⅸ. Foreign Economic Cooperation and Tourism

十、财政、金融、保险

Ⅹ. Finance, Banking and Insurance

十一、城市建设、环境保护

Ⅺ. Urban Construction and Environmental Protection

十二、科技、教育、文化、卫生、体育

Ⅻ. Science and Technology, Education, Culture, Public Health and Sports

十三、人民生活、物价、民政

XIII. People's Livelihood, Price Indices and Civil Administration

2021年杭州市国民经济和社会发展统计公报

杭 州 市 统 计 局

国家统计局杭州调查队

（2022年4月6日）

2021年，杭州坚持以习近平新时代中国特色社会主义思想为指导，深入贯彻党的十九大和十九届历次全会精神，坚持稳中求进工作总基调，立足新发展阶段，践行新发展理念，构建新发展格局，科学统筹疫情防控和经济社会发展，扎实推进浙江高质量发展建设共同富裕示范区城市范例建设，全市经济社会在逆境中促发展，于变局中开新局，"十四五"新征程迈出坚实步伐。

一、综合

（一）经济增长。

初步核算，2021年杭州实现地区生产总值18109亿元，比上年增长8.5%，两年平均增长6.2%。分产业看，第一、二、三产业增加值分别为333亿元、5489亿元和12287亿元，比上年增长1.8%、8.6%和8.7%，两年平均增长0.6%、5.4%和6.8%。三次产业增加值结构为1.8∶30.3∶67.9。人均地区生产总值为149857元（按年平均汇率折算为2.3万美元），增长5.8%。经最终核实，2020年杭州GDP修订为16207亿元，比上年增长3.9%，三次产业增加值结构为2.0∶29.8∶68.2。

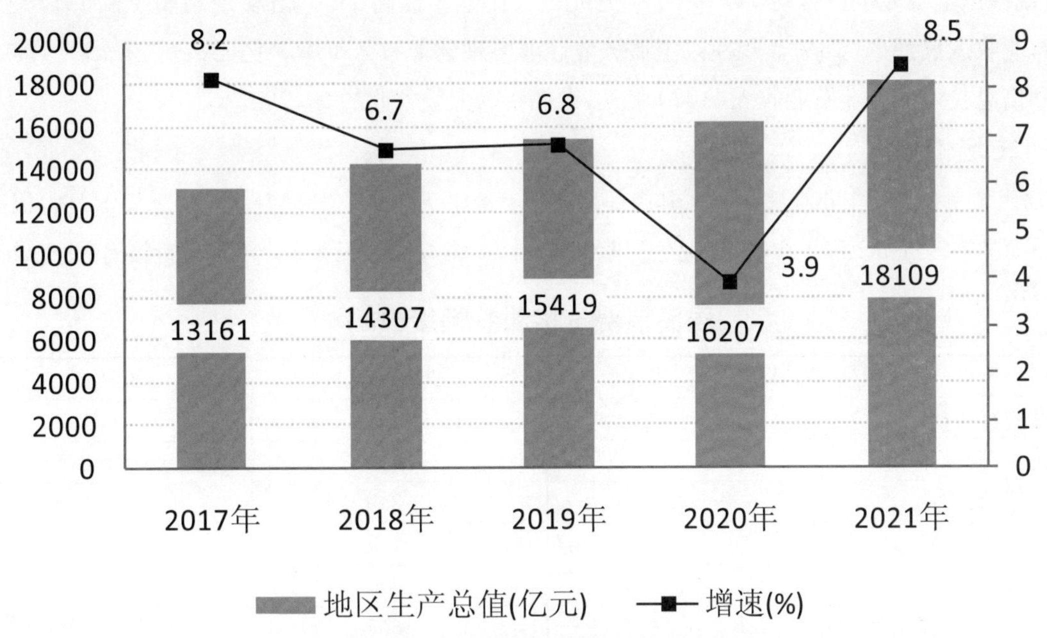

2017－2021年地区生产总值及增速

数字经济保持引领。全年以新产业、新业态、新模式为主要特征的"三新"经济增加值占GDP的36.2%。数字经济核心产业增加值4905亿元，增长11.5%，高于GDP增速3.0个百分点，占GDP的27.1%，其中人工智能产业、集成电路产业、电子信息产品制造产业增加值分别增长26.9%、21.9%和16.2%。规模以上数字经济核心产业制造业增加值同比增长16.4%，高于规模以上工业增速5.8个百分点。

民营经济活力持续增强。全年民营经济增加值占GDP的比重为61.3%，比上年提高0.1个百分点。民

间投资占固定资产投资总额的49.6%。民营企业货物出口3282亿元,增长26.9%,占出口总额的70.6%。年末,全市私营企业74.3万户,个体工商户71.2万户,分别比上年末增长9.5%和8.1%。

(二)发展质效。

全年财政总收入4561.7亿元,增长18.4%;一般公共预算收入2386.6亿元,增长14.0%,其中税收收入2233.6亿元,增长12.9%,占一般公共预算收入的93.6%。一般公共预算支出2392.0亿元,增长15.6%,其中民生支出1839.7亿元,占一般公共预算支出的76.9%。

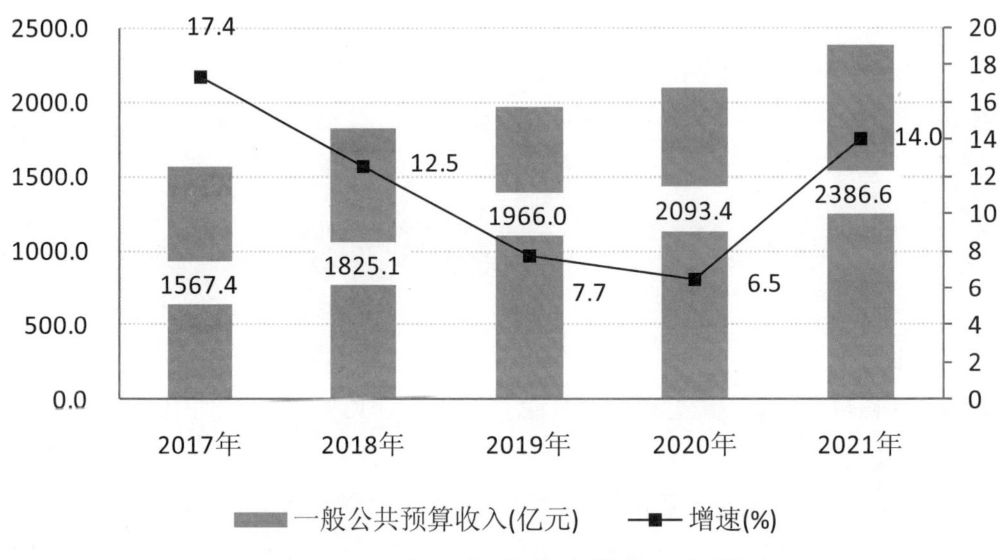

2017-2021年一般公共预算收入及增速

全年规模以上工业全员劳动生产率37.7万元/人,比上年提高11.0%;实现利润总额1515亿元,增长13.5%;营业收入利润率7.4%。规模以上服务业企业实现营业收入18163亿元,增长18.9%,其中信息传输、软件和信息技术服务业营业收入11070亿元,占规模以上服务业的60.9%。

(三)市场价格。

全年居民消费价格比上年上涨1.3%,其中食品烟酒类价格下降0.5%,消费品价格上涨1.1%,服务价格上涨1.5%。商品零售价格上涨1.6%。工业生产者出厂价格上涨4.9%,工业生产者购进价格上涨13.0%。

居民消费价格涨跌幅度(%)

项　　目	2020年	2021年
居民消费价格	2.1	1.3
其中:食品烟酒	6.9	-0.5
其中:食品	8.9	-1.9
其中:粮食	1.7	-1.9
鲜菜	2.0	-1.3
畜肉类	36.7	-17.6
衣着	0.1	1.2
居住	-0.3	1.1
生活用品及服务	3.1	1.0
交通和通信	-3.4	4.4
教育文化和娱乐	1.7	3.6
医疗保健	3.1	0.0
其他用品和服务	3.8	-2.3

（四）人口就业。

年末全市常住人口1220.4万人，比上年末增加23.9万人，其中城镇人口1020.3万人，占常住人口的83.6%，比上年末提高0.3个百分点；人口出生率为7.6‰，自然增长率为2.9‰。全市户籍人口834.5万人。年末就业人员760万人，比上年增长1.5%，占常住人口的62.2%。

二、农业和农村

全年农林牧渔业增加值342亿元，增长2.0%，两年平均增长0.8%。

全年粮食总产量53万吨，增长4.2%；蔬菜及食用菌产量344.3万吨，下降0.97%；水果产量82.3万吨，下降0.9%；水产品产量20.0万吨，增长3.7%；肉类总产量11.53万吨，增长4.9%，其中猪肉产量9.1万吨，增长13.7%。市级"菜篮子"基地569个，其中新建6个。新启动5个省级重点历史文化村、15个美丽乡村精品村。农家乐（民宿）接待游客8426万人次，实现经营收入83.3亿元。农村电商销售额186亿元，增长12.7%。低收入农户人均可支配收入20131元，比上年增长14.0%。

三、工业和建筑业

全年工业增加值4805亿元，增长9.0%，两年平均增长5.7%，其中规模以上工业增加值4021亿元，增长10.6%，两年平均增长7.1%。高新技术产业、战略性新兴产业、装备制造业增加值分别增长13.1%、17.6%和14.8%。17个传统制造业增加值增长7.1%。规模以上工业总产值17746亿元，增长15.3%，出口交货值2387亿元，增长25.6%。新产品产值率39.9%，工业产品产销率为98.6%。新能源汽车、工业机器人、工业仪表新产品产量分别增长149.5%、54.1%和51.3%。

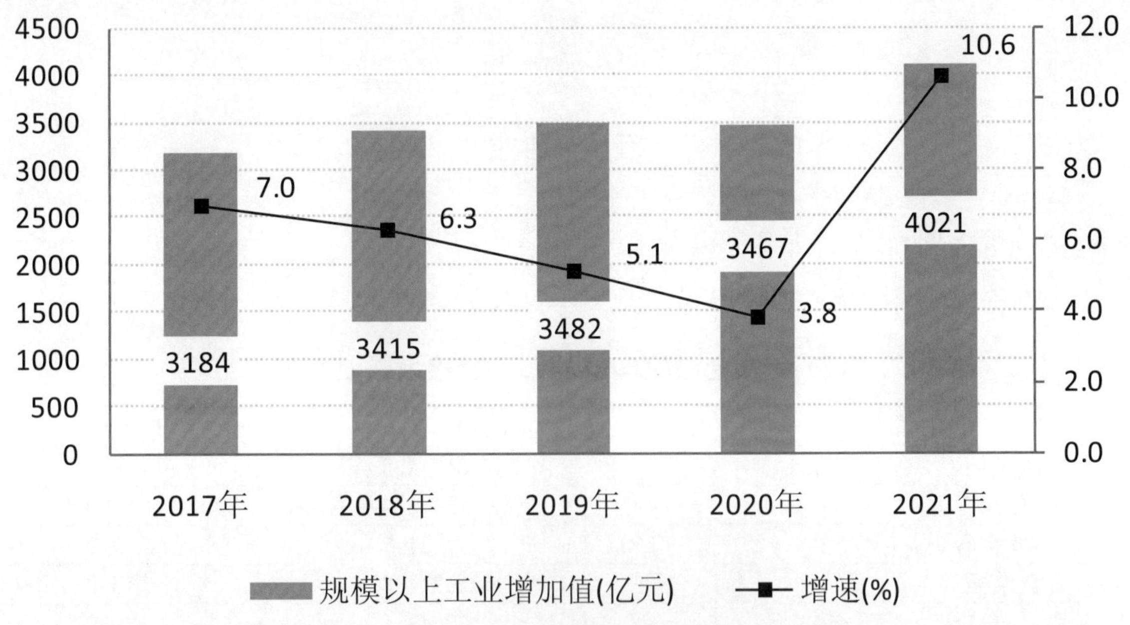

2017－2021年规模以上工业增加值及增速

全年建筑业增加值685亿元，增长5.7%，占GDP的比重为3.8%。

四、交通运输和邮电业

全年交通运输、仓储和邮政业增加值449亿元,增长13.4%,两年平均增长4.8%。

全年货运量4.7亿吨,增长12.0%。客运量1.4亿人次,增长13.5%。至年末萧山国际机场开通航线268条,其中国际航线30条,港澳台航线2条。航空客运吞吐量2816万人次,下降0.2%;货物吞吐量91.4万吨,增长14.0%。地铁客运量9.0亿人次,增长54.2%。

2021年各种运输方式完成货运量和客运量

指　　标	绝对数	比上年增长(%)
全社会货运量(万吨)	46997	12.0
铁路(万吨)	498	-13.9
公路(万吨)	38804	11.4
水路(万吨)	7645	17.9
航空(万吨)	50	9.4
全社会客运量(万人次)	13823	13.5
铁路(万人次)	6914	17.3
公路(万人次)	5042	11.2
水路(万人次)	436	28.6
航空(万人次)	1432	1.3

年末社会机动车保有量376.6万辆,增长20.7%。非营运汽车保有量348.61万辆,其中私人汽车296.58万辆。

全年邮政企业和规模以上快递服务企业实现业务收入507.1亿元,增长12.7%,其中快递业务收入416.3亿元,增长13.4%。年末固定电话用户194.9万户,移动电话用户1833.0万户,固定互联网宽带接入用户579.4万户。

五、金融业

全年金融业增加值2189亿元,增长6.4%,两年平均增长7.5%。

年末金融机构本外币存款余额61044.3亿元,增长12.5%;贷款余额56274.8亿元,增长13.0%。

2021年末金融机构本外币存贷款余额及增速

指　　标	年末数(亿元)	比上年末增长(%)
各项存款余额	61044.3	12.5
其中:住户存款	15818.4	9.9
非金融企业存款	27221.7	9.2
各项贷款余额	56274.8	13.0
其中:住户贷款	22648.1	10.9
企(事)业单位贷款	33237.5	14.5
其中:短期贷款	9400.2	4.3
中长期贷款	20497.0	19.2
票据融资	2535.4	37.1

年末上市公司262家,其中境内上市201家;全年新增上市公司52家,IPO融资503.2亿元。年末主板上市公司121家,创业板上市公司58家。

全年保费收入969.0亿元,增长3.7%,其中财产险保费收入259.1亿元;人身险保费收入709.9亿元。支付各类保险赔款316.0亿元,增长20.9%,其中财产险赔付162.9亿元;人身险赔付153.1亿元。

六、固定资产投资和房地产业

(一)固定资产投资。

全年固定资产投资增长9.0%,两年平均增长7.9%。从产业投向看,第二产业投资增长15.3%,两年平均增长10.7%,其中工业投资增长15.2%,两年平均增长11.0%;第三产业投资增长8.3%,两年平均增长7.5%。

基础设施投资增长8.2%,交通投资增长13.0%,两年平均分别增长7.9%和9.8%。

(二)房地产业。

全年房地产业增加值1381亿元,增长13.8%,两年平均增长7.8%。

全年房地产开发投资增长1.5%,两年平均增长3.4%,其中住宅投资增长3.8%。年末房屋施工面积13291万平方米,下降0.1%;新开工面积2447万平方米,下降30.9%;竣工面积1733万平方米,下降3.7%。商品房销售面积2236万平方米,增长31.6%,两年平均增长21.6%;商品房销售额6589亿元,增长43.4%,两年平均增长29.6%。

2021年房地产开发和销售主要指标

指　　标	实绩数	比上年末增长(%)
房地产开发施工面积(万平方米)	13291	-0.1
其中:住宅(万平方米)	6811	-2.1
房地产开发竣工面积(万平方米)	1733	-3.7
其中:住宅(万平方米)	897	-3.9
商品房销售面积(万平方米)	2236	31.6
其中:住宅(万平方米)	1954	32.8

七、国内贸易

全年批发和零售业增加值1432亿元,增长8.6%,两年平均增长5.4%;住宿和餐饮业增加值220亿元,增长9.7%,两年平均下降6.2%。

全年社会消费品零售总额6744亿元,增长11.4%,两年平均增长3.7%。按消费类型统计,商品零售5577亿元,增长10.2%,两年平均增长3.7%;餐饮收入1167亿元,增长17.2%,两年平均增长3.6%。在限额以上批零企业商品零售额中,石油及制品、化妆品和日用品零售额分别增长33.6%、29.7%和19.2%;新能源汽车、智能手机和可穿戴智能设备等数字商品零售额分别增长167.0%、45.0%和36.1%。限额以上批零单位通过公共网络实现的商品零售额增长32.1%。

全年各类商品市场613个,全年交易额3347亿元。

八、对外经济

（一）对外贸易。

全年货物进出口总额7369亿元，增长23.7%，两年平均增长14.5%，其中出口4647亿元，增长25.9%，进口2722亿元，增长20.0%。高新技术产品出口907亿元，增长40.4%。对“一带一路”沿线国家出口1496亿元，占出口总额32.2%。对美国、欧盟、日本、韩国出口分别增长18.5%、29.7%、3.4%和23.9%。服务贸易出口152.5亿美元，增长10.2%。

全年跨境电商进出口总额171.4亿美元，增长9.4%，其中出口131.3亿美元，增长20.0%。

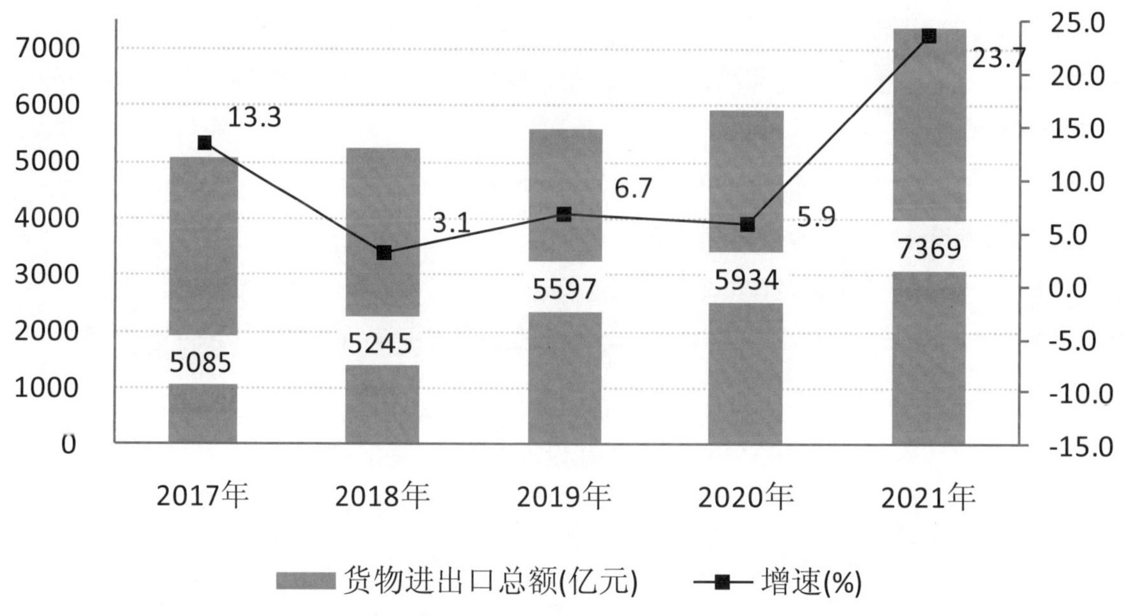

2017－2021年货物进出口总额及增速

（二）利用外资。

全年新引进外商投资项目989个，其中总投资3000万美元以上项目110个，1亿美元以上项目46个。实际利用外资81.7亿美元，增长13.5%，其中第二产业实际利用外资15.4亿美元，下降33.8%，第三产业实际利用外资66.3亿美元，增长36.0%。至年末，128家世界500强企业来杭投资225个项目。

（三）对外合作。

年末全市设立各类境外投资企业（机构）2701个，增长10.5%。国际经济合作完成营业额27.2亿美元，增长45.8%。全年境外总投资80.5亿美元，增长26.6%，其中中方投资31.9亿美元。离岸服务外包合同执行额83.0亿美元，增长6.8%。

九、人民生活和社会保障

（一）人民生活。

全年全市居民人均可支配收入67709元，增长9.4%，扣除价格因素实际增长8.0%。按常住地分，城乡居民人均可支配收入分别为74700元和42692元，增长8.8%和10.3%，扣除价格因素实际增长7.4%和8.9%。城

乡居民人均可支配收入比值为1.75,比上年缩小0.02。

全市居民人均消费支出44609元,增长16.7%。按常住地分,城乡居民人均消费支出分别为48629元和30224元,增长16.0%和17.8%,扣除价格因素增长14.5%和16.3%。

2021年全市居民人均收支主要指标

指标名称	全体居民		城镇居民		农村居民	
	绝对数(元)	比上年增长(%)	绝对数(元)	比上年增长(%)	绝对数(元)	比上年增长(%)
人均可支配收入	67709	9.4	74700	8.8	42692	10.3
(一)工资性收入	39396	9.4	43245	8.9	25626	9.7
(二)经营净收入	7016	8.8	6099	8.1	10297	12.0
(三)财产净收入	9144	11.0	11198	10.0	1792	13.0
(四)转移净收入	12153	8.7	14158	7.9	4977	9.2
人均消费支出	44609	16.7	48629	16.0	30224	17.8

年末城镇居民人均住房建筑面积40.2平方米,每百户居民家庭拥有家用汽车68.1辆、家用电脑94.2台、空调258.0台,分别增长4.3%、4.0%和2.3%。农村居民人均住房建筑面积77.1平方米,每百户居民家庭拥有家用汽车57.2辆、空调216.3台,分别增长4.2%和2.2%,家用电脑61.0台,下降0.5%。

(二)社会保障。

年末职工基本养老保险参保人数、城镇职工基本医疗保险参保人数分别为799.6万人和760.5万人,增长6.4%和6.6%;年末失业保险、职工工伤保险参保人数分别为563.5万人和707.4万人,增长7.6%和11.7%。城乡低保同标,最低生活保障标准平均每人每月1102元。市区职工最低工资标准调整至每人每月2280元。年末全市最低生活保障对象9.3万人,全年发放困难家庭救助金10.65亿元。

社会保障相关待遇标准

	2020年	2021年
失业保险金最低标准(市区城镇居民)	1608元/月	1824元/月
城乡最低生活保障标准(市区)	1102元/月	1102元/月
城乡最低生活保障标准(桐庐、建德)	882元/月	1102元/月
城乡最低生活保障标准(淳安)	955元/月	1102元/月
职工最低工资标准(市区)	2010元/月	2280元/月

(三)社会福利。

年末全市拥有城乡社区居家养老服务照料中心3154个。拥有各类福利院、养老机构252所,床位4.1万张,收养人员3.5万人。儿童福利机构8个,床位1040张。

全年发行各类福利彩票23.0亿元,下降6.8%。

十、科学技术和教育

(一)科学技术。

全年研究与试验发展(R&D)经费支出与生产总值之比为3.68%。财政一般公共预算支出中科技支出179.7亿元,占一般公共预算支出的7.5%。

全年专利授权量12.3万件，增长13.6%，其中发明专利授权量2.3万件，增长32.4%。累计拥有市级以上企业技术中心862家，其中国家级48家；国家技术创新示范企业12家，省级技术创新示范企业11家。科技企业孵化器260家，其中国家级57家，省级117家。众创空间192家，其中国家级91家，省级160家。全年共签订技术合同总量2.2万项，技术合同成交额875.2亿元。

（二）教育。

年末全市拥有普通高等学校40所，在校学生58.5万人，增加3.4万人，其中研究生9.8万人，高等教育毛入学率70.7%；普通高中95所，在校学生13.1万人，增加0.6万人；职高和中等专业学校38所，在校学生6.6万人，增加0.2万人；初中296所，在校学生26.4万人，增加1.4万人，初中毕业生升入各类高中比例为99.79%；小学493所，在校学生68.1万人，增加3.6万人；幼儿园1073所，在园幼儿38.5万人，增加1.0万人，学前三年幼儿入园率为99.25%。流动人口随迁子女在本市义务教育学校就读29.0万人。各级各类中外合作办学项目71个，其中市属高校项目8个，高中段学校项目7个。

十一、文化旅游、卫生健康和体育

（一）文化旅游。

全年文化产业增加值2586亿元，增长8.7%，两年平均增长8.4%。年末全市文化馆（含省）14个，公共图书馆（含省）14个，剧场（含省）11个，音乐厅（含省）12个，博物馆86个，全国重点文物保护单位48处。人类非物质文化遗产代表作名录4项，国家级非物质文化遗产代表性项目名录48项。全年制作电视剧4部142集。年末有线电视注册用户312.4万户。

全年旅游休闲产业增加值1068亿元，增长4.5%，两年平均下降6.5%。旅游总收入1524.2亿元，增长6.9%；旅游总人数8951.8万人次，增长5.0%，其中接待入境过夜游客18.2万人次，增长26.4%。年末各类旅行社959家。星级宾馆105家，其中五星级22家。A级景区111个，其中5A级3个。

（二）卫生健康。

全年健康产业增加值1332亿元，增长8.2%，两年平均增长8.2%。年末拥有各类医疗卫生机构5633个，其中医院370个。各类专业卫生技术人员14.2万人，其中执业（助理）医师5.5万人，注册护士6.3万人。拥有床位9.1万张，其中医院床位8.5万张。全市医疗机构完成诊疗人数14208万人次。

（三）体育。

全年运动员获得全国性奖牌138枚，其中金牌53.5枚，银牌51.5枚。国家级体育后备人才基地4个，省级体育后备人才基地9个，省体育传统项目学校阳光后备人才基地5个。

全年销售体育彩票38.35亿元，增长30.1%。

十二、城市建设

全年境内公路总里程达到16919公里，其中高速公路801公里。年末主城区公共交通运营线路388条，其中新辟线路28条，优化线路35条。加快推进地铁建设，建成地铁3号线首通段、地铁4号线二期，开通地铁8号线一期、7号线过江段、9号线北段、6号线二期等线路。

全市用电量910亿千瓦时，增长12.7%，其中三次产业用电752亿千瓦时，增长13.2%；城乡居民生活用电158亿千瓦时，增长10.0%。

全市新建成停车泊位13.2万个，其中公共泊位1.2万个。

十三、环境保护和安全生产

全年市区年平均气温18.8℃,总降水量1952.1毫米。

全年市区空气优良天数321天,优良率87.9%。市区细颗粒物($PM_{2.5}$)平均浓度28.2微克/立方米。二氧化氮年均浓度值34微克/立方米,二氧化硫年均浓度值6微克/立方米。市控以上断面Ⅰ-Ⅲ类水质比例为100%,市县级以上集中式饮用水水源地水质达标率100%。累计建成国家生态文明建设示范市(区、县)5个。森林覆盖率66.85%。

全年规模以上工业企业能源消费量同比增长3.4%,单位增加值能耗下降6.6%,下降率比上年扩大1个百分点,其中千吨以上企业能源消费量增长0.2%,单位增加值能耗下降8.6%。

全年共发生各类生产安全事故162起、死亡130人,分别下降5.3%和4.4%。

公报注释:

1. 部分数据因四舍五入原因,存在分项与合计不等的情况。

2. 全市地区生产总值和各产业增加值绝对数按现行价格计算,增长速度按不变价格计算;三次产业划分执行国家统计局2018年修订的《三次产业划分规定(2012)》。

3. 规模以上服务业企业:辖区内年营业收入2000万元及以上服务业法人单位。包括:交通运输、仓储和邮政业,信息传输、软件和信息技术服务业,水利、环境和公共设施管理业三个门类和卫生行业大类。辖区内年营业收入1000万元及以上服务业法人单位。包括:租赁和商务服务业,科学研究和技术服务业,教育三个门类,以及物业管理、房地产中介服务、房地产租赁经营和其他房地产业四个行业小类。辖区内年营业收入500万元及以上服务业法人单位。包括:居民服务、修理和其他服务业,文化、体育和娱乐业两个门类,以及社会工作行业大类。

4. 2021年开始,浙江省国内按照文化和旅游部制定、国家统计局批准(国统制〔2020〕186号)的《全国文化文物和旅游统计调查制度》中的《地方接待国内游客抽样调查方案》进行总体推算。

资料来源:

本公报中社会保障数据来自市人力社保局;私营企业、个体工商户、专利数据来自市市场监管局;财政数据来自市财政局;农业园区、美丽乡村、农家乐(民宿)数据来自市农业农村局;教育数据来自市教育局;货物进出口数据来自钱江海关;低保、社会服务和救助、福利彩票数据来自市民政局;公路里程、公交运营线路数据来自市交通局;航空客运吞吐量、货邮吞吐量、通航线路数据来自萧山机场;地铁运营数据来自市地铁集团;停车泊位数据来自市城乡建设委员会;生态建设、环境监测数据来自市生态环境局;各类事故发生起数、死亡人数来自市应急管理局;实际利用外资数据来自市投资促进局;对外承包工程、服务贸易数据来自市商务局;用电量数据来自国网杭州供电公司;户籍人口、机动车拥有数据来自市公安局;邮政业务数据来自市邮政管理局;货币金融数据来自人民银行杭州中心支行;保险业数据来自中国保监会浙江监管局;博物馆、纪念馆数据来自市园林文物局;科技创新、高新技术企业、研发中心、众创空间数据来自市科技局;旅游、艺术表演团体、公共图书馆、文化馆数据来自市文化广电旅游局;电影、动画片数据来自市委宣传部;上市公司数据来自市地方金融监管局;卫生数据来自市卫生健康委员会;医疗保险数据来自市医疗保障局;体育数据来自市体育局;森林覆盖率数据来自市林业水利局;固定电话用户、移动电话用户和(固定)互联网宽带接入用户、企业技术中心、技术创新示范数据来自市经济和信息化局;气象数据来自市气象局;价格、城乡居民收支、人均住房面积、百户居民耐用品数据来自国家统计局杭州调查队;其他数据均来自市统计局。

Statistical Communiqué of Hangzhou on the 2021 National Economic and Social Development

Hangzhou Municipal Bureau of Statistics
Hangzhou Survey Office of National Bureau of Statistics

April 6, 2022

In 2021, Hangzhou persisted in the guidance of Xi Jinping's Thought on Socialism with Chinese Characteristics in the New Era, thoroughly implemented the spirit of the 19th CPC National Congress and all previous plenary sessions of the 19th Central Committee of the CPC, adhered to the general tone of seeking progress in stability, based on the new development stage, practiced the new development concept, built a new development pattern, scientifically coordinate epidemic prevention and control with economic and social development, solidly promote Zhejiang's high – quality development and construction of a model city of common prosperity demonstration area, the economic and social development of the whole city was promoted in adversity, made new progresses in the changing situation, the new journey of the "14th Five – Year Plan" has taken solid steps.

I. General Outlook

Economic Aggregate

According to preliminary accounting, the gross domestic product (GDP) of the year was 1810. 9 billion yuan, up by 8. 5% over the previous year, the average growth rate in the two years was 6. 2%. Of this total, the added value of the primary, secondary and tertiary industries was 33. 3 billion yuan, 548. 9 billion yuan and 1228. 7 billion yuan respectively, up by1. 8%, 8. 6% and 8. 7% over the previous year, with an average growth of 0. 6%, 5. 4% and 6. 8% over the two years. The proportions of the three industries was 1. 8: 30. 3: 67. 9. The per capita GDP was 149,857 yuan ($23,000 at the annual average exchange rate), an increase of 5. 8%. According to the final verification, the gross domestic product (GDP) of Hangzhou in 2020 was adjusted to 1620. 7 billion yuan, up by 3. 9% over the previous year, the proportions of the three industries was 2. 0: 29. 8: 68. 2.

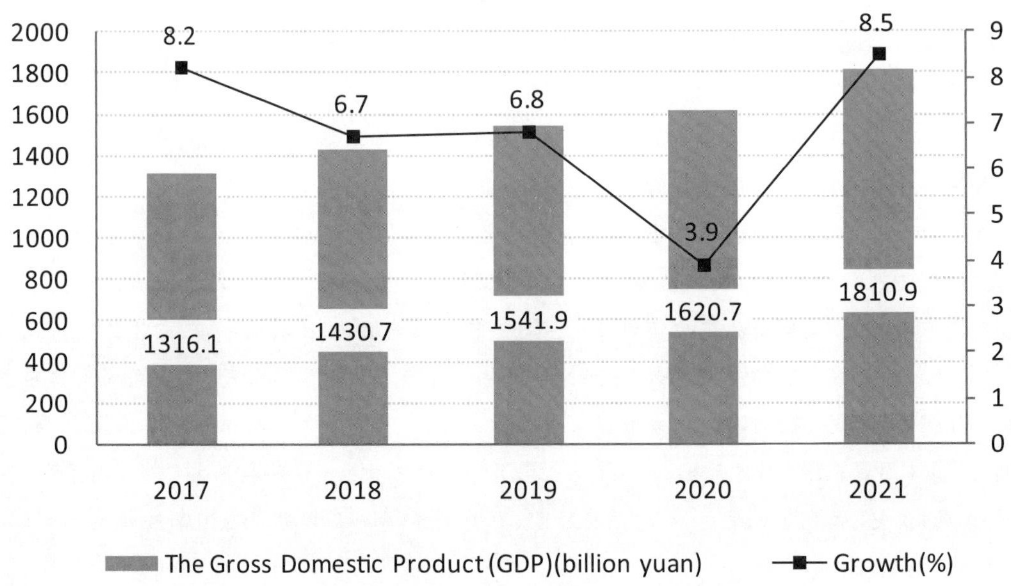

The Gross Domestic Product (GDP) from 2017 to 2021

Digital economy kept leading. The added value of "three new" economic, which characterized by new industries, new business formats and new models, accounted for 36. 2% of GDP throughout the year. The added value of digital economy core industry was 490. 5 billion yuan, up by 11. 5%, which was 3. 0 percentage points higher than the GDP growth rate and accounted for 27. 1% of GDP. Of which, the added value of artificial intelligence industry, Integrated circuit industry and electronic information product manufacturing industry increased by 26. 9%、21. 9% and 16. 2% respectively. The added value of manufacturing industry in the core industries of digital economy above designated scale increased by 16. 4%, 5. 8 percentage points higher than the growth rate of industries above designated scale.

The vitality of the private economy continued to increase. The added value of the private economy accounted for 61. 3% of GDP, which was 0. 1 percentage points higher than the previous year. Private investment accounted for 49. 6% of the total fixed assets investment. The export of goods by private enterprises was 328. 2 billion yuan, up by 26. 9%, accounting for 70. 6% of the total exports. At the year end, there were 743 thousand private enterprises and 712 thousand individual businesses, up by 9. 5% and 8. 1% respectively.

Development quality and efficiency

The total fiscal revenue was 456. 17 billion yuan, up by 18. 4%; The general budgetary revenue of the local government was 238. 66 billion yuan, up by 14. 0%, of which the tax revenue was 223. 36 billion yuan, up by 12. 9%, accounting for 93. 6% of the general budgetary revenue. The fiscal expenditure of the local government was 239. 20 billion yuan, up by 15. 6%, of which the people's livelihood expenditure was 183. 97 billion yuan, accounting for 76. 9% of the fiscal expenditure.

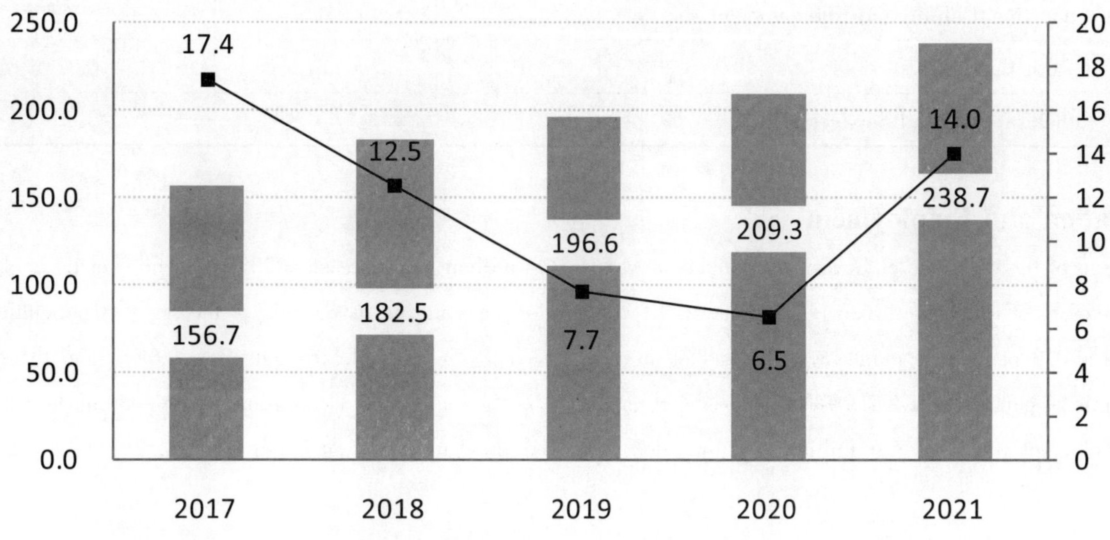

The General Budgetary Revenue of the Local Government from 2017 to 2021

The annual labor productivity of all employees in industrial enterprises above designated size was 377,000 yuan / person, up by 11. 0% over the previous year; The total profit was 151. 5 billion yuan, up by 13. 5%; The profit margin of operating income was 7. 4%. The operating income of service enterprises above designated size was 1816. 3 billion yuan, up by 18. 9%; Of which, the operating income of information transmission, software and information technology service industry was 1107. 0 billion yuan, accounting for 60. 9% of the service industry above designated scale.

Commodity Price

The consumer price in urban area went up by 1. 3% over the previous year; of which, the price of food and tobacco went down by 0. 5% , the price of consumer goods went up by 1. 1% , the price of service went up by 1. 5%. The commodity retail price went up by 1. 6%. The producer price for industrial products went up by 4. 9% , and the purchasing price for industrial producers went up by 13. 0%.

The Changes of Consumer Price in Urban District (%)

Item	2020	2021
General level of consumer price in urban district	2.1	1.3
1. Food and Tobacco	6.9	-0.5
Of which: Food	8.9	-1.9
Of which: Grain	1.7	-1.9
Fresh Vegetables	2.0	-1.3
Meat	36.7	-17.6
2. Clothing	0.1	1.2
3. Residence	-0.3	1.1
4. Daily necessities and Services	3.1	1.0
5. Transportation and Communication	-3.4	4.4
6. Education, Culture and Entertainment	1.7	3.6
7. Health Care	3.1	0.0
8. Other supplies and Services	3.8	-2.3

Population and Employment

At the end of the year, the city's resident population was 12. 204 million, an increase of 239 thousand over the end of the previous year, of which the urban population was 10. 203 million, accounting for 83. 6% of the resident population, an increase of 0. 3 percentage points over the end of the previous year; The annual birth rate was 7. 6‰, and the natural growth rate of population was 2. 9‰. The registered population of the city was 8. 345 million. At the end of the year, the number of employees was 7. 6 million, up by 1. 5% over the previous year, accounting for 62. 2% of the resident population.

II. Agriculture and Rural Area

The added value of agriculture, forestry, animal husbandry and fishery achieved 34. 2 billion yuan, up by 2. 0% , the average growth rate in two years was 0. 8%.

The total output of grain was 0. 53 million tons, up by 4. 2% ; the output of vegetable edible fungi was 3. 443 million tons, down by 0. 97% ; the output of fruit was 0. 823 million tons, down by 0. 9% ; the output of aquatic products was 0. 200 million tons, up by 3. 7% ; and the output of meat was 0. 1153 million tons, down by 4. 9% , of which the output of pork was 0. 091 million tons, up by 13. 7%. There were 569 municipal vegetable bases in Hangzhou, of which 6 were newly built. Hangzhou newly launched the construction of 5 provincial - level key historical and cultural villages and 15 municipal - level boutique villages . The farmhouse (home hostel) received 84. 26 million tourists and the business

revenue was 8. 33 billion yuan. The sales volume of rural e – commerce was 18. 6 billion yuan, up by 12. 7%. The per capita disposable income of low – income farmers was 20,131 yuan, up by 14. 0% over the previous year.

III. Industry and Construction

The added value of the industrial sector was 480. 5 billion yuan, up by 9. 0% ,the average growth rate in the two years was 5. 7%. Of this total, the added value of industrial enterprises above designated size was 402. 1 billion yuan, up by 10. 6% ,the average growth rate in the two years was 7. 1%. The added value of high – tech industry, strategic emerging industry and equipment manufacturing industry up by 13. 1% , 17. 6% and 14. 8% respectively, The added value of 17 traditional manufacturing industries increased by 7. 1%. The total output value of industrial enterprises above designated size was 1774. 6 billion yuan, up by 15. 3% ,The export delivery value was 238. 7 billion yuan,up by 25. 6%. The output value ratio of new products was 39. 9% , and the production – sales ratio of industrial products was 98. 6%. The output of new products of new energy vehicles, industrial robots and Industrial instrument increased by 149. 5% ,54. 1% 和 51. 3% respectively.

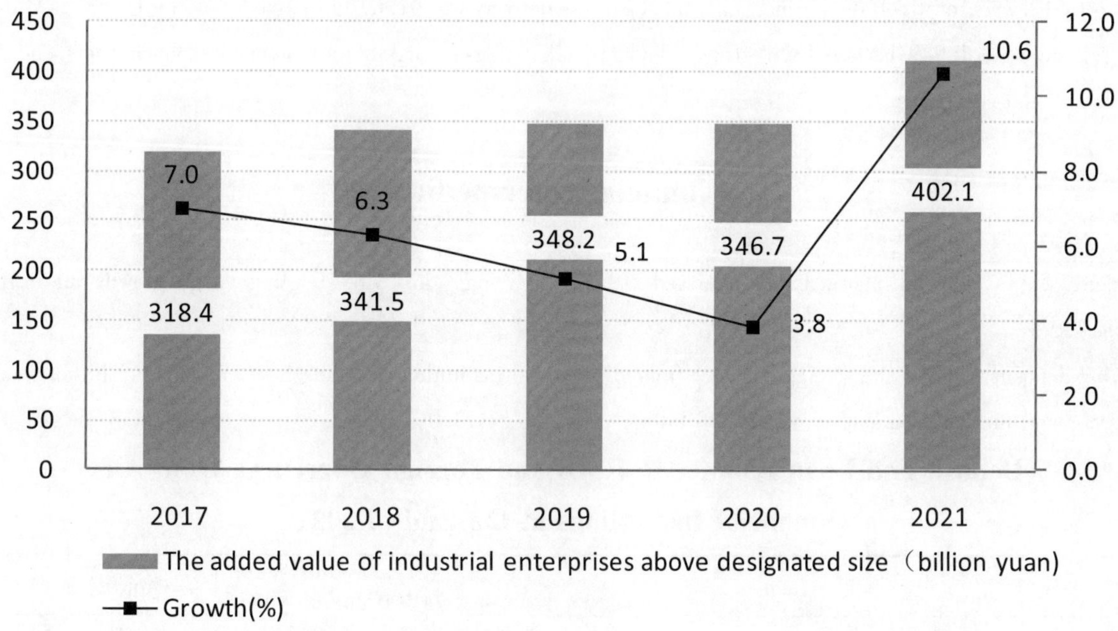

The added value of industrial enterprises above designated size from 2017 to 2021

The added value of construction industry was 68. 5 billion yuan, up by 5. 7% , accounting for 3. 8% of GDP。

IV. Transportation, Post and Telecommunications

The added value of transportation, storage and post achieved 44. 9 billion yuan, up by 13. 4% , the average growth rate in the two years was 4. 8%.

The annual total freight traffic was 0. 47 billion tons, up by 12. 0%. The total passenger traffic was 0. 14 billion persons, up by 13. 5%. By the end of 2021, 268 air routes had been opened, including 30 international routes and 2 routes to Hong Kong, Macao and Taiwan. The aviation passenger throughput was 28. 16 million persons, down by 0. 2% ; and the cargo throughput was 0. 914 million tons, up by 14. 0%. The annual subway passengers were 0. 90 billion persons, up by 54. 2%.

Freight and Passenger Traffic Completed by Various Transport Modes in 2021

Item	Number	Growth(%)
Total Freight Traffic(million tons)	46997	12.0
Railway (million tons)	498	-13.9
Highway (million tons)	38804	11.4
Waterway (million tons)	7645	17.9
Aviation (million tons)	50	9.4
Total Passenger Traffic(million person)	13823	13.5
Railway(million person)	6914	17.3
Highway(million person)	5042	11.2
Waterway(million person)	436	28.6
Aviation(million person)	1432	1.3

The total possession of motor vehicles reached 3.766 million, up by 20.7%. The total possession of civil vehicles reached 3.4861 million, of which private cars numbered 2.9658 million.

The business income of postal enterprises and express delivery enterprises above designated size totaled 50.71 billion yuan, up by 12.7%, of which the business income of express delivery was 41.63 billion yuan, up by 13.4%. At the end of 2021, there were 1.949 million fixed-line telephone subscribers, 18.330 million mobile phone users and 5.794 million broadband subscribers.

V. Financial Intermediation

The added value of financial intermediation achieved 218.9 billion yuan, up by 6.4%, the average growth rate in the two years was 7.5%.

The saving deposits of RMB and foreign currency from all financial institutions in Hangzhou was 6104.43 billion yuan, up by 12.5%; and the loans balance was 5627.48 billion yuan, up by 13.0%.

Deposit and Loan Balance in RMB and Foreign Currencye from All Financial Institutions at the End of 2021

Item	Year-end Figure (100 million yuan)	Growth(%)
Total Deposit Balance	61044.3	12.5
Of which: Household Deposit	15818.4	9.9
Non-financial Enterprise Deposit	27221.7	9.2
Total Loan Balance	56274.8	13.0
Of which: Household Loans	22648.1	10.9
Non-financial Enterprise Loans	33237.5	14.5
Of which: Short-term Loan	9400.2	4.3
Medium and Long Term Loans	20497.0	19.2
Bill financing	2535.4	37.1

There were 262 listed companies in Hangzhou at the year-end, of which 201 were listed domestically. There were 52 newly authorized listed companies in Hangzhou, and raised a total of 50.32 billion yuan. There were 121 companies listed on the main board, and 58 companies were listed on entrepreneurship board.

The premiums received by the insurance companies totaled 96.90 billion yuan, up by 3.7%. Of this total, the premiums of property insurance was 25.91 billion yuan; And that of life insurance was 70.99 billion yuan. The payments of various kinds of insurance indemnity of various kinds totaled 31.60 billion yuan, up by 20.9%. Of this total, the payments of

property insurance was 16. 29 billion yuan; And that of life insurance was 15. 31 billion yuan.

VI. Investment in Fixed Assets and Real Estate

Investment in Fixed Assets

The investment in fixed assets increased by 9. 0% over the previous year, the average growth rate in the two years was 7. 9%. From the perspective of industrial investment, the investment in the secondary industry increased by 15. 3%, with an average growth of 10. 7% in the two years, of which industrial investment increased by 15. 2%, with an average growth of 11. 0% in the two years; Investment in the tertiary industry increased by 8. 3%, with an average growth of 7. 5% in the two years.

The investment in infrastructure increased by 8. 2%, the investment in transportation increased by 13. 0%, the average growth in the two years was 7. 9% and 9. 8% respectively.

Investment in Real Estate

The added value of the real estate industry was 138. 1 billion yuan, up by 13. 8%, the average growth rate in the two years was 7. 8%.

The investment in real estate increased by 1. 5% over the previous year, the average growth in the two years was 3. 4%, of which residential investment increased by 3. 8%. At the end of the year, the floor space under construction was 132. 91 million square meters, down by 0. 1%; the newly started floor space under construction was 24. 47 million square meters, down by 30. 9%; the completed floor space was 17. 33 million square meters, down by 3. 7%. The sold floor space of commercial buildings was 22. 36 million square meters, up by 31. 6%, the average growth rate in the two years was 21. 6%; the sales of commercial housing was 658. 9 billion yuan, up by 43. 4%, the average growth rate in the two years was 29. 6%.

Main Indicators of Real Estate Development and Sales in 2021

Item	Number	Growth(%)
The Floor Space Under Construction(million square meters)	132.91	-0.1
Of which: Residence (million square meters)	68.11	-2.1
The Completed Floor Space(million square meters)	17.33	-3.7
Of which: Residence (million square meters)	8.97	-3.9
The Sold Floor Space of Commercial Buildings(million square meters)	22.36	31.6
Of which: Residence (million square meters)	19.54	32.8

VII. Domestic Trade

The added value of wholesale and retail sale was 143. 2 billion yuan, up by 8. 6%, the average growth rate in the two years was 5. 4%; the added value of accommodation and catering services was 22. 0 billion yuan, up by 9. 7%, the average decrease in the two years was 6. 2%.

The total retail sales of consumer goods reached 674. 4 billion yuan, up by 11. 4%, the average growth rate in the two years was 3. 7%. Grouped by consumption type, the retail sales of consumer goods reached 557. 7 billion yuan, up by 10. 2%, the average growth rate in the two years was 3. 7%; the revenue of catering services reached 116. 7 billion yuan, up by 17. 2%, the average growth rate in the two years was 3. 6%. Among the retail sales of wholesale and retail

enterprises above quota, the retail sales of petroleum and its products, cosmetics and daily necessities increased by 33. 6% ,29. 7% and 19. 2% respectively; the retail sales of digital goods such as new energy vehicles, smart phones and wearable smart devices increased by 167. 0% , 45. 0% and 36. 1% respectively. Retail sales through public network of wholesale and retail units above quota increased by 32. 1%.

There were 613 commodity markets of various types throughout the year, with an annual transaction volume of 334. 7 billion yuan.

VIII. Foreign Economic Relations

International Trade

The total value of import and export of goods in 2021 was 736. 9 billion yuan, up by 23. 7% , the average growth rate in the two years was 14. 5%. Of this total, the export was 464. 7 billion yuan, up by 25. 9% ; the import was 272. 2 billion yuan, up by 20. 0% . The export of high - tech products was 90. 7 billion yuan, up by 40. 4% . The export to the countries which along The Belt and Road was 149. 6 billion yuan, accounting for 32. 2% of the total export. Exports to the United States, the European Union, Japan and South Korea increased by 18. 5% , 29. 7% , 3. 4% and 23. 9% respectively. The export of service trade was 15. 25 billion U. S. dollars, up by 10. 2%.

The import and export volume of cross border e - commerce was 17. 14 billion yuan, up by 9. 4% ; of this total, the export was 13. 13 billion yuan, up by 20. 0%.

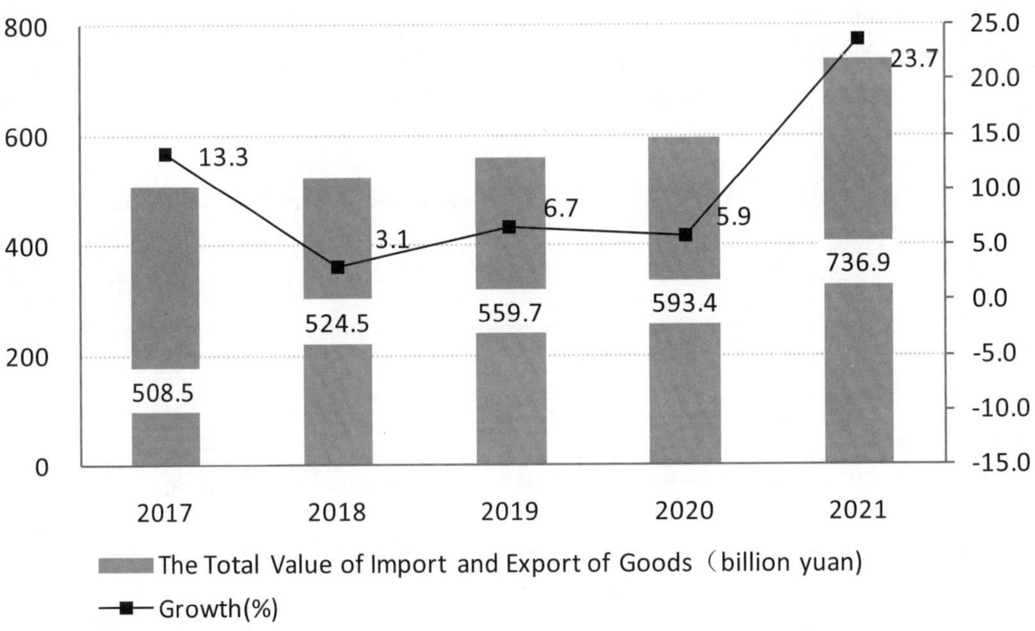

The Total Value of Import and Export of Goods from 2017 to 2021

Utilization of Foreign Capital

In the whole year, 989 foreign - invested projects were newly introduced, including 110 projects whose total investment were more than 30 million U. S. dollars and 46 projects whose total investment were more than 100 million U. S. dollars. The actually utilized of foreign direct investment was 8. 17 billion U. S. dollars, up by 13. 5%. Of this total, the actually utilized of foreign direct investment in secondary industry was 1. 54 billion U. S. dollars, down by 33. 8% ; and that in tertiary industry was 6. 63 billion U. S. dollars, up by 36. 0%. By the end of year, 128 companies of Global Fortune 500 invested 225 projects in Hangzhou.

International Cooperation

By the end of 2021, the total number of overseas investment enterprises (Institutions) in Hangzhou was 2,701, up by 10.5%. The turnover of international economic cooperation was 2.72 billion US dollars, up by 45.8%. The total overseas investment in the whole year was 8.05 billion US dollars, up by 26.6%, of which the Chinese investment was 3.19 billion US dollars. The contract execution amount of offshore service outsourcing was 8.30 billion U.S. dollars, up by 6.8%.

IX. Living Conditions and Social Security

Living Conditions

The annual per capita disposable income in Hangzhou was 67,709 yuan, up by 9.4% or a real increase of 8.0% after deducting price factors. In terms of resident area, the annual per capita disposable income of urban households reached 74,700 yuan, up by 8.8% or a real increase of 7.4% after deducting price factors; and the annual per capita disposable income of rural households was 42,692 yuan, up by 10.3% or 8.9% after deducting price factor. The ratio of per capita disposable income of urban and rural residents was 1.75, a decrease of 0.02 over the previous year.

The per capita consumption expenditure in Hangzhou was 44,609 yuan, up by 16.7%. In terms of residence area, the per capita consumption expenditure of urban households was 48,629 yuan, and that of rural households was 30,224 yuan, up by 16.0% and 17.8% respectively, or a real increase of 14.5% and 16.3% after deducting price factors respectively.

Per Capita Disposable Income and Consumption Expenditure in Hangzhou in 2021

Item	All Residents		Urban Residents		Rural Residents	
	Absolute Number(yuan)	Growth (%)	Absolute Number(yuan)	Growth (%)	Absolute Number(yuan)	Growth (%)
Disposable Income	67709	9.4	74700	8.8	42692	10.3
1. Income from Wages	39396	9.4	43245	8.9	25626	9.7
2. Income of Staff & workers in Other - owned Units	7016	8.8	6099	8.1	10297	12.0
3. Property Income	9144	11.0	11198	10.0	1792	13.0
4. Transfer Income	12153	8.7	14158	7.9	4977	9.2
Consumption Expenditure	44609	16.7	48629	16.0	30224	17.8

By the end of the year, the per capita floor space of residential building in urban areas reached 40.2 square meters, and every 100 urban households had 68.1 family cars, 94.2 home computers and 258.0 air conditioners, up by 4.3%, 4.0% and 2.3% respectively. The per capita floor space of residential building in rural areas reached 77.1 square meters, every 100 rural households had 57.2 family cars and 216.3 air conditioners, up by 4.2% and 2.2% respectively; every 100 rural households had 61.0 home computers, down by 0.5%.

Social Security

By the end of the year, a total of 7.996 million people participated in the basic social pension insurance for employees, up by 6.4%; a total of 7.605 million people participated in the basic medical insurance program for employees, up by 6.6%; the number of people participating in unemployment insurance and employee injury insurance was 5.635 million and 7.074 million respectively, an increase of 7.6% and 11.7%. The urban and rural minimum living allowances are the same, the minimum subsistence guarantee standard was 1102 yuan per person per month. The minimum wage standard for

urban employees was adjusted to 2280 yuan per person per month. By the end of the year, 93 thousand people were benefited from the city's minimum living guarantee system, the annual payment of minimum living guarantee system reached 1. 065 billion yuan.

Social Security Related Treatment Standards

	2020	2021
Minimum Unemployment Insurance Standard (Urban Residents)	1608 yuan/month	1824 yuan/month
Urban and Rural Minimum Subsistence Guarantee Standard (Urban Areas)	1102 yuan/month	1102 yuan/month
Urban and Rural Minimum Subsistence Guarantee Standard (Tonglu, Jiande)	882 yuan/month	1102 yuan/month
Urban and Rural Minimum Subsistence Guarantee Standard (Chun′an)	955 yuan/month	1102 yuan/month
Minimum wage for employees (Urban Areas)	2010 yuan/month	2280 yuan/month

Social Welfare

By the end of the year, the number of community home care service centers reached 3,154. There were 252 welfare institutions and nursing facilities, providing 41 thousand beds, accommodating 35 thousand people. There were 8 child welfare institutions with 1,040 beds.

The fund raised by all kinds of welfare lotteries issued this year reached 2. 30 billion yuan, down by 6. 8%.

X. Science & Technology, Education

Science & Technology

The expenditures on research and development activities (R&D) accounted for 3. 68% of Hangzhou's GDP. The expenditure on science and technology was 17. 97 billion yuan, accounted for 7. 5% of the general public budget expenditure.

In 2021, 123 thousand patents were authorized, up by 13. 6%, including 23 thousand invention patents, up by 32. 4%. There were a total of 862 enterprise technology centers above city level, including 48 at national level; there were 12 national technological innovation demonstration enterprises and 11 provincial technological innovation demonstration enterprises. There were 260 technology enterprise incubators, including 57 at national level and 117 at provincial level. There were 192 public innovation spaces in Hangzhou, of which 91 at national level and 160 at provincial level. The total number of technology contracts signed throughout the year was 22 thousand with a turnover of 87. 52 billion yuan.

Education

At the end of 2021, there were 40 regular institutions of higher education with 585 thousand students, an increase of 34 thousand than the previous year, of which 98 thousand were postgraduates, with a gross enrollment rate of 70. 7% for higher education; There were 95 ordinary high schools with 131 thousand students, an increase of 6 thousand; There were 38 professional high schools and secondary technical schools with 66 thousand students, an increase of 2 thousand; There were 296 junior high schools with 264 thousand students, an increase of 14 thousand, and the proportion of junior high school graduates entering into various kinds of high schools was 99. 79%; There were 493 primary schools with 681 thousand students, an increase of 36 thousand; There werel,073 kindergartens, with 385 thousand children, an increase of 10 thousand, and the enrollment rate of children who 3 years preschool was 99. 25%. The number of migrant workers′ children who were enrolled in the stage of compulsory education in Hangzhou was accumulated to 290 thousand. There were 71 home and abroad cooperative projects at all levels, of which 8 projects were municipal colleges and universities,

7 projects were senior high schools.

XI. Culture, Tourism, Public Health and Sports

Culture and Tourism

The added value of cultural industry was 258. 6 billion yuan, up by 8. 7% , the average growth rate in the two years was 8. 4%. By the end of 2021, there were 14 cultural centers (including provincial level), 14 public libraries (including provincial level), 11 theaters (including provincial level), 12 concert halls (including provincial level), 86 museums, 48 national key cultural relics protection units. There were 4 representative lists of human intangible cultural heritage and 48 representative projects of national intangible cultural heritage. During the year, we produced 142 episodes of 4 TV series. At the end of the year, there were 3. 124 million registered cable TV users.

The added value of tourism and leisure industry in the whole year was 106. 8 billion yuan, up by 4. 5% , the average decrease in two years was 6. 5%. The total revenue of tourism reached 152. 42 billion yuan, up by 6. 9% ; the total tourists were 89. 518 million, up by 5. 0% , of which 0. 182 million were overseas visitors, up by 26. 4%. At the end of 2021, there were 959 travel agencies. There were 105 star – rated hotels, including 22 5 – star hotels. There were 111 A – level scenic spots, of which 3 were 5A – level.

Public Health

The added value of health industry in the whole year was 133. 2 billion yuan, up by 8. 2% , the average growth rate in the two years was 8. 2%. At the end of the year, there were 5,633 medical and health institutions in Hangzhou, including 370 hospitals. There were 142 thousand professional medical personnel, including 55 thousand licensed (assistant) doctors and 63 thousand registered nurses. There were 91 thousand beds, including 85 thousand hospital beds. A total of 142. 08 million patients received diagnosis and treatment in medical institutions.

Sports

Throughout the year, Hangzhou athletes won 138 medals in national competitions, including 53. 5 gold medals and 51. 5 silver medals. There are 4 national sports reserve talent bases, 9 provincial sports reserve talent bases and 5 sunshine reserve talent bases of provincial sports traditional project schools.

The annual sales of sports lottery reached 3. 835 billion yuan, up by 30. 1%.

XII. Urban Construction

The total mileage of roads in the whole year reached 16,919 km, including 801 km of expressways. At the end of the year, there were 388 public transport lines in the main urban area, of which 28 were newly opened lines, 35 were optimized lines. Subway construction was accelerated, the first section of Line 3 and the second phase of Line 4 were completed; and the first phase of Line 8, the river crossing section of Line 7, the north section of Line 9 and the second phase of Line 6 were opend.

The electricity consumption of the whole city was 91. 0 billion KWH, up by 12. 7% , of which the consumption of the tertiary industry was 75. 2 billion KWH, up by 13. 2% ; the consumption of residents in urban and rural areas was 15. 8 billion KWH, up by 10. 0%.

A total of 132 thousand parking spaces were newly completed, of which 12 thousand were public parking spaces.

XIII. Environmental Protection and Production Safety

The annual average temperature in the urban area throughout the year was 18. 8℃, the total precipitation was 1952. 1 mm.

The total days of good ambient air accumulated to 321 throughout the year, the rate of good was 87.9%. The average concentration of $PM_{2.5}$ in the urban area was 28.2 micrograms per cubic meter. The annual average concentration of nitrogen dioxide was 34 micrograms per cubic meter, the annual average concentration of sulfur dioxide was 6 micrograms per cubic meter. The proportion of class I – III water quality in the sections above the municipal control was 100%, and the water quality compliance rate of centralized drinking water sources above the county level was 100%. A total of 5 national ecological civilization construction demonstration cities (districts and counties) had been built. The forest coverage rate was 66.85%.

In the whole year, the energy consumption of Industrial Enterprises above designated size increased by 3.4%; the energy consumption per added value decreased by 6.6%, and the decline rate increased by 1 percentage point over the previous year. Of this total, the energy consumption of enterprises above 1000 tons increased by 0.2%, and the energy consumption per added value decreased by 8.6%.

A total of 162 production safety accidents and 130 deaths occurred throughout the year, a decrease of 5.3% and 4.4% respectively.

Notes:

1. There may have a difference between sub item and aggregate, because some data were half adjusted.
2. GDP and absolute added value of various industries are calculated based on current price, whereas the growth rate is calculated based on constant price; the classification on primary, secondary and tertiary industries is subjected to the 《Classification on Primary, Secondary and Tertiary Industries(2012)》 which was revised by National Statistics Bureau in 2018.
3. Service industry enterprises above designated size: service industry legal entities with an annual operating income of 20 million yuan and above in the jurisdiction. Include health industry category and other three categories: transportation, warehousing and postal industry; information transmission, software and information technology service industry; water conservancy, environment and public facilities management industry. Service industry legal entities with annual business income of 10 million yuan and above in the jurisdiction. Include three categories and four sub – categories: leasing and business service industry, scientific research and technical service industry, education; and property management, real estate intermediary services, real estate leasing operation and other real estate industry. Service industry legal entities with an annual business income of 5 million yuan and above in the jurisdiction. Include social work industry category and other 2 categories: Resident service, repair and other service industries; culture, sports and entertainment industries.
4. Since 2021, the main indicators of domestic tourism reception in Zhejiang Province will be calculated according to the Sampling Survey Plan for Local Reception of Domestic Tourists, which is in the National Cultural Relics and Tourism Statistical Survey System formulated by the Ministry of Culture and Tourism and approved by the National Bureau of Statistics (National Statistical System[2020] No. 186).

Source of Statistics:

Statistics on social security are from Hangzhou Municipal Bureau of Human Resources and Social Security; statistics on private enterprises, individual businesses and patents are from the Municipal Bureau of Market Supervision; fiscal statistics are from Hangzhou Bureau of Finance; statistics on agricultural park, beautiful countryside and happy farmhouse are from Municipal Bureau of Agriculture and Rural Area; statistics on education are from Hangzhou Municipal Bureau of Education; statistics on import and export are from Qianjiang Custom; statistics on subsistence allowance, social services and assistance, welfare lottery are from Hangzhou Municipal Bureau of Civil Affairs; statistics on highway mileage, bus lines are from Hangzhou Transportation Bureau; statistics on air passenger throughput, freight and postal throughput,

navigable routes are form Xiaoshan International Airport; statistics on passenger capacity of metro are form Hangzhou Metro Group; statistics on parking places are from Municipal Construction Commission; statistics on ecological construction and environmental monitoring are from Hangzhou Municipal Bureau of Environmental Protection; statistics on production safety are from Hangzhou Emergency Management Bureau; statistics on actually utilized foreign direct investment are from Municipal Investment Promotion Bureau; statistics on oversea contract projects and service trade are from Hangzhou Municipal Bureau of Commerce; statistics on electricity consumption are from State Grid Hangzhou Power Supply Company; statistics on household population, motor vehicle ownership are from Municipal Bureau of Public Security; statistics on post are from Postal Administration Bureau; statistics on money and finance are from Hangzhou Center Branch of People's Bank; statistics on insurance are from Zhejiang Bureau of China Insurance Regulatory Commission; statistics on museums, memorial halls are from Municipal Park and Cultural Relics Bureau; statistics on technological innovation, high - tech enterprises, research center, public innovation spaces are from Municipal Science and Technology Bureau; statistics on tourism, art performance groups, libraries, cultural centers are from Hangzhou Municipal Bureau of Culture and Tourism; statistics on films and cartoons are from Hangzhou Municipal Party Committee Publicity Department; statistics on newly authorized listed companies are from Hangzhou Financial Supervision and Administration Bureau; statistics on healthcare are from Hangzhou Municipal Health Commission; statistics on medical insurance are from Hangzhou Medical Security Bureau; statistics on sports are from Hangzhou Municipal Bureau of Sports; statistics on forest coverage are from Hangzhou Forestry and Water Conservancy Bureau; statistics on fixed telephone users, mobile phone users and (fixed) Internet broadband access users, enterprise technology center and technological innovation demonstration are from Hangzhou Municipal Bureau of Economy and Information Technology; statistics on Meteorology are from Hangzhou Meteorological Bureau; statistics on price, income and expenditure of urban and rural residents, per capita floor space, durable goods per 100 households are from Hangzhou Survey Office of National Bureau of Statistics; other statistics are from Hangzhou Municipal Bureau of Statistics.

一、综合

GENERAL SURVEY

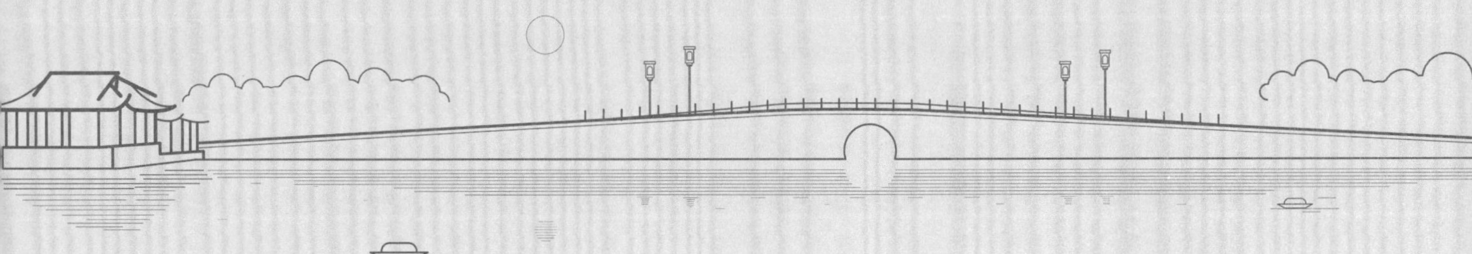

综　　合
General Survey

主要统计指标
Major Statistical Indicators

全市生产总值	Gross Domestic Product	18109.42	亿元	(100 million yuan)
为上年	As Compared with the Preceding Year	108.5	%	(%)
第一产业	Primary Industry	333.49	亿元	(100 million yuan)
为上年	As Compared with the Preceding Year	101.8	%	(%)
第二产业	Secondary Industry	5488.62	亿元	(100 million yuan)
为上年	As Compared with the Preceding Year	108.6	%	(%)
第三产业	Tertiary Industry	12287.31	亿元	(100 million yuan)
为上年	As Compared with the Preceding Year	108.7	%	(%)
常住居民人均生产总值	Per Capita GDP (Long-term Residents)	149857	元	(yuan)
为上年	As Compared with the Preceding Year	105.8	%	(%)
地区生产总值构成	Composition of Gross Domestic Product	100	%	(%)
第一产业	Primary Industry	1.8	%	(%)
第二产业	Secondary Industry	30.3	%	(%)
第三产业	Tertiary Industry	67.9	%	(%)

1-01 行政区划(2021年末)

Administrative Division(End of 2021)

单位:个 (unit)

地 区	Region	街 道 Subdistricts	乡(镇) Towns and Townships	镇 Towns	村、社区、居民区 Villages, Communities and Residential Areas	村 Villages
全 市	**Whole City**	**93**	**98**	**75**	**3142**	**1913**
市 区	Urban District	86	52	46	2315	1166
#上城区	Shangcheng	14	–	–	197	4
拱墅区	Gongshu	18	–	–	170	–
西湖区	Xihu	10	2	2	217	41
高新(滨江)区	Hi-Tech(Binjiang)	3	–	–	58	–
萧山区	Xiaoshan	10	12	12	539	343
余杭区	Yuhang	7	5	5	204	116
临平区	Linping	7	1	1	182	57
钱塘区	Qiantang	7	–	–	112	59
富阳区	Fuyang	5	19	13	328	276
临安区	Lin'an	5	13	13	308	270
桐庐县	Tonglu	4	10	6	203	181
淳安县	Chun'an	–	23	11	354	337
建德市	Jiande	3	13	12	270	229

注:1. 西湖区含风景名胜区数据。

a) Figures of Xihu include the West Lake Scenic Zone.

1-02 平均每天主要

Selected Indicators on Average Daily Social

指 标 Item		2013	2014	2015
全市生产总值 Gross Domestic Product	(万元) (10,000 yuan)	236710	260335	287542
工业增加值 Value-Added of Industry	(万元) (10,000 yuan)	87282	94747	99774
规模以上工业企业利税总额 Total Pre-tax Profits of Industrial Enterprises above Designated Size	(万元) (10,000 yuan)	39741	42139	42731
农林牧渔业总产值 Gross Output Value of Farming, Forestry, Animal Husbandry and Fishery	(万元) (10,000 yuan)	10942	11468	12066
固定资产投资 Investment in Fixed Assets	(万元) (10,000 yuan)	116818	135690	152228
住宅竣工面积 Floor Space of Residential Buildings Completed	(平方米) (sq. m)	23154	25425	29323
社会消费品零售总额 Total Retail Sales of Consumer Goods	(万元) (10,000 yuan)	99719	107540	119378
住户存款新增额 The Increased Amount of Household Deposits	(万元) (10,000 yuan)	8729	9825	8739
财政总收入 Total Financial Revenue	(万元) (10,000 yuan)	47534	52606	61335

社会经济活动(2013－2021年)
and Economic Activities(2013－2021)

2016	2017	2018	2019	2020	2021
319930	360568	391965	421179	442809	496148
101894	107739	113221	117491	115401	131652
45236	48617	49322	50822	54821	62649
12268	12540	12770	13730	13679	13741
159629	160456	–	–	–	–
30419	40297	30434	28301	–	–
131447	145220	158046	171869	165450	184754
23921	4858	41861	46066	68219	38912
69902	80036	94725	100001	105306	124979

1-03 国民经济

Major Indicators of

指　　标		Item	
年末常住人口	(万人)	Long-term Residents(End of 2021)	(10,000 persons)
年末户籍人口	(万人)	Household Registration Population(End of 2021)	(10,000 persons)
#城镇人口	(万人)	Urban Population	(10,000 persons)
年末从业人员数	(万人)	Total Number of Employed Persons(End of 2021)	(10,000 persons)
全市生产总值	(亿元)	Gross Domestic Product	(100 million yuan)
第一产业	(亿元)	Primary Industry	(100 million yuan)
第二产业	(亿元)	Secondary Industry	(100 million yuan)
第三产业	(亿元)	Tertiary Industry	(100 million yuan)
人均生产总值(户籍)	(元)	Per Capita GDP(Household)	(yuan)
人均生产总值(常住)	(元)	Per Capita GDP(Long-term)	(yuan)
主要农产品产量		Output of Major Farm Products	
粮食	(万吨)	Grain	(10,000 tons)
棉花	(吨)	Cotton	(ton)
油菜籽	(吨)	Rapeseeds	(ton)
茶叶	(吨)	Tea	(ton)
蚕茧	(吨)	Silk-worm Cocoons	(ton)
生猪年末存栏	(万头)	Hogs in Stock at Year End	(10,000 heads)
肉类产量	(万吨)	Output of Meat	(10,000 tons)
淡水产品产量	(吨)	Freshwater Aquatic Products	(ton)
全部工业总产值	(亿元)	The Total Output Value of Industrial Enterprises	(100 million yuan)
规模以上工业总产值	(亿元)	The Output Value of Industrial Enterprises Above Designated Size	(100 million yuan)
规模以上工业企业利税总额	(亿元)	Total Pre-tax Profits of Industrial Enterprises Above Designated Size	(100 million yuan)
客运量	(万人次)	Total Passenger Traffic	(10,000 person-times)
货运量	(万吨)	Total Freight Traffic	(10,000 tons)
固定资产投资	(亿元)	Investment in Fixed Assets	(100 million yuan)
社会消费品零售总额	(亿元)	Total Retail Sales of Consumer Goods	(100 million yuan)

注:1. 规模以上工业的计算口径,1997 年以前为乡及乡以上,1998-2010 年为主营业务收入 500 万元及以上,2011 年起为 2000 万元及以上的工业企业。

2. 从 2014 年起,粮食数据按粮食生产统计监测抽样调查口径。

主要指标（主要年份）

National Economy (Main Years)

1985	1990	1995	2000	2005	2010	2015	2016	2017	2018	2019	2020	2021
	583.21		701.70	771.30	870.54	1038.00	1061.00	1092.10	1125.40	1161.30	1196.50	1220.40
543.05	574.78	597.96	621.58	660.45	689.12	723.55	736.00	753.90	774.10	795.37	813.83	834.54
153.46	169.00	191.43	226.99	297.54	365.24	447.24	463.86	482.55	515.04	535.96	568.23	593.36
330.37	363.49	422.55	408.11	481.10	591.90	627.70	641.45	658.37	685.86	726.57	748.39	759.68
90.49	189.62	762.01	1395.67	2973.74	6049.56	10495.28	11709.45	13160.72	14306.72	15418.80	16206.82	18109.42
15.97	30.94	69.25	103.96	140.29	205.34	278.98	293.63	299.96	305.56	325.72	329.56	333.49
52.08	96.17	410.00	717.88	1524.25	2861.45	4133.92	4226.87	4453.44	4694.06	4838.08	4823.04	5488.62
22.44	62.51	282.76	573.83	1309.21	2982.77	6082.38	7188.96	8407.32	9307.10	10255.00	11054.22	12287.31
1675	3310	12797	22554	45327	88154	145838	160453	176668	187263	196483	201426	219725
					71007	102318	111572	122249	129035	134856	137474	149857
180.00	189.56	174.50	153.08	103.50	58.00	45.91	45.91	47.26	49.60	49.64	50.86	53.00
6704	6693	8038	2112	1038	704	378	300	255	240	292	243	216
51849	60683	61446	80436	70733	67946	51186	43526	47223	55584	59503	61388	57890
22742	26429	19824	24810	25551	30500	28139	28150	30103	30091	31342	29575	29838
7980	11085	13240	9308	16339	11700	4880	3482	3013	4564	3454	–	–
166.10	159.00	147.58	172.16	165.28	192.53	156.82	126.91	114.03	107.02	90.34	104.51	109.61
11.16	14.93	19.21	25.24	30.74	31.78	24.31	22.19	21.27	19.11	14.97	10.98	11.53
30400	47588	63294	91626	147800	208945	178880	173447	172845	166947	168042	172247	181045
				6589.51	12810.52	15018.77	15054.78	15688.35	16087.41	16895.32	–	–
128.59	292.26	1020.03	1543.57	5441.13	11081.04	12415.68	12420.96	12963.76	14016.41	14585.45	14712.08	17746.18
24.81	31.54	63.05	161.61	450.68	1224.48	1559.68	1655.64	1774.52	1800.26	1854.99	2006.46	2286.68
6724	8119	16620	18607	24124	33772	23942	20541	22289	20121	20888	12183	13823
2488	6522	10347	11459	19909	25915	29384	30170	34785	35180	36384	41944	46997
14.19	22.92	156.63	376.65	1277.80	2651.88	5556.32	5842.42	5856.65	–	–	–	–
47.81	98.17	299.35	514.68	967.38	2155.37	4357.31	4810.95	5300.52	5768.67	6273.22	6055.47	6743.52

a) The standard for above designated size of industry, before 1997, it was above the sub – district level; 1998 – 2010, it was the annual sales income over 5 million yuan; since 2011, it was the annual sales income over 20 million yuan.

b) The data of grain was obtained from the sampling survey of grain production since 2014.

1－03 续表

指　标		Item	
境外旅游者人数	(万人次)	Number of Foreign Tourists	(10,000 person－times)
财政总收入	(亿元)	Total Financial Revenue	(100 million yuan)
一般公共预算支出	(亿元)	General Public Budget Revenue	(100 million yuan)
金融机构存款余额(本外币)	(亿元)	Deposits of Financial Institutions	(100 million yuan)
住户存款余额	(亿元)	Household Deposits	(100 million yuan)
金融机构贷款余额(本外币)	(亿元)	Loans of Financial Institutions	(100 million yuan)
非私营单位就业人员工资总额	(亿元)	Total Wages of Employed Persons in Non－private Units	(100 million yuan)
非私营单位就业人员平均工资	(元)	Average Wage of Employed Persons in Non－private Units	(yuan)
市区居民消费价格指数	(以1978年为100)	Consumer Price Index in Urban District	(Year of 1978＝100)
市区商品零售价格指数	(以1978年为100)	Retail Price Index in Urban District	(Year of 1978＝100)
全体居民人均可支配收入	(元)	Per Capita Annual Disposable Income of Urban and Rural Residents	(yuan)
城镇居民人均可支配收入	(元)	Per Capita Annual Disposable Income of Urban Residents	(yuan)
农村居民人均可支配收入	(元)	Per Capita Annual Disposable Income of Rural Residents	(yuan)
高等学校在校学生数	(人)	Student Enrollment in Institutions of Higher Education	(person)
中等专业学校在校学生数	(人)	Student Enrollment in Secondary Specialized Schools	(person)
普通中学在校学生数	(人)	Student Enrollment in Secondary Schools	(person)
小学在校学生数	(人)	Student Enrollment in Primary Schools	(person)
卫生机构数	(个)	Number of Health Institutions	(unit)
#医院	(个)	Number of Hospitals	(unit)
卫生技术人员	(人)	Number of Medical Technical Personnel	(person)
#执业(助理)医师	(人)	Number of Lisensed(Assistant) Doctors	(person)
床位数	(张)	Number of Beds in Health Institutions	(unit)
#医院	(张)	Beds in Hospital	(unit)

continued

1985	1990	1995	2000	2005	2010	2015	2016	2017	2018	2019	2020	2021
23.84	38.83	44.13	70.71	151.36	275.71	341.56	363.23	402.23	420.51	113.31	14.31	18.16
18.65	25.25	55.13	142.85	520.79	1245.43	2238.75	2558.41	2921.30	3457.46	3650.04	3854.19	4561.72
5.77	11.82	24.91	73.43	238.33	616.58	1205.48	1404.31	1540.92	1717.08	1952.85	2069.66	2392.04
48.50	133.77	707.97	2088.47	6748.72	17084.35	29863.83	33386.04	36483.24	39810.50	45286.99	54246.47	61044.30
15.96	69.75	342.34	788.56	2191.66	4990.97	7617.75	8493.27	8670.60	10198.52	11901.30	14398.12	15818.40
58.01	180.33	567.20	1686.64	5545.30	15078.73	23327.95	26169.00	29270.94	36598.25	42245.17	49799.28	56274.77
13.01	27.79	89.05	126.75	297.02	933.06	2152.40	2417.60	2646.72	2864.69	3298.52	3676.74	4241.82
1266	2382	7156	14257	31069	48772	76073	85022	93891	103798	117339	128308	146701
140.21	246.68	503.06	611.07	623.07	701.33	801.81	822.66	843.23	862.62	889.36	908.04	919.84
142.61	256.45	476.99	504.42	470.47	526.76	574.50	583.12	588.95	600.73	619.35	624.92	634.92
						42642	46116	49832	54348	59261	61879	67709
1026	1985	6301	9668	16601	30035	48316	52185	56276	61172	66068	68666	74700
624	1171	3012	4894	7655	13186	25719	27908	30397	33193	36255	38700	42692
36996	39866	63124	122386	351918	434811	475558	480953	484070	496383	518325	550608	584533
16527	23564	42784	45238	20344	3999	3968	4402	4566	4448	4535	4540	4493
244399	199940	257071	342533	362257	352997	321306	326187	337851	349327	362109	373997	394788
414839	460514	513988	485679	458942	453897	524513	543038	560411	590491	616929	645302	680976
1582	1738	1712	1599	2196	2819	4428	4691	4933	5377	5925	5675	5633
404	440	414	396	127	151	244	277	302	316	343	353	370
25593	30990	34245	35487	42353	61117	93036	101194	110395	117425	126995	134258	142341
11503	14483	16465	16317	17833	24345	34832	38172	41833	44896	48962	51135	55013
19637	24121	26684	27166	33251	42828	63632	69452	75948	81215	85708	90057	90754
15010	18879	21360	23303	25907	36148	58400	63994	70187	75186	79957	84251	85475

1－04 全市生产总值(1949－2021 年)
Gross Domestic Product(1949－2021)

单位:亿元 (100 million yuan)

年 份 Year	生产总值(当年价格) Gross Domestic Product	第一产业 Primary Industry	第二产业 Secondary Industry	第三产业 Tertiary Industry	人均生产总值(元)(按常住) Per Capita GDP(yuan) Long－term Residents	人均生产总值(元)(按户籍) Per Capita GDP(yuan) Household Registered
1949	2.55	1.43	0.38	0.74		89
1950	2.99	1.73	0.48	0.79		102
1951	3.76	1.94	0.86	0.96		125
1952	4.47	2.28	1.05	1.14		145
1953	5.02	2.32	1.32	1.37		159
1954	5.17	2.28	1.50	1.40		160
1955	5.37	2.43	1.49	1.45		161
1956	6.20	2.50	1.94	1.76		181
1957	7.04	2.33	2.61	2.10		198
1958	9.91	2.55	5.28	2.07		268
1959	12.50	2.63	7.20	2.71		330
1960	13.39	2.49	7.74	3.16		345
1961	10.70	2.70	5.16	2.84		273
1962	9.94	3.04	4.24	2.67		249
1963	10.32	3.28	4.39	2.64		252
1964	11.56	3.39	5.49	2.68		274
1965	12.77	3.56	6.38	2.83		296
1966	13.91	3.82	7.10	2.99		317
1967	13.27	3.72	6.49	3.05		298
1968	13.06	3.77	6.26	3.03		288
1969	15.13	3.81	8.09	3.23		332
1970	16.73	4.07	9.25	3.42		366
1971	19.10	4.74	10.59	3.77		412
1972	19.92	5.19	10.83	3.90		423
1973	20.75	4.99	11.72	4.04		435
1974	18.98	5.14	9.80	4.04		393
1975	18.63	4.88	9.62	4.13		381
1976	19.04	5.00	9.87	4.17		386
1977	23.06	4.91	13.59	4.56		463
1978	28.40	6.34	16.93	5.13		565
1979	33.53	8.39	19.41	5.73		659
1980	40.65	8.15	25.35	7.14		791
1981	46.82	9.10	28.76	8.96		904
1982	50.19	10.88	29.47	9.84		957
1983	55.89	10.11	33.44	12.34		1054
1984	69.47	12.64	40.55	16.27		1298
1985	90.49	15.97	52.09	22.44		1675
1986	105.36	17.76	60.13	27.47		1917
1987	126.02	20.44	71.89	33.69		2276
1988	152.54	25.68	85.53	41.33		2717
1989	166.29	28.27	89.67	48.35		2928

1-04 续表 continued

年 份 Year	生产总值 (当年价格) Gross Domestic Product	第一产业 Primary Industry	第二产业 Secondary Industry	第三产业 Tertiary Industry	人均生产总值 (元)(按常住) Per Capita GDP(yuan) Long-term Residents	人均生产总值 (元)(按户籍) Per Capita GDP(yuan) Household Registered
1990	189.62	30.94	96.17	62.51		3310
1991	227.95	33.40	113.11	81.44		3952
1992	290.07	34.90	148.78	106.38		4996
1993	424.71	41.94	226.44	156.33		7263
1994	585.52	57.51	314.34	213.67		9924
1995	762.01	69.25	410.00	282.75		12797
1996	906.61	84.00	477.62	344.99		15095
1997	1036.33	91.36	541.50	403.47		17113
1998	1134.89	96.06	587.96	450.88		18611
1999	1225.28	97.58	630.75	496.95		19961
2000	1395.67	103.96	717.88	573.83		22554
2001	1582.94	111.46	803.16	668.32		25313
2002	1798.96	114.64	912.78	771.53		28421
2003	2118.71	126.59	1087.74	904.38		33115
2004	2566.46	132.23	1334.99	1099.24		39653
2005	2973.74	140.29	1524.25	1309.21		45327
2006	3483.41	149.88	1763.65	1569.89	44639	52510
2007	4155.84	162.85	2085.15	1907.84	52065	62090
2008	4850.59	178.50	2419.08	2253.01	59619	71861
2009	5181.80	188.45	2404.92	2588.44	62673	76146
2010	6049.56	205.34	2861.45	2982.77	71007	88154
2011	7153.03	232.32	3326.34	3594.38	80360	103306
2012	7968.58	249.44	3553.18	4165.95	85831	114144
2013	8639.91	254.74	3649.62	4735.54	89649	122802
2014	9502.21	266.62	3953.53	5282.07	95313	133611
2015	10495.28	278.98	4133.92	6082.38	102318	145838
2016	11709.45	293.63	4226.87	7188.96	111572	160453
2017	13160.72	299.96	4453.44	8407.32	122249	176668
2018	14306.72	305.56	4694.06	9307.10	129035	187263
2019	15418.80	325.72	4838.08	10255.00	134856	196483
2020	16206.82	329.56	4823.04	11054.22	137474	201426
2021	18109.42	333.49	5488.62	12287.31	149857	219725

1-05 市区生产总值(1978-2021年)
Gross Domestic Product of Urban District (1978-2021)

单位:万元 (10000 yuan)

年份 Year	地区生产总值(当年价格) Gross Domestic Product	第一产业 Primary Industry	第二产业 Secondary Industry	第三产业 Tertiary Industry	人均生产总值(元)(按常住) Per Capita GDP(yuan) Long-term Residents	人均生产总值(元)(按户籍) Per Capita GDP(yuan) Household Registered
1978	141995	5215	106663	30117	-	1389
1979	167206	6527	126517	34162	-	1555
1980	208220	5943	159161	43116	-	1863
1981	229243	6165	171946	51132	-	2005
1982	248297	7327	183284	57686	-	2125
1983	282171	5938	200334	75899	-	2369
1984	353781	8469	244445	100867	-	2919
1985	448574	11233	293579	143762	-	3633
1986	513639	12245	324585	176809	-	4042
1987	605234	15408	370668	219158	-	4724
1988	708474	19602	425319	263553	-	5441
1989	772208	23869	435847	312492	-	5848
1990	896496	23919	470844	401733	-	6722
1991	1096628	25767	547949	522912	-	8158
1992	1413278	27611	712697	672970	-	10420
1993	2086571	36208	1052187	998176	-	15196
1994	2788314	48257	1395127	1344930	-	19945
1995	3697793	57784	1866784	1773225	-	25969
1996	4727377	110881	2356408	2260088	-	28552
1997	5414265	130062	2630349	2653853	-	32227
1998	5905726	134320	2786159	2985247	-	34620
1999	6317335	145242	2915614	3256479	-	36394
2000	7111585	145715	3278310	3687560	-	40127
2001	12260890	582492	6026353	5652045	-	32607
2002	14042278	605433	6901224	6535621	-	36640
2003	16647332	665083	8343138	7639111	-	42675
2004	20362738	664676	10368453	9329609	-	51241
2005	23789254	682559	11800886	11305809	-	58659
2006	27930116	728962	13551253	13649901	51904	67816
2007	33296640	780966	15859466	16656208	59911	79879
2008	38841136	838780	18288447	19713909	68036	92062
2009	41615787	879676	18119189	22616921	71325	97491
2010	48718469	920654	21638629	26159186	80230	112740
2011	57405621	1019227	25002422	31383972	89363	131189
2012	64206239	1083214	26609724	36513301	94881	144973
2013	70003793	1108054	27286186	41609552	98841	156215
2014	83305362	1506729	33190100	48608533	102178	159934
2015	92269251	1589108	34672097	56008046	109395	174434
2016	103682893	1664265	35642963	66375666	119512	192444
2017	122414796	2100929	40378589	79935278	128103	201827
2018	133519062	2123934	42866281	88528847	135202	213540
2019	144057812	2270061	44070699	97717051	141012	223020
2020	152059852	2289196	44068191	105702465	143921	228342
2021	170097763	2291557	50197948	117608258	156657	247975

1－06 全市生产总值指数(1949－2021年)

Indices of Gross Domestic Product (1949－2021)

(上年＝100) (Preceding Year＝100)

年 份 Year	生产总值 Gross Domestic Product	第一产业 Primary Industry	第二产业 Secondary Industry	第三产业 Tertiary Industry	人均生产总值 (按常住) Per Capita GDP Long－term Residents	人均生产总值 (按户籍) Per Capita GDP Household Registered
1949	100.0	100.0	100.0	100.0		100.0
1950	116.4	119.9	116.8	105.8		113.0
1951	118.3	112.9	165.8	111.0		115.4
1952	119.0	114.7	135.3	120.4		116.1
1953	108.9	103.4	115.9	119.9		106.2
1954	101.9	99.5	111.7	100.4		99.5
1955	105.6	106.9	104.4	103.3		102.3
1956	111.2	103.1	124.0	121.9		108.4
1957	113.6	99.9	144.4	116.2		109.4
1958	132.2	105.7	204.0	99.2		127.6
1959	118.9	101.9	129.4	129.8		116.1
1960	105.4	91.8	110.1	117.2		102.8
1961	76.7	94.6	61.8	87.6		76.0
1962	91.3	104.5	77.6	94.6		89.7
1963	105.3	109.4	104.5	101.3		102.5
1964	111.5	105.4	126.0	107.6		108.4
1965	112.3	106.5	120.9	105.8		109.7
1966	107.0	103.8	110.5	101.5		105.3
1967	96.6	94.4	96.1	99.3		95.0
1968	99.2	105.5	93.9	106.4		97.6
1969	114.1	96.9	130.3	105.8		113.3
1970	109.8	110.3	114.8	110.1		109.6
1971	100.3	100.9	96.0	103.4		99.0
1972	114.4	109.1	123.1	103.6		112.5
1973	103.6	96.4	108.2	100.2		102.2
1974	92.9	103.6	84.3	100.2		91.9
1975	98.7	95.7	99.1	102.4		97.7
1976	102.4	102.9	102.7	101.0		101.2
1977	118.8	98.3	136.7	109.3		117.9
1978	120.2	119.1	123.7	111.6		119.0
1979	113.3	114.2	114.0	110.0		112.1
1980	119.7	92.5	130.2	118.8		118.4
1981	113.6	102.9	114.0	124.2		112.6
1982	107.2	119.4	103.2	108.6		105.9
1983	111.2	89.1	114.3	124.7		109.9
1984	122.7	121.2	120.8	129.0		121.6
1985	119.4	99.9	122.6	124.4		118.2
1986	111.5	103.6	111.5	116.2		110.3
1987	112.8	102.5	114.0	115.1		111.3
1988	107.4	97.8	109.8	105.4		105.8
1989	96.9	99.8	94.4	102.3		95.8

1－06 续表 continued

年 份 Year	生产总值 Gross Domestic Product	第一产业 Primary Industry	第二产业 Secondary Industry	第三产业 Tertiary Industry	人均生产总值（按常住） Per Capita GDP Long－term Residents	人均生产总值（按户籍） Per Capita GDP Household Registered
1990	105.8	106.4	106.5	103.8		104.9
1991	118.1	104.4	116.6	127.0		117.3
1992	122.9	100.3	129.7	122.3		122.1
1993	130.1	105.9	138.3	125.8		129.1
1994	126.3	108.1	132.1	122.0		125.2
1995	119.9	107.1	123.1	117.6		118.8
1996	113.0	105.4	114.5	112.2		112.0
1997	113.1	106.8	112.8	114.8		112.1
1998	111.2	109.4	111.8	110.7		110.5
1999	110.2	105.5	110.1	111.1		109.4
2000	112.0	105.7	112.5	112.1		111.1
2001	112.2	107.4	112.7	112.5		111.1
2002	113.2	104.1	113.3	114.7		111.8
2003	115.2	106.0	118.6	112.6		114.0
2004	115.0	105.1	116.7	114.3		113.7
2005	113.1	103.4	111.6	116.5		111.6
2006	114.3	104.1	112.5	117.4		113.0
2007	114.7	102.8	114.4	116.3	112.2	113.7
2008	111.0	103.8	108.8	114.0	108.9	110.0
2009	110.0	103.1	106.0	114.7	108.2	109.1
2010	112.0	102.5	111.2	113.5	108.7	111.1
2011	110.1	102.5	108.5	112.2	105.4	109.1
2012	109.0	102.5	106.9	111.3	104.5	108.1
2013	108.0	101.4	106.7	109.5	104.0	107.2
2014	108.2	101.9	107.8	108.8	104.6	107.0
2015	110.2	101.8	105.5	114.6	107.1	108.9
2016	109.7	101.4	104.5	113.6	107.2	108.2
2017	108.2	101.7	104.8	110.6	105.5	106.0
2018	106.7	101.8	105.8	107.5	103.6	104.1
2019	106.8	101.9	104.7	108.1	103.5	103.9
2020	103.9	99.4	102.3	105.0	100.8	100.0
2021	108.5	101.8	108.6	108.7	105.8	105.9

注:本表按可比价格计算。

a) The indices in this table are calculated at comparable prices.

1-07 市区生产总值指数(1978-2021年)

Indices of Gross Domestic Product of Urban District (1978-2021)

(上年=100) (Preceding Year=100)

年份 Year	地区生产总值 Gross Domestic Product	第一产业 Primary Industry	第二产业 Secondary Industry	第三产业 Tertiary Industry	人均生产总值(按常住) Per Capita GDP Long-term Residents	人均生产总值(按户籍) Per Capita GDP Household Registered
1978	120.1	118.8	122.3	113.6	118.0	
1979	116.4	109.4	118.1	111.6	111.4	
1980	124.8	85.9	127.8	120.0	119.7	
1981	110.1	96.1	108.6	117.4	107.6	
1982	108.6	118.8	107.4	111.7	106.3	
1983	113.9	77.5	110.1	130.7	111.7	
1984	124.0	138.2	121.5	130.0	121.8	
1985	118.2	105.0	114.7	128.1	116.0	
1986	109.4	101.6	106.5	116.7	107.4	
1987	111.3	111.8	109.1	116.0	109.4	
1988	105.0	99.2	106.0	103.2	103.3	
1989	93.6	107.8	89.1	102.0	92.2	
1990	105.6	100.6	106.0	105.2	104.6	
1991	116.2	102.6	113.3	120.5	115.3	
1992	125.7	101.1	125.6	127.0	124.5	
1993	128.5	103.0	130.5	127.3	126.9	
1994	126.6	109.3	133.6	119.5	124.4	
1995	119.6	106.5	121.3	117.9	117.4	
1996	114.7	106.1	116.7	112.4	105.3	
1997	113.4	110.0	111.5	116.0	104.7	
1998	109.4	107.7	108.7	110.4	107.8	
1999	107.9	110.3	107.0	108.9	106.0	
2000	111.6	100.4	111.6	112.0	109.3	
2001	113.0	107.9	113.1	113.1	111.2	
2002	114.1	105.2	112.9	115.4	111.9	
2003	115.8	104.2	120.1	112.5	113.8	
2004	115.5	103.6	117.4	114.1	113.4	
2005	112.5	101.2	108.8	116.3	110.2	
2006	114.1	101.2	111.2	118.0	112.4	
2007	114.6	101.5	113.2	116.6	113.2	111.0
2008	110.8	100.9	107.8	114.1	109.4	107.9
2009	110.4	102.9	106.3	114.4	109.1	108.0
2010	111.9	101.4	110.6	113.4	110.6	107.6
2011	110.0	101.9	107.8	112.1	108.6	104.0
2012	109.0	102.1	106.3	111.3	107.7	103.4
2013	107.8	99.4	106.5	109.1	106.5	103.0
2014	108.2	101.0	107.9	108.6	106.7	104.0
2015	110.4	101.5	105.3	114.6	108.7	106.7
2016	109.8	100.1	104.1	113.6	107.8	106.7
2017	108.2	101.2	104.8	110.5	105.6	105.1
2018	106.8	101.5	106.0	107.4	103.6	103.3
2019	106.8	101.5	104.4	108.3	103.4	103.3
2020	104.1	99.3	102.2	105.3	100.7	100.7
2021	108.5	101.3	108.6	108.7	105.6	105.4

1－08　分行业

Composition of

单位：万元

行　　业	Sector	全 Whole 2021	为上年（%） As Compared with the Preceding Year(%)
全市生产总值	Gross Domestic Product	181094208	108.5
按行业分	Grouped by Sector		
#农林牧渔业	#Farming Forestry Animal Husbandry & Fishery	3419385	102.0
工业	Industry	48052943	109.0
建筑业	Construction	6848591	105.7
批发和零售业	Wholesale and Retail Trade	14315924	108.6
交通运输、仓储和邮政业	Transportation, Storage and Post	4493251	113.4
住宿和餐饮业	Hotels and Catering Services	2195190	109.7
金融业	Financial Intermediation	21888501	106.4
房地产业	Real Estate	13805739	113.8
其他服务业	Others	66074684	108.0
营利性服务业	For－profit Service Industry	48639787	109.3
非营利性服务业	Non－profit Service Industry	17434898	104.6
第一产业	Primary Industry	3334905	101.8
第二产业	Secondary Industry	54886235	108.6
第三产业	Tertiary Industry	122873068	108.7

生产总值构成(2021 年)

Gross Domestic Product(2020)

(10000 yuan)

市 City		#市 区 Urban District			
比 重 (%) Proportion(%)		2021	为上年(%) As Compared with the Preceding Year(%)	比 重 (%) Proportion(%)	
2021	2020			2021	2020
100.0	100.0	170097763	108.5	100.0	100.0
1.9	2.1	2355934	101.5	1.4	1.5
26.5	26.1	44332172	109.0	26.1	25.6
3.8	3.7	5879852	105.5	3.5	3.4
7.9	7.9	13473554	108.4	7.9	7.9
2.5	2.4	3968886	113.7	2.3	2.2
1.2	1.2	1960884	109.6	1.2	1.2
12.1	12.2	21187604	106.4	12.5	12.6
7.6	7.5	12930332	114.7	7.6	7.4
36.5	37.0	64008544	108.0	37.6	38.2
26.9	26.9	47723711	109.2	28.1	28.1
9.6	10.2	16284834	104.6	9.6	10.1
1.8	2.0	2291557	101.3	1.3	1.5
30.3	29.8	50197948	108.6	29.5	29.0
67.9	68.2	117608258	108.7	69.1	69.5

1－09　分地区和产业生产总值构成(2021年)

Gross Domestic Product by Region and Industry(2021)

单位:万元　　(10000 yuan)

地　区	Region	地区生产总值 Gross Domestic Product	第一产业 Primary Industry	第二产业 Secondary Industry	第三产业 Tertiary Industry	工　业 Industry	建筑业 Construction	户籍人口人均GDP(元) Per Capita GDP (yuan)(Household Registered)	常住人口人均GDP(元) Per Capita GDP (Long－term Residents)
全　市	**Whole City**	**181094208**	**3334905**	**54886235**	**122873068**	**48052943**	**6848591**	**219725**	**149857**
市　区	Urban District	170097763	2291557	50197948	117608258	44332172	5879852	247975	156657
#上城区	Shangcheng	24175103	–	6046600	18128504	4878110	1169452	283477	181768
拱墅区	Gongshu	19685601	–	1937923	17747678	1270404	671891	228511	173671
西湖区	Xihu	19042182	30996	1439957	17571229	1049234	391784	242583	172405
高新(滨江)区	Hi－Tech (Binjiang)	20225969	4798	8590479	11630692	8409913	180667	670281	392356
萧山区	Xiaoshan	20116245	584149	7752656	11779441	6861447	893454	164076	98803
余杭区	Yuhang	25021995	397367	3369804	21254824	2993919	376798	366489	196869
临平区	Linping	9400929	154249	5058923	4187756	4787185	273255	165172	79266
钱塘区	Qiantang	12182335	139608	8286272	3756455	7830110	457753	372406	155585
富阳区	Fuyang	8732961	495199	3914392	4323370	3355809	559864	126014	104461
临安区	Lin'an	6583504	455706	3319912	2807886	2896041	423901	121638	103109
西湖风景名胜区	The West Lake Scenic Zone	507478	16578	219	490681	–	220	265002	211449
桐庐县	Tonglu	4138828	261058	1880423	1997347	1501337	380002	98727	91063
淳安县	Chun'an	2551651	404202	636998	1510450	396570	240654	56147	77676
建德市	Jiande	4305966	378088	2170866	1757012	1822864	348084	84646	97091

1-10 分地区和产业生产总值指数(2021年)

Indices of Gross Domestic Product by Region and Industry(2021)

(上年=100) (Preceding Year=100)

地　区	Region	地区生产总值 Gross Domestic Product	第一产业 Primary Industry	第二产业 Secondary Industry	第三产业 Tertiary Industry	工　业 Industry	建筑业 Construction
全　市	**Whole City**	**108.5**	**101.8**	**108.6**	**108.7**	**109.0**	**105.7**
市　区	Urban District	108.5	101.3	108.6	108.7	109.0	105.5
#上城区	Shangcheng	107.2	-	105.1	107.8	105.6	103.3
拱墅区	Gongshu	108.1	-	104.3	108.5	105.1	102.8
西湖区	Xihu	110.7	98.8	110.5	110.8	115.8	97.4
高新(滨江)区	Hi-Tech(Binjiang)	111.3	72.7	112.9	110.2	112.9	112.9
萧山区	Xiaoshan	108.7	101.7	107.7	109.7	107.8	107.0
余杭区	Yuhang	107.5	101.7	113.5	106.7	113.3	115.2
临平区	Linping	110.6	103.8	110.8	110.6	110.7	112.0
钱塘区	Qiantang	106.6	95.0	105.7	109.0	105.6	106.8
富阳区	Fuyang	107.7	102.2	109.6	106.8	107.6	121.8
临安区	Lin'an	107.6	102.1	108.5	107.6	110.3	98.5
西湖风景名胜区	The West Lake Scenic Zone	107.2	160.3	100.6	106.2	100.0	117.6
桐庐县	Tonglu	109.5	102.6	111.2	108.9	109.1	120.3
淳安县	Chun'an	105.2	102.6	99.5	108.5	101.5	96.4
建德市	Jiande	107.5	103.8	109.0	106.6	110.7	101.1

1-11 主要指标占全省比重(2021年)

Proportion of Main Indicators in Whole Province(2021)

指　标 Item	全　省 Zhejiang Province	杭州市 Hangzhou	杭州市占全省(%) Proportion of Hangzhou in Zhejiang (%)
年末常住人口 (万人) Long-term Residents(End of 2021) (10000 persons)	6540	1220.40	18.7
年末户籍人口 (万人) Household Registration Population(End of 2021) (10000 persons)	5096	834.54	16.4
年末就业人员数 (万人) Total Number of Employed Persons (10000 persons)	3897	759.68	19.5
地区生产总值 (亿元) Gross Domestic Product (100 million yuan)	73515.76	18109.42	24.6
第一产业 (亿元) Primary Industry (100 million yuan)	2209.09	333.49	15.1
第二产业 (亿元) Secondary Industry (100 million yuan)	31188.57	5488.62	17.6
第三产业 (亿元) Tertiary Industry (100 million yuan)	40118.1	12287.31	30.6
常住人口人均生产总值 (元) Per Capita GDP of Long-term Residents (yuan)	113032	149857	132.6
农林牧渔业总产值 (亿元) Gross Output Value of Farming, Forestry, Animal Husbandry and Fishery (100 million yuan)	3579.21	501.33	14.0
主要农产品产量 Output of Major Farm Products			
#粮食 (万吨) Grain (10000 tons)	620.9	53.00	8.5
生猪年末存栏 (万头) Hogs in Stock at Year End (10000 heads)	640.23	109.61	17.1
肉类产量 (万吨) Output of Meat (10000 tons)	-	11.53	-
淡水产品总产量 (万吨) Freshwater Aquatic products (10000 tons)	142.03	18.10	12.7

1－11 续表1 continued 1

指 标 Item		全 省 Zhejiang Province	杭州市 Hangzhou	杭州市占全省(%) Proportion of Hangzhou in Zhejiang (%)
规模以上工业企业总产值 Output Value of Industrial Enterprises Above Designated Size	(亿元) (100 million yuan)	94969.9	17746.18	18.7
规模以上工业企业利税总额 Total Pre－tax Profits of Industrial Enterprises above Designed Size	(亿元) (100 million yuan)	10188.56	2286.68	22.4
主要工业产品产量 Output of Major Industrial Products				
#发电量 Electricity	(亿千瓦时) (100 million kWh)	4018	187	4.7
氢氧化钠(烧碱)(折100%) Caustic Soda(100% discount)	(万吨) (10000 tons)	223.08	24.70	11.1
碳酸钠(纯碱) Soda Ash	(万吨) (10000 tons)	27.56	27.56	100
合成氨 Synthetic Ammonia	(万吨) (10000 tons)	62.79	21.20	33.8
水泥 Cement	(万吨) (10000 tons)	13605.05	1752	12.9
钢材 Steels	(万吨) (10000 tons)	3451.83	348	10.1
化学纤维 Chemical Fiber	(万吨) (10000 tons)	3209.61	848.32	26.4
纱 Yarn	(万吨) (10000 tons)	152.97	31	20.3
自行车 Bicycles	(万辆) (10000 units)	330	112.6	34.1
电冰箱 Household Refrigerator	(万台) (10000 units)	537	73	13.6
洗衣机 Washing Machine	(万台) (10000 units)	861	264	30.7
客运量 Volume of Passenger Transport	(万人次) (10000 person－times)	48897	13823	28.3

1－11 续表2 continued 2

指 标 Item		全 省 Zhejiang Province	杭州市 Hangzhou	杭州市占全省（%） Proportion of Hangzhou in Zhejiang（%）
货运量 Volume of Goods Transport	（万吨） （10000 tons）	327398	46997	14.4
社会消费品零售总额 Total Retail Sales of Consumer Goods	（亿元） （100 million yuan）	29210.54	6743.52	23.1
出口额 Total Exports	（亿元） （100 million yuan）	30119.94	4647.02	15.4
实际利用外资 Foreign Capital Actually Used	（亿美元） （100 million USD）	183.39	81.71	44.6
财政总收入 Total Financial Revenue	（亿元） （100 million yuan）	14516.96	4561.72	31.4
#一般公共预算收入 General Public Budget Revenue	（亿元） （100 million yuan）	8262.57	2386.59	28.9
一般公共预算支出 Financial Expenditure	（亿元） （100 million yuan）	11016.87	2392.04	21.7
金融机构存款余额（本外币） Deposits of Financial Institutions	（亿元） （100 million yuan）	170816.00	61044.30	35.7
住户存款余额 Deposits of Households	（亿元） （100 million yuan）	67486.60	15818.40	23.4
金融机构贷款余额（本外币） Loans of Financial Institutions	（亿元） （100 million yuan）	165755.70	56274.77	34.0
非私营单位就业人员平均工资 Average Wage of Employed Persons of Non－private Units	（元） （yuan）	122309	146701	119.9
全体居民人均可支配收入 Per Capita Annual Disposable Income of Urban and Rural Residents	（元） （yuan）	57541	67709	117.7
城镇居民人均可支配收入 Per Capita Annual Disposable Income of Urban Residents	（元） （yuan）	68487	74700	109.1
农村居民人均可支配收入 Per Capita Annual Disposable Income of Rural Residents	（元） （yuan）	35247	42692	121.1
高等学校在校学生数 Number of Institutions of Higher Education	（万人） （10000 persons）	134.0	58.45	43.6
普通中学在校学生数 Number of Secondary Schools	（万人） （10000 persons）	250.1	39.48	15.8
小学在校学生数 Number of Primary Schools	（万人） （10000 persons）	383.4	68.10	17.8

1－12 国民经济主要指标人均水平(2016－2021 年)

Major Per Capita Indicators of National Economy(2016－2021)

指 标 Item	2016	2017	2018	2019	2020	2021
全市生产总值 Gross Domestic Product (元) (yuan)	111572	122249	129035	134856	137474	149857
规模以上工业总产值 Gross Industrial Output Value above Designatted Size (元) (yuan)	118351	120419	126416	127568	124795	146851
农林牧渔业总产值 Gross Output Value of Farming, Forestry, Animal Husbandry and Fishery (元) (yuan)	4278	4252	4204	4383	4247	4150
社会消费品零售总额 Total Retail Sales of Consumer Goods (元) (yuan)	45840	49236	52029	54867	51365	55803
财政总收入 Financial Revenue (元) (yuan)	24377	27136	31183	31924	32693	37749
#一般公共预算收入 General Public Budget Revenue (元) (yuan)	13362	14560	16461	17195	17757	19749
一般公共预算支出 General Public Budgetary Expenditure (元) (yuan)	13381	14313	15487	17080	17556	19794
全体居民可支配收入 Annual Disposable Income of Urban and Rural Residents (元) (yuan)	46116	49832	54348	59261	61879	67709
全体居民消费性支出 Annual Living Expendituer of Urban and Ruarual Residents (元) (yuan)	31905	34146	37369	40016	38235	44609
城镇居民可支配收入 Annual Disposable Income of Urban Residents (元) (yuan)	52185	56276	61172	66068	68666	74700
城镇居民消费性支出 Annual Living Expenditure of Urban Residents (元) (yuan)	35686	38179	41615	44076	41916	48629
农村居民可支配收入 Annual Disposable Income of Rural Residents (元) (yuan)	27908	30397	33193	36255	38700	42692
农村居民消费性支出 Annual Living Expenditure of Rural Residents (元) (yuan)	20563	21983	24203	26296	25664	30224

1－13 数字经济主要指标(2020－2021年)
Digital Economy(2020－2021)

指标 Item	2020				2021			
	营业收入(亿元) Operating Income (100 million yuan)	增速(%) Growth (%)	增加值(亿元) Added Value (100 million yuan)	增速(%) Growth (%)	营业收入(亿元) Operating Income (100 million yuan)	增速(%) Growth (%)	增加值(亿元) Added Value (100 million yuan)	增速(%) Growth (%)
数字经济核心产业 Digital Economy Core Industry	**12937**	**15.4**	**4290**	**13.3**	**16331**	**20.2**	**4905**	**11.5**
相关产业 Related industries								
电子商务产业 E－commerce	3483	7.4	1933	3.0	4282	10.2	1818	2.1
云计算与大数据产业 Cloud Computing and Big Data	3335	11.9	1389	1.6	4001	20.2	1615	9.5
物联网产业 Internet of Things	2317	8.7	600	8.1	2721	17.2	665	12.1
数字内容产业 Digital Content	8325	16.9	3113	12.7	10339	19.2	3548	9.3
软件与信息服务产业 Software ware and Information Service	9889	16.1	3441	12.9	12167	15.8	3933	10.1
电子信息产品制造产业 Electronic Information Products Manufacturing Industry	4460	12.8	1090	14.7	5499	21.9	1231	16.2
集成电路产业 Integrate Circuit Industry	330	15.7	88	10.5	413	25.7	109	21.9
机器人产业 Robot Industry	118	9.9	34	12.3	152	29.4	42	24.8

注:2018年起采用浙江数字经济口径,之前为杭州信息经济口径。

a) Since 2018, the Zhejiang Digital Economy statistical caliber has been used, which was the Hangzhou Information Economy caliber before.

1－14 分地区数字经济核心产业增加值(2021年)
Added Value of Core Industries of Digital Economy by Region(2021)

地　区	Region	增加值(亿元) Added Value (100 million yuan)	比上年增长(%) Increase over the preceding year(%)	占地区生产总值(%) Proportion in Gross Domestic Product(%)
杭州市	**Hangzhou**	**4904.7**	**11.5**	**27.1**
#上城区	Shangcheng	76.6	12.0	3.2
拱墅区	Gongshu	72.4	14.4	3.7
西湖区	Xihu	790.5	15.2	41.5
高新(滨江)区	Hi－Tech(Binjiang)	1596.2	16.0	78.9
萧山区	Xiaoshan	150.7	18.0	7.5
余杭区	Yuhang	1605.7	4.1	64.2
临平区	Linping	61.8	15.8	6.6
钱塘区	Qiantang	129.0	13.3	10.6
富阳区	Fuyang	97.2	11.1	11.1
临安区	Lin'an	83.1	18.3	12.6
西湖风景名胜区	The West Lake Scenic Zone	–	–	–
桐庐县	Tonglu	53.2	5.8	12.8
淳安县	Chun'an	7.4	3.6	2.9
建德市	Jiande	13.2	18.5	3.1

注:快报未经省局核定。

a) The preliminary statistics has not been approved by the Provincial Bureau.

1－15 “1＋6”产业集群主要指标（2020－2021年）
“1＋6” Industrial Cluster（2020－2021）

产业分组 Industry Grouping	2020		2021	
	增加值（亿元）Added Value（100 million yuan）	速度（%）Growth（%）	增加值（亿元）Added Value（100 million yuan）	速度（%）Growth（%）
数字经济核心产业 Digital Economy Core Industry	4290	13.3	4905	11.5
文化产业 Cultural Industry	2285	8.2	2586	8.7
金融产业 Financial service Industry	2041	10.6	2191	6.4
旅游休闲产业 Tourism Leisure Industry	999	－16.3	1068	4.5
健康产业 Health Industry	1156	8.3	1332	8.2
时尚产业（制造业）Fashion Industry（Manufacturing）	282	16.3	288	9.4
高端装备产业（制造业）High－end Equipment Industry（Manufacturing）	791	14.3	860	11.5

1-16 按机构类型和登记注册类型分组的法人单位数(2021年)

Number of Corporation Units by Types of Organization and Registration(2021)

单位:个 (unit)

指标名称	Item	法人单位数 Number of Corporation Units	单产业法人单位 Containing Single Industrial Activity	多产业法人单位 Containing Multiple Industrial Activity
总计	**Total**	**589614**	**576921**	**12693**
按机构类型分组	**By Type of Organization**			
企业	Enterprises	562041	549491	12550
事业单位	Publlic Institution	5468	5430	38
机关	Office	1187	1122	65
社会团体	Social Group	4233	4233	-
民办非企业单位	Private Non - enterprise Unit	8369	8369	-
基金会	Foundation	294	294	-
居委会	Neighborhood Committees	1162	1148	14
村委会	Village Committees	1906	1904	2
农民专业合作社	Specialty Cooperative of Peasants	2731	2719	12
农村集体经济组织	Rural Collective economic organization	975	968	7
其他组织机构	Other	1248	1243	5
按登记注册类型分组	**Grouped By Registered Type**	**589614**	**576921**	**12693**
内资企业	Domestic - funded	583150	570963	12187
国有企业	State - owned	7677	7529	148
集体企业	Collective - owned	3113	3076	37
股份合作企业	Cooperative	396	381	15
联营企业	Joint Ownership	145	144	1
国有联营企业	State Joint Ownership	6	6	-
集体联营企业	Collective Joint	12	12	-
国有与集体联营企业	Joint State - collective	10	10	-
其他联营企业	Other Joint Ownership	117	116	1

指标名称	Item	法人单位数 Number of Corporation Units	单产业法人单位 Containing Single Industrial Activity	多产业法人单位 Containing Multiple Industrial Activity
有限责任公司	Limited Liability Corporations	20913	19524	1389
国有独资公司	State - funded Corporations	716	623	93
其他有限责任公司	Other Limited Liability Corporations	20197	18901	1296
股份有限公司	Share - holding Corporations Ltd.	1150	846	304
私营企业	Private	533648	523385	10263
私营独资企业	Private - funded	12941	12779	162
私营合伙企业	Private Partnership	13162	13138	24
私营有限责任公司	Private Limited Liability Corporations	506637	496669	9968
私营股份有限公司	Private Share - holding Corporations Ltd.	908	799	109
其他企业	Other Domestic - funded	16108	16078	30
港、澳、台商投资企业	Enterprises With Investment from Hong Kong, Macao and Taiwan	2449	2263	186
合资经营企业(港或澳、台资)	Joint - venture Enterprises with funds from Hong Kong, Macao and Taiwan	671	616	55
合作经营企业(港或澳、台资)	Cooperative Enterprises with funds from Hong Kong, Macao and Taiwan	20	19	1
港、澳、台商独资经营企业	Enterprises With Sole Investment from Hong Kong, Macao and Taiwan	1692	1576	116
港、澳、台商投资股份有限公司	Share - holding Corporations Ltd. With Investment from Hong Kong, Macao and Taiwan	48	36	12
其他港、澳、台商投资企业	Other Enterprises With Investment from Hong Kong, Macao and Taiwan	18	16	2
外商投资企业	With Foreign Investment	4015	3695	320
中外合资经营企业	Joint - venture	1272	1183	89
中外合作经营企业	Cooperation Enterprises	40	33	7
外资企业	With Sole Foreign Investment	2521	2308	213
外商投资股份有限公司	Share - holding Corporations Ltd. With Foreign Investment	59	49	10
其他外商投资企业	Other Enterprises With Foreign Investment	123	122	1

1-17 按行业和地区分组的法人单位数(2021年)
Number of Corporation Units by Sector and Region(2021)

单位:个　　(unit)

指标名称 Item	法人单位数 Number of Corporation Units	单产业法人单位 Containing Single Industrial Activity	多产业法人单位 Containing Multiple Industrial Activity
合计 Total	**589614**	**576921**	**12693**
一、按国民经济行业分组 Grouped by Sector			
农、林、牧、渔业 Farming, Forestry, Animal Husbandry and Fishery	6692	6655	37
农业 Agriculture	3876	3859	17
林业 Forestry	946	941	5
畜牧业 Animal Husbandry	666	659	7
渔业 Fishery	612	606	6
农、林、牧、渔、服务业 Services for Farming, Forestry, Animal Husbandry and Fishery	592	590	2
采矿业 Mining and Quarrying	137	135	2
煤炭采选业和洗选业 Coal Mining and Processing	2	2	-
黑色金属矿采选业 Ferrous Metals Mining and Processing	7	7	-
有色金属矿采选业 Nonferrous Metals Mining and Processing	10	9	1
非金属矿采选业 Nonmetal Minerals Mining and Processing	116	115	1
开采专业及辅助性活动 Supplementary Activities for Mining	2	2	-
其他采矿业 Other Minerals Mining	-	-	-
制造业 Manufacturing Industry	55956	55031	925
农副食品加工业 Agricultural Products Processing	935	915	20
食品制造业 Food Manufacturing	908	867	41
酒、饮料和精制茶制造业 Wine, Beverage and Tea Manufacturing	622	598	24
烟草制品业 Tobacco Processing	2	1	1
纺织业 Textile Industry	4724	4660	64
纺织服装、服饰业 Textile Products and Costune Indnstry	4869	4822	47

指标名称　Item	法人单位数 Number of Corporation Units	单产业法人单位 Containing Single Industrial Activity	多产业法人单位 Containing Multiple Industrial Activity
皮革、毛皮、羽毛及其制品和制鞋业 Leather. Furs. Downand Related and Shoes Products	1013	1003	10
木材加工和木、竹、藤、棕、草制品业 Timber Processing, Bamboo, Cane, Palm Fiber and Straw Products	1082	1076	6
家具制造业 Furniture Manufacturing	1102	1086	16
造纸和纸制品业 Paper Making and Paper Products	2238	2220	18
印刷和记录媒介复制业 Printing and Record Media	1322	1310	12
文教、工美、体育和娱乐用品制造业 Cultural, Educational. Industrial Arts. Sports and Entertainment Goods	2325	2305	20
石油、煤炭及其他燃料加工业 Petroleum, Coal and other Fuel Processing	97	95	2
化学原料和化学制品制造业 Raw Chemical Materials and Chemical Products	1812	1769	43
医药制造业 Medical and Pharmaceutical Products	475	461	14
化学纤维制造业 Chemical Fiber	386	381	5
橡胶和塑料制品业 Rubber and Plastic Products	3378	3338	40
非金属矿物制品业 Nonmetal Minerals Products	2695	2650	45
黑色金属冶炼和压延加工业 Smelting and Processing of Ferrous Metal	272	268	4
有色金属冶炼和压延加工业 Smelting and Processing of Nonferrous Metals	335	328	7
金属制品业 Metals Products	6024	5958	66
通用设备制造业 Ordinary Machinery	6053	5946	107
专用设备制造业 For Special Purpose Equipment Manufacturing	3350	3278	72
汽车制造业 Automobile Manufacturing	1764	1741	23
铁路、船舶、航空航天和其他运输设备制造业 Railway. watercraft. Avigation spaceflight and other Equipment Manufacturing	457	450	7
电气机械和器材制造业 Electric Equipment and Machinery	3412	3333	79
计算机、通信和其他电子设备制造业 Computers. Telecommunications and Other Electronic Equipment Manufacturing	2095	2028	67
仪器仪表制造业 Instruments and Meters Manufacturing	1170	1122	48

指标名称　Item	法人单位数 Number of Corporation Units	单产业法人单位 Containing Single Industrial Activity	多产业法人单位 Containing Multiple Industrial Activity
其他制造业 Other Manufacturing	418	415	3
废弃资源综合利用业 Multiple Utilization of Waste Resouces	169	164	5
金属制品、机械和设备修理业 Metal Products, Machinery and Equipment Repair	452	443	9
电力、热力、燃气及水生产和供应业 Production and supply of electricity, gas & water	799	771	28
电力、热力生产和供应业 Production and Supply of Electric Power and Hot Water	506	497	9
燃气生产和供应业 Production and Supply of Gas	66	60	6
水的生产和供应业 Production and Supply of Tap Water	227	214	13
建筑业 Construction	27742	26877	865
房屋建筑业 Housing	3882	3648	234
土木工程建筑业 Civil Engineering	5908	5648	260
建筑安装业 Installation	2701	2573	128
建筑装饰、装修和其他建筑业 Building Decoration and Others	15251	15008	243
批发和零售业 Wholesale and Retail Trade	183954	181021	2933
批发业 Wholesale	110714	109371	1343
零售业 Retail Trade	73240	71650	1590
交通运输、仓储和邮政业 Transportation, Storage and Post	11283	10956	327
铁路运输业 Railway Transport	14	14	-
道路运输业 Highway Transport	8189	8008	181
水上运输业 Water Transport	130	125	5
航空运输业 Air Transport	85	81	4
管道运输业 Pipeline Transport	2	2	-
多式联运和运输代理业 Multimodal Transport and Transport Agency	1539	1483	56

指标名称　Item	法人单位数 Number of Corporation Units	单产业法人单位 Containing Single Industrial Activity	多产业法人单位 Containing Multiple Industrial Activity
装卸搬运和仓储业 Carrying and Storage	848	826	22
邮政业 Postal Services	476	417	59
住宿和餐饮业 Lodging and Catering Services	13213	12476	737
住宿业 Lodging	3942	3806	136
餐饮业 Catering Services	9271	8670	601
信息传输、软件和信息技术服务业 Information Transmission , Software and Information Technology Services	69619	68652	967
电信、广播电视和卫星传输服务 Telecommunication, Radio and Television, Satellite Transmission Services	756	703	53
互联网和相关服务 Internet and Related Services	6376	6266	110
软件和信息技术服务业 Software and Information Technology Services	62487	61683	804
金融业 Banking and Insurance	3648	3394	254
货币金融服务 Monetary and Financial Services	370	292	78
资本市场服务 Capital Market Services	2363	2322	41
保险业 Insurance	249	134	115
其他金融业 Others	666	646	20
房地产业 Real Estate	19378	18547	831
房地产业 Real Estate	19378	18547	831
租赁和商务服务业 Renting and Business Service	86678	84552	2126
租赁业 Renting	5472	5351	121
商务服务业 Commercial Service	81206	79201	2005
科学研究和技术服务业 Scientific Research and Technical Service	45498	44506	992
研究和试验发展 Research and Experiment	4717	4656	61
专业技术服务业 Technical Services	22082	21339	743

单位:个　　　　1－17　续表4　continued 4　　　　(unit)

指标名称　Item	法人单位数 Number of Corporation Units	单产业法人单位 Containing Single Industrial Activity	多产业法人单位 Containing Multiple Industrial Activity
科技推广和应用服务业 Promotion and Application of Service and Technology Services	18699	18511	188
水利、环境和公共设施管理业 Water Conservancy, Environment and Public Utility	2988	2886	102
水利管理业 Water Conservancy	171	168	3
生态保护和环境治理业 Ecological Protection and Environmental Management	584	557	27
公共设施管理业 Public Facilities	2026	1968	58
土地管理业 Land Management	207	193	14
居民服务、修理和其他服务业 Service for the Residents ,Repair and Others	14258	13799	459
居民服务业 Resident Services	8041	7732	309
机动车、电子产品和日用产品修理业 Motor Vehicles , Electronics and Household Goods Repair Industry	4258	4167	91
其他服务业 Other Services	1959	1900	59
教育 Education	11727	11343	384
教育 Education	11727	11343	384
卫生和社会工作 Health Care, Sports & Social Welfare	4690	4381	309
卫生 Health Care	2359	2072	287
社会工作 Sports & Social Welfare	2331	2309	22
文化、体育和娱乐业 Culture, Sports and Entertainment	19050	18718	332
新闻和出版业 News and Publishing	261	254	7
广播、电视、电影和录音制作业 Television, Radio, Film and Television Sound Recording Production	3918	3873	45
文化艺术业 Culture and Arts	4220	4182	38
体育 Sports	1998	1887	111
娱乐业 Recreation	8653	8522	131

单位:个　　1-17　续表5　continued 5　　(unit)

指标名称　Item	法人单位数 Number of Corporation Units	单产业法人单位 Containing Single Industrial Activity	多产业法人单位 Containing Multiple Industrial Activity
公共管理、社会保障和社会组织 Public Administration ,Social Security and Social Organization	12304	12221	83
中国共产党机关 Communist Party Agencies	129	129	-
国家机构 Government Agencies	2719	2652	67
人民政协、民主党派 The CPPCC, Democratic Parties	37	37	-
社会保障 Social Security	52	52	-
群众团体、社会团体和其他成员组织 Mass Organizations,Social Groups and Other Members of Organization	5227	5227	-
基层群众自治组织及其他组织 Basic Level Mass Autonomous Organization and Other Organizations	4140	4124	16
二、按地区分组			
杭州市 HangZhou	589614	576921	12693
#上城区 Shangcheng	55808	53825	1983
拱墅区 Gongshu	78035	75799	2236
西湖区 Xihu	57271	55457	1814
高新(滨江)区 Hi-Tech(Binjiang)	38125	37217	908
萧山区 Xiaoshan	91908	90492	1416
余杭区 Yuhang	63732	62754	978
富阳区 Fuyang	34336	33802	534
临安区 Lin'an	20844	20514	330
临平区 Linping	49103	48216	887
钱塘区 Qiantang	53239	52435	804
桐庐县 Tonglu	20984	20713	271
淳安县 Chun'an	13233	12951	282
建德市 Jiande	12996	12746	250

注:建筑业单位地区分组按照注册地行政区划代码进行汇总,因此与分机构类型、登记注册类型及行业汇总数据有差异。

a) Construction enterprises grouped by region is according to the code of administrative division of the registered area, therefore the data is different to grouped by organizations, groupe by registration types and industry aggregate.

1－18　市区分月气象概况(2021 年)
Monthly Meteorological Conditions in Urban District(2021)

月　份	Month	平均气温(度) Average Temperature(℃)	日照时数(小时) Sunshine Hours(hours)	降雨天数(天) Rainfall Days (day)	降雨量(毫米) Precipitation(mm)
全　年	**Whole Year**	**18.80**	**1846.80**	**161**	**1952.10**
1　月	January	6.50	171.90	7	16.20
2　月	February	10.90	111.50	11	68.70
3　月	March	13.00	106.40	19	183.00
4　月	April	17.60	131.40	14	59.40
5　月	May	23.40	155.90	18	185.40
6　月	June	26.00	127.00	18	235.70
7　月	July	29.30	179.10	18	485.80
8　月	August	28.60	181.10	16	381.90
9　月	September	27.10	196.30	8	155.10
10　月	October	20.40	148.30	14	117.80
11　月	November	13.80	146.50	11	53.20
12　月	December	8.50	191.40	7	9.90

1-19 气　象
Meteorological

指　标		Item		市　区 Urban District	萧山区 Xiaoshan
一、气　温		**The Atmospheric Temperature**			
全年平均气温	（度）	Annual Average Temperature	（℃）	18.8	18.5
极端最高气温	（度）	The Highest Temperature of the Year	（℃）	38.2	37.0
出现日期	（日/月）	Date	（d/m）	15/7	1/9
极端最低气温	（度）	The Lowest Temperature of the Year	（℃）	-6.4	-6.7
出现日期	（日/月）	Date	（d/m）	8/1	8/1
二、降　雨		**Rainfall**			
本年降雨日数	（日）	Total Rainy Days	（day）	161	159
全年降雨总量	（毫米）	Annual Rainfall	（millimeters）	1952.1	1711.7
最长连续降雨日数	（日）	Longest Consecutive Days of Rain	（day）	14	12
最长连续降雨总量	（毫米）	Rainfall	（millimeters）	133.8	120.0
最长连续降雨起止日期	（日/月）	Start/End	（d/m）	11-24/5	13-24/5
日最大降雨量	（毫米）	Maximum Daily Rainfall	（millimeters）	103.6	77.7
出现日期	（日/月）	Date	（d/m）	26/7	25/7
三、全年日照总时数	**（小时）**	**Total Sunshine Hours**	**（hours）**	**1846.8**	**1669.0**
四、降　霜		**Frost**			
全年降霜日数	（日）	Annual Frost Days	（day）		
初霜日期	（日/月）	Start Date	（d/m）		
终霜日期	（日/月）	End Date	（d/m）		
五、降　雪		**Snow**			
全年降雪日数	（日）	Annual Frost Days	（day）	2	2
初雪日期	（日/月）	Start Date	（d/m）	14/12	14/12
终雪日期	（日/月）	End Date	（d/m）	7/1	7/1

概　　况(2021 年)

Conditions by Region(2021)

余杭区 Yuhang	临平区 Linping	富阳区 Fuyang	临安区 Lin'an	桐庐县 Tonglu	淳安县 Chun'an	建德市 Jiande
	18.3	18.7	17.8	18.3	18.9	18.6
	37.5	37.7	37.6	38.2	37.0	37.9
	15/7	5/7	15/7	15/7	12/7	14/7
	-7.4	-6.8	-8.0	-7.5	-5.8	-6.5
	8/1	8/1	1/1	9/1	8/1	9/1
	159	164	156	166.0	165	172
	1571.2	1740.9	1642.9	1690.6	1520.9	1591.0
	13	14	11	14	18	18
	76.6	139.3	260.9	174.0	240.7	237.6
	25/2-9/3	11-24/5	22/7-8/1	11-24/5	10-27/5	10-27/5
	75.3	92.9	71.3	82.1	86.0	78.1
	24/7	12/6	17/8	24/7	3/6	17/8
	1491.8		**1512.4**	**1565.1**	**1700.4**	**1506.7**
	2	2	2	3	3	2
	14/12	14/12	14/12	14/12	14/12	14/12
	7/1	7/1	7/1	7/1	7/1	7/1

主要统计指标解释

地区生产总值(GDP) 指一个国家(或地区)所有常住单位在一定时期内生产活动的最终成果。地区生产总值有三种表现形态,即价值形态、收入形态和产品形态。从价值形态看,它是所有常住单位在一定时期内生产的全部货物和服务价值超过同期投入的全部非固定资产货物和服务价值的差额,即所有常住单位的增加值之和;从收入形态看,它是所有常住单位在一定时期内创造并分配给常住单位和非常住单位的初次收入分配之和;从产品形态看,它是所有常住单位在一定时期内最终使用的货物和服务价值与货物和服务净出口价值之和。在实际核算中,生产总值有三种计算方法,即生产法、收入法和支出法。三种方法分别从不同的方面反映生产总值及其构成。

三次产业 是根据社会生产活动历史发展的顺序对产业结构的划分,产品直接取自自然界的部门称为第一产业,对初级产品进行再加工的部门称为第二产业,为生产和消费提供各种服务的部门称为第三产业。它是世界上较为通用的产业结构分类,但各国的划分不尽一致。2017 年前的三次产业划分标准按照当年《统计年鉴》,从 2018 年起,三次产业分类依据国家统计局修订的标准调整为:

第一产业是指农、林、牧、渔业(不含农、林、牧、渔专业及辅助性活动)。

第二产业是指工业[采矿业(不含开采专业及辅助性活动),制造业(不含金属制品、机械和设备修理业),电力、热力、燃气及水生产和供应业]和建筑业。

第三产业即服务业,是指除第一产业、第二产业以外的其他行业。

可比价格 指在不同时期的价值指标对比时,扣除了价格变动的因素,以确切反映物量的变化。按可比价格计算有两种方法:一种是直接用产品产量乘每一年的不变价格计算;另一种使用价格指数换算。

不变价格 指用同类产品的年平均价格作为固定价格,来计算各年产品价值。按不变价格计算的产品价值消除了价格变动因素,不同时期对比可反映出生产的发展速度。新中国成立后,随着工农业产品价格的变化,国家统计局先后五次制定了全国统一的工业产品不变价格和农业产品不变价格,从 1949 年到 1957 年使用 1952 工(农)业产品不变价格,从 1957 年到 1971 年使用 1957 年不变价格,从 1981 年到 1990 年使用 1980 年不变价格,从 1991 年到 2000 年使用 1990 年不变价格,从 2001 年到 2005 年使用 2000 年不变价格,从 2006 年到 2010 年使用 2005 年不变价格,从 2011 年到 2015 年使用 2010 年不变价格,从 2016 年到 2020 年使用 2015 年不变价格,从 2021 到 2025 年使用 2020 年不变价格。

数字经济 按照《国民经济行业分类(2017 版)》新的行业分类目录,界定数字经济核心产业统计分类目录,确定了计算机通信和其他电子设备制造业、电子信息机电制造业、专用电子设备制造业、电信广播电视和卫星传输服务业、互联网及其相关服务业、软件和信息技术服务业、文化数字内容及其服务业等 7 大类 128 个小类行业作为数字经济核心产业统计范围,并确定在全省组织开展数字经济核心产业定期统计监测工作。

“1+6 产业集群” 2016 年,杭州在国民经济和社会发展第“十三个”五年规划纲要中,提出:构建以信息经济为引领、现代服务业为主导、先进制造业为支撑、都市现代农业为基础的现代产业新体系,推进产业迈向中高端。确立发展万亿信息产业集群以及文化创意、旅游休闲、金融服务、健康、时尚、高端装备制造等六大千亿产业集群的目标。

降水量 从天空降落到地面的液态或固态(经融化后)降水,未经蒸发、渗透、流失而在水平面上积聚的深度。降水量以毫米为单位。

空气的温度(简称气温) 表示空气冷热程度的物理量。

日照时数 太阳在一地实际照射地面的时数。

Explanatory Notes on Main Statistical Indicators

Gross Domestic Product (GDP) refers to the final products of all resident units in a country (or a region) during a certain period of time. Gross domestic product is expressed in three different forms, i. e. value, income, and products respectively. The form of value refers to the total value of all products and services produced by all resident units during a certain period of time minus total value of input of materials and services of the nature of non – fixed assets or the summation of the value – added of all resident units; the form of income includes all the income created by all resident units and distributed primarily to all resident and non – resident units; the form of products refers to all goods and services for final use by all resident units plus net export of goods and services during a given period of time. In the practice of national accounting, gross domestic product is calculated with three approaches, i. e. production approach, income approach, and expenditure approach, which reflect gross domestic product and its composition from different aspects.

Three Industries Industry structure has been classified according to the historical sequence of development. Primary Industry refers to extraction of natural resources; Secondary Industry involves processing of primary products; and Tertiary Industry provides services of various kinds for production and consumption. The above classification is universal although it varies to some extent from country to country. The division standard of three industries was in accordance with Hangzhou Statistical Yearbook of the year before 2017, but since 2018 according to the classification standard revised by the Antional Bureau of Statistics, it has been adjusted as follows.

Primary Industry refers to agriculture, forestry, animal husbandry and fishery industries (excluding professional and support activities in agriculture, forestry, animal husbandry and fishery) .

Second Industry refers to industry [mining(excluding its professional and support activities), manufacturing(excluding the repair services of metal product, machine and equipment), production and supply of electricity, heat, water and gas] and construction.

Tertiary Industry is the service industry, refers to all other industries other than Primary or Secondary industries.

Comparable Price refers to the price deducting the factor of price change when comparing value indicators of different periods to reflect accurately the changes in physical value. There are two methods to calculate comparable price: one is to multiply the output of products by their constant prices of a certain year, and the other is to converse the data by relevant price index.

Constant Price refers to the average price of a given production a certain year, which is used to calculate the product value per year. The product value calculated on constant prices eliminates the factor of price changes, so its comparison between different periods may reflect the speed of production development. since the establishment of new China, , with the changes in general price level, the State Statistical Bureau has issued nationally unified constant prices for five times. The 1952 constant prices had been used from1949 to1957, the 1957 constant prices from1957 to1971, the 1970 constant prices from1971 to1981, the 1980 constant prices from1981 to1990, the 1990 constant prices from 1991 to 2000, the 2000 constant prices from 2001 to 2005, the 2005 constant prices from 2006 to 2010, the 2010 constant prices from 2011 to 2015, the 2015 constant prices from 2016 to 2020, and the 2020 constant price from 2021 to 2025.

Digital Economy According to the new industry classification catalogue of national economic industry classification (2017 Edition), define the statistical classification catalogue of core industries of digital economy. The statistical scope of the core industries of digital economy is determined as seven categories and 128 sub industries, including computer communication and other electronic equipment manufacturing industry, electronic information electromechanical manufacturing industry, special electronic equipment manufacturing industry, telecommunication, radio and television and satellite transmission service industry, Internet and its related service industry, software and information technology service industry, cultural digital content and its service industry. The regular statistical monitoring work of digital economy core industry is launched in the whole province.

"1 +6"Industrial Cluster In 2016, in the outline of the 13th five – year plan for national economic and social development, Hangzhou suggested to establish a new system of modern industry led by the information economy , dominated by the modern service industry, supported by the advanced manufacturing industry and based on the urban modern agriculture to promote industries to develop towards medium and high end. An aim is established to develop a trillion – scale information industrial cluster, and six hundred – billion – scale industrial cluster of Cultural and Creative Industry, Tourism Leisure Industry, Financial Services Industry, Health Industry, Fashion Industry and High – end Equipment Manufacturing Industry.

Precipitation refers to the depth of the water accumulated on the horizontal plane by rainwater, liquid or melt from solid, falling from the sky to the ground without evaporation, infiltration and loss.

It is calculated in the unit of millimeter (mm) .

Air Temperature refers to the physical quantity indicating the degree of coldness or hotness of the air.

Duration of sunshine refers to the number of hours the sun actually shines on the ground in one place.

二、人口和就业人员

POPULATION AND EMPLOYMENT

人口和就业人员
Population and Employment

主要统计指标
Major Statistical Indicators

年末常住人口	Long-term Residents(year-end)	1220.4	万人	(10, 000 persons)
为上年	As Compared with the Preceding Year	102.0	%	(%)
# 城镇人口	Urban Population	1020.3	万人	(10, 000 persons)
年末户籍登记户数	Total Registration Households(year-end)	261.95	万户	(10, 000 Subscribers)
为上年	As Compared with the Preceding Year	102.8	%	(%)
年末户籍登记人口	Total Registration Population(year-end)	834.54	万人	(10, 000 persons)
为上年	As Compared with the Preceding Year	102.6	%	(%)
# 男性	Male	412.25	万人	(10, 000 persons)
为上年	As Compared with the Preceding Year	102.4	%	(%)
户籍人口自然增长率	Natural Growth Rate of Household Registered Population	2.91	‰	(‰)
年末就业人员	Number of Employed Persons(year-end)	759.68	万人	(10, 000 persons)
为上年	As Compared with the Preceding Year	101.5	%	(%)

2－01 历次普查常住人口情况

Long－term Residents in the Past Population Census

单位：万人　　　　　　　　　　　　　　　　　　　　　　　　　　　　　　　　（10000 persons）

地　　区 Region	第一次全国人口普查 1953.7.1 the First National Population Census （1953.7.1）	第二次全国人口普查 1964.7.1 the Second National Population Census （1964.7.1）	第三次全国人口普查 1982.7.1 the Third National Population Census （1982.7.1）	第四次全国人口普查 1990.7.1 the Fourth National Population Census （1990.7.1）	第五次全国人口普查 2000.11.1 the Fifth National Population Census （2000.11.1）	第六次全国人口普查 2010.11.1 the Sixth National Population Census （2010.11.1）	第七次全国人口普查 2020.11.1 the Seventh National Population Census （2020.11.1）
杭州市 Hangzhou	**301.13**	**421.90**	**526.05**	**583.21**	**687.87**	**870.04**	**1193.60**
市　区 Urban District	227.49	318.88	405.55	454.38	564.52	752.64	1071.12
#上城区 Shangcheng				21.10	33.51	34.46	35.77
下城区 Xiacheng				25.66	41.24	52.61	48.58
江干区 Jianggan				36.12	56.54	99.88	148.78
拱墅区 Gongshu				29.34	42.93	55.19	63.51
西湖区 Xihu				35.40	59.33	82.00	111.30
高新（滨江）区 Hi－Tech（Binjiang）					11.59	31.90	50.38
萧山区 Xiaoshan	56.32	82.34	106.11	113.06	123.33	151.13	225.89
余杭区 Yuhang	52.28	64.96	80.50	86.08	81.77	117.03	240.25
富阳区 Fuyang	29.22	39.66	54.13	58.07	62.86	71.77	83.20
临安区 Lin'an	26.01	35.57	45.65	49.55	51.42	56.67	63.46
桐庐县 Tonglu	19.73	26.20	34.83	37.66	37.81	40.64	45.31
淳安县 Chun'an	27.49	38.66	42.03	43.55	38.23	33.68	32.90
建德市 Jiande	26.42	38.15	43.64	47.63	47.31	43.08	44.27

注：历年普查市区口径均已按现行行政辖区调整。

a）The data of the past population censuses in urban district were adjusted according to the current administrative division.

2-02 第七次全国人口普查基本情况

Basic Statistics on the Seventh National Population Census

项　　目	Item	全市 Whole City	比重(%) Proportion(%)
总户数(万户)	**Total Households (10,000 households)**	**495.50**	
平均每户人数(人)	Average number of people per household (person)	2.41	
总人口(万人)	**Total population (10,000 people)**	**1193.60**	
按性别分	By gender	1193.60	100.00
男	Male	621.60	52.08
女	Female	572.01	47.92
按城乡分	By Urban and Rural Areas	1193.60	100.00
城镇人口	Urban Population	994.21	83.29
乡村人口	Rural Population	199.39	16.71
按年龄分	By Age	1193.60	100.00
0-14岁	0-14 years old	155.35	13.02
15-59岁	15-59 years old	836.92	70.12
60岁及以上	60 years old and above	201.33	16.87
其中:65岁及以上	Of Which: 65 Years Old and Above	139.14	11.66
按文化程度分	By Education Level	1193.60	100.00
大学	University	349.92	29.32
高中	High School	183.41	15.37
初中	Junior High School	313.04	26.23
小学	Primary School	246.39	20.64
文盲、半文盲(15岁及15岁以上)	Illiterate, semi-illiterate (15 years old and above)	21.59	1.81
按民族分	By Nationality	1193.60	100.00
汉族	The Han nationality	1165.88	97.68
少数民族	Ethnic minority	27.72	2.32
畲族	The She Nationality	1.91	0.16
苗族	The Miao Nationality	7.33	0.61
回族	The Hui Nationality	1.59	0.13
满族	The Manchu nationality	1.33	0.11
蒙古族	The Mongolian Nationality	0.71	0.06
壮族	The Zhuang nationality	2.23	0.19

2-03 户籍人口和总户数(1949-2021年)

Household Registered Population and Households(1949-2021)

年份 Year	总户数(万户) Total Households (10000 Households)	总人口 (万人) Total Population (10000 Persons)	城镇人口(万人) Urban Population (10000 Persons)	按性别分 By Gender 男(万人) Male (10000 Persons)	女(万人) Female (10000 Persons)
1949		288.08	68.67	152.99	135.09
1950		297.64	70.08	158.74	138.90
1951		304.89	73.10	163.27	141.61
1952		318.97	75.18	164.60	147.52
1953		328.63	77.17	168.69	150.28
1954		339.29	82.71	173.67	154.96
1955		346.57	85.27	179.25	160.04
1956		365.64	86.97	182.86	163.71
1957		372.75	99.49	192.46	173.18
1958		384.41	108.15	198.82	173.93
1959		391.16	117.88	204.89	179.52
1960		391.16	126.55	207.87	183.29
1961		393.79	119.23	207.15	186.64
1962		403.74	108.96	211.02	192.72
1963		416.36	108.83	217.15	199.21
1964		426.76	104.96	222.66	204.10
1965		435.66	107.29	226.56	209.10
1966		441.84	106.64	229.25	212.59
1967		449.35	107.92	233.27	216.18
1968		456.39	107.14	236.76	219.63
1969		455.58	104.49	235.77	219.81
1970		458.82	101.94	237.09	221.73
1971		467.81	105.98	241.93	225.88
1972		474.06	109.08	244.68	229.88
1973		480.62	110.10	248.06	232.56
1974		485.68	109.87	250.73	234.95
1975		491.68	110.87	253.71	237.97
1976		495.91	112.05	255.78	240.10
1977		499.96	112.14	257.75	242.20
1978	117.89	505.55	116.06	260.74	244.81
1979	116.61	511.83	124.60	263.97	247.86
1980	119.11	515.53	128.88	266.02	249.51
1981	125.96	520.73	134.56	268.69	252.04
1982	131.53	528.06	139.94	272.72	255.34
1983	135.55	533.05	143.34	275.64	257.41
1984	139.24	537.49	147.46	278.04	259.45
1985	145.23	543.05	153.46	281.11	261.94
1986	151.59	549.53	157.19	284.57	264.96
1987	157.66	557.63	161.12	288.70	268.93
1988	164.41	565.04	164.87	292.21	272.83
1989	169.09	570.98	167.28	295.15	275.83

2－03 续表 continued

年 份 Year	总户数(万户) Total Households (10000 Households)	总人口 (万人) Total Population (10000 Persons)		按性别分 By Gender	
			城镇人口(万人) Urban Population (10000 Persons)	男(万人) Male (10000 Persons)	女(万人) Female (10000 Persons)
1990	171.94	574.78	169.00	297.02	277.76
1991	174.78	578.73	171.25	298.85	279.88
1992	177.68	582.40	174.03	300.63	281.77
1993	179.17	587.10	179.11	303.03	284.07
1994	180.65	592.93	186.50	306.00	286.93
1995	182.55	597.96	191.43	308.25	289.71
1996	184.33	603.22	196.68	310.76	292.46
1997	186.28	607.96	204.39	313.02	294.94
1998	187.80	611.64	210.52	314.69	296.95
1999	191.60	616.05	219.05	316.63	299.42
2000	193.48	621.58	227.00	319.09	302.49
2001	195.56	629.14	237.77	322.78	306.36
2002	198.27	636.81	252.02	326.62	310.19
2003	201.12	642.78	263.67	329.04	313.74
2004	204.52	651.68	282.58	332.62	319.06
2005	207.42	660.45	297.54	336.12	324.33
2006	209.91	666.31	309.78	338.23	328.08
2007	211.99	672.35	323.75	340.50	331.85
2008	213.74	677.64	340.76	342.45	335.19
2009	215.28	683.38	354.48	344.51	338.87
2010	216.51	689.12	365.24	346.56	342.56
2011	218.26	695.71	376.03	349.09	346.62
2012	218.95	700.52	384.09	350.90	349.62
2013	220.66	706.61	393.88	353.32	353.29
2014	222.35	715.76	404.27	357.26	358.50
2015	225.79	723.55	447.24	360.68	362.87
2016	229.57	736.00	463.86	366.47	369.53
2017	235.26	753.88	482.55	374.75	379.12
2018	241.84	774.10	515.04	384.20	389.90
2019	248.14	795.37	535.96	394.26	401.11
2020	254.75	813.83	568.23	402.72	411.11
2021	261.95	834.54	593.36	412.25	422.30

注:1. 按公安户籍人口统计。
2. 城镇人口 2015 年前为非农业人口。
a) Figures in this table are based on the household registered statistics which published by Public Security Bureau.
b) Since 2015, the donotation of Non－agriculture Population has been adjusted to Urban Population.

2-04 市区户籍人口和总户数(1978-2021年)
Household Registered Population and Households of Urban District(1978-2021)

年份 Year	总户数(万户) Total Households (10000 households)	总人口数(万人) Total Population (10000 persons)	城镇人口(万人) Urban Population (10000 persons)	按性别分 By Gender 男(万人) Male (10000 persons)	女(万人) Female (10000 persons)
1978	25.52	104.53	78.73	53.95	50.58
1979	26.23	110.50	85.05	57.09	53.41
1980	27.23	113.08	87.93	58.56	54.52
1981	29.88	115.59	90.53	59.96	55.63
1982	31.24	118.05	92.72	61.28	56.77
1983	32.69	120.13	94.94	62.43	57.70
1984	34.07	122.29	97.34	63.63	58.66
1985	35.36	124.67	100.01	64.96	59.71
1986	37.02	127.07	102.59	66.29	60.78
1987	38.70	129.16	104.09	67.38	61.78
1988	40.05	131.26	107.30	68.46	62.80
1989	41.19	132.84	108.88	69.28	63.56
1990	42.26	133.89	109.97	69.75	64.14
1991	42.98	134.97	111.20	70.33	64.64
1992	43.63	136.30	112.70	71.08	65.22
1993	44.55	138.33	115.13	72.22	66.11
1994	45.04	141.27	118.48	73.82	67.45
1995	46.06	143.52	121.38	74.91	68.61
1996	52.39	166.73	128.76	87.15	79.58
1997	53.14	169.29	131.76	88.53	80.76
1998	53.92	171.89	134.62	89.86	82.03
1999	54.64	175.27	139.29	91.65	83.62
2000	55.34	179.18	143.69	93.64	85.54
2001	115.81	379.49	193.26	194.59	184.90
2002	117.11	387.01	205.98	198.47	188.54
2003	119.01	393.19	216.13	201.14	192.05
2004	120.56	401.59	233.08	204.43	197.16
2005	122.02	409.52	245.56	207.70	201.82
2006	123.31	414.18	256.42	209.45	204.73
2007	124.40	419.50	269.30	211.59	207.91
2008	125.56	424.30	285.11	213.54	210.76
2009	126.92	429.44	297.83	215.56	213.88
2010	128.43	434.82	307.52	217.65	217.16
2011	130.14	440.34	317.63	219.86	220.48
2012	131.48	445.43	325.50	221.99	223.43
2013	133.27	450.82	334.38	224.24	226.58
2014	157.11	525.07	358.56	261.17	263.90
2015	160.47	532.86	389.14	264.71	268.15
2016	164.22	544.68	403.20	270.31	274.38
2017	188.48	615.23	440.61	304.86	310.37
2018	194.84	635.30	469.27	314.28	321.02
2019	201.01	656.56	488.16	324.39	332.17
2020	207.43	675.30	517.09	333.05	342.25
2021	214.44	696.59	541.52	342.89	353.70

注:城镇人口2015年前为非农业人口。

a) Before 2015, the Urban Population was Non-agriculture Population.

2－05 分地区户籍人口和总户数(2021 年末)

Household Registered Population and Households by Region(End of 2021)

地 区 Region	总户数 (户) Total Households (household)	总人口数 (人) Total Population (person)	按性别分 By Gender	
			男(人) Male (person)	女(人) Female (person)
全 市 Whole City	**2619490**	**8345428**	**4122476**	**4222952**
市 区 Urban District	2144395	6965938	3428920	3537018
#上城区 Shangcheng	285654	866113	425012	441101
拱墅区 Gongshu	285285	876768	427408	449360
西湖区 Xihu	229045	814987	404110	410877
西湖风景名胜区 The West Lake Scenic Zone	6047	18981	8869	10112
高新(滨江)区 Hi－Tech(Binjiang)	83452	311158	156251	154907
萧山区 Xiaoshan	364438	1240055	607985	632070
余杭区 Yuhang	216995	701423	343762	357661
临平区 Linping	174018	583354	281875	301479
钱塘区 Qiantang	91281	334992	165959	169033
富阳区 Fuyang	223114	694913	347780	347133
临安区 Lin'an	191113	542175	268778	273397
桐庐县 Tonglu	150415	419217	208040	211177
淳安县 Chun'an	146939	452763	228858	223905
建德市 Jiande	177741	507510	256658	250852

注:西湖区包含风景名胜区。

a) Figures of Xihu include the West Lake Scenic Zone.

2－06 分地区户籍人口年龄构成(2021 年末)

Age Structure of Household Registered Population by Region(End of 2021)

地 区 Region	0－17 岁 0～17 years old		18－34 岁 18～34 years old		35－59 岁 35～59 years old		60 岁以上 over 60 years old	
	人数(人) Number of people (person)	占总人口% of the total population	人数(人) Number of people (person)	占总人口% of the total population	人数(人) Number of people (person)	占总人口% of the total population	人数(人) Number of people (person)	占总人口% of the total population
全 市 Whole City	**1503001**	**18.0**	**1767534**	**21.2**	**3142278**	**37.7**	**1932615**	**23.1**
市 区 Urban District	1301949	18.7	1496943	21.5	2585473	37.1	1581573	22.7
#上城区 Shangcheng	157771	18.2	163382	18.9	317836	36.7	227124	26.2
拱墅区 Gongshu	140225	16.0	194745	22.2	312918	35.7	228880	26.1
西湖区 Xihu	166365	20.4	186519	22.9	311157	38.2	150946	18.5
高新(滨江)区 Hi－Tech(Binjiang)	71485	23.0	85150	27.4	111230	35.7	43293	13.9
萧山区 Xiaoshan	214438	17.3	261742	21.1	451026	36.4	312849	25.2
余杭区 Yuhang	150230	21.4	157598	22.5	255052	36.4	138543	19.7
临平区 Linping	136949	23.5	121452	20.8	211150	36.2	113803	19.5
钱塘区 Qiantang	73262	21.9	92739	27.7	113945	34.0	55046	16.4
富阳区 Fuyang	111913	16.1	134440	19.3	282516	40.7	166044	23.9
临安区 Lin'an	79311	14.6	99176	18.3	218643	40.3	145045	26.8
桐庐县 Tonglu	64379	15.4	82003	19.6	165630	39.5	107205	25.5
淳安县 Chun'an	64466	14.2	87487	19.3	189799	41.9	111011	24.6
建德市 Jiande	72207	14.2	101101	19.9	201376	39.7	132826	26.2

2-07 户籍人口自然变动情况(1949-2021年)
Natural Changes of Household Registered Population(1949-2021)

年份 Year	人口自然变动人数(人) Population Natural Change			人口自然变动率(‰) Population Natural Change Rate		
	出生人数 Birth Population	死亡人数 Death Population	自然增长人数 Natural Growth Population	出生率 Birth Rate	死亡率 Death Rate	自然增长率 Natural Growth Rate
1949	-	-	-	-	-	-
1950	101227	41810	59417	34.56	14.28	20.28
1951	116825	43156	73669	38.78	14.32	24.46
1952	120319	45073	75246	39.00	14.61	24.39
1953	124863	44777	80086	39.57	14.19	25.38
1954	130491	45526	84965	40.30	14.06	26.24
1955	130236	43984	86252	39.00	13.17	25.83
1956	111440	30537	80903	32.50	8.90	23.60
1957	142406	34673	107733	39.99	9.74	30.25
1958	137238	35642	101596	37.17	9.65	27.52
1959	102030	40031	61999	26.95	10.57	16.38
1960	108282	34569	73713	27.92	8.91	19.01
1961	83206	34361	48845	21.20	8.75	12.45
1962	155335	32116	123219	38.95	8.05	30.90
1963	170431	30884	139547	41.59	7.54	34.05
1964	146073	36868	109205	34.62	8.74	25.88
1965	137319	32585	104734	31.85	7.56	24.29
1966	120047	31509	88538	27.36	7.18	20.18
1967	107577	28248	79329	24.14	6.34	17.80
1968	111134	28303	82831	24.55	6.25	18.30
1969	109723	26956	82767	24.06	5.91	18.15
1970	101075	27768	73307	22.08	6.08	16.00
1971	96497	28571	67926	20.83	6.17	14.66
1972	85188	27890	57298	18.09	5.92	12.17
1973	81414	28144	53270	17.06	5.90	11.16
1974	70353	29723	40630	14.56	6.15	8.41
1975	74209	29655	44554	15.19	6.07	9.12
1976	71064	30053	41011	14.39	6.09	8.30
1977	73471	33239	40232	14.76	6.68	8.08
1978	73550	29928	43622	14.63	5.95	8.68
1979	71442	29500	41942	14.04	5.80	8.24
1980	52145	30727	21418	10.15	5.98	4.17
1981	73015	31352	41663	14.09	6.05	8.04
1982	82910	30805	52105	15.81	5.87	9.94
1983	69940	33598	36342	13.18	6.33	6.85
1984	60091	33070	27021	11.23	6.18	5.05
1985	66757	33715	33042	12.36	6.24	6.12
1986	84702	33576	51126	15.50	6.15	9.35
1987	94127	33238	60889	17.00	6.00	11.00
1988	85472	35356	50116	15.23	6.30	8.93
1989	81048	34031	47017	14.27	5.99	8.28

2-07 续表 continued

年份 Year	人口自然变动人数(人) Population Natural Change			人口自然变动率(‰) Population Natural Change Rate		
	出生人数 Birth Population	死亡人数 Death Population	自然增长人数 Natural Growth Population	出生率 Birth Rate	死亡率 Death Rate	自然增长率 Natural Growth Rate
1990	76579	34977	41602	13.37	6.11	7.26
1991	66144	33534	32610	11.47	5.81	5.66
1992	61708	34681	27027	10.63	5.97	4.66
1993	62465	34127	28338	10.68	5.84	4.84
1994	63580	35099	28481	10.78	5.95	4.83
1995	62586	36186	26400	10.51	6.08	4.43
1996	63680	35417	28263	10.60	5.90	4.70
1997	58471	34663	23808	9.65	5.72	3.93
1998	53951	38302	15649	8.85	6.28	2.57
1999	59085	36866	22219	9.63	6.01	3.62
2000	62300	40218	22082	10.07	6.50	3.57
2001	52088	33827	18261	8.33	5.41	2.92
2002	53064	35867	17197	8.38	5.67	2.72
2003	51420	36662	14758	8.04	5.73	2.31
2004	59940	34078	25862	9.26	5.27	3.99
2005	57233	35417	21816	8.72	5.39	3.33
2006	57790	38892	18898	8.71	5.86	2.85
2007	60296	37833	22463	9.01	5.65	3.36
2008	61332	42648	18684	9.09	6.32	2.77
2009	62441	39159	23282	9.18	5.76	3.42
2010	69606	46193	23413	10.14	6.73	3.41
2011	70337	38225	32112	10.16	5.52	4.64
2012	77349	49789	27560	11.08	7.13	3.95
2013	70850	37544	33306	10.07	5.34	4.73
2014	89743	40415	49328	12.62	5.68	6.94
2015	70617	40326	30291	9.81	5.60	4.21
2016	90896	35614	55282	12.46	4.88	7.58
2017	109496	63366	46130	14.70	8.51	6.19
2018	94713	46525	48188	12.40	6.09	6.31
2019	91450	36774	54676	11.65	4.68	6.97
2020	79806	42532	37274	9.92	5.29	4.63
2021	71606	47612	23994	8.69	5.78	2.91

注:本表按公安部门统计。

a) Figures in this table are based on the Public Security Bureau.

2-08 市区户籍人口自然变动情况(1978-2021年)

Natural Changes of Household Registered Population of Urban District(1978-2021)

年 份 Year	人口自然变动人数(人) Population Natural Change			人口自然变动率(‰) Population Natural Change Rate		
	出生人数 Birth Population	死亡人数 Death Population	自然增长人数 Natural Growth Population	出生率 Birth Rate	死亡率 Death Rate	自然增长率 Natural Growth Rate
1978	11923	6449	5474	11.56	6.25	5.31
1979	13184	5808	7376	12.26	5.40	6.86
1980	9708	6511	3197	8.68	5.82	2.86
1981	14938	6599	8339	13.06	5.77	7.29
1982	18092	6494	11598	15.49	5.56	9.93
1983	17107	6949	10158	14.36	5.84	8.52
1984	16257	6892	9365	13.41	5.69	7.72
1985	15824	7403	8421	12.81	6.84	6.82
1986	17120	6865	10255	13.60	5.45	8.15
1987	18701	7070	11631	14.60	5.52	9.08
1988	18503	7503	11000	14.21	5.76	8.45
1989	15868	6985	8883	12.02	5.29	6.73
1990	14085	7490	6595	10.56	5.62	4.94
1991	10195	7025	3170	7.58	5.22	2.36
1992	9994	7259	2735	7.37	5.35	2.02
1993	10099	7196	2903	7.35	5.24	2.11
1994	9918	7082	2836	7.09	5.06	2.03
1995	9806	7367	2439	6.89	5.17	1.72
1996	12098	8221	3877	7.80	5.30	2.50
1997	12304	8630	3674	7.32	5.13	2.19
1998	11714	9060	2654	6.87	5.31	1.56
1999	13694	8148	5546	7.89	4.69	3.20
2000	15058	10996	4062	8.50	6.20	2.30
2001	30902	19439	11463	8.22	5.17	3.05
2002	33156	19922	13234	8.65	5.20	3.45
2003	29019	21176	7843	7.44	5.43	2.01
2004	34858	19445	15413	8.77	4.89	3.88
2005	34056	21310	12746	8.39	5.25	3.14
2006	33260	21156	12104	8.08	5.14	2.94
2007	37029	20051	16978	8.88	4.81	4.07
2008	38703	21428	17275	9.17	5.08	4.09
2009	40293	22178	18115	9.44	5.20	4.24
2010	47052	25404	21648	10.89	5.88	5.01
2011	47256	22140	25116	10.80	5.06	5.74
2012	51892	27271	24621	11.72	6.16	5.56
2013	48107	21332	26775	10.74	4.76	5.97
2014	69577	27249	42328	13.36	5.23	8.13
2015	55275	26492	28783	10.45	5.01	5.44
2016	71427	23544	47883	13.26	4.37	8.89
2017	92571	52817	39754	15.96	9.11	6.85
2018	80238	36336	43902	12.83	5.81	7.02
2019	78168	27683	50485	12.10	4.28	7.82
2020	68661	33013	35648	10.31	4.96	5.35
2021	62554	37341	25213	9.12	5.44	3.68

2-09 分地区户籍人口自然变动情况(2021年)
Natural Changes of Household Registered Population by Region(2021)

地 区 Region	出 生 Birth		死 亡 Death		自然增长 Natural Growth	
	人数(人) Birth Population (person)	出生率(‰) Birth Rate(‰)	人数(人) Death Population (person)	死亡率(‰) Death Rate(‰)	人数(人) Natural Growth Population (person)	自然增长率(‰) Natural Growth Rate(‰)
全 市 Whole City	**71606**	**8.69**	**47612**	**5.78**	**23994**	**2.91**
市 区 Urban District	62554	9.12	37341	5.44	25213	3.68
#上城区 Shangcheng	6770	7.94	5318	6.24	1452	1.70
拱墅区 Gongshu	6670	7.74	6285	7.30	385	0.44
西湖区 Xihu	6870	8.54	3194	3.97	3676	4.57
高新(滨江)区 Hi-Tech(Binjiang)	3573	11.84	794	2.63	2779	9.21
萧山区 Xiaoshan	11179	9.12	6716	5.48	4463	3.64
余杭区 Yuhang	8826	12.93	3226	4.73	5600	8.20
临平区 Linping	6419	11.28	2894	5.08	3525	6.20
钱塘区 Qiantang	3645	11.14	1082	3.31	2563	7.83
富阳区 Fuyang	5207	7.51	4161	6.00	1046	1.51
临安区 Lin'an	3395	6.27	3671	6.78	-276	-0.51
桐庐县 Tonglu	2886	6.88	2821	6.73	65	0.15
淳安县 Chun'an	2673	5.88	3419	7.52	-746	-1.64
建德市 Jiande	3493	6.87	4031	7.92	-538	-1.05

2－10 分地区户籍人口机械变动情况(2021年)

Mechanical Changes of Household Registered Population by Region(2021)

单位:人 (person)

地 区 Region	本年迁入人数 Number of the Persons Moved in(person)		本年迁出人数 Number of the Persons Moved Out(person)		本年净迁入人数 Net Persons Moved in
	省 内 From Zhejiang Province	省 外 From Other Provinces	省 内 To Zhejiang Province	省 外 To Other Provinces	
全 市 Whole City	**88527**	**130651**	**15827**	**19665**	**183686**
市 区 Urban District	86728	127186	7444	18248	188222
#上城区 Shangcheng	13870	14473	647	1856	25840
拱墅区 Gongshu	16833	22923	1082	3306	35368
西湖区 Xihu	14173	17895	1808	5217	25043
高新(滨江)区 Hi－Tech(Binjiang)	7804	9417	571	1297	15353
萧山区 Xiaoshan	7434	12160	491	1224	17879
余杭区 Yuhang	9270	16627	493	1385	24019
临平区 Linping	7607	18163	278	709	24783
钱塘区 Qiantang	7708	10239	1316	2289	14342
富阳区 Fuyang	768	2409	296	440	2441
临安区 Lin'an	1261	2880	462	525	3154
桐庐县 Tonglu	874	1474	2004	395	－51
淳安县 Chun'an	322	737	3249	454	－2644
建德市 Jiande	603	1254	3130	568	－1841

2-11 婚姻登记情况(2020-2021年)
Marriage Registration Situations(2020-2021)

地 区 Region	2020			2021		
	准予登记结婚对数(对) Marriages Legally Registered(couples)	再婚人数(人) Re-married (person)	离婚对数(对) Divorces (couples)	准予登记结婚对数(对) Marriages Legally Registered(couples)	再婚人数(人) Re-married (person)	离婚对数(对) Divorces (couples)
全 市 Whole City	**57692**	**16910**	**22699**	**59827**	**17555**	**16615**
市 区 Urban District	50310	13914	19014	52874	14698	14558
#萧山区 Xiaoshan	9561	2406	2525	8882	2186	1952
余杭区 Yuhang	6251	2351	2147	5320	1978	1622
临平区 Linping				2058	866	462
富阳区 Fuyang	4147	1592	1821	4005	1572	1131
临安区 Lin'an	3034	1308	1616	2885	1391	1103
桐庐县 Tonglu	2425	1007	1245	2292	1021	759
淳安县 Chun'an	2219	835	1053	2091	761	569
建德市 Jiande	2738	1154	1387	2570	1075	729

2－12 规模以上单位

Number of Employed Persons of

单位:人

地区、行业	Region, Sector	就业人员合计 Number of Employed Persons	非私营单位 Non－private
全市	**Total**	**3343953**	**1557944**
市区	Urban District	3162843	1500039
#上城区	Shangcheng District	318229	169194
拱墅区	Gongshu District	374934	201435
西湖区	Xihu District	402514	245021
高新(滨江)区	Hi－Tech(Binjiang) District	425566	245093
萧山区	Xiaoshan District	528660	191642
余杭区	Yuhang District	304970	109801
临平区	Linping	249533	76465
钱塘区	Qiantang	296042	162572
富阳区	Fuyang District	132050	52997
临安区	Lin'an District	118314	37474
西湖风景名胜区	The West Lake Scenic Zone	12031	8345
桐庐县	Tonglu County	74042	25716
淳安县	Chun'an County	38268	11724
建德市	Jiande City	68800	20465
按国民经济行业分组	**Grouped by Sector**		
农、林、牧、渔业	Farming, Forestry, Animal Husbandry & Fishery	－	－
采矿业	Mining	1169	339
制造业	Manufacturing	1046585	515635
电力、热力、燃气及水生产和供应业	Production & Supply of Electricity, Heat, Gas & Water	15916	14167
建筑业	Construction	725830	172036
批发和零售业	Wholesale & Retail Trades	321893	149229
交通运输、仓储和邮政业	Transportation, Storage and Posts	156929	106936
住宿和餐饮业	Hotels and Catering Services	119778	65376
信息传输、软件和信息技术服务业	Information Transmission, Software and Information Technology	330259	210359
金融业	Financial Intermediation	－	－
房地产业	Real Estate	178376	118010
租赁和商务服务业	Leasing and Business Services	188988	82215
科学研究、技术服务业	Scientific Research, Technical Services	132390	70984
水利、环境和公共设施管理业	Management of Water Conservancy, Environment and Public Facilities	23028	9579
居民服务、修理和其他服务业	Service to Households, Repair and Other Services	44798	16815
教育	Education	14260	7892
卫生和社会工作	Health Care and Social Work	27754	7582
文化、体育和娱乐业	Culture, Sports and Entertainment	16000	10790
公共管理、社会保障和社会组织	Public Management, Social Security and Social Organizations	－	－

注:2020 年起为规模以上单位从业人员数。

就业人员数(2021 年末)

Units Above Designated Size(End of 2021)

(person)

女性 Female	非私营单位 Non - private	在岗职工 Staff and Workers	非私营单位 Non - private	其他就业人员 Other Employed Persons	非私营单位 Non - private
1145133	**550764**	**3223515**	**1510558**	**120438**	**47386**
1080847	530461	3047072	1453300	115771	46739
118965	61742	306376	162522	11853	6672
126660	70250	353075	185059	21859	16376
144635	93317	385189	237206	17325	7815
142219	80546	414694	243169	10872	1924
160183	60050	512093	185279	16567	6363
111880	41711	284392	108680	20578	1121
86722	30322	242376	73769	7157	2696
98751	60921	290398	160098	5644	2474
47605	17694	129968	52457	2082	540
38310	10750	116855	37007	1459	467
4917	3158	11656	8054	375	291
27830	9748	73086	25499	956	217
15314	4812	36348	11543	1920	181
21142	5743	67009	20216	1791	249
–	–	–	–	–	–
218	65	1167	339	2	0
393289	175153	1033698	509316	12887	6319
4086	3746	15622	13920	294	247
93783	17533	679357	166833	46473	5203
167947	74149	309801	140136	12092	9093
45774	28231	154345	105323	2584	1613
67613	39782	105290	53616	14488	11760
119388	79248	327259	209164	3000	1195
–	–	–	–	–	–
81376	54843	170272	112557	8104	5453
57945	24024	177532	80620	11456	1595
43525	24924	129253	68927	3137	2057
8831	4178	22784	9504	244	75
25049	8893	41882	15101	2916	1714
8494	5076	13431	7600	829	292
19503	5311	26421	7112	1333	470
8312	5608	15401	10490	599	300
–	–	–	–	–	–

a) Since 2020, the data are employees of enterprises and institutions above designated size.

2－13　规模以上单位

Average Number of Employed Persons of

单位：人

地区、行业	Region, Sector	就业人员年平均人数 Annual Average Number of Staff and Workers	非私营单位 Non－private
全市	**Total**	**3270816**	**1519852**
市区	Urban District	3093387	1462694
#上城区	Shangcheng District	312303	164695
拱墅区	Gongshu District	370305	196833
西湖区	Xihu District	394192	239835
高新(滨江)区	Hi－Tech(Binjiang) District	412621	233458
萧山区	Xiaoshan District	517513	188605
余杭区	Yuhang District	293741	104985
临平区	Linping	242584	74776
钱塘区	Qiantang	290090	162460
富阳区	Fuyang District	130742	52057
临安区	Lin'an Districty	117204	36723
西湖风景名胜区	The West Lake Scenic Zone	12092	8267
桐庐县	Tonglu County	74134	25046
淳安县	Chun'an County	36440	11776
建德市	Jiande City	66855	20336
按国民经济行业分组	**Grouped by Sector**		
农、林、牧、渔业	Farming, Forestry, Animal Husbandry & Fishery	－	－
采矿业	Mining	1208	353
制造业	Manufacturing	1034398	506102
电力、热力、燃气及水生产和供应业	Production & Supply of Electricity, Heat, Gas & Water	15871	14122
建筑业	Construction	687431	161346
批发和零售业	Wholesale & Retail Trades	320026	148666
交通运输、仓储和邮政业	Transportation, Storage and Posts	155179	105339
住宿和餐饮业	Hotels and Catering Services	120213	65960
信息传输、软件和信息技术服务业	Information Transmission, Software and Information Technology	318885	200554
金融业	Financial Intermediation	－	－
房地产业	Real Estate	177368	114968
租赁和商务服务业	Leasing and Business Services	185110	80717
科学研究、技术服务业	Scientific Research, Technical Services	127970	68417
水利、环境和公共设施管理业	Management of Water Conservancy, Environment and Public Facilities	23286	9343
居民服务、修理和其他服务业	Service to Households, Repair and Other Services	43064	16770
教育	Education	17336	9049
卫生和社会工作	Health Care and Social Work	27423	7285
文化、体育和娱乐业	Culture, Sports and Entertainment	16048	10861
公共管理、社会保障和社会组织	Public Management, Social Security and Social Organizations	－	－

平均人员数(2021 年)

Units Above Designated Size(2021)

(person)

在岗职工年平均人数 Staff and Workers	非私营单位 Non－private	其他就业人员年平均人数 Average Number of Other Employed Persons	非私营单位 Non－private
3150155	**1473065**	**120661**	**46787**
2977207	1416497	116180	46197
300109	158072	12194	6623
348231	180126	22074	16707
377505	231962	16687	7873
400883	231410	11738	2048
501310	182872	16203	5733
272415	103962	21326	1023
235997	72343	6587	2433
284705	160091	5385	2369
128630	51446	2112	611
115716	36238	1488	485
11706	7975	386	292
73168	24839	966	207
34616	11603	1824	173
65164	20126	1691	210
–	–	–	–
1206	353	2	0
1021804	500078	12594	6024
15563	13860	308	262
641593	156751	45838	4595
307841	139551	12185	9115
151961	103103	3218	2236
106188	54567	14025	11393
315003	199223	3882	1331
–	–	–	–
169431	109659	7937	5309
173533	79230	11577	1487
124828	66400	3142	2017
22990	9264	296	79
40367	15156	2697	1614
16376	8555	960	494
26017	6751	1406	534
15454	10564	594	297
–	–	–	–

2－14 分行业规模以上单位

The Education Level of Workers in

单位：人

行　业	Sector	单位就业人员 The Education Level 研究生及以上 Graduate of above
总　计	**Total**	**136850**
农、林、牧、渔业	Farming, Forestry, Animal Husbandry & Fishery	–
采矿业	Mining	3
制造业	Manufacturing	35643
电力、热力、燃气及水生产和供应业	Production & Supply of Electricity, Heat, Gas & Water	539
建筑业	Construction	3654
批发和零售业	Wholesale & Retail Trades	9046
交通运输、仓储及邮政业	Transportation, Storage and Posts	1777
住宿和餐饮业	Hotels and Catering Services	445
信息传输、软件和信息技术服务业	Information Transmission, Software and Information Technology	52583
金融业	Financial Intermediation	–
房地产业	Real Estate	3631
租赁和商务服务业	Leasing and Business Services	6513
科学研究和技术服务业	Scientific Research, Technical Services	17847
水利、环境和公共设施管理业	Management of Water Conservancy, Environment and Public Facilities	268
居民服务、修理和其他服务业	Service to Households, Repair and Other Services	106
教育	Education	1855
卫生和社会工作	Health Care and Social Work	1363
文化、体育和娱乐业	Culture, Sports and Entertainment	1577
公共管理、社会保障和社会组织	Public Management, Social Security and Social Organizations	–

职工素质情况(2021 年末)

Units Above Designated Size by Sector(End of 2021)

(persons)

文化程度 of the Employed Persons in Onits				单位就业人员中专业技术人员 Professional and Technical Personnel	单位就业人员中技术工人 Skilled Workers
大学本科 Bachelor' s Degree	大专 College Degree	中专及高中 Technical Secondary School and High School	初中及以下 Junior High School and Below		
783926	**644896**	**741859**	**1036200**	**770022**	**1089012**
–	–	–	–	–	–
45	127	267	727	85	289
187939	160900	258176	403705	203567	539174
6143	4440	3136	1658	3564	7396
85675	110632	195547	330322	148166	292632
92529	96612	77794	45912	38843	32448
33642	43516	40917	37077	15624	52196
13624	26205	41059	38445	4351	12652
195969	67533	11418	2756	185571	15915
–	–	–	–	–	–
33372	38881	40563	61527	20514	41119
39040	34617	43909	64847	25394	61741
66989	35621	9495	2500	91759	7721
2295	2050	3670	14745	2038	8190
2667	5749	8028	28508	2464	14099
8468	2476	1132	329	6381	679
8051	12265	4311	1764	15443	1878
7478	3272	2437	1378	6258	883
–	–	–	–	–	–

2-15 三次产业就业人员及构成(2011-2021年)
Number of Employed Persons by Three Industries(2011-2021)

单位:万人 (10000 persons)

指标名称 Item	2011	2012	2013	2014	2015	2016	2017	2018	2019	2020	2021
全市总计 Total	**599.03**	**600.97**	**606.89**	**613.64**	**627.70**	**641.45**	**658.37**	**685.86**	**726.57**	**748.39**	**759.68**
第一产业 Primary Industry	68.02	64.64	57.29	55.67	48.95	44.83	43.30	36.06	34.28	30.31	30.32
第二产业 Secondary Industry	235.91	235.47	236.17	237.67	238.21	240.19	241.13	243.50	251.22	255.40	265.49
第三产业 Tertiary Industry	295.10	300.86	313.43	320.30	340.54	356.43	373.94	406.30	441.07	462.68	463.87
全市构成(以合计为100) Composition(Total=100)	**100**	**100**	**100**	**100**	**100**	**100**	**100**	**100**	**100**	**100**	**100**
第一产业 Primary Industry	11.4	10.8	9.4	9.1	7.8	7.0	6.6	5.3	4.7	4.1	4.0
第二产业 Secondary Industry	39.4	39.2	38.9	38.7	37.9	37.4	36.6	35.5	34.6	34.1	34.9
第三产业 Tertiary Industry	49.3	50.1	51.6	52.2	54.3	55.6	56.8	59.2	60.7	61.8	61.1

注:根据第七次人口普查结果,对2011-2019年数据进行修订。

a)The historical data of 2011-2019 are revised according to the results of the seventh population census.

主要统计指标解释

人口数 指一定时点、一定地区范围内的有生命的个人的总和。

年度统计的年末人口数是指每年 12 月 31 日 24 时的人口数。

出生率(又称粗出生率) 指一定时期内(通常为一年)平均每千人所出生的人数的比率,一般用千分率表示。计算公式:

$$出生率 = \frac{年出生人数}{年平均人数} \times 1000‰$$

出生人数是指活产婴儿,即胎儿脱离母体时(不管怀孕月数),有过呼吸或其他生命现象。

年平均人数是年初、年底人口数的平均数,也可用年中人口数代替。

死亡率(又称粗死亡率) 指一定时期内(通常为一年)一定地区的死亡人数与同期平均人数(或期中人数)之比,一般用千分率表示。计算公式:

$$死亡率 = \frac{年死亡人数}{年平均人数} \times 1000‰$$

人口自然增长率 指一定时期内(通常为一年)人口自然增加数(出生人数减死亡人数)与该时期内平均人数(或期中人数)之比,一般用千分率表示。计算公式:

$$人口自然增长率 = \frac{本年出生人数 - 本年死亡人数}{年平均人数} \times 1000‰$$

人口自然增长率 = 人口出生率 - 人口死亡率

就业人员 指从事一定社会劳动并取得劳动报酬或经营收入人员,包括各级机关企事业单位就业人员、个体户主、个体就业人员、农村就业人员及其他未包括的就业人员(包括宗教职业者、现役军人等)。

单位就业人员 是指在各级国家机关、政党机关、社会团体及企业、事业单位中工作,并取得劳动报酬的全部人员。包括在岗职工、再就业的离退休人员、民办教师、在各单位中工作的外方人员和港、澳、台方人员以及聘用的外单位下岗职工、兼职人员、从事第二职业人员、使用的劳务派遣人员。各单位的就业人员反映了实际参加生产或工作的全部劳动力。

在岗职工 指在本单位工作并由单位支付劳动报酬的人员,以及在本单位有工作岗位,但由于学习、病伤产假等原因暂未工作,仍由单位支付劳动报酬的人,包括本单位临时性用工并支付劳动报酬的人员。2012 年开始在岗职工包含劳务派遣人员。

非私营单位 包括独立核算的机关、事业单位和国有、集体、股份制、港澳台投资及外商投资企业等。

规模以上单位 包括辖区内规模以上工业、有资质的建筑业、限额以上批发和零售业、限额以上住宿和餐饮业、有开发经营活动的全部房地产开发经营业、规模以上服务业法人单位。

Explanatory Notes on Main Statistical Indicators

Total Population refers to the total number of people alive at a certain point of time within a given area. The annual statistics on total population is taken at midnight on December 31.

Birth Rate (**or Crude Birth Rate**) refers to the ratio of the number of births to the average population during a certain period of time (usually a year), which is often expressed in ‰. The following formula is used:

$$\text{Birth Rate} = \frac{\text{Number of Births}}{\text{Average Number of Population}} \times 1000‰$$

Number of births refers to live births, i. e. the births when babies had showed any vital phenomena regardless of the length of pregnancy.

Annual Average Number of Population is the average of the number of population at the beginning of the year and that at the end of the year. Sometimes it is substituted by the mid – year population.

Death Rate (**or Crude Death Rate**) refers to the ratio of the number of deaths to the average population (or mid – year population) during a certain period of time (usually a year), which is often expressed in ‰. The following formula is used:

$$\text{Death Rate} = \frac{\text{Number of Deaths}}{\text{Annual Average Number of Population}} \times 1000‰$$

Natural Growth Rate of Population refers to the ratio of natural increase in population (number of births minus number ofdeaths) in a certain period of time (usually a year) to the average population(or mid – year population) of the same period, which is often expressed in ‰. The following formulas are applied:

$$\text{Natural Growth Rate of Population} = \frac{\text{Number of Births} - \text{Number of Deaths}}{\text{Average Number of Population}} \times 1000‰$$

Natural Growth Rate of Population = Birth Rate – Death Rate

Employed Persons refer to persons who are engaged in social labour and receive remuneration payment or earn business income, including all employees of government, enterprises and institutions, self – employed workers, employed persons in the rural areas and other employed workers(including religious professionals, servicemen, etc.).

Persons Employed in Various Units refer to all the persons working in government agencies of various levels, political and party organizations, social organizations, enterprises, institutions, and receiving wages or other forms of payment, which include fully – employed staff and workers, re – employed retirees, teachers in schools run by the local people, foreigners and Chinese compatriots from Hong Kong, Macao, and Taiwan working in various units, hired laid – off workers from other units, part – time employees, employees engaged a second job, dispatched personnels. Persons Employed in various units reflect the total laborers actually engaged in production or work.

Fully Employed Staff and Workers refer to persons who work and receive wages from their working units, as well as persons who maintain their posts, are out of commission temporarily for reasons of study, sickness, injury or maternal leave, but still receive wages from their working units, which includes persons who are temporarily employed and receive remuneration payment. After2012, fully employed staff includes dispatched personnels.

Non – private Units include independent accounting government organizations and institutions, state – owned, collective – owned and joint stock enterprises, and enterprises with funds from foreign and from Hong Kong, Macao and Taiwan.

Units above designated size include industries above designated size, qualified construction industries, wholesale and retail Industries above designated size, accommodation and catering industries above designated size, all real estate development and operation industries with development and business activities, and service industries legal entities above designated size.

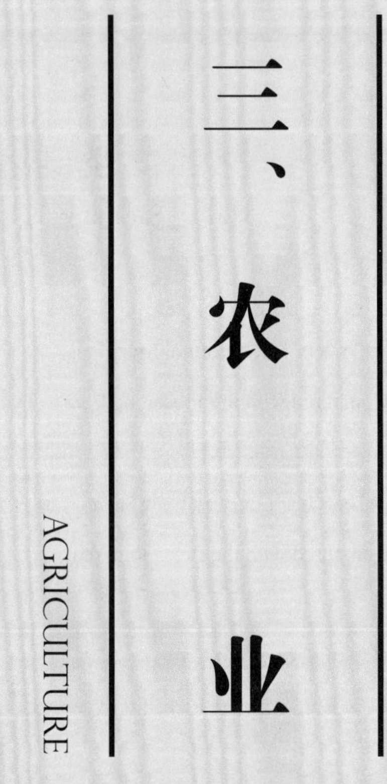

三、农业

AGRICULTURE

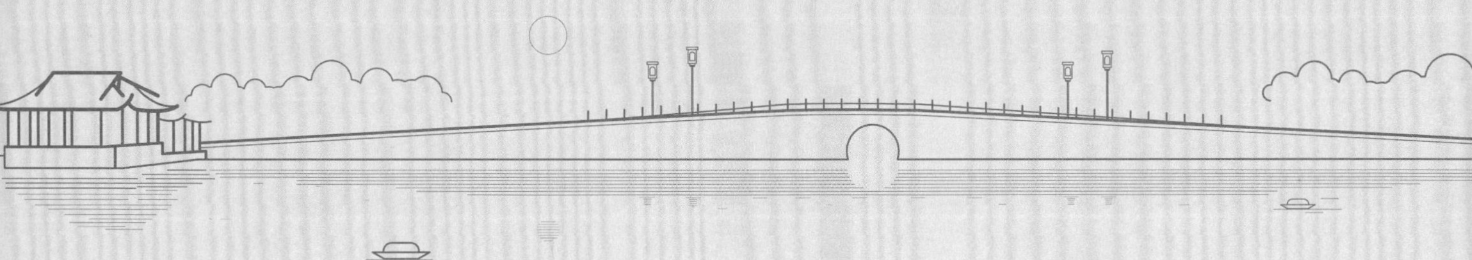

3

农　　业
Agriculture

主要统计指标
Major Statistical Indicators

农村机械总动力	Total Power of Agricultural Machinery	190.50	万千瓦	(10, 000 kW)
为上年	As Compared with the Preceding Year	97.3	%	(%)
农林牧渔业增加值	Value-added of Farming,Forestry,Animal Husbandry and Fishery	341.94	亿元	(100 million yuan)
为上年	As Compared with the Preceding Year	102.0	%	(%)
粮食总产量	Total Output of Grain Crops	53.00	万吨	(10, 000 tons)
为上年	As Compared with the Preceding Year	104.2	%	(%)
肉类产量	Total Output of Meat	11.53	万吨	(10, 000 tons)
为上年	As Compared with the Preceding Year	104.9	%	(%)

3-01 分地区农林牧渔业增加值(2021年)

The Added Value of Agriculture, Forestry, Animal Husbandry and Fishery(2021)

单位:万元 (10000 yuan)

地区 Region	农林牧渔业合计 Total	为上年 %	农、林、牧、渔专业及辅助性活动 Services for Farming, Forestry, Animal Husbandary and Fishery	为上年 %
全市 Whole City	**3419385**	**102.0**	**84480**	**108.3**
市区 Urban District	2355934	101.5	64377	108.6
#上城区 Shangcheng	–	–	–	–
拱墅区 Gongshu	–	–	–	–
西湖区 Xihu	32036	98.8	1040	100.0
高新(滨江)区 Hi-Tech(Binjiang)	4798	72.7	–	–
萧山区 Xiaoshan	607694	102.0	23545	108.6
余杭区 Yuhang	416281	102.1	18914	109.1
临平区 Linping	161320	104.1	7071	110.6
钱塘区 Qiantang	143080	95.2	3472	103.0
富阳区 Fuyang	499116	102.2	3917	110.1
临安区 Lin'an	462125	102.2	6418	109.2
西湖风景名胜区 The West Lake Scenic Zone	16578	160.3	–	–
桐庐县 Tonglu	266248	102.7	5190	107.6
淳安县 Chun'an	410714	102.7	6512	107.0
建德市 Jiande	386488	103.9	8400	107.3

3-02 农林牧渔业总产值(1949-2021年)

Gross Output Value of Agriculture, Forestry, Animal Husbandry and Fishery(1949-2021)

单位:亿元 (100 million yuan)

年份 Year	合计 Total	为上年(%) As Compared with the Preceding Year(%)	#农业 Agriculture	#林业 Forestry	#牧业 Husbandry	#渔业 Fishery	农、林、牧、渔专业及辅助性活动 Services for Farming, Forestry, Animal Husbandary and Fishery
1949	3.38	-	2.34	0.47	0.47	0.10	
1950	4.03	119.3	2.85	0.55	0.52	0.11	
1951	4.57	113.3	3.27	0.61	0.58	0.11	
1952	5.16	112.9	3.71	0.65	0.69	0.12	
1953	5.33	103.2	3.77	0.66	0.78	0.13	
1954	5.24	98.5	3.58	0.73	0.80	0.13	
1955	5.67	108.1	4.10	0.72	0.70	0.14	
1956	5.99	105.7	4.15	0.80	0.89	0.15	
1957	6.40	106.8	4.34	0.78	1.13	0.15	
1958	6.76	105.6	4.97	0.80	0.86	0.13	
1959	6.89	101.9	4.93	0.95	0.86	0.15	
1960	6.32	91.8	4.53	0.86	0.80	0.13	
1961	5.97	94.5	4.53	0.65	0.67	0.11	
1962	6.24	104.4	4.63	0.71	0.80	0.09	
1963	6.74	108.1	4.97	0.64	1.03	0.09	
1964	7.20	106.8	5.24	0.66	1.19	0.11	
1965	7.86	109.1	5.67	0.66	1.36	0.17	
1966	8.10	103.1	5.82	0.67	1.47	0.14	
1967	7.94	98.1	5.81	0.53	1.50	0.10	
1968	7.98	100.5	5.92	0.59	1.35	0.11	
1969	8.06	101.0	5.96	0.59	1.39	0.12	
1970	8.40	104.7	6.15	0.56	1.61	0.13	
1971	8.44	100.1	6.21	0.38	1.74	0.11	
1972	9.16	108.5	6.85	0.43	1.79	0.11	
1973	8.79	98.9	6.43	0.44	1.80	0.12	
1974	9.05	103.0	6.61	0.46	1.87	0.11	
1975	8.62	95.2	6.29	0.45	1.74	0.13	
1976	8.85	102.7	6.72	0.49	1.53	0.12	
1977	8.90	100.5	6.73	0.46	1.58	0.13	
1978	8.59	114.0	6.74	0.34	1.45	0.07	
1979	11.56	115.0	8.47	0.46	2.52	0.11	
1980	11.24	92.3	7.90	0.73	2.50	0.11	
1981	12.08	105.9	8.74	0.83	2.38	0.13	
1982	15.06	116.5	10.76	0.89	3.18	0.23	
1983	14.89	95.7	10.37	0.98	3.27	0.27	
1984	17.70	113.5	12.26	1.48	3.59	0.38	
1985	21.30	98.3	13.69	1.90	5.01	0.69	
1986	23.83	105.8	15.08	2.00	5.82	0.93	
1987	28.13	104.4	17.31	2.64	7.01	1.17	
1988	35.85	101.0	20.88	3.14	10.10	1.72	
1989	38.68	100.3	22.60	2.79	11.40	1.90	

单位:亿元　　　　3-02　续表　continued　　　　(100 million yuan)

年　份 Year	合计 Total	为上年(%) As Compared with the Preceding Year(%)	#农业 Agriculture	#林业 Forestry	#牧业 Husbandry	#渔业 Fishery	农、林、牧、渔专业及辅助性活动 Services for Farming, Forestry, Animal Husbandary and Fishery
1990	42.10	103.3	26.00	2.70	11.34	2.06	
1991	46.36	104.4	28.43	3.78	11.75	2.41	
1992	49.79	104.7	30.08	3.56	13.39	2.76	
1993	60.08	106.7	36.51	4.75	15.48	3.34	
1994	81.25	106.6	49.64	5.86	21.72	4.02	
1995	99.64	105.2	62.01	8.13	24.41	5.10	
1996	117.33	104.7	74.02	9.57	27.17	6.57	
1997	128.77	106.2	79.78	11.45	29.42	8.12	
1998	136.76	105.2	84.51	12.12	28.91	11.22	
1999	141.47	103.4	87.67	12.60	29.35	11.86	
2000	152.65	107.9	90.33	13.68	33.16	15.48	
2001	165.00	108.1	96.50	14.93	36.23	17.34	
2002	168.50	102.1	93.30	16.22	39.19	19.80	
2003	189.01	112.2	99.16	18.26	41.78	23.26	6.56
2004	198.27	104.9	101.09	20.68	45.76	23.41	7.33
2005	219.48	110.7	113.66	23.30	49.59	27.08	5.85
2006	225.38	102.7	122.48	26.77	49.04	20.61	6.47
2007	247.14	109.7	130.80	29.47	58.55	22.26	6.05
2008	273.76	110.8	140.81	32.02	63.66	30.93	6.34
2009	289.74	105.5	149.74	36.23	64.29	32.56	6.92
2010	316.34	109.2	169.88	32.93	70.56	34.90	8.07
2011	357.07	112.9	190.79	34.85	83.65	39.00	8.78
2012	384.34	107.6	207.72	38.18	86.85	42.00	9.59
2013	399.37	103.9	216.11	40.82	91.13	40.73	10.59
2014	418.58	104.8	233.38	47.02	82.82	44.20	11.16
2015	440.41	105.2	252.42	49.81	80.70	45.23	12.26
2016	449.01	102.0	262.15	53.05	76.88	43.61	13.32
2017	457.70	101.9	273.88	54.91	68.58	45.32	15.00
2018	466.10	101.8	282.71	57.30	61.85	47.47	16.77
2019	501.15	107.5	295.34	61.89	76.77	48.57	18.58
2020	500.65	99.9	296.05	63.10	70.87	49.99	20.62
2021	501.53	100.2	314.29	56.81	53.34	54.65	22.45

3-03 农林牧渔业总产值构成(1978-2021年)

Composition of Gross Output Value of Agriculture, Forestry, Animal Husbandry and Fishery (1978-2021)

单位:% (%)

年份 Year	农林牧渔业 Gross Output Value	#农业 Farming	种植业 Planting	林业 Forestry	畜牧业 Animal Husbandry	渔业 Fishery	农、林、牧、渔专业及辅助性活动 Services for Farming, Forestry, Animal Husbandary and Fishery
1978	100	78.4	74.9	4.0	16.8	0.8	-
1979	100	73.3	70.9	4.0	21.8	0.9	-
1980	100	70.3	67.7	6.5	22.2	1.0	-
1981	100	72.3	67.6	6.9	19.7	1.1	-
1982	100	71.4	68.6	5.9	21.1	1.6	-
1983	100	69.6	64.7	6.6	22.0	1.8	-
1984	100	69.2	65.1	8.3	20.3	2.2	-
1985	100	64.3	59.2	9.0	23.5	3.2	-
1986	100	63.3	58.0	8.4	24.4	3.9	-
1987	100	61.5	55.4	9.4	24.9	4.2	-
1988	100	58.2	52.3	8.8	28.2	4.8	-
1989	100	58.4	52.1	7.2	29.5	4.9	-
1990	100	61.8	55.4	6.4	26.9	4.9	-
1991	100	61.3	55.0	8.2	25.3	5.2	-
1992	100	60.4	51.6	7.2	26.9	5.5	-
1993	100	60.8	50.1	7.9	25.8	5.5	-
1994	100	61.1	51.1	7.2	26.7	5.0	-
1995	100	62.2	52.8	8.2	24.5	5.1	-
1996	100	63.1	52.6	8.2	23.1	5.6	-
1997	100	62.0	51.7	8.9	22.8	6.3	-
1998	100	61.8	51.3	8.9	21.1	8.2	-
1999	100	62.0	52.1	8.9	20.7	8.4	-
2000	100	59.2	49.4	9.0	21.7	10.1	-
2001	100	58.5	52.2	9.0	22.0	10.5	-
2002	100	55.4	52.6	9.6	23.3	11.7	-
2003	100	52.5	50.2	9.7	22.1	12.3	3.4
2004	100	51.0	49.1	10.4	23.1	11.8	3.7
2005	100	51.8	50.3	10.6	22.6	12.3	2.7
2006	100	54.3	52.9	11.9	21.8	9.1	2.9
2007	100	52.9	51.8	11.9	23.7	9.0	2.5
2008	100	51.4	50.2	11.7	23.3	11.3	2.3
2009	100	51.7	50.5	12.5	22.2	11.2	2.4
2010	100	53.7	52.9	10.4	22.3	11.0	2.6
2011	100	53.4	52.7	9.8	23.4	10.9	2.5
2012	100	54.0	53.1	9.9	22.6	10.9	2.6
2013	100	54.1	53.1	10.2	22.8	10.2	2.7
2014	100	55.8	54.7	11.2	19.8	10.6	2.6
2015	100	57.3	56.1	11.3	18.3	10.3	2.8
2016	100	58.4	57.0	11.8	17.1	9.7	3.0
2017	100	59.8	58.5	12.0	15.0	9.9	3.3
2018	100	60.7	59.3	12.3	13.3	10.2	3.5
2019	100	58.9	57.7	12.3	15.3	9.7	3.8
2020	100	59.1	57.9	12.6	14.2	10.0	4.1
2021	100	62.7	61.6	11.3	10.6	10.9	4.5

3-04 农林牧渔业分项产值(2014-2021年)

Gross Output Value of Agriculture, Forestry, Animal Husbandry and Fishery by Branch(2014-2021)

单位:万元 (10000 yuan)

指　标	Item	2014	2015	2016	2017	2018	2019	2020	2021
农林牧渔业总产值(现价)	**Gross Output Value (Current Price)**	**4185804**	**4404121**	**4490065**	**4577017**	**4660989**	**5011510**	**5006463**	**5015320**
一、农业产值	**Farming**	**2333804**	**2524163**	**2621544**	**2738813**	**2827117**	**2953377**	**2960514**	**3142887**
1. 种植业产值	Planting	2291071	2468981	2558927	2677779	2666080	2892153	2900314	3088317
粮食	Grain	224164	228341	171736	177764	175924	179017	192009	206011
油料	Oil-bearing Crops	37530	48373	34737	37332	38607	45369	47251	48568
棉花	Cotton	1152	1094	467	397	371	451	381	345
麻类	Fiber Crops	8	6	5	3	2	2	-	9
甘蔗	Sugarcane	17347	16322	5770	5214	5102	8426	9763	7370
烟叶	Tobacco	1	1	1	1	-	-	-	-
药材类	Crude Drugs	75180	86538	98954	112902	122997	139832	151006	167083
蔬菜	Vegetables	686995	748644	834633	829020	842779	880336	875957	937460
茶、桑、果、坚果	Tea, Mulberry & Fruits	749516	802647	828571	908024	942095	985879	989268	1078315
其他	Others	499178	537015	584053	607122	638203	652841	634679	643156
2. 其他农业产值	Other Farming	42733	55182	62617	61034	61037	61224	60200	54569
二、林业产值	**Forestry**	**470164**	**498051**	**530464**	**549138**	**572957**	**618886**	**631016**	**568055**
人造林木生长	Artificial Forestry	31640	32574	31490	31415	32211	32962	33162	51748
林产品	Forest Products	267839	294806	327864	349421	373384	414016	432001	430788
竹木采伐	Lumbering	130794	127670	125112	122773	121574	124431	117730	85520
采集野生植物	Wild Plant collected	39891	43001	45998	45529	45788	47477	48123	-
三、畜牧业产值	**Animal Husbandry**	**828184**	**807001**	**768795**	**685811**	**618513**	**767683**	**708743**	**533385**
牲畜	Livestock Raising	522674	522001	572122	498108	411261	556348	514871	343831
家禽饲养	Poultry Raising	72333	72394	36208	30122	36241	43002	39813	37940
活的畜禽产品	Livestock Products	127075	112964	92066	88831	98876	98252	85921	94302
捕猎野兽野禽	Hunting Wild Beast and Wild Fowl	6260	5256	6032	6043	5534	6777	6842	4533
其他动物饲养	Other Animals Raising	99842	94386	62367	62707	66601	63304	61296	52779
四、渔业产值	**Fishery**	**442023**	**452309**	**436050**	**453211**	**474742**	**485734**	**499942**	**546511**
五、农、林、牧、渔专业及辅助性活动	**Services for Farming, Forestry, Animal Husbandary and Fishery**	**111629**	**122597**	**133212**	**150044**	**167660**	**185830**	**206248**	**224482**

3－05 农林牧渔业分项

Composition of Gross Output Value of Agriculture, Forestry,

单位：%

指　　标	Item	2013	2014
农林牧渔业总产值（现价）	**Gross Output Value (Current Price)**	**100**	**100**
一、农业产值	**Farming**	**54.1**	**55.8**
1. 种植业产值	Planting	53.1	54.7
粮食	Grain	6.2	5.4
油料	Oil Plants	0.9	0.9
棉花	Cotton	-	-
麻类	Fiber Crops	-	-
甘蔗	Sugarcane	0.5	0.4
烟叶	Tobacco	-	-
药材类	Crude Drugs	1.7	1.8
蔬菜	Vegetables	16.7	16.4
茶、桑、果、坚果	Tea, Mulberry & Fruits	15.8	17.9
其他	Others	11.3	11.9
2. 其他农业产值	Other Farming	1.0	1.0
二、林业产值	**Forestry**	**10.2**	**11.2**
人造林木生长	Artificial Forestry	0.8	0.8
林产品	Forest Products	5.7	6.4
竹木采伐	Lumbering	2.6	3.1
采集野生植物	Wild Plant collected	1.1	0.9
三、畜牧业产值	**Animal Husbandry**	**22.8**	**19.8**
牲畜	Livestock Raising	14.8	12.5
家禽饲养	Poultry Raising	1.9	1.7
活的畜禽产品	Livestock Products	3.3	3.0
捕猎野兽野禽	Hunting Wild Beast and Wild Fowl	0.1	0.1
其他动物饲养	Other Animals Raising	2.7	2.4
四、渔业产值	**Fishery**	**10.2**	**10.6**
五、农、林、牧、渔专业及辅助性活动	**Services for Farming, Forestry, Animal Husbandary and Fishery**	**2.7**	**2.6**

产值构成(2013－2021 年)

Animal Husbandry and Fishery by Branch(2013－2021)

(%)

2015	2016	2017	2018	2019	2020	2021
100	**100**	**100**	**100**	**100**	**100**	**100**
57.3	**58.4**	**59.8**	**60.7**	**58.9**	**59.1**	**62.7**
56.1	57.0	58.5	59.3	57.7	57.9	61.6
5.2	3.8	3.9	3.8	3.6	3.8	4.1
1.1	0.8	0.8	0.8	0.9	0.9	1.0
–	–	–	–	–	–	–
–	–	–	–	–	–	–
0.4	0.1	0.1	0.1	0.2	0.2	0.1
–	–	–	–	–	–	–
2.0	2.2	2.5	2.6	2.8	3.0	3.3
16.9	18.6	18.1	18.1	17.6	17.5	18.7
18.2	18.5	19.8	20.2	19.7	19.8	21.5
12.2	13.0	13.3	13.7	13.0	12.7	12.8
1.3	1.4	1.3	1.4	1.2	1.2	1.1
11.3	**11.8**	**12.0**	**12.3**	**12.3**	**12.6**	**11.3**
0.7	0.7	0.7	0.7	0.6	0.7	1.0
6.7	7.3	7.6	8.0	8.3	8.6	8.6
2.9	2.8	2.7	2.6	2.5	2.4	1.7
1.0	1.0	1.0	1.0	0.9	0.9	–
18.3	**17.1**	**15.0**	**13.3**	**15.3**	**14.2**	**10.6**
11.9	12.7	10.9	8.9	11.1	10.3	6.8
1.6	0.8	0.7	0.8	0.8	0.8	0.8
2.6	2.1	1.9	2.1	2.0	1.7	1.9
0.1	0.1	0.1	0.1	0.1	0.1	–
2.1	1.4	1.4	1.4	1.3	1.3	1.1
10.3	**9.7**	**9.9**	**10.2**	**9.7**	**10.0**	**10.9**
2.8	**3.0**	**3.3**	**3.5**	**3.8**	**4.1**	**4.5**

3－06　分地区农林牧

Gross Output Value of Agriculture, Forestry,

单位:万元

指　　标	Item	全　市 Whole City	市　区 Urban District	上城区 Shangcheng	拱墅区 Gongshu	西湖区 Xihu
合　　计	**Gross Output Value**	**5015320**	**3440490**			**46024**
一、农业产值	**Farming**	**3142887**	**2070413**			**30657**
(一)种植业产值	Planting	3088317	2054449			30656
#副产品产值	By－products	－	－	－	－	－
1.粮食作物	Grain	206011	141006			435
谷　　物	Cereal	147275	108349			435
豆　　类	Beans	21786	11724			－
薯　　类	Tubers	36950	20933			－
2.油　　料	Oil Plants	48568	22578			15
3.棉　　花	Cotton	345	152			－
4.麻　　类	Fiber Crops	9	9			－
5.甘　　蔗	Sugarcane	7370	5581			－
6.烟　　叶	Tobacco	－	－	－	－	－
7.药 材 类	Crude Drugs	167083	53546			541
8.蔬　　菜	Vegetables	937460	712058			4599
9.茶、桑、果、坚果	Tea, Mulberry & Fruits	1078315	556858			17922
10.其　　他	Others	643156	562662			7144
(二)其他农业产值	Other Farming	54569	15964			1
二、林业产值	**Forestry**	**568055**	**414242**			**－**
1.人造林木生长	Artificial Forestry	51748	41336			－
2.林产品	Forest Products	430788	313313			－
3.村及村以下竹木采伐	Lumbering	85520	59593			－
4.采集野生植物	Wild Plant collected	－	－	－	－	－
三、畜牧业产值	**Animal Husbandry**	**533385**	**310379**			**－**
1.牲畜	Livestock	343831	236625			－
2.家禽饲养	Poultry Raising	37940	22758			－
3.活的畜禽产品	Livestock Products	94302	26638			－
4.捕猎野兽野禽	Hunting Wild Beast and Wild Fowl	4533	2897			－
5.其他动物饲养	Other Animals Raising	52779	21461			－
四、渔业产值	**Fishery**	**546511**	**438727**			**13462**
五、农、林、牧、渔专业及辅助性活动	**Services for Farming, Forestry, Animal Husbandary and Fishery**	**224482**	**174607**			**1904**

渔业总产值(2021 年)

Animal Husbandry and Fishery by Region(2021)

(10000 yuan)

高新(滨江)区 Hi - Tech (Binjiang)	萧山区 Xiaoshan	余杭区 Yuhang	临平区 Linping	钱塘区 Qiantang	富阳区 Fuyang	临安区 Lin'an	西湖风景名胜区 The West Lake Scenic Zone	桐庐县 Tonglu	淳安县 Chun'an	建德市 Jiande
7125	**901614**	**646888**	**240529**	**189036**	**692561**	**660569**	**26624**	**392240**	**571975**	**610614**
6484	**611232**	**345245**	**128251**	**125192**	**453291**	**343438**	**26624**	**266956**	**407406**	**398111**
6484	611219	345236	128251	125192	439343	341445	–	261926	405033	366909
–	–	–	–	–	–	–	–	–	–	–
122	28421	34008	6040	10359	42176	19444	–	19945	19015	26046
122	22672	30343	4713	8926	29517	11621	–	14141	7015	17770
–	3557	1323	861	1188	3816	978	–	2143	4640	3280
–	2192	2341	466	246	8843	6845	–	3661	7360	4996
33	6753	1228	952	1766	7314	4517	–	7414	9176	9400
–	99	12	38	3	–	–	–	–	154	39
–	9	–	–	–	–	–	–	–	–	–
–	3640	80	682	815	331	32	–	965	102	723
–	–	–	–	–	–	–	–	–	–	–
–	7515	9195	183	–	16300	19812	–	21585	50691	41261
1912	258147	97585	81693	83889	110881	73352	–	74752	71751	78898
325	54675	93222	29651	5329	157986	171124	26624	105055	232483	183919
4092	251960	109906	9011	23030	104355	53164	–	32210	21661	26623
–	13	10	–	–	13948	1993	–	5030	2373	31202
–	**13327**	**88302**	**758**	**–**	**109764**	**202091**	**–**	**47153**	**71591**	**35070**
–	2852	21944	758	–	5168	10614	–	3372	3800	3240
–	9118	51281	–	–	86875	166039	–	39969	55035	22471
–	1357	15077	–	–	17721	25438	–	3812	12756	9359
–	–	–	–	–	–	–	–	–	–	–
–	**105238**	**34783**	**4504**	**28018**	**62639**	**75198**	**–**	**42766**	**48651**	**131589**
–	89954	22744	2915	25759	41839	53413	–	21939	28744	56524
–	5839	8286	761	260	3828	3783	–	1933	2184	11065
–	6370	3311	182	1541	3683	11551	–	2959	5687	59018
–	–	–	–	–	2897	–	–	1080	160	396
–	3075	440	646	457	10392	6450	–	14856	11876	4586
641	**105345**	**123717**	**90553**	**28499**	**55934**	**21774**	**–**	**21304**	**31838**	**23923**
–	**66472**	**54841**	**16464**	**7327**	**10933**	**18069**	**–**	**14061**	**12489**	**21922**

3－07　主要农作物播种面积及产量(2020－2021年)
Sown Areas and Yield of Major Farm Crops(2020－2021)

指　标	Item	2020			2021		
		播种面积(千公顷) Sown Area (1000 hectares)	总产量(吨) Total Output (ton)	公顷产量(公斤) Yield per Hectare (kg/hectare)	播种面积(千公顷) Sown Area (1000 hectares)	总产量(吨) Total Output (ton)	公顷产量(公斤) Yield per Hectare (kg/hectare)
农作物总计	**Total Farm Crops**	**248.15**	**－**	**－**	**246.26**	**－**	**－**
一、粮　食	**Grain Crops**	**90.84**	**508643**	**5599**	**91.38**	**529994**	**5800**
(一)谷　物	Cereals	－	－	－	65.17	420536	6453
1.稻谷	Rice	－	－	－	41.24	313120	7592
①早稻及早中稻	Early Rice & Semi－late Rice	－	－	－	2.23	14608	6559
②晚稻及迟中稻	Late Rice & Semi－late Rice	－	－	－	39.02	298512	7651
#单季稻	#Single－crop Rice	－	－	－	37.11	285161	7684
2.小麦	Wheat	－	－	－	12.50	51751	4140
3.大麦	Barley	－	－	－	0.31	1142	3708
4.玉米	Corn	－	－	－	10.61	52524	4952
5.其他谷物	Other Cereals	－	－	－	0.82	3141	3828
(二)豆　类	Beans	－	－	－	14.88	42189	2835
1.大豆	Soybeans	－	－	－	12.11	34462	2846
2.其他小豆类	Other	－	－	－	2.77	7226	2607
(三)薯　类	Tubers	－	－	－	11.33	67270	5935
二、油料	**Oil Plants**	**26.73**	**72178**	**2700**	**27.33**	**67890**	**2490**
1.油菜籽	Rapeseeds	23.07	61388	2661	23.86	57890	2430
2.花生	Peanuts	2.27	8482	3733	2.13	7771	3645
3.芝麻	Sesame	1.36	2238	1648	1.33	2212	1665
4.其他	Others	0.006	20	3333	－	－	－
三、棉花(皮棉)	**Cotton**	**0.16**	**243**	**1519**	**0.15**	**216**	**1455**
四、麻类	**Fiber Cropers**	**－**	**－**	**－**	**0.004**	**18**	**4500**
五、糖类	**Sugar Crops**	**0.96**	**56704**	**58822**	**0.77**	**42315**	**55095**
六、烟叶	**Tobacco**	**－**	**－**	**－**	**－**	**－**	**－**
七、药材	**Crude Drugs**	**8.94**	**50481**	**5644**	**8.75**	**58692**	**6705**
八、蔬菜	**Vegetables**	**99.34**	**3476884**	**34999**	**99.06**	**3443174**	**34755**
九、果用瓜	**Melon as Fruit**	**10.61**	**359751**	**33923**	**10.06**	**337815**	**33585**
#西瓜	Watermelon	7.13	267948	37596	6.47	238311	36825
草莓	Strawberry	1.64	45768	27856	1.81	50530	27900
十、花卉苗木	**Flower Gardening**	**－**	**－**	**－**	**－**	**－**	**－**
十一、其他作物	**Others**	**10.57**	**－**	**－**	**8.76**	**－**	**－**
#绿肥	Green Manure	－	－	－	－	－	－

注:1.2020年蔬菜产量包含食用菌。

a) Vegetable Output contains edible fungus since 2020.

3－08 分地区粮食播种面积及产量(2021 年)
Sown Areas and Yield of Grain Crops by Region(2021)

地　　区	Region	播种面积总计(公顷)(Sown Area of Grain Crops(hectare))	总产量(吨)Yield of Grain Crops(ton)	公顷产量(公斤)Yield per Hectare(kg)
全　市	**Whole City**	**91384**	**529994**	**5800**
萧山	Xiaoshan	12740	72518	5692
余杭	Yuhang	17407	115556	6638
富阳	Fuyang	15343	100887	6576
临安	Lin′an	7143	39923	5589
钱塘	Qiantang	5963	33494	5617
桐庐	Tonglu	8208	47866	5831
淳安	Chun′an	11443	45602	3985
建德	Jiande	12607	71140	5643
其他区	Other	529	3008	5690

3－09 分地区油、菜、茶、

Statistics on Rapeseeds, Vegetables, Tea,

指标		Item		全市 Whole City	市区 Urban District	上城区 Shangcheng	拱墅区 Gongshu	西湖区 Xihu
一、油料		**Oil Plants**						
播种面积	（亩）	Sown Area	（Mu）	409962	172503			2250
每亩产量	（公斤）	Yield per Mu	（kg）	166	173			37
总产量	（吨）	Total Output	（ton）	67890	29807			83
二、蔬菜		**Vegetables**						
播种面积	（亩）	Sown Area	（Mu）	1485928	1087757			9591
总产量	（吨）	Total Output	（ton）	3443174	2658533			12615
三、茶叶		**Tea**						
（一）茶园面积	（亩）	Tea Garden Area	（Mu）	539689	221426			15639
（二）总产量	（吨）	Output of Tea	（ton）	29838	17521			463
春　茶	（吨）	Spring Tea	（ton）	21366	12381			329
夏　茶	（吨）	Summer Tea	（ton）	6355	4180			14
秋　茶	（吨）	Autumn Tea	（ton）	2118	960			120
四、桑蚕		**Silkworm Cocoons & Mulberry**						
（一）桑园总面积	（亩）	Mulberry Garden Area	（Mu）	77203	12903			30
（二）蚕茧总产量	（吨）	Output of Silkworm Cocoons	（ton）					
春　茧	（吨）	Spring Silkworm Cocoons	（ton）					
夏　茧	（吨）	Summer Silkworm Cocoons	（ton）					
秋　茧	（吨）	Autumn Silkworm Cocoons	（ton）					

注：1. 蔬菜产量包含食用菌。

2. 2019 年起萧山区不含托管在钱塘新区的街道数据。

蚕、果生产情况（2021 年）

Silkworm Cocoons and Fruits Production by Region（2021）

高新（滨江）区 Hi－Tech（Binjiang）	萧山区 Xiaoshan	余杭区 Yuhang	临平区 Linping	钱塘区 Qiantang	富阳区 Fuyang	临安区 Lin'an	西湖风景名胜区 The West Lake Scenic Zone	桐庐县 Tonglu	淳安县 Chun'an	建德市 Jiande
435	48262	13007	9912	15462	55674	27501	－	47564	95216	94679
120	178	142	155	193	178	175	－	162	128	192
52	8588	1849	1541	2988	9894	4812	－	7719	12192	18172
5015	308176	200554	148648	120005	166873	128895	－	111842	147014	139315
10044	927776	377073	340526	339936	421943	228619	－	242017	274262	268363
－	18190	63621	989	－	63383	52380	7224	60654	191379	66230
－	607	6971	37	－	6600	2652	192	3999	5127	3192
－	460	4293	35	－	5081	1999	184	2230	4309	2446
－	110	1982	1	－	1494	575	4	1152	445	578
－	37	696	1	－	25	77	4	616	373	169
－	15	555	1002	－	534	10767	－	6137	55570	2593

a) Vegetable Output contains edible fungus.

b) Figures of Xiaoshan District dont include subdistricts which under administered by Qiantang New Area since 2019.

3－09　续表

指标	Item	全市 Whole City	市区 Urban District	上城区 Shangcheng	拱墅区 Gongshu	西湖区 Xihu
五、水果生产	**Fruits**					
（一）果园面积合计（公顷）	Area of Orchards (hectare)	419850	158085			430
柑桔园（公顷）	Citrus (hectare)	105873	7407			55
梨　园（公顷）	Pears (hectare)	51601	24301			2
桃　园（公顷）	Peaches (hectare)	69153	27406			72
杨梅园（公顷）	Red Bayberry (hectare)	44673	20415			–
枇杷园（公顷）	Loquat (hectare)	39934	20802			11
柿子园（公顷）	Persimmons (hectare)	11966	3917			–
葡萄园（公顷）	Grapes (hectare)	18585	13859			135
其他果园（公顷）	Others (hectare)	54464	28518			148
（二）水果总产量（吨）	Yield of Fruits (ton)	823053	364882			937
柑　桔（吨）	Citrus (ton)	195190	9510			132
梨（吨）	Pears (ton)	63580	33461			1
桃　子（吨）	Peaches (ton)	84181	52627			49
杨　梅（吨）	Red Bayberry (ton)	15859	9322			–
枇　杷（吨）	Loquat (ton)	20727	12165			20
柿　子（吨）	Persimmons (ton)	10403	4609			–
葡　萄（吨）	Grapes (ton)	25880	20221			163
果用瓜（吨）	Melon as Fruit (ton)	337815	186525			269
其他水果（吨）	Others (ton)	47874	25576			287

continued

高新（滨江）区 Hi－Tech (Binjiang)	萧山区 Xiaoshan	余杭区 Yuhang	临平区 Linping	钱塘区 Qiantang	富阳区 Fuyang	临安区 Lin'an	西湖风景名胜区 The West Lake Scenic Zone	桐庐县 Tonglu	淳安县 Chun'an	建德市 Jiande
561	23184	34373	23117	1505	44825	30090	–	53197	118921	89647
–	573	933	218	39	3536	2053	–	1955	63155	33356
270	1535	11834	145	108	6987	3420	–	14364	7749	5187
–	1967	7512	407	183	13008	4257	–	12763	17390	11594
225	7673	1331	2790	–	5971	2425	–	8413	5441	10404
1	192	2161	17081	10	1014	332	–	2075	8233	8824
–	915	348	11	4	1832	807	–	374	6425	1250
50	1100	2697	1479	933	4701	2764	–	1885	1550	1291
15	8483	5383	977	192	4029	9291	–	7356	5680	12910
380	84450	44496	18280	17149	136683	62508	–	95363	129484	233324
–	305	2475	380	50	4722	1446	–	2999	66754	115928
256	1120	12856	175	163	14895	3995	–	17862	5925	6333
–	1475	9619	381	45	34683	6376	–	11844	9684	10026
–	3040	880	553	–	3706	1144	–	2234	1710	2593
3	63	972	9834	18	866	389	–	659	4878	3025
–	971	672	8	4	1605	1349	–	267	4243	1283
10	1114	4439	2027	907	8116	3445	–	1902	1240	2518
103	73733	6128	3272	15436	60129	27456	–	48670	28353	74268
8	1550	4077	1641	486	4417	13109	–	5724	3758	12817

3-10 分地区畜牧业
Statistics on Animal Husbanday

指 标		Item		全市 Whole City		市区 Urban District	
				2020	2021	2020	2021
一、生猪		**Hogs**					
生猪年末存栏	（万头）	Being Raised at Year－end	（10000 heads）	104.51	109.61		
#能繁殖的母猪	（万头）	#Reproducible	（10000 heads）	7.17	11.05		
年内肥猪出栏	（万头）	Slaughtered Hogs of the Year	（10000 heads）	112.91	115.09		
全年饲养量	（万头）	Number of Hogs Raised in the year	（10000 heads）				
二、牛		**Cattle & Buffaloes**					
牛年末存栏	（头）	Being Raised at Year－end	（head）	12062	12682		
#良种及改良种乳牛	（头）	#Improved Milk Cows	（head）	6410	6664		
牛年内出栏	（头）	Slaughtered Cattle & Buffaloes of the Year	（head）	7243	6921		
三、羊		**Sheep & Goats**					
羊年末存栏	（万只）	Being Raised at Year－end	（10000 heads）	20.20	22.42		
羊年内出栏	（万只）	Slaughtered Sheep & Goats of the Year	（10000 heads）	21.07	19.98		
四、兔		**Rabbits**					
兔年末存栏	（万只）	Being Raised at Year－end	（10000 heads）	8.00	6.59		
兔年内出栏	（万只）	Slaughtered Rabbits of the Year	（10000 heads）	23.74	27.11		
五、家禽		**Poultry**					
家禽年末存栏	（万只）	Being Raised at Year－end	（10000 heads）	1016.51	916.12		
家禽年内出栏	（万只）	Slaughtered Poultry of the Year	（10000 heads）	1546.63	1251.16		
六、年末养蜂箱数	**（箱）**	**Beehives**	**（case）**	**170154**	**180123**		
七、畜禽产品产量		**Output of Livestock Products**					
1.肉类产量	（吨）	Output of Meat	（ton）	109826	115253		
#猪 肉	（吨）	Pork	（ton）	80287	91306		

渔业生产(2020－2021年)

and Fishery by Region(2020－2021)

上城区 Shangcheng		拱墅区 Gongshu		西湖区 Xihu		高新(滨江)区 Hi－Tech(Binjiang)		萧山区 Xiaoshan		余杭区 Yuhang	
2020	2021	2020	2021	2020	2021	2020	2021	2020	2021	2020	2021
								34.01	41.45	6.28	3.96
								1.98	3.56	0.28	0.60
								34.54	27.17	4.08	7.18
								2463	2482	128	99
								2444	2406	－	－
								528	707	144	69
								9.71	10.75	2.13	2.76
								8.31	8.93	3.45	3.37
								0.21	0.02	1.47	1.82
								0.37	0.05	5.38	7.31
								82.59	71.76	122.25	108.26
								215.06	205.25	378.46	312.44
								5615	**5178**	**5754**	**6104**
								25326	23773	9700	10053
								20500	19304	2995	5117

3－10 续表1

指 标		Item		全市 Whole City		市区 Urban District	
				2020	2021	2020	2021
牛 肉	（吨）	Beef	（ton）	1205	1236		
羊 肉	（吨）	Mutton	（ton）	3681	3624		
兔 肉	（吨）	Rabbit Meat	（ton）	402	502		
禽 肉	（吨）	Poultry Meat	（ton）	23931	18278		
2.禽蛋产量	（吨）	Poultry Eggs	（ton）	73911	75932		
3.蜂蜜产量	（吨）	Honey	（ton）	14878	14251		
4.蜂皇浆产量	（公斤）	Honey Tonic	（kg）	462309	511734		
5.牛奶产量	（吨）	Milk	（ton）	30951	28316		
6.兔毛产量	（吨）	Rabbit Wool	（ton）	－	2		
八、渔业生产		**Fishery**					
（一）淡水产品产量总计	（吨）	Total Output of Freshwater Aquatic Products	（ton）	172247	181045	138887	146823
其中：养殖产量	（吨）	Artificially Cultured	（ton）	157721	165790	130649	138846
1.鱼 类	（吨）	Fish	（ton）	107398	103757	82033	78752
#鲫 鱼	（吨）	#Crucians	（ton）	15269	16819	12478	12358
鳊 鱼	（吨）	Breams	（ton）	6886	7905	5001	5194
黑 鱼	（吨）	Snake Heads	（ton）	407	288	351	226
2.虾蟹类	（吨）	Shrimps，Prawns & Crabs	（ton）	28934	27929	22393	27648
3.贝 类	（吨）	Shellfish	（ton）	4465	1004	3053	251
4.其 他	（吨）	Others	（ton）	31450	33100	30208	32195
#甲 鱼	（吨）	Turtles	（ton）	29775	31738	29175	31040
（二）淡水养殖面积合计	（公顷）	Freshwater Aquiculture Area	（hectare）	52413	53367	9020	9306

continued 1

上城区 Shangcheng		拱墅区 Gongshu		西湖区 Xihu		高新(滨江)区 Hi – Tech(Binjiang)		萧山区 Xiaoshan		余杭区 Yuhang	
2020	2021	2020	2021	2020	2021	2020	2021	2020	2021	2020	2021
								88	124	24	12
								1520	1637	576	567
								5	3	122	123
								3211	2705	5983	4234
								1822	1331	2549	2593
								286	322	212	212
								28275	29205	30177	28592
								10462	8912	–	–
								–	–	–	–
93				6154	5833	665	592	36823	36924	63117	71022
93				5324	5024	352	310	36156	36406	60630	68020
93				5457	4844	472	140	14873	14840	33983	39761
				1002	986	–	–	60	500	3634	4439
				423	335	–	–	30	31	1884	2961
				213	202	100	–	–	–	–	–
				114	62	83	80	18669	18362	2199	2190
				53	–	2	–	–	–	2487	–
				530	118	110	90	3281	3204	24448	26069
				141	118	110	90	3210	3136	23984	25590
				353	320	60	50	2525	2109	2510	2510

3－10 续表2

指　标	Item	临平区 Linping 2020	临平区 Linping 2021	钱塘区 Qiantang 2020	钱塘区 Qiantang 2021
一、生猪	**Hogs**				
生猪年末存栏　（万头）	Being Raised at Year－end　(10000 heads)			9.17	9.19
#能繁殖的母猪　（万头）	#Reproducible　(10000 heads)			0.82	0.82
年内肥猪出栏　（万头）	Slaughtered Hogs of the Year　(10000 heads)			14.49	10.06
全年饲养量　（万头）	Number of Hogs Raised in the year　(10000 heads)				
二、牛	**Cattle & Buffaloes**				
牛年末存栏　（头）	Being Raised at Year－end　(head)			1378	1663
#良种及改良种乳牛　（头）	#Improved Milk Cows　(head)			1263	1529
牛年内出栏　（头）	Slaughtered Cattle & Buffaloes of the Year　(head)			231	152
三、羊	**Sheep & Goats**				
羊年末存栏　（万只）	Being Raised at Year－end　(10000 heads)			0.98	1.09
羊年内出栏　（万只）	Slaughtered Sheep & Goats of the Year　(10000 heads)			0.83	0.55
四、兔	**Rabbits**				
兔年末存栏　（万只）	Being Raised at Year－end　(10000 heads)			0.58	0.24
兔年内出栏　（万只）	Slaughtered Rabbits of the Year　(10000 heads)			0.98	1.54
五、家禽	**Poultry**				
家禽年末存栏　（万只）	Being Raised at Year－end　(10000 heads)			10.78	4.08
家禽年内出栏　（万只）	Slaughtered Poultry of the Year　(10000 heads)			36.58	11.01
六、年末养蜂箱数　（箱）	**Beehives　(case)**			**3957**	**3435**
七、畜禽产品产量	**Output of Livestock Products**				
1. 肉类产量　（吨）	Output of Meat　(ton)			9726	9176
#猪　肉　（吨）	Pork　(ton)			9000	8896

continued 2

富阳区 Fuyang		临安区 Lin'an		西湖风景名胜区 The West Lake Scenic Zone		桐庐县 Tonglu		淳安县 Chun'an		建德市 Jiande	
2020	2021	2020	2021	2020	2021	2020	2021	2020	2021	2020	2021
9.02	6.14	13.45	12.78			8.08	5.92	9.11	10.17	15.39	20.00
0.46	0.73	0.98	1.15			0.53	0.54	0.89	1.10	1.23	2.55
13.73	13.95	16.23	17.21			6.22	7.09	9.30	11.30	14.34	21.13
1007	969	2864	3112			934	932	530	641	2758	2784
–	–	1945	1976			–	–	–	–	758	753
2191	1999	2113	1525			536	755	585	379	915	1335
1.46	1.42	3.65	4.44			0.43	0.41	0.34	0.38	1.50	1.17
2.14	1.91	4.44	3.51			0.63	0.29	0.30	0.20	0.97	1.22
5.03	4.20	0.58	0.25			0.04	0.04	0.05	0.02	0.04	0.01
14.70	17.06	1.81	1.03			0.19	0.02	0.28	0.05	0.03	0.04
87.89	73.82	75.88	85.15			78.92	65.13	49.96	52.54	508.24	455.38
267.88	149.31	106.27	108.16			60.59	64.54	63.16	50.22	418.63	350.23
13922	**14587**	**15199**	**15280**			**60570**	**62249**	**44954**	**52086**	**20183**	**21204**
15931	15383	16321	18449			6362	6675	7451	10092	19010	21650
10781	11467	13159	15550			5264	5696	6385	9333	12203	15943

3－10 续表3

指 标		Item		临平区 Linping 2020	临平区 Linping 2021	钱塘区 Qiantang 2020	钱塘区 Qiantang 2021
牛 肉	(吨)	Beef	(ton)			37	28
羊 肉	(吨)	Mutton	(ton)			109	72
兔 肉	(吨)	Rabbit Meat	(ton)			15	23
禽 肉	(吨)	Poultry Meat	(ton)			565	157
2.禽蛋产量	(吨)	Poultry Eggs	(ton)			98	72
3.蜂蜜产量	(吨)	Honey	(ton)			137	156
4.蜂皇浆产量	(公斤)	Honey Tonic	(kg)			13658	29681
5.牛奶产量	(吨)	Milk	(ton)			6723	5827
6.兔毛产量	(吨)	Rabbit Wool	(ton)	－	－	－	－
八、渔业生产		**Fishery**					
(一)淡水产品产量总计	(吨)	Total Output of Freshwater Aquatic Products	(ton)			9418	7791
其中:养殖产量	(吨)	Artificially Cultured	(ton)			9365	7756
1.鱼 类	(吨)	Fish	(ton)			2916	1698
#鲫 鱼	(吨)	#Crucians	(ton)			309	187
鳊 鱼	(吨)	Breams	(ton)	－	－	－	－
黑 鱼	(吨)	Snake Heads	(ton)	－	－	－	－
2.虾蟹类	(吨)	Shrimps, Prawns & Crabs	(ton)			6140	5661
3.贝 类	(吨)	Shellfish	(ton)	－	－	－	－
4.其 他	(吨)	Others	(ton)			362	397
#甲 鱼	(吨)	Turtles	(ton)			362	397
(二)淡水养殖面积合计	(公顷)	Freshwater Aquiculture Area	(hectare)			672	1303

continued 3

富阳区 Fuyang		临安区 Lin'an		西湖风景名胜区 The West Lake Scenic Zone		桐庐县 Tonglu		淳安县 Chun'an		建德市 Jiande	
2020	2021	2020	2021	2020	2021	2020	2021	2020	2021	2020	2021
367	352	373	272			89	134	98	66	129	248
339	386	834	689			104	29	41	27	158	217
221	334	27	15			3	1	8	1	1	1
4222	2800	1645	1686			870	790	919	665	6516	5241
3463	2807	5739	5900			2793	2435	4624	4400	52823	56394
359	770	1783	753			5750	5756	4381	4326	1970	1957
25570	27324	46939	61156			249041	264042	52786	55613	15865	16122
–	–	9196	9035			–	–	–	–	4570	4542
–	–	–	–			–	2	–	–	–	–
18752	19430	5207	5231			9045	9510	13443	14520	9755	10100
17671	18408	2860	2922			8125	8490	10564	11540	6675	6914
15901	15178	4321	2291			8429	7931	12636	11293	8317	5781
5620	5673	552	573			1700	1800	1750	1810	642	851
1600	1615	241	252			945	1048	838	850	925	813
27	24	–	–			11	11	–	–	26	51
1009	1189	153	104			153	100	169	–	245	181
303	251	208	–				–	417	–	997	753
1314	1790	525	527			463	459	221	247	196	199
855	1335	411	374			440	400	211	247	51	51
1503	2288	729	726			1340	1340	41041	41041	1680	1680

3-11 分地区林业
Statistics on Forestry

指标 Item		全市 Whole City	市区 Urban Districtt	上城区 Shangcheng	拱墅区 Gongshu	西湖区 Xihu
一、营林情况 Afforestation						
1. 当年造林面积 Afforested Areas	(公顷) (hectare)	3090	1449	32	39	51
2. 迹地更新面积 Area of Forest Updating	(公顷) (hectare)	1069	200			
3. 封山育林面积 Area of Afforestation in Enclosed Mountain	(公顷) (hectare)	133	133			
4. 零星(四旁)植树 Planting Trees	(万株) (10000 plant)	527.20	355.40			
5. 中、幼龄林抚育面积 Area of Grown Forest Cultivated	(公顷) (hectare)	3644	722			
二、林产品产量 Output of Forest Products						
1. 油茶籽 Camellia Seeds	(吨) (ton)	12207				
2. 竹笋干 Dried Bamboo Shoots	(吨) (ton)	44420	36678			
3. 核　桃 Walnuts	(吨) (ton)	25704	15117			
4. 板　栗 Chestnuts	(吨) (ton)	10465	1414			
三、竹木采伐量 Lumbering						
1. 木　材 Timber Cut	(万立方米) (10000 cu. m)	215803.00	56198.00			
2. 竹　材 Bamboo Cut	(万支) (10000 pieces)	3540.13	2736.50			

注:2019 年起封山育林面积为当年新增封山育林面积。

生产(2021 年)
by Region(2021)

高新(滨江)区 Hi-Tech (Binjiang)	萧山区 Xiaoshan	余杭区 Yuhang	临平区 Linping	钱塘区 Qiantang	富阳区 Fuyang	临安区 Lin'an	西湖风景名胜区 The West Lake Scenic Zone	桐庐县 Tonglu	淳安县 Chun'an	建德市 Jiande
27	162	150	65	45	428	450		466	872	303
					200			200	319	350
					133					
	30.00	178.00	67.60		13.80	66.00		46.00	80.80	45.00
					208	514		1001	1651	270
					100	125		430	9152	2400
	2242	4295			2141	28000		720	5840	1182
		17			280	14820		1680	8732	175
	420	148			30	816		2800.00	3475	2776
	2734.00	2104.00			21581.00	29779.00		15333.00	79185.00	65087.00
	132.50	890.50			1064.00	649.50		109.86	465.82	227.95

a) Area of Afforestation in Enclosed Mountain was newly added in the cument year since 2019.

3－12 分地区主要农

Possession of Major Agricultural

指标 Item		全市 Whole City	上城区 Shangcheng	拱墅区 Gongshu	西湖区 Xihu
一、农业机械总动力 Total Power of Agricultural Machinery	**(千瓦) (kW)**	**1905012**			**61560**
耕作机械动力 Cultivation Machinery	(千瓦) (kW)	208900			814
收获机械动力 Harvest Machinery	(千瓦) (kW)	51804			212
植保机械动力 Plant Protection Machinery	(千瓦) (kW)	51009			1163
排灌机械动力 Drainage & Irrigation Machinery	(千瓦) (kW)	339584			7329
农产品初加工机械动力 Processing Machinery of Agricultural Products	(千瓦) (kW)	125013			151
运输机械动力 Transport Machinery	(千瓦) (kW)	7359			98
水产机械动力 Fishery Machinery	(千瓦) (kW)	121429			386
其他机械动力 Other Machinery	(千瓦) (kW)	109854			-
二、主要农机具 Agricultural Machinery and Machinery For Processing Farm Products					
大中型拖拉机 Large & Medium Tractors	(台) (unit)	1434			7
拖拉机配套农具 Mechanized Farm Implement	(台) (unit)	10751			33
小型(22.1 千瓦及以下)拖拉机 Mini－tractors	(台) (unit)	3943			24
联合收割机 Combine Harvesters	(台) (unit)	731			3
机动割晒机 Motorized Harvesters	(台) (unit)	4			
机动脱粒机 Motorized Thresher	(台) (unit)	5119			-
谷物烘干机 Cereal Dryer	(台) (unit)	814			1
机动喷雾(粉)器 Motorized Sprayer	(架) (unit)				
水泵 Water Pump for Agricultural Use	(台) (unit)	112785			1978
节水灌溉类机械 Saving Water and Sprinkling Machinery	(套) (set)	4428			18
粮食加工机械 Grain Processing Machinery	(台) (unit)	13793			16
棉花加工机械 Cotton Processing Machinery	(台) (unit)	145			-
油料加工机械 Oil Processing Machinery	(台) (unit)	1382			2
农用运输机械 Vehicles for Agricultural Use	(台) (unit)				

机具年末拥有量(2021 年)

Machinery at the Year - end by Region(2021)

高新(滨江)区 Hi - Tech (Binjiang)	萧山区 Xiaoshan	余杭区 Yuhang	临平区 Linping	钱塘区 Qiantang	富阳区 Fuyang	临安区 Lin'an	西湖风景名胜区 The West Lake Scenic Zone	桐庐县 Tonglu	淳安县 Chun'an	建德市 Jiande
3525	**360591**	**249181**	**47861**	**85004**	**250719**	**279137**		**118753**	**291100**	**157580**
–	35981	44350	3118	13903	30143	28498		14523	13752	23818
–	7719	10862	73	3244	13889	2029		7100	1875	4801
16	4157	3268	45	600	5803	25245		1550	4358	4804
1360	79037	41429	22822	10809	44539	37933		27990	21766	44571
1450	21321	9061	2733	3801	8967	6790		10353	44615	15771
–	18	194	–	–	99	369		126	815	5640
332	75395	6273	833	14979	2722	151		1492	16596	2271
–	40643	10023	621	19280	130	97		4544	26441	8075
–	293	276	7	230	246	164		83	32	96
–	3266	1282	67	727	2884	363		680	116	1333
–	5	1355	1	63	1253	179		370	67	626
–	114	150	1	56	155	34		109	34	75
		4								
–	2	–	–	30	2171	–		1524	1361	31
–	122	171	5	55	139	50		109	29	133
50	13625	7240	7171	783	18347	28521		7469	4934	22667
2	172	366	8	22	211	70		50	563	2946
–	880	474	219	160	754	1650		1005	7277	1358
–	48	1	3	5	–	–		12	60	16
–	75	29	7	70	83	137		198	510	271

3－13 农业物资
Agricultural Material

指标 Item		全市 Whole City	市区 Urban Districtt	上城区 Shangcheng	拱墅区 Gongshu	西湖区 Xihu
一、农村用电量 Electricity Consumed in Rural Area	**（千瓦时）(kWh)**	**7479616720**	**6608701622**			**425959133**
二、农业化肥施用量 Consumption of Chemical Fertilizer						
（一）按实物量计算 Physical Quantity Consumption	（吨）(ton)					
1. 氮　肥 Nitrogenous Fertilizer	（吨）(ton)					
2. 磷　肥 Phosphate Fertilizer	（吨）(ton)					
3. 钾　肥 Potash Fertilizer	（吨）(ton)					
4. 复合肥 Compound Fertilizer	（吨）(ton)					
（二）按折纯法计算 Pure Consumption	（吨）(ton)	79755	47658			845
1. 氮　肥 Nitrogenous Fertilizer	（吨）(ton)	23611	15699			257
2. 磷　肥 Phosphate Fertilizer	（吨）(ton)	3903	3330			42
3. 钾　肥 Potash Fertilizer	（吨）(ton)	5207	2976			175
4. 复合肥 Compound Fertilizer	（吨）(ton)	47034	25652			371
三、农用塑料薄膜使用量 Use of Plastic Film	**（吨）(ton)**	**7060**	**4055**			**4**
四、农用柴油使用量 Consumption of Diesel Oil	**（吨）(ton)**	**13247**	**10096**			**401**
五、农药使用量 Consumption of Pesticide	**（吨）(ton)**	**5148**	**3466**			**35**

消耗情况(2021 年)
Consumption(2021)

高新(滨江)区 Hi - Tech (Binjiang)	萧山区 Xiaoshan	余杭区 Yuhang	临平区 Linping	钱塘区 Qiantang	富阳区 Fuyang	临安区 Lin'an	西湖风景名胜区 The West Lake Scenic Zone	桐庐县 Tonglu	淳安县 Chun'an	建德市 Jiande
283972756	**1722152619**	**1271000000**	**1151000000**	**505062503**	**731396900**	**492466043**	**25691668**	**359644876**	**173171891**	**338098331**
188	15043	7903	2716	3320	7236	10390	17	9226	6638	16234
47	6135	2591	1082	995	2091	2500	1	1863	1442	4607
17	2057	142	93	221	288	470	–	277	139	156
11	1187	155	138	205	265	840	–	446	421	1364
113	5664	5014	1403	1899	4592	6580	16	6640	4635	10107
17	**1487**	**913**	**95**	**592**	**570**	**377**	**–**	**612**	**1250**	**1143**
–	**3736**	**1301**	**254**	**935**	**1676**	**1793**	**–**	**899**	**1100**	**1152**
4	**1033**	**395**	**145**	**401**	**633**	**812**	**9**	**536**	**460**	**686**

3－14 乡(镇)

Statistics on Towns

乡镇名称 Town		社区(居民委员会) Number of communities (residents committees)	村民委员会(个) Number of Villagers' Committees (unit)	乡镇户籍户数(户) Resident Households in Towns (household)
全　市	**Whole City**	**787**	**1918**	**1854668**
西湖区	**Xihu District**	**98**	**32**	**98091**
留下街道	Liuxia Subdistrict	12	1	10633
转塘街道	Zhuantang Subdistrict	36	8	23404
三墩镇	Sandun	41	2	47320
双浦镇	Shuangpu	9	21	16734
高新(滨江)区	**Hi－Tech(Bingjiang) District**	**59**	**－**	**83452**
西兴街道	Xixing Subdistrict	17	－	25124
长河街道	Changhe Subdistrict	20	－	28060
浦沿街道	Puyan Subdistrict	22	－	30268
西湖风景名胜区	**The West Lake Scenic Zone**	**6**	**9**	**6600**
西湖街道	West Lake Subdistrict	6	9	6600
萧山区	**Xiaoshan District**	**192**	**352**	**349238**
城厢街道	Chengxiang Subdistrict	35	－	39945
北干街道	Beigan Subdistrict	33	6	29736
蜀山街道	Shushan Subdistrict	22	8	12659
新塘街道	Xintang Subdistrict	27	17	21721
靖江街道	Jingjiang Subdistrict	7	10	10454
南阳街道	Nanyang Subdistrict	3	13	9478
闻堰街道	Wenyan Subdistrict	7	6	11089
宁围街道	Ningwei Subdistrict	7	6	11173

基本情况(2021 年)
and Townships(2021)

乡镇户籍人口数 (人) Resident Population in Towns (person)	乡镇常用耕地面积 (公顷) Commonly used cultivated area of township (hectare)	一般公共预算收入 (万元) General public budget income (10000 yuan)	一般公共预算支出 (万元) General public budget expenditure (10000 yuan)
5960184	**160067.1**	**4103338.2**	**2284444.1**
350955	**3949.5**	**302954.5**	**89920.7**
41761	–	19822	19822
79883	405	127487.8	29700.7
162460	960.5	110628.7	23998.5
66851	2584	45016	16399.5
311158	**590.7**	**167809**	**103711**
98977	144.7	35139	28130
97444	281	93940	39507
114737	165	38730	36074
19140	**–**	**20272.9**	**16916.2**
19140	–	20272.9	16916.2
1210527	**27607.8**	**1293974.4**	**453380.2**
114271	–	20740	20584.5
88234	99.3	404738	24424.3
56492	449.9	162177	17476.7
78316	682	21640.7	21650.5
37711	1122	16318	13369
39270	1280	34978	21511.6
38277	219	40851	13686
38203	780.9	24066	24738

3－14　续表1

乡镇名称	Town	社区(居民委员会) Number of Communities (residents committees)	村民委员会(个) Number of Villagers' Committees (unit)	乡镇户籍户数(户) Resident Households in Towns (household)
新街街道	Xinjie Subdistrict	6	15	18540
盈丰街道	Yingfeng Subdistrict	4	9	8666
楼塔镇	Louta	1	12	8157
河上镇	Heshang	1	15	9164
戴村镇	Daicun	1	22	10984
浦阳镇	Puyang	1	18	9701
进化镇	Jinhua	1	25	14275
临浦镇	Linpu	14	20	16677
义桥镇	Yiqiao	4	21	17860
所前镇	Suoqian	2	19	10720
衙前镇	Yaqian	2	11	6779
瓜沥镇	Guali	12	63	46891
益农镇	Yinong	1	19	12211
党湾镇	Dangwan	1	17	12358
余杭区	**Yuhang District**	**97**	**116**	**206426**
五常街道	Wuchang Subdistrict	18	–	17208
仁和街道	Renhe Subdistrict	2	18	18578
良渚街道	Liangzhu Subdistrict	23	20	36024
闲林街道	Xianlin Subdistrict	13	8	26215
仓前街道	Cangqian Subdistrict	7	6	16810
余杭街道	Yuhang Subdistrict	16	11	34147

continued 1

乡镇户籍人口数（人）Resident Population in Towns (person)	乡镇常用耕地面积（公顷）Commonly used cultivated area of township (hectare)	一般公共预算收入（万元）General public budget income (10000 yuan)	一般公共预算支出（万元）General public budget expenditure (10000 yuan)
64605	1881	24666	24445
41213	642	11894	11894
26922	861	5188	11783.8
28995	1074.2	24931	19209
38770	1100	26325.5	26185.1
32543	1127.6	34755	12813
48106	1366	15192	12958.5
56811	1005.2	45898	22068.8
60798	1250	59521	30754
41077	843	55201	14885.3
27203	520	80018	30023.9
165476	6213	133501	38703
43709	2793	29052.3	18075.3
43525	2298.7	22322.9	22140.9
691535	**17993**	**1111329.5**	**504920.6**
54375	21.6	228181.5	37329.1
77567	2530	40862.7	38200
153352	2605	225920	94890
72115	260	89058	84411
60933	1324.5	267216	37537
97157	2735	131943.2	73877.6

3－14　续表2

乡镇名称	Town	社区(居民委员会) Number of Communities (residents committees)	村民委员会(个) Number of Villagers' Committees (unit)	乡镇户籍户数(户) Resident Households in Towns (household)
中泰街道	Zhongtai Subdistrict	5	10	12721
径山镇	Jingshan	2	13	13081
瓶窑镇	Pingyao	8	13	19151
鸬鸟镇	Luniao	1	6	4216
百丈镇	Baizhang	1	6	3275
黄湖镇	Huanghu	1	5	5000
富阳区	**Fuyang District**	**74**	**276**	**221404**
富春街道	Fuchun Subdistrict	37	12	50278
春江街道	Chunjiang Subdistrict	1	9	7925
鹿山街道	Lushan Subdistrict	2	9	8393
东洲街道	Dongzhou Subdistrict	4	15	12763
银湖街道	Yinghu Subdistrict	8	22	17306
万市镇	Wanshi	1	15	7164
洞桥镇	Dongqiao	–	11	6093
渌渚镇	Luzhu	–	13	5877
永昌镇	Yongchang	–	5	3454
里山镇	Lishan	–	5	2653
常绿镇	Changlu	8	8	5227
场口镇	Changkou	1	24	13481
常安镇	Chang'an	–	16	7751
龙门镇	Longmen	–	4	2481
新登镇	Xindeng	5	28	23979
胥口镇	Xukou	–	13	6037
大源镇	Dayuan	1	15	10831

continued 2

乡镇户籍人口数（人）Resident Population in Towns (person)	乡镇常用耕地面积（公顷）Commonly used cultivated area of township (hectare)	一般公共预算收入（万元）General public budget income (10000 yuan)	一般公共预算支出（万元）General public budget expenditure (10000 yuan)
37505	1246.6	33524.5	18479.1
39046	3175	38152	37805
63359	2187	43599	56489
11940	594.3	2070.8	7807.7
10672	385	5994	5994
13514	929	4807.8	12101.1
695223	**18188.1**	**209997.1**	**168303.4**
137636	923	47236	24686
31118	347	14038	6546
26164	752	6292.6	6291.3
48671	1036	11566	11564
58504	1639	9785	6967
21861	1114	6952	6980
18864	1222	5861	5852
17036	921	8200	5168
10898	493	10757	10638
10177	398.8	2027.1	3340
15533	198.2	3385.5	3385.5
43411	1298	14595.9	9504.9
24941	858.4	4628.3	4628.3
7233	241.7	852.6	2750.3
68049	2258	19507	19503
18174	885	4936	4936
37111	483	9032	9022

3－14 续表3

乡镇名称	Town	社区(居民委员会) Number of Communities (residents committees)	村民委员会(个) Number of Villagers' Committees (unit)	乡镇户籍户数(户) Resident Households in Towns (household)
灵桥镇	Lingqiao	–	13	7558
新桐乡	Xintong	–	7	4506
上官乡	Shangguan	–	5	2695
环山乡	Huanshan	–	7	3889
湖源乡	Huyuan	–	10	4376
春建乡	Chunjian	6	6	2954
渔山乡	Yushan	–	4	3733
临安区	**Lin'an City**	**38**	**270**	**191113**
玲珑街道	Linlong Subdistrict	2	14	9049
锦南街道	Jinnan Subdistrict	3	7	4573
锦城街道	Jincheng Subdistrict	15	4	34709
锦北街道	Jinbei Subdistrict	9	5	15079
青山湖街道	Qingshanghu Subdistrict	7	14	14144
高虹镇	Gaohong	–	9	4954
太湖源镇	Taihuyuan	–	20	11064
於潜镇	Yuqian	1	30	17109
太阳镇	Taiyang	–	18	9147
潜川镇	Qianchuan	–	16	8362
昌化镇	Changhua	1	14	7309
河桥镇	Heqiao	–	11	6038
湍口镇	Tuankou	–	13	4150
清凉峰镇	Qingliangfeng	–	17	9718
岛石镇	Daoshi	–	16	8297
板桥镇	Banqiao	–	15	8427

continued 3

乡镇户籍人口数（人）Resident Population in Towns (person)	乡镇常用耕地面积（公顷）Commonly used cultivated area of township (hectare)	一般公共预算收入（万元）General public budget income (10000 yuan)	一般公共预算支出（万元）General public budget expenditure (10000 yuan)
27008	667	9895.5	4546.5
14084	641.7	4148.5	4122.5
8059	257.6	3327	3327
12929	355.2	4365	4502
15272	268	2482	3916
9278	704	3342	3342
13212	226.5	2785.1	2785.1
542175	**17687.4**	**254709.5**	**186143.4**
26509	698.8	7242	6302
13864	114	5666	5302
89939	333	28589	24031
43105	300	8561	7258
43681	834	83931	38527
14388	581	13655	8580
31212	2067.2	13363	12454
47984	1206	9128	9060
26570	1346.4	7499.5	7315.4
23173	708.4	9176	7797
21123	944.4	9569	8362
16958	2170	5235	4706
12402	565	7260	6966
27448	1289	7282	7265
25000	596.7	7011	6680
25073	924	6804	6438

3－14 续表4

乡镇名称	Town	社区(居民委员会) Number of Communities (residents committees)	村民委员会(个) Number of Villagers' Committees (unit)	乡镇户籍户数(户) Resident Households in Towns (household)
天目山镇	Tianmushan	–	23	11973
龙岗镇	Longgang	–	24	7011
临平区	**Linping**	**127**	**57**	**174075**
临平街道	Linpin Subdistrict	15	–	17058
南苑街道	Nanyuan Subdistrict	29	–	31293
东湖街道	Donghu Subdistrict	40	3	37188
星桥街道	Xingqiao Subdistrict	17	–	16510
乔司街道	Qiaosi Subdistrict	6	11	18522
运河街道	Yunhe Subdistrict	5	14	12119
崇贤街道	Chongxian Subdistrict	5	11	18178
塘栖镇	Tangqi	10	18	23207
钱塘区	**Qiantang Area**	**15**	**59**	**44622**
河庄街道	Hezhuang Subdistrict	3	20	13993
义蓬街道	Yipeng Subdistrict	6	22	18674
新湾街道	Xinwan Subdistrict	2	12	7716
临江街道	Linjiang Subdistrict	2	2	2130
前进街道	Qianjin Subdistrict	2	3	2109
桐庐县	**Tonglu County**	**22**	**181**	**156063**
旧县街道	Jiuxian Subdistrict	–	5	2835
桐君街道	Tongjun Subdistrict	7	6	19090
城南街道	Chengnan Subdistrict	7	13	27892
凤川街道	Fengchuan Subdistrict	1	13	11129
富春江镇	Fuchunjiang	2	15	9397
横村镇	Hengcun	2	24	16882

continued 4

乡镇户籍人口数（人）Resident Population in Towns (person)	乡镇常用耕地面积（公顷）Commonly used cultivated area of township (hectare)	一般公共预算收入（万元）General public budget income (10000 yuan)	一般公共预算支出（万元）General public budget expenditure (10000 yuan)
33010	1903	15391	11165
20736	1106.5	9347	7935
584113	**6293.7**	**433380.7**	**333845.3**
47159	60.7	26706.9	10137.6
100264	457.7	18624.3	18624.3
132070	803	152900	152686.4
47721	173.3	12906.6	10368.8
64988	781.6	46266.2	41898.8
44705	1284.5	18144.7	12849.4
64308	919.9	107492	36231
82898	1813	50340	51049
165637	**7563.5**	**76266.8**	**65926.1**
55824	2251	34243.5	16069.3
67655	2582	14571.1	14571.1
26534	1138.9	18948.2	16737.7
7148	1048.6	6389	9548
8476	543	2115	9000
429980	**15048.6**	**80690.8**	**20761.3**
8270	465	1400	930
45060	345.5	17418	1713
75623	895.3	9668.6	1358.9
31530	626.4	1844.5	431.9
24756	851	10452	1528
41311	2738	8820	897

3－14　续表5

乡镇名称	Town	社区（居民委员会）Number of Communities (residents committees)	村民委员会（个）Number of Villagers' Committees (unit)	乡镇户籍户数（户）Resident Households in Towns (household)
分水镇	Fenshui	2	26	19027
瑶琳镇	Yaolin	–	16	12045
百江镇	Baijiang	–	15	6130
江南镇	Jiangnan	1	19	16967
莪山畲族乡	Eshan	–	7	2916
钟山乡	Zhongshan	–	11	6936
新合乡	Xinghe	–	5	1644
合村乡	Hecun	–	6	3173
淳安县	**Chun'an County**	**18**	**337**	**146939**
千岛湖镇	Qiandaohu	13	16	31438
文昌镇	Wenchang	–	14	4250
石林镇	Shilin	–	7	1446
临歧镇	Linqi	1	16	5950
威坪镇	Weiping	1	35	15874
姜家镇	Jiangjia	1	17	8418
梓桐镇	Zitong	–	18	5969
汾口镇	Fenkou	1	42	16394
中洲镇	Zhongzhou	–	15	5979
大墅镇	Dashu	1	13	4403
枫树岭镇	Fengshuling	–	18	5709
里商乡	Lishang	–	13	3409
金峰乡	Jinfeng	–	9	2046
富文乡	Fuwen	–	8	2459
左口乡	Zuokou	–	9	3305

continued 5

乡镇户籍人口数（人）Resident Population in Towns (person)	乡镇常用耕地面积（公顷）Commonly used cultivated area of township (hectare)	一般公共预算收入（万元）General public budget income (10000 yuan)	一般公共预算支出（万元）General public budget expenditure (10000 yuan)
52415	1797.7	12393	3745.7
34480	1813	1863.8	1863.8
19494	945	1477	1270
51701	1522.2	7948.1	2378.8
9101	903.4	1247	1344
21138	1187.1	4304	1510.3
5144	255	656.8	575.9
9957	704	1198	1214
452763	**16606.9**	**29605**	**218524**
84974	498.7	13636	24032
14481	551.5	1884	8600
4940	171.4	248	4044
20298	961.7	1548	12698
46183	2692.7	1488	21085
25950	1204.3	2230	14901
18458	684.4	785	8465
54532	2325	1149	25487
19968	1036.4	115	8356
13780	939.1	615	9280
18154	1084.4	750	11697
11223	253.8	1906	9077
6009	319.6	558	3441
8266	182.6	315	4492
11509	437.9	406	5337

3－14 续表6

乡镇名称 Town		社区(居民委员会) Number of Communities (residents committees)	村民委员会(个) Number of Villagers' Committees (unit)	乡镇户籍户数(户) Resident Households in Towns (household)
屏门乡	Pingmen	–	11	3855
瑶山乡	Yaoshan	–	10	2783
王阜乡	Wangfu	–	15	5790
宋村乡	Songcun	–	6	2103
鸠坑乡	Jiukeng	–	8	2541
浪川乡	Langchuan	–	17	6108
界首乡	Jieshou	–	8	3075
安阳乡	Anyang	–	12	3635
建德市	**Jiande City**	**41**	**229**	**176645**
新安江街道	Xin'anjiang Subdistrict	11	4	31530
洋溪街道	Yangxi Subdistrict	4	2	5819
更楼街道	Genglou Subdistrict	2	14	7531
莲花镇	Lianhua	1	6	3455
乾潭镇	Qiantan	1	24	14716
梅城镇	Meicheng	5	13	14869
杨村桥镇	Yangcunqiao	1	13	6932
下涯镇	Xiaya	1	11	8792
大洋镇	Dayang	3	19	10492
三都镇	Sandu	1	19	8804
寿昌镇	Shouchang	4	23	16737
航头镇	Hangtou	1	18	12090
大慈岩镇	Daciyan	1	12	6965
大同镇	Datong	3	34	18478
李家镇	Lijia	1	10	6544
钦堂乡	Qintang	1	7	2891

continued 6

乡镇户籍人口数（人）Resident Population in Towns (person)	乡镇常用耕地面积（公顷）Commonly used cultivated area of township (hectare)	一般公共预算收入（万元）General public budget income (10000 yuan)	一般公共预算支出（万元）General public budget expenditure (10000 yuan)
12199	305.8	458	5706
9529	260.8	271	5595
17254	370.4	135	7698
6886	55.1	357	3191
7425	183.8	88	4533
19944	914.5	273	8950
9416	443.7	108	6149
11385	729.3	282	5710
506978	**28537.9**	**122348**	**122091.9**
83327	327.6	29753	10225.6
16844	179	7822	9788
22966	879.2	6548	4742.3
10353	367	620	2169.3
44197	1778.2	9472	12304
40276	992.7	9921	7243.7
20760	11254	3885	5041
27276	1101.2	10097	7205
33347	1495.4	3367	5728.4
24481	1959.9	1130	7930.1
44862	1638.8	10509	14222.9
34486	1846.3	3367	5379
20495	1126.5	2297	7002
54808	2243.7	10015	13023.6
19886	726.8	10421	6106.5
8614	621.6	3124	3980.5

主要统计指标解释

农林牧渔业总产值　是以货币表现的农、林、牧、渔业全部产品的总量和对农林牧渔生产活动进行的各种支持性服务活动的价值。它反映一定时期内农林牧渔业生产的总规模和总成果。

农林牧渔业的统计范围是：

(1)农业　包括农作物种植业和其他农业。

农作物种植业　包括谷类、豆类、薯类、棉花、麻类、烟叶、蔬菜、药材、瓜类和其他农作物的种植以及茶园、桑园、果园的生产经营。

其他农业　包括采集野生植物的果实、纤维、树脂、油料以及柴草、野生药材、菌类等。

(2)林业　包括林木的栽培(不包括茶园、桑园和果园的栽培、管理和收获等活动)、林产品的采集、村及村以下合作经济组织和农户的竹木砍伐。

(3)牧业　包括除渔业养殖以外的一切动物饲养和放牧以及野生动物的捕猎和饲养。

(4)渔业　包括水生动物和海藻类植物的养殖和捕捞。

(5)农林牧渔服务业　包括对农林牧渔生产活动进行的各种支持性服务活动。

粮食产量　指全社会的产量,包括国营农场等全民所有制经营、集体统一经营和农民家庭经营的产量,还包括工矿企业家属办的农场和其他生产单位的产量。粮食除包括稻谷、小麦、大麦、玉米、高粱、谷子及其他杂粮外,还包括薯类和豆类。其产量计算方法,豆类按去豆荚后的干豆计算,薯类按5公斤鲜薯折1公斤粮食计算,其他粮食一律按脱粒后的原粮计算。

猪、牛、羊肉产量　指当年出栏并已屠宰的猪、牛、羊的肉产量,即屠宰后除去头蹄下水后带骨的(即胴体重)重量。

水产品产量　指人工养殖的水产品和天然生长的水产品的捕捞量。包括海水的鱼类、虾蟹类、贝类和藻类以及内陆水域的鱼类、虾蟹类和贝类,不包括淡水生植物。

有效灌溉面积　指具有一定水源,地块比较平整,灌溉工程或设备已经配套,在一般年景下当年能够进行正常灌溉的耕地面积。

农业机械总动力　指主要用于农、林、牧、渔业的各种动力机械的动力总和。包括耕作机械、排灌机械、收获机械、农用运输机械、植物保护机械、牧业机械、林业机械和其他农业机械[内燃机按引擎马力折成瓦(特)计算,电动机按功率折成瓦(特)计算]。不包括专门用于乡、镇、村、组办工业、基本建设、非农业运输、科学试验和教学等非农业方面的动力机械与作业机械。

农村用电量　指本年度内扣除在农村中的全民所有制工业、交通、基建单位的用电量以后的农村生产上和生活上的全年用电总度数(全年累计数),包括国家电网的供电量,也包括农村自办电站的供电量。

农用化肥施用量　指本年内实际用于农业生产的化肥数量。包括氮肥、磷肥、钾肥及复合肥。化肥施用量要求按折纯量计算数量。折纯量是指氮肥、磷肥、钾肥分别按含氮、含五氧化二磷、含氧化钾的百分之百成分进行折算后的数量。复合肥按其所含主要成分折算。

Explanatory Notes on Main Statistical Indicators

Gross Output Value of Farming, Forestry, Animal Husbandry and Fishery refers to the total volume of products of farming, forestry, animal husbandry and fishery in value terms and output value of all kinds of service activities that support farming, forestry, animal husbandry and fishery production. It reflects the total scale and total result of agricultural production during a given period of time.

The statistical scopes for Farming, Forestry, Animal Husbandry and Fishery are as follows:

(1) **Farming** includes crop cultivation and other farming.

Crop cultivation includes planting of cereals, beans, tubers, cotton, fiber crops, tobacco, vegetables, crude drugs, melons and others, as well as production and management of tea, mulberry and fruit plantation.

Other farming includes gathering of wild plant fruits, fiber, gum, oil, firewood, wild crude drugs, fungus.

(2) **Forestry** includes planting of trees (not including planting, management and harvest of tea, mulberry and fruit plantation), collection of forest products, and felling of bamboos and trees by villagers and cooperative organizations of villages and under villages.

(3) **Animal Husbandry** includes raising and grazing of any kind of animals and hunting and raising of wild animals, other than fish breeding.

(4) **Fishery** includes cultivation and catches of aquatic animals and seaweed.

(5) **Service Industry for Farming, Forestry, Animal Husbandry and Fishery** refers to all kinds of service activities that support farming, forestry, animal husbandry and fishery production.

Grain Yield refers to the total yield including grains produced by state – owned, collectively operated and family farms as well as grains produced by farms run by family members of industrial and mining enterprises. Grain includes rice, wheat, corn, sorghum, millet and other miscellaneous grains as well as tubers and beans. For the yield of beans, it is to calculated by beans without pods, for tubers is to convert the yield of fresh tubers into that of grain at the ratio 5:1, and for others are all the husked grain.

Output of Pork, Beef, and Mutton refers to the meat weight of slaughtered hogs, cattle, sheep and goats, which are full grown, without heads, feets and offal but with bones.

Output of Aquatic Products refers to catches of both artificially cultured and naturally grown aquatic products, including fish, shrimps, crabs and shellfish in sea and inland water as well as seaweed. Freshwater plants are not included.

Irrigated Area refers to cultivated areas that are flat with water source and complete irrigation projects or equipments to be effectively irrigated under normal conditions. ,

Total Power of Farm Machinery refers to total mechanical power of machinery used in farming, forestry, animal husbandry, and fishery, including the machinery of ploughing, irrigation and drainage, harvesting, transport, plant protection, stock breeding, forestry and others. For internal combustion engine is to calculate its engine power in watts and for electric motor is to calculate its power in watts. Machinery employed for non – agricultural purposes, such as the machines used in town and village run industries, capital construction, non – agricultural transport, scientific experiments and teaching, is excluded.

Electricity Consumption in Rural Areas refers to annual total degree (annual aggregate) of electricity consumption of rural production and living discounting the consumption of industries owned by the whole people, transport and infrastructure units in the rural areas, including the power supply of State Grid and rural run power stations.

Consumption of Chemical Fertilizers in Agriculture refers to the quantity of chemical fertilizers applied in agriculture in theyear, including nitrogen, phosphorus, potassium and compound fertilizers. The consumption of chemical fertilizers is required to calculate by the purity, i. e. by 100% nitrogen content in nitrogenous fertilizer, 100% phosphorous pent oxide content in phosphorus fertilizer, 100% potassium oxide contents in potassium fertilizer. Compound fertilizer is calculated by its major component.

四、工业、能源

INDUSTRY AND ENERGY

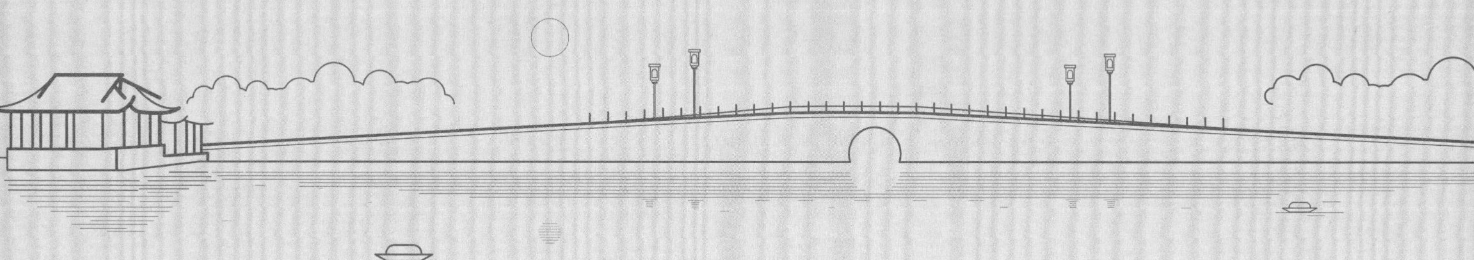

工业、能源
Industry and Energy

主要统计指标
Major Statistical Indicators

规模以上工业企业单位数	Number of Industrial Enterprises above Designated Size	6528	个	(unit)
为上年	As Compared with the Preceding Year	108.9	%	(%)
规模以上工业增加值	Value-added of Industrial Enterprises above Designated Size	4021	亿元	(100 million yuan)
为上年	As Compared with the Preceding Year	110.6	%	(%)
规模以上工业总产值	Gross Output Value of Industrial Enterprises above Designated Size	17746	亿元	(100 million yuan)
为上年	As Compared with the Preceding Year	115.3	%	(%)
轻工业	Light Industry	5617	亿元	(100 million yuan)
为上年	As Compared with the Preceding Year	116.08	%	(%)
重工业	Heavy Industry	12129	亿元	(100 million yuan)
为上年	As Compared with the Preceding Year	122.86	%	(%)

4-01 工业企业单位数(主要年份)

Number of Industrial Enterprises(Main Years)

单位:个　　(unit)

年份 Year	规模以上工业合计 Industry above Designated Size Total	国有经济 State - owned Enterprises	集体经济 Collective - owned Enterprises	其他各种经济类型 Enterprises of Other Types of Ownership
1978	2868	680	2188	-
1980	3519	691	-	-
1985	5800	823	-	-
1990	6183	921	4966	11
1991	6234	933	5219	82
1992	6235	941	5162	132
1995	6744	1086	4722	936
1996	6148	1011	4268	869
1997	4980	760	3250	970
1998	2559	464	815	1280
1999	2474	396	689	1389
2000	2715	282	598	1835
2001	3580	237	252	3091
2002	4015	172	232	3611
2003	4689	144	219	4326
2004	7738	185	192	7361
2005	7359	124	169	7066
2006	7826	110	162	7554
2007	8674	71	131	8472
2008	9907	73	101	9733
2009	10032	71	84	9877
2010	10370	74	68	10228
2011	5868	52	25	5791
2012	5927	56	20	5851
2013	6284	25	11	6248
2014	6169	22	9	6138
2015	6073	17	5	6051
2016	5684	15	4	5665
2017	5533	10	2	5521
2018	5431	9	1	5421
2019	5698	7	-	5691
2020	5992	14	3	5975
2021	6528	7	2	6519

注:规模以上工业口径:1997 年及以前为乡及以上工业;1998-2010 年为主营业务收入 500 万及以上;2011 年为主营业务收入 2000 万及以上(后同)。

a) Industry above Designated Size: Data after 2011 refer to all the industrial enterprises with annual Sales income of over 20 million yuan, data in 1998-2010 refer to all the industrial enterprises with annual sales income of over 5 million yuan, data in 1997 and before refer to enterprises at township and above level.

4-02 市区工业企业单位数(主要年份)
Number of Industrial Enterprises in Urban District(Main Years)

单位:个 (unit)

年　份 Year	规模以上工业合计 Industry above Designated Size Total	国有经济 State - owned Enterprises	集体经济 Collective - owned Enterprises	其他各种经济类型 Enterprises of Other Types of Ownership
1978	787	313	414	-
1980	894	315	579	-
1985	1250	345	859	7
1990	1360	361	971	28
1991	1411	382	990	39
1992	1490	395	1024	71
1995	1998	440	1102	456
1996	2043	458	1109	476
1997	1733	372	951	410
1998	1019	315	315	389
1999	959	255	284	420
2000	1005	182	253	570
2001	2645	195	200	2250
2002	2838	140	178	2520
2003	3230	115	158	2957
2004	5527	156	122	5249
2005	4995	98	104	4793
2006	5195	85	91	5019
2007	5726	54	77	5595
2008	6530	55	64	6411
2009	6477	52	49	6376
2010	6478	51	37	6390
2011	3867	36	10	3821
2012	3862	37	7	3818
2013	4145	18	5	4122
2014	4716	17	5	4694
2015	4584	12	3	4569
2016	4235	11	2	4222
2017	4726	8	1	4717
2018	4746	8	1	4737
2019	4984	6	-	4978
2020	5188	13	2	5173
2021	5653	5	1	5647

4－03 工业总产值(1949－2021 年)

Gross Industrial Output Value(1949－2021)

单位:亿元 (100 million yuan)

年 份 Year	工业总产值 Gross Industrial Output Value	#轻工业 Light Industry	重工业 Heavy Industry	国有经济 State－owned	集体经济 Collective－owned
1949	1.41				
1950	1.60				
1951	2.46				
1952	3.00				
1953	3.80				
1954	4.26				
1955	4.38				
1956	5.42				
1957	6.08				
1958	11.73				
1959	16.16				
1960	18.48				
1961	12.65				
1962	10.30				
1963	10.76				
1964	12.82				
1965	15.12				
1966	14.81				
1967	16.73				
1968	15.90				
1969	20.74				
1970	24.08				
1971	27.04				
1972	28.32				
1973	31.38				
1974	26.24				
1975	25.10				
1976	26.24				
1977	35.92				
1978	43.96				
1979	51.00				
1980	63.45				
1981	71.00				
1982	75.08				
1983	84.44				
1984	106.21				
1985	146.55				
1986	177.96				
1987	226.30				
1988	297.62				
1989	331.56				
1990	359.47				
1991	435.79				
1992	568.33				
1993	828.92				
1994	1181.50				
1995	1509.71				
1996	1479.22				
1997	1654.70				

单位:亿元　　4-03　续表　continued　　(100 million yuan)

年　份 Year	规模以上工业 Gross Industrial Output Value	#轻工业 Light Industry	重工业 Heavy Industry	国有经济 State - owned	集体经济 Collective - owned
1998	1109.94	572.64	537.30	342.23	282.48
1999	1200.08	613.00	587.08	316.46	254.40
2000	1543.57	762.33	781.24	186.03	269.84
2001	1919.51	995.70	923.81	178.88	191.13
2002	2400.30	1243.55	1156.75	214.71	215.15
2003	3202.52	1565.25	1637.28	248.42	244.40
2004	4486.58	1976.19	2510.38	342.00	55.89
2005	5441.13	2405.97	3035.16	605.43	60.34
2006	6975.46	2909.35	4066.11	677.68	66.76
2007	8351.40	3587.84	4763.56	768.89	51.79
2008	9379.58	3873.53	5506.05	744.07	38.61
2009	9390.73	4011.60	5379.14	757.65	35.47
2010	11081.04	4576.47	6504.57	905.05	30.03
2011	12352.92	4866.08	7486.84	1022.05	17.19
2012	12959.68	5137.76	7821.92	1150.72	16.73
2013	12418.00	4866.38	7551.63	714.09	3.98
2014	12853.05	4997.92	7855.13	692.22	3.22
2015	12415.68	4820.80	7594.88	230.94	1.41
2016	12420.96	4693.99	7726.97	553.41	1.23
2017	12963.76	4711.50	8252.27	187.04	0.59
2018	14016.41	4882.08	9134.33	169.11	0.24
2019	14585.45	5221.27	9364.18	177.62	0.00
2020	14712.08	4839.21	9872.87	355.79	4.37
2021	17746.18	5616.85	12129.33	26.38	0.62

注:从1998年以来为规模以上工业。

a) It was industry above designated size since 1998.

4-04 市区工业总产值(主要年份)

Gross Industrial Output Value in Urban District(Main Years)

单位:万元 (10000 yuan)

年 份 Year	规模以上工业 Gross Industrial Output Value	#轻工业 Light Industry	重工业 Heavy Industry	国有经济 State-owned	集体经济 Collective-owned	其他经济 Other Types of Ownership
1978	304242	–	–	248534	55708	–
1980	433623	–	–	335789	97834	–
1985	812246	512767	301998	536498	267613	8135
1990	1533000	1026764	599899	1067400	416500	49100
1991	1814600	1140394	674072	1237600	496800	80200
1992	2291300	1379154	917085	1497400	601200	192700
1995	4760900	2507752	2753196	2252300	908900	1599700
1996	4599778	2460319	2139459	2018768	951432	1629578
1997	4997257	2889406	2609217	2537740	819984	1639533
1998	6110192	3068600	3041592	2989467	1123013	1997712
1999	6280838	3178286	3102552	2668519	979070	2633249
2000	7804302	3635578	4168724	1498595	968509	5337198
2001	16156245	8377563	7778681	1695132	1792228	12668885
2002	20252484	10431428	9821056	2036097	2045450	16170937
2003	26945006	13080771	13864235	2390424	2305431	22249151
2004	37564968	16361706	21203262	3097656	419720	34047592
2005	44775260	19601053	25174207	5592419	390555	38792286
2006	57255453	23722868	33532585	6305071	347788	50602594
2007	67565456	29452269	38113187	7123810	323842	60117804
2008	74564803	31236743	43328060	6812616	219140	67533047
2009	74059755	32178951	41880805	6880470	148937	67030348
2010	86653885	36440816	50213069	8155395	156026	78342464
2011	97800625	39467105	58333520	9253445	70299	88476881
2012	101396009	41428864	59967145	10452692	72743	90870574
2013	94197123	38407906	55789218	6332681	22398	87842044
2014	110230328	42840596	67389732	6463681	22354	103744292
2015	105641721	40775608	64866113	1841145	8633	103791944
2016	105688299	39331082	66357217	5061048	6629	100620622
2017	119823690	42792636	77031054	1689177	2846	118131668
2018	131259285	45433816	85825469	1570111	2375	129686799
2019	135952373	48734026	87218348	1649607	–	134302766
2020	136802991	44921301	91881690	3437846	41400	133323745
2021	164637453	52134466	112502987	199356	3990	164434107

注:从1998年以来为规模以上工业。

a) It was industry above designated size since 1998.

4－05 规模以上工业企业

Main Economic Indicators of Industrial

单位:亿元

年份 Year	规模以上工业总产值 Output Value of Industrial Enterprises Above Designated Size	规模以上工业增加值 Added Value of Industrial Enterprises Above Designated Size	资产总计 Total Assets	流动资产合计 Total Current Assets	营业收入 Tax excluded	主营业务收入 Revenue from Principal Business	利润总额 Total Profits
2001	1919.51	444.91	2148.96	1122.07		1828.28	107.56
2002	2400.30	597.01	2514.19	1313.92		2288.21	145.48
2003	3202.52	783.51	3258.93	1783.50		3117.46	194.16
2004	4486.58	1019.47	4118.31	2300.84		4363.27	226.74
2005	5441.13	1126.54	4781.34	2692.73		5282.80	234.99
2006	6975.46	1363.17	5564.68	3215.19		6807.64	314.49
2007	8351.40	1717.65	6573.12	3880.23		8057.03	414.55
2008	9379.58	1743.20	7506.26	4437.50		8976.46	453.92
2009	9390.73	1792.00	8405.62	4968.21		9026.32	510.97
2010	11081.04	2153.83	9937.41	6011.68		10843.24	764.47
2011	12352.92	2369.00	10968.69	6709.76		12022.57	795.53
2012	12959.68	2492.00	11983.52	7215.40		12525.39	771.68
2013	12418.00	2664.13	12680.28	7609.51		12424.15	853.60
2014	12853.05	2813.51	13376.72	7938.51		12833.70	904.60
2015	12415.68	2875.05	14015.54	8306.78		12237.39	891.12
2016	12420.96	2990.34	14467.36	8502.92		12367.54	946.06
2017	12963.76	3184.05	15403.30	9009.58		13209.59	998.56
2018	14016.41	3415.45	16662.89	9885.42		14432.89	1015.16
2019	14585.45	3481.89	18290.37	10971.46		15212.51	1126.17
2020	14712.08	3467.16	20502.77	12384.26		15712.46	1302.40
2021	17746.18	4021.14	23281.43	14219.33	20379.36	19280.83	1515.22

主要经济效益指标(2001－2021年)
Enterprises Above Designated Size(2001－2021)

(100 million yuan)

利税总额 Total Profits and Tax	资产负债率(%) Ratio of Debts to Assets(%)	流动资产周转次数(次) Turnover of Current Assets(times)	成本费用利润率(%) Ratio of Profits to Costs(%)	全员劳动生产率(元/人) Overall Labor Productivity (Yuan/Person)	产品销售率(%) Rate of Production Sold (%)
208.54	57.20	1.70	6.26	59518	97.40
274.98	56.82	1.82	6.84	76402	97.76
359.54	58.70	1.87	6.69	91284	97.68
427.23	59.80	2.00	5.50	98809	98.10
450.68	60.12	2.06	4.69	105786	98.25
576.51	59.83	2.23	4.87	120289	98.36
730.50	60.43	2.21	5.44	138016	98.17
802.13	60.42	2.10	5.34	152070	98.14
882.62	59.07	1.86	5.86	151002	98.63
1224.48	58.34	1.96	7.60	166516	98.83
1330.48	59.12	1.91	6.96	190110	98.61
1339.94	49.57	1.74	6.60	232587	98.63
1450.55	58.09	1.63	7.39	222570	99.18
1538.07	56.83	1.62	7.61	245726	98.48
1559.68	55.69	1.54	7.91	257020	98.50
1655.64	54.29	1.53	7.97	278384	99.43
1772.81	54.66	1.55	7.77	301608	98.45
1800.26	55.00	1.54	7.19	330206	98.28
1854.99	55.02	1.46	7.85	339577	–
2006.46	54.26	1.34	8.51	340083	–
2286.68	52.87	1.43	8.05	377338	–

4－06 分地区工业
Number of Industrial Enterprises

单位:个

指　标	Item	全　市 Whole City	市　区 Urban District	上城区 Shangcheng	拱墅区 Gongshu	西湖区 Xihu
规模以上工业合计	**Industrial above Designated Size**	**6528**	**5653**	**97**	**88**	**151**
一、按轻重工业分	**Grouped by Light & Heavy Industry**					
轻工业	Light Industry	2953	2547	24	25	34
重工业	Heavy Industry	3575	3106	73	63	117
二、按所有制分	**Grouped by Ownership**					
国有企业	State－owned Enterprises	7	5			
集体企业	Collective－owned Enterprises	2	1			
股份合作企业	Cooperative Enterprises	6	6		1	
联营企业	Joint Ownership Enterprises					
有限责任公司	Limited Liability Corporations	584	505	15	15	37
股份有限公司	Share－holding Corporations Ltd.	250	230	12	13	17
私营企业	Private Enterprises	4938	4209	59	50	79
外商及港澳台投资企业	Enterprises with Investment from Foreign、Hong Kong、Macao and Taiwan	741	697	11	9	18
其他企业	Other Enterprises					
合计中:国有控股企业	Of the Total:Controlling Share Hold Enterprises	220	185	6	9	12
三、按企业规模分	**Grouped by Size of Enterprises**					
大型企业	Large	133	126	4	2	3
中型企业	Medium－sized	578	528	10	10	14
小微企业	Small	5817	4999	83	76	134

企业单位数(2021 年末)
by Region(End of 2021)

(unit)

高新(滨江)区 Hi - Tech (Binjiang)	萧山区 Xiaoshan	余杭区 Yuhang	临平区 Linping	钱塘区 Qiantang	富阳区 Fuyang	临安区 Lin'an	桐庐县 Tonglu	淳安县 Chun'an	建德市 Jiande
244	**1616**	**712**	**686**	**660**	**690**	**708**	**386**	**97**	**392**
54	970	259	382	261	227	311	201	45	160
190	646	453	304	399	463	397	185	52	232
			1	3		1	1		1
	1								1
	2	3							
38	59	34	47	102	79	79	29	17	33
33	35	34	23	20	22	20	8	2	10
122	1340	584	530	319	544	582	318	73	338
51	179	57	85	216	45	26	30	5	9
19	19	9	20	38	22	30	13	7	15
21	23	4	16	41	4	8	4	–	3
38	140	62	72	103	40	39	24	8	18
185	1453	646	598	516	646	661	358	89	371

4－07 分地区工业
Gross Industrial

单位:万元

指 标	Item	全 市 Whole City	市 区 Urban District	上城区 Shangcheng	拱墅区 Gongshu	西湖区 Xihu
规模以上工业合计	Industrial above Designated Size	**177461811**	**164637453**	**10715280**	**2781977**	**3792655**
一、按轻重工业分	**Grouped by Light & Heavy Industry**					
轻工业	Light Industry	56168463	52134466	4235397	1179759	1525524
重工业	Heavy Industry	121293348	112502987	6479883	1602218	2267132
二、按所有制分	**Grouped by Ownership**					
国有企业	State－owned Enterprises	263794	199356	－	－	－
集体企业	Collective－owned Enterprises	6244	3990	－	－	－
股份合作企业	Cooperative Enterprises	31569	31569	－	6296	－
联营企业	Joint Ownership Enterprises	－	－	－	－	－
有限责任公司	Limited Liability Corporations	43331996	39611167	8146837	507857	547251
股份有限公司	Share－holding Corporations Ltd.	24355982	22980677	575482	498765	404420
私营企业	Private Enterprises	59004235	52499046	780400	1519947	942730
外商及港澳台投资企业	Enterprises with Investment from Foreign、Hong Kong、Macao and Taiwan	50467991	49311648	1212561	249113	1898255
其他企业	Other Enterprises					
合计中:国有控股企业	Of the Total:Controlling Share Hold Enterprises	27025322	25250477	8054973	451508	540929
三、按企业规模分	**Grouped by Size of Enterprises**					
大型企业	Large	55382803	53169579	1261338	1007404	1280219
中型企业	Medium－sized	51222747	47900478	646619	746614	1063859
小微企业	Small	70856262	63567396	8807322	1027959	1448577

总产值(2021 年)

Output Value by Region(2021)

(10000 yuan)

高新(滨江)区 Hi - Tech (Binjiang)	萧山区 Xiaoshan	余杭区 Yuhang	临平区 Linping	钱塘区 Qiantang	富阳区 Fuyang	临安区 Lin'an	桐庐县 Tonglu	淳安县 Chun'an	建德市 Jiande
29243641	**29790515**	**10366297**	**16021784**	**35280029**	**14187201**	**12454624**	**5212030**	**1060717**	**6551612**
2447026	15958775	2869085	6030514	12388366	2170922	3329099	1588305	705046	1740646
26796614	13831740	7497212	9991270	22891663	12016280	9125526	3623725	355671	4810965
–	–	–	91860	45914	–	61582	22610	–	41829
–	3990	–	–	–	–	–	–	–	2254
–	13331	11943	–	–	–	–	–	–	–
–	–	–	–	–	–	–	–	–	–
6001732	5313667	686635	2133186	7916024	6065353	2292626	1662850	261644	1796335
3386732	2917252	1550023	4319577	3594589	1832084	3898302	220365	20468	1134473
2201998	16182860	6638746	6701969	6848240	5072855	5609301	2715299	717592	3072299
17653179	5359414	1478950	2775192	16875262	1216910	592814	590906	61013	504423
3312116	2428984	383164	3374740	3087299	1754803	1858512	1110980	101235	562630
15119168	5330842	566904	6013514	15230607	3239020	4120564	1146619	–	1066605
9624450	10362464	3917101	4287173	11662208	3203117	2386873	1205114	205672	1911484
4500023	14097209	5882292	5721098	8387214	7745064	5947188	2860297	855045	3573523

4－08 规模以上工业

Main Economic Indicators of Industrial

单位:万元

项　目	Item	企业单位数(个) Number of Enterprises (unit)	亏损企业(个) Loss Making Enterprises (unit)	工业总产值(当年价格) Gross Industrial Output Value (current price)	新产品产值 Output of New Products
总　计	**Total**	**6528**	**1198**	**177461811**	**69720499**
按隶属关系分	**Grouped by Subordination**				
中央	Central	41	9	11447052	389110
地方	Local	80	12	3986163	1772253
其他	Other	6407	1177	162028596	67559136
按所有制分	**Grouped by Ownership**				
国有企业	State－owned Enterprises	7	1	263794	6
集体企业	Collective－owned Enterprises	2		6244	3990
股份合作企业	Cooperative Enterprises	6	3	31569	3764
联营企业	Joint Ownership Enterprises	－	－	－	－
有限责任公司	Limited Liability Corporations	584	127	43331996	14303043
股份有限公司	Share－holding Corporations Ltd.	250	32	24355982	15035105
私营企业	Private Enterprises	4938	855	59004235	22114641
外商及港澳台投资企业	Enterprises with Investment from Foreign、Hong Kong、Macao and Taiwan	741	180	50467991	18259950
其他企业	Other Enterprises	－	－	－	－
按企业规模分	**Grouped by Size of Enterprises**				
大型企业	Large	133	12	55382803	28343421
中型企业	Medium－sized	578	76	51222747	22662185
小微企业	Small	5817	1110	70856262	18714892
按轻重工业分	**Grouped by Light & Heavy Industry**				
轻工业	Light Industry	2953	595	56168463	19327126
重工业	Heavy Industry	3575	603	121293348	50393373
按市、县分	**Grouped by County**				
上城区	Shangcheng	97	15	10715280	749923
拱墅区	Gongshu	88	10	2781977	1093989
西湖区	Xihu	151	29	3792655	1422138

企业主要经济指标(2021 年)(一)
Enterprises Above Designated Size(2021)(Ⅰ)

(10000 yuan)

实收资本 Total Capital Hold	国家资本 State Capital	个人资本 Personal Capital	港澳台资本 Hongkong, Macau and TaiWan Capital	外商资本 Foreign Capital	就业人员 年平均人数(人) Annual Average Number of Staff and Workers (person)
36794304	**1771393**	**7979088**	**2081334**	**3344823**	**1065659**
755491	103021	6599	–	–	14377
1613420.7	200828.3	103614.2	229869.7	14087.6	31741
34425393	1467544	7868874	1851465	3330736	1019541
88721					1532
4530					321
6068		5978			543
–	–	–	–	–	–
8729206	831111	282673	6515		153012
6810253	255768	2095967	4524	4947	130949
10760914	52738	5311628	13224	8032	530419
10394614	631776	282842	2057072	3331845	248883
–	–	–	–	–	–
10146187	762498	1135547	397238	731375	284141
10078087	267290	1779344	592440	1103407	288434
16570031	741605	5064197	1091656	1510040	493084
–	–	–	–	–	–
12661093	244735	3418715	922815	1492417	456422
24133212	1526658	4560373	1158520	1852407	609237
–	–	–	–	–	–
1455469	487	158633	5112	25187	29368
583902	22119	147467	9724	16194	20459
712348	96780	210833	45974	81006	23478

单位:万元 4－08 续表1

项　目	Item	企业单位数（个）Number of Enterprises (unit)	亏损企业(个) Loss Making Enterprises (unit)	工业总产值（当年价格）Gross Industrial Output Value (current price)	新产品产值 Output of New Products
高新(滨江)区	Hi－Tech(Binjiang)	244	50	29243641	11137648
萧山区	Xiaoshan	1616	233	29790515	11419755
余杭区	Yuhang	712	149	10366297	4694703
临平区	Linping	686	149	16021784	8774506
钱塘区	Qiantang	660	137	35280029	14490379
富阳区	Fuyang	690	137	14187201	5547664
临安区	Lin'an	708	120	12454624	5612055
桐庐县	Tonglu	386	77	5212030	2145543
淳安县	Chun'an	97	33	1060717	110081
建德市	Jiande	392	59	6551612	2522116
按国民经济行业分	**Grouped by Economic Sector**				
采矿业	Mining and Quarrying	24	4	270161	30674
煤炭开采和洗选业	Coal Mining and Dressing	1		5526	693
黑色金属矿采选业	Ferrous Metals Mining and Dressing	–	–	–	–
有色金属矿采选业	Nonferrous Metals Mining and Dressing	4		26303	
非金属矿采选业	Nonmetal Minerals Mining and Dressing	19	4	238332	29982
制造业	Manufacturing Industry	6389	1172	165206831	69513649
农副食品加工业	Agricultural Products Processing	119	23	1447818	165865
食品制造业	Food Manufacturing	119	31	2278594	386273
酒、饮料和精制茶制造业	Wine,Beverage and Tea Manufacturing	51	5	1894777	381019
烟草制品业	Tobacco Processing	1		3638911	48230
纺织业	Textile Industry	681	146	7040094	2458047
纺织服装、服饰业	Textile Products and Costune Indnstry	234	75	2038199	984614
皮革、毛皮、羽毛及其制品和制鞋业	Leather. Furs. Downand Related and Shoes Products	102	26	1182030	373976
木材加工和木、竹、藤、棕、草制品业	Timber Processing,Bamboo,Cane,Palm Fiber and Straw Products	40	7	234664	64824
家具制造业	Furniture Manufacturing	113	26	1516809	470222

continued 1 (10000 yuan)

实收资本 Total Capital Hold	国家资本 State Capital	个人资本 Personal Capital	港澳台资本 Hongkong, Macau and TaiWan Capital	外商资本 Foreign Capital	就业人员年平均人数(人) Annual Average Number of Staff and Workers (person)
5059304	178257	698614	298008	304627	112442
8196548	73110	2268255	691538	769132	229049
1823761	17899	756171	97536	95466	92338
2767176	122955	708011	313598	191985	117955
8511618	823793	705584	453739	1541426	178654
3223277	111475	823374	34549	90797	82278
2060912	160628	727748	29135	51019	78274
1010508	26817	269600	64033	92768	49319
233650	16266	91508	4657	3057	11069
1120533	85509	413291	33733	82159	40873
63366	1000	10766			1476
98		98			26
–	–	–	–	–	–
3868		3868			500
59400	1000	6800			950
33924386	1221616	7933647	2000247	3273425	1041787
209473		88339	47167	6486	7864
642015	28337	117153	39893	256918	22486
560594	18400	47288	112313	123808	11530
60512					2503
1589679	5267	824811	99783	190799	91188
632812	12606	123282	298861	82073	37274
230157	179	81059	18893	13586	14391
51710		30564			3252
398340	440	80429	16511	57521	24368

项 目	Item	企业单位数（个）Number of Enterprises (unit)	亏损企业(个) Loss Making Enterprises (unit)	工业总产值（当年价格）Gross Industrial Output Value (current price)	新产品产值 Output of New Products
造纸和纸制品业	Paper Making and Paper Products	203	39	2678315	975538
印刷和记录媒介复制业	Printing and Record Media	103	19	854746	173816
文教、工美、体育和娱乐用品制造业	Cultural, Educational. Industrial Arts. Sports and Entertainment Goods	105	20	1612189	614820
石油、煤炭及其他燃料加工业	Petroleum, Coal and Other Fuel Processing	16	3	161797	18409
化学原料和化学制品制造业	Raw Chemical Materials and Chemical Products	307	47	9122528	3806398
医药制造业	Medical and Pharmaceutical Products	138	23	8585974	3344040
化学纤维制造业	Chemical Fiber	142	15	8251338	3599096
橡胶和塑料制品业	Rubber and Plastic Products	381	60	6928202	2326419
非金属矿物制品业	Nonmetal Minerals Products	386	67	8734864	1999876
黑色金属冶炼和压延加工业	Ferrous Metals Smelting and Processing	43	6	1250853	594709
有色金属冶炼和压延加工业	Nonferrous Metals Smelting and Processing	48	8	4615281	850362
金属制品业	Metals Products	479	66	6936330	2779244
通用设备制造业	Ordinary Machinery	658	86	15304041	8019101
专用设备制造业	For Special Purpose Equipment Manufacturing	365	78	4354131	1811417
汽车制造业	Automobile Manufacturing	222	43	8584766	5144529
铁路、船舶、航空航天和其他运输设备制造业	Railway. watercraft. Avigation spaceflight and other Equipment Manufacturing	64	9	1382621	548076
电气机械和器材制造业	Electric Equipment and Machinery	532	100	17397694	10166335
计算机、通信和其他电子设备制造业	Computers. Telecommunications and Other Electronic Equipment Manufacturing	455	100	31301725	14633788
仪器仪表制造业	Instruments and Meters Manufacturing	232	37	4813274	2398121
其他制造业	Other Manufacturing	24	3	323292	60586
废弃资源综合利用业	Multiple Utilization of Waste Resouces	22	4	679184	279310
金属制品、机械和设备修理业	Metal Products, Machinery and Equipment Repair	4		61791	36590
电力、燃气及水的生产和供应业	Produotion and supply of electricity, gas & water	115	22	11984819	176176
电力、热力生产和供应业	Production and Supply of Electric Power and Hot Water	66	8	8194749	176176
燃气生产和供应业	Production and Supply of Gas	19	9	3133358	
水的生产和供应业	Production and Supply of Tap Water	30	5	656713	

continued 2　　(10000 yuan)

实收资本 Total Capital Hold	国家资本 State Capital	个人资本 Personal Capital	港澳台资本 Hongkong, Macau and TaiWan Capital	外商资本 Foreign Capital	就业人员年平均人数(人) Annual Average Number of Staff and Workers (person)
504019	2235	168061	21923	17162	22415
261485	31558	66325	44824	16679	11056
220577		58356	11778	61023	14784
397886		17667	4200		924
1939056	20931	487838	41604	213058	36633
1414437	41121	187635	19642	160738	42881
2672956		703195	12931	81890	30136
1219413	41422	392802	31163	240903	51905
1196396	73210	359537	42796	92572	35858
124249		60500		4715	3010
377393		29979	2037	30333	5370
1137017	22086	395564	83810	85539	51399
2674697	115116	807278	96845	297634	116173
1422868	55782	336668	164215	196197	44504
2615886	435964	336036	234207	166745	41050
201156	650	50568		21232	9847
4263063	213551	827936	179066	377466	95671
5741407	95730	797560	347144	388812	158712
1031922	7033	411769	27128	78480	47967
35512		22029	814	4488	3563
94002		22100		6570	2750
3700		1320	700		323
2806553	548777	34674	81088	71399	22396
1225168	138650	23708	78460	8150	13210
505055	136458	1494	2628	63249	2687
1076330	273669	9472			6499

4－09 规模以上工业

Main Economic Indicators of Industrial

单位:万元

项　目	Item	资产合计 Total Assets	流动资产合计 Total Circulating Funds	应收账款 Receivables	存　货 Stock
总　　计	**Total**	**232814301**	**142193252**	**44974461**	**28381659**
按隶属关系分	**Grouped by Subordination**				
中央	Central	10389888	3926535	693348	1975615
地方	Local	10861000	5217060	1120425	925495
其他	Other	211563413	133049657	43160688	25480549
按所有制分	**Grouped by Ownership**				
国有企业	State－owned Enterprises	633999	126255	41840	20374
集体企业	Collective－owned Enterprises	5465555	229433	22543	2240
股份合作企业	Cooperative Enterprises	50205	43735	11744	3926
联营企业	Joint Ownership Enterprises	－	－	－	－
有限责任公司	Limited Liability Corporations	52898190	26235395	8666723	6414716
股份有限公司	Share－holding Corporations Ltd.	52745477	30306990	7171384	5655840
私营企业	Private Enterprises	62905682	43211625	14138084	8645562
外商及港澳台投资企业	Enterprises with Investment from Foreign、Hong Kong、Macao and Taiwan	58115194	42039819	14922144	7639001
其他企业	Other Enterprises	－	－	－	－
按企业规模分	**Grouped by Size of Enterprises**				
大型企业	Large	79769942	48712226	16630854	8289888
中型企业	Medium－sized	64158548	41668312	12062799	8811985
小微企业	Small	88885811	51812714	16280808	11279786
按轻重工业分	**Grouped by Light & Heavy Industry**				
轻工业	Light Industry	73202212	43470990	9764335	10183024
重工业	Heavy Industry	159612089	98722262	35210126	18198635
按市、县分	**Grouped by County**				
上城区	Shangcheng	13379305	6694579	1391236	2342628
拱墅区	Gongshu	3981301	2636721	667858	429428
西湖区	Xihu	5197826	3834499	978248	583327

企业主要经济指标(2021 年)(二)
Enterprises Above Designated Size(2021)(Ⅱ)

(10000 yuan)

产成品 Finished Products	固定资产净额 Fixed Assets	累计折旧 Accumulated Depreciation	本年折旧 Depreciation of the year	负债合计 Total Liabilities	流动负债合计 Total Current Liabilities	非流动负债合计 Total Non - current Liabilities	所有者权益合计 Creditors´Equity
11099867	**34522038**	**32727116**	**4197823**	**123097278**	**109870791**	**35241003**	**107988071**
90867	4604538	5816023	560892	5727781	6223898	555542	3510365
474005	2323049	1725273	195603	5711284	3709557	1250859	5004014
10534995	27594451	25185819	3441328	111658213	99937336	33434602	99473692
9170	456465	507989	44506	503934	478220	21135	130065
284	101918	9768	1294	4166079	3227425	36684	1299476
2101	3138	4917	668	13446	16036	3573	34169
–	–	–	–	–	–	–	–
2096303	13544749	11974531	1440960	32253187	27480448	7904775	19751989
2426143	3749409	3276319	456022	21967948	18437357	5534747	30758159
3625609	9826087	9001293	1282673	35755436	33837193	9848510	27005552
2940259	6840273	7952299	971702	28437249	26394111	11891580	29008661
–	–	–	–	–	–	–	–
3476697	8827317	7852775	1106901	41236173	35943109	14342075	38533768
3775697	9553776	9644068	1186501	32495325	28780878	9677653	31664425
3847473	16140946	15230273	1904422	49365780	45146804	11221275	37789879
3948499	11277693	11485685	1429103	36056129	33305320	8564058	36974379
7151368	23244345	21241430	2768720	87041150	76565470	26676945	71013692
198580	3778709	4044512	308542	6911225	5699475	1292621	6468079
169118	528157	770523	71849	1363962	1191754	403425	2617338
229740	501855	509415	63081	2643446	2273715	870401	2543361

项　目	Item	资产合计 Total Assets	流动资产合　计 Total Circulating Funds	应收账款 Receivables	存　货 Stock
高新(滨江)区	Hi－Tech(Binjiang)	41462962	31924352	13159656	4817751
萧山区	Xiaoshan	48890433	23294788	5654330	4529698
余杭区	Yuhang	12092846	8928654	2803955	1525067
临平区	Linping	20754084	13571702	4066668	2908451
钱塘区	Qiantang	38159664	23497574	7280690	5700591
富阳区	Fuyang	18480567	10611197	3368818	2383127
临安区	Lin'an	15142409	9528959	3213071	1644977
桐庐县	Tonglu	6140723	3478302	1087051	774352
淳安县	Chun'an	1471951	727232	240298	149119
建德市	Jiande	7395175	3410542	1059159	591126
按国民经济行业分	**Grouped by Economic Sector**				
采矿业	Mining and Quarrying	701373	385863	68039	12895
煤炭开采和洗选业	Coal Mining and Dressing	4236	2615	1506	430
黑色金属矿采选业	Ferrous Metals Mining and Dressing	－	－	－	－
有色金属矿采选业	Nonferrous Metals Mining and Dressing	58370	32117	19242	4433
非金属矿采选业	Nonmetal Minerals Mining and Dressing	638767	351131	47291	8032
制造业	Manufacturing Industry	215106804	138059323	44110242	28257902
农副食品加工业	Agricultural Products Processing	1340649	932766	237218	313738
食品制造业	Food Manufacturing	2644201	1692213	392615	274300
酒、饮料和精制茶制造业	Wine,Beverage and Tea Manufacturing	1937957	1013528	266876	245228
烟草制品业	Tobacco Processing	3536597	2753028	111207	1886219
纺织业	Textile Industry	8352147	5067355	1186789	1253638
纺织服装、服饰业	Textile Products and Costune Indnstry	2659648	1753861	403022	510504
皮革、毛皮、羽毛及其制品和制鞋业	Leather. Furs. Downand Related and Shoes Products	1279662	943056	301999	341309
木材加工和木、竹、藤、棕、草制品业	Timber Processing,Bamboo,Cane,Palm Fiber and Straw Products	366163	222329	65224	30970
家具制造业	Furniture Manufacturing	2578098	1425825	404601	221283

continued 1 (10000 yuan)

产成品 Finished Products	固定资产净额 Fixed Assets	累计折旧 Accumulated Depreciation	本年折旧 Depreciation of the year	负债合计 Total Liabilities	流动负债合计 Total Current Liabilities	非流动负债合计 Total Non - current Liabilities	所有者权益合计 Creditors´Equity
1651306	2107121	1376579	265714	19759463	18010948	8681254	21692695
1950783	5922817	7115734	798805	27764509	24390854	5011108	21098117
549515	1367538	1275579	196250	6342675	5771099	1961221	5731330
1014988	3503730	2778451	376065	11668212	10522382	3334904	9064216
2974875	8140209	7962285	1076154	19785028	17759788	6612082	17739135
1038794	2983825	2268586	372642	10556403	9144270	2511243	7552837
672416	2203956	1645345	251059	7981442	7287730	2588933	6958902
313393	1214176	1099508	141713	3460229	3239879	852316	2558305
67909	344644	454106	55331	782416	822493	203342	545871
268451	1915809	1422116	220150	3988431	3686586	914087	3242668
7917	75249	62681	11272	287395	234830	36462	406789
327	878	1086	205	3408	3408	45	829
–	–	–	–	–	–	–	–
2500	8878	4651	829	10474	15235	7950	42688
5090	65493	56945	10239	273514	216188	28467	363273
11051585	25781077	24600233	3330755	111448931	101526603	34235605	102799745
83518	208001	132640	20129	953807	891582	160742	384329
93209	583793	611881	69803	1044484	987570	316296	1599717
94884	667047	914564	107831	1023776	959486	254832	914181
69705	337698	580929	56060	615747	598543	79161	2920850
636992	1827618	2226001	252216	4637097	4511716	720241	3648977
276384	402259	363009	41614	1415761	1188802	384513	1243406
61509	148471	101594	13931	913719	894106	212752	360338
18099	30946	21641	4507	243210	231088	36729	122952
63262	303839	191411	30321	1414457	1376481	244591	1148978

项　目	Item	资产合计 Total Assets	流动资产合计 Total Circulating Funds	应收账款 Receivables	存　货 Stock
造纸和纸制品业	Paper Making and Paper Products	3239559	2118117	528209	317074
印刷和记录媒介复制业	Printing and Record Media	1005387	655915	215284	101655
文教、工美、体育和娱乐用品制造业	Cultural,Educational. Industrial Arts. Sports and Entertainment Goods	937203	645095	115217	257431
石油、煤炭及其他燃料加工业	Petroleum,Coal and Other Fuel Processing	695077	303949	65041	10630
化学原料和化学制品制造业	Raw Chemical Materials and Chemical Products	13153970	6601172	1310711	1085870
医药制造业	Medical and Pharmaceutical Products	10241605	6645565	1171789	1516756
化学纤维制造业	Chemical Fiber	15174723	5768691	1357350	869079
橡胶和塑料制品业	Rubber and Plastic Products	6904888	4295405	1350376	1143972
非金属矿物制品业	Nonmetal Minerals Products	9263726	6562234	3822495	718810
黑色金属冶炼和压延加工业	Ferrous Metals Smelting and Processing	549147	402922	59385	103451
有色金属冶炼和压延加工业	Nonferrous Metals Smelting and Processing	2211162	1490106	193281	537331
金属制品业	Metals Products	5360963	3764997	1080911	1079899
通用设备制造业	Ordinary Machinery	20373705	14026465	4187631	2874731
专用设备制造业	For Special Purpose Equipment Manufacturing	7057164	5423247	1260492	1090825
汽车制造业	Automobile Manufacturing	16446643	6775968	1935358	1245919
铁路、船舶、航空航天和其他运输设备制造业	Railway. watercraft. Avigation spaceflight and other Equipment Manufacturing	1468334	1126275	292891	256793
电气机械和器材制造业	Electric Equipment and Machinery	25766932	17531269	5795916	3619157
计算机、通信和其他电子设备制造业	Computers. Telecommunications and Other Electronic Equipment Manufacturing	40726459	30642266	14066566	4742365
仪器仪表制造业	Instruments and Meters Manufacturing	8590464	6552094	1692920	1462763
其他制造业	Other Manufacturing	409670	294949	41004	42795
废弃资源综合利用业	Multiple Utilization of Waste Resouces	792268	592661	182980	101893
金属制品、机械和设备修理业	Metal Products,Machinery and Equipment Repair	42634	36001	14887	1515
电力、燃气及水的生产和供应业	Produotion and supply of electricity, gas & water	17006124	3748067	796181	110863
电力、热力生产和供应业	Production and Supply of Electric Power and Hot Water	9367051	1528370	523333	36868
燃气生产和供应业	Production and Supply of Gas	2222979	557968	139651	38225
水的生产和供应业	Production and Supply of Tap Water	5416095	1661728	133197	35770

continued 2 (10000 yuan)

产成品 Finished Products	固定资产净额 Fixed Assets	累计折旧 Accumulated Depreciation	本年折旧 Depreciation of the year	负债合计 Total Liabilities	流动负债合计 Total Current Liabilities	非流动负债合计 Total Non－current Liabilities	所有者权益合计 Creditors´Equity
135908	650951	495580	83140	1435625	1336414	395239	1743278
42393	241586	371301	34313	542482	467935	160339	462904
70994	182785	211363	22649	482962	459224	97940	454238
4008	50378	22288	6212	216322	198052	17933	478755
510789	1909013	1733818	229525	5767137	4723996	1011007	7386831
810492	1666771	1117225	185290	4198621	3690855	1347591	6042984
503515	1502223	1852167	188973	9235328	8514473	1502610	5939395
751432	1434311	1828843	190856	3872381	3439511	1231046	3019580
354312	1345896	1115734	166349	6497162	6030095	2479768	2746511
50632	83611	171663	10059	374156	355166	48828	174991
130905	266125	295234	34665	1556577	1492611	611548	652107
423659	930343	888800	107888	3008818	2841286	838159	2348911
1077329	2220487	1984235	251988	11291858	10244789	3932132	9075890
352126	642987	662987	86213	2654942	2519223	900864	4383571
626574	2058897	2021274	346723	9238820	8297023	2018964	6585860
90550	157305	114022	17329	858723	807444	354798	609610
1634216	2379962	2020257	286776	13456226	11743508	4243361	12287860
1606784	2757103	1925159	384842	19996341	18512313	8996036	20730116
414867	606082	513740	82333	3835721	3631199	1485776	4754741
15400	68332	39596	5879	193430	179556	77360	216226
47136	114574	70265	11990	441060	370995	62540	351208
5	1686	1013	353	32182	31561	11909	10452
40365	8665712	8064201	855796	11360952	8109358	968936	4781536
1213	5409020	6154296	639630	6418397	5727984	399293	2085018
13596	1331076	481337	79587	1672718	1032115	294200	550261
25556	1925617	1428569	136579	3269837	1349259	275444	2146258

4-10 规模以上工业
Main Economic Indicators of Industrial

单位:万元

项　目	Item	营业收入 Tax excluded	主营业务收入 Revenues in Main Business	销售费用 Sales Expenses
总　计	**Total**	**203793562**	**192808294**	**8922158**
按隶属关系分	**Grouped by Subordination**			
中央	Central	13323443	10508806	93996
地方	Local	4367413	4188841	234881
其他	Other	186102707	178110647	8593281
按所有制分	**Grouped by Ownership**			
国有企业	State - owned Enterprises	262659	260886	1188
集体企业	Collective - owned Enterprises	8137	5783	562
股份合作企业	Cooperative Enterprises	34185	30410	658
联营企业	Joint Ownership Enterprises	-	-	-
有限责任公司	Limited Liability Corporations	55270284	50559116	892554
股份有限公司	Share - holding Corporations Ltd.	29023373	26473416	1676388
私营企业	Private Enterprises	63754949	61793363	2489834
外商及港澳台投资企业	Enterprises with Investment from Foreign、Hong Kong、Macao and Taiwan	55439976	53685321	3860974
其他企业	Other Enterprises	-	-	-
按企业规模分	**Grouped by Size of Enterprises**			
大型企业	Large	68000066	64553445	4274036
中型企业	Medium - sized	55850197	54014204	2529897
小微企业	Small	79943299	74240645	2118226
按轻重工业分	**Grouped by Light & Heavy Industry**			
轻工业	Light Industry	69222542	63418966	4178236
重工业	Heavy Industry	134571020	129389329	4743922
按市、县分	**Grouped by County**			
上城区	Shangcheng	12951618	10590843	345988
拱墅区	Gongshu	2995640	2915386	487011
西湖区	Xihu	4322573	4092349	250469

企业主要经济指标(2021 年)(三)

Enterprises Above Designated Size(2021)(Ⅲ)

(10000 yuan)

管理费用 Management Expenses]	财务费用 Financial Expenses	利息支出 Interest Expenditure	营业利润 Business Profits	利润总额 Total Profits	利税总额 Total Pre - tax Profits	本年应交增值税 Value Added Tax Payable
6919483	**1201189**	**1541021**	**14491562**	**15152179**	**22866788**	**4360448**
278018	6750	20192	517657	545276	3466882	548916
284713	60398	85289	442490	451201	608414	129391
6356752	1134041	1435540	13531416	14155702	18791492	3682141
3996	121	26	18791	20033	27642	5605
15724	151447	158278	33010	32934	32845	- 1897
2330	262	270	1629	1517	2754	1086
-	-	-	-	-	-	-
1266921	380565	424987	2491207	2601117	6384226	1292220
1012194	166680	267446	3162500	3218382	3806367	471271
2632517	433837	504920	3920279	4263909	6013072	1500254
1985800	68277	185093	4864145	5014287	6599883	1091909
-	-	-	-	-	-	-
1712558	196163	363974	6084150	6171843	8142195	1468539
1880152	226194	349664	4272256	4408635	5640757	1015593
3326773	778832	827383	4135156	4571702	9083836	1876316
2873067	383197	506109	5020632	5273284	9618739	1722889
4046416	817992	1034912	9470929	9878895	13248049	2637559
403032	1563	35986	856372	917348	3793023	505849
127908	5836	9827	390208	411856	598533	163563
262102	16494	23923	536867	560149	666469	89478

单位:万元　　4-10　续表1

项　目	Item	营业收入 Tax excluded	主营业务收入 Revenues in Main Business	销售费用 Sales Expenses
高新(滨江)区	Hi-Tech(Binjiang)	31782983	31176764	2306766
萧山区	Xiaoshan	38120249	35936880	752144
余杭区	Yuhang	10900782	10578937	449282
临平区	Linping	17320503	16923605	1076385
钱塘区	Qiantang	39700210	37787407	1948142
富阳区	Fuyang	18696984	17188817	422088
临安区	Lin'an	13584581	12902906	438507
桐庐县	Tonglu	5345880	5122902	158317
淳安县	Chun'an	1321207	1138132	39042
建德市	Jiande	6728519	6431534	247962
按国民经济行业分	**Grouped by Economic Sector**			
采矿业	Mining and Quarrying	269117	253861	13886
煤炭开采和洗选业	Coal Mining and Dressing	5309	5309	11
黑色金属矿采选业	Ferrous Metals Mining and Dressing	-	-	-
有色金属矿采选业	Nonferrous Metals Mining and Dressing	25692	20841	557
非金属矿采选业	Nonmetal Minerals Mining and Dressing	238116	227711	13319
制造业	Manufacturing Industry	191531481	181477933	8843815
农副食品加工业	Agricultural Products Processing	1597175	1576865	50381
食品制造业	Food Manufacturing	2530626	2436318	230086
酒、饮料和精制茶制造业	Wine, Beverage and Tea Manufacturing	2369300	2125896	246155
烟草制品业	Tobacco Processing	5910601	3636643	72939
纺织业	Textile Industry	7540473	7271314	171297
纺织服装、服饰业	Textile Products and Costune Indnstry	2279759	2235697	153679
皮革、毛皮、羽毛及其制品和制鞋业	Leather. Furs. Downand Related and Shoes Products	1216556	1178212	34607
木材加工和木、竹、藤、棕、草制品业	Timber Processing, Bamboo, Cane, Palm Fiber and Straw Products	296558	292899	11894
家具制造业	Furniture Manufacturing	1777655	1674149	173985

continued 1 (10000 yuan)

管理费用 Management Expenses]	财务费用 Financial Expenses	利息支出 Interest Expenditure	营业利润 Business Profits	利润总额 Total Profits	利税总额 Total Pre - tax Profits	本年应交增值税 Value Added Tax Payable
721084	9972	119924	3326094	3367291	4209082	714177
1121008	488748	548321	2003188	2133790	2843357	585565
532053	79492	79611	868540	890955	1137561	204553
775655	41109	93948	1199625	1254086	1691062	358911
1485707	168835	213330	2431115	2561578	3645518	682232
511346	207042	224823	811087	892059	1407222	458351
459220	70622	90060	849537	888337	1178013	241909
228348	50003	45305	425901	460082	643606	159244
45658	9581	8645	124921	132417	177619	36147
242830	48973	44070	652335	666461	859643	160266
23868	6936	6153	58710	57458	81441	15546
343	47	–	240	212	838	530
–	–	–	–	–	–	–
4008	50	66	1692	1701	4900	2622
19517	6839	6087	56778	55545	75703	12395
6719256	1073901	1385087	14105980	14706938	22185463	4171063
38663	14317	14444	32466	35600	56598	17645
130412	-7308	12548	210103	252246	346424	83265
67310	7432	10136	325270	329007	453771	85622
195908	-24236	830	422295	419367	3164080	397007
333099	65701	76194	331381	362484	566121	173711
234145	12293	13987	77218	101414	182838	69001
47323	17124	14576	41659	44699	73697	25457
21446	5364	5351	18227	18832	26311	6338
91140	12924	7002	42356	48230	87885	31288

项　目	Item	营业收入 Tax excluded	主营业务收入 Revenues in Main Business	销售费用 Sales Expenses
造纸和纸制品业	Paper Making and Paper Products	2815408	2690066	93027
印刷和记录媒介复制业	Printing and Record Media	892869	859676	20879
文教、工美、体育和娱乐用品制造业	Cultural, Educational. Industrial Arts. Sports and Entertainment Goods	1617376	1608463	40365
石油、煤炭及其他燃料加工业	Petroleum, Coal and Other Fuel Processing	224940	221488	6297
化学原料和化学制品制造业	Raw Chemical Materials and Chemical Products	10014875	9691729	421801
医药制造业	Medical and Pharmaceutical Products	8036335	7887256	1722071
化学纤维制造业	Chemical Fiber	15040379	13390577	26544
橡胶和塑料制品业	Rubber and Plastic Products	8270277	7616475	295204
非金属矿物制品业	Nonmetal Minerals Products	8956430	8840650	466627
黑色金属冶炼和压延加工业	Ferrous Metals Smelting and Processing	1277380	1265499	5316
有色金属冶炼和压延加工业	Nonferrous Metals Smelting and Processing	6542395	6329724	13186
金属制品业	Metals Products	7493040	7064005	98468
通用设备制造业	Ordinary Machinery	16635931	16204763	576031
专用设备制造业	For Special Purpose Equipment Manufacturing	4552729	4441205	273376
汽车制造业	Automobile Manufacturing	9084960	8784941	125615
铁路、船舶、航空航天和其他运输设备制造业	Railway. watercraft. Avigation spaceflight and other Equipment Manufacturing	1497798	1476485	42510
电气机械和器材制造业	Electric Equipment and Machinery	21601601	20359062	1126650
计算机、通信和其他电子设备制造业	Computers. Telecommunications and Other Electronic Equipment Manufacturing	35024100	34018807	1939798
仪器仪表制造业	Instruments and Meters Manufacturing	5126473	4999820	380220
其他制造业	Other Manufacturing	462998	457856	19784
废弃资源综合利用业	Multiple Utilization of Waste Resouces	777885	774795	4164
金属制品、机械和设备修理业	Metal Products, Machinery and Equipment Repair	66599	66599	860
电力、燃气及水的生产和供应业	Produotion and supply of electricity, gas & water	11992965	11076500	64457
电力、热力生产和供应业	Production and Supply of Electric Power and Hot Water	7909915	7073217	1574
燃气生产和供应业	Production and Supply of Gas	3252506	3221767	30358
水的生产和供应业	Production and Supply of Tap Water	830544	781517	32525

continued 2 (10000 yuan)

管理费用 Management Expenses]	财务费用 Financial Expenses	利息支出 Interest Expenditure	营业利润 Business Profits	利润总额 Total Profits	利税总额 Total Pre - tax Profits	本年应交增值税 Value Added Tax Payable
120127	14875	21406	201162	233099	322013	77122
57039	5969	6093	43931	48263	75767	23612
50912	8471	8724	37570	41980	67730	21535
12648	5893	6634	15843	16355	25131	7555
457817	76510	99238	890547	931364	1161598	189316
481953	25253	36072	1501731	1526926	1863364	284808
113729	165003	180609	651888	670291	819177	128676
272120	54961	54554	311263	327536	464012	113095
299398	79102	77700	755650	759973	1084669	280376
22518	7340	9231	40453	46992	61784	12880
36999	16008	23953	92606	106305	308591	195277
235333	43088	41590	229069	255332	374328	98792
730949	33243	85173	1446249	1524544	1923257	335757
340700	18981	24927	606725	663233	813323	121199
402486	180676	194658	486004	495757	967215	180496
59476	7921	4981	76845	78581	108944	17785
719598	155392	197548	1114852	1178199	1505497	259869
806474	39338	116939	3423872	3479610	4372790	767360
304610	22902	28418	561053	584392	738537	128102
15921	- 1147	1145	31716	32854	36047	1785
13929	10176	10157	82439	89738	127941	34232
5075	335	272	3538	3737	6027	2103
176359	120352	149781	326872	387783	599884	173839
82374	49498	58785	240119	296912	478875	155602
34297	27817	29495	28654	28915	39599	5812
59689	43037	61501	58098	61956	81410	12426

4－11 分行业规模以上工业

Main Economic Beneficial Indicators of Industrial

行　业	Sector
总　　计	**Total**
煤炭开采和洗选业	Coal Mining and Dressing
黑色金属矿采选业	Ferrous Metals Mining and Dressing
有色金属矿采选业	Nonferrous Metals Mining and Dressing
非金属矿采选业	Nonmetal Minerals Mining and Dressing
农副食品加工业	Agricultural Products Processing
食品制造业	Food Manufacturing
酒、饮料和精制茶制造业	Wine, Beverage and Tea Manufacturing
烟草制品业	Tobacco Processing
纺织业	Textile Industry
纺织服装、服饰业	Textile Products and Costune Indnstry
皮革、毛皮、羽毛及其制品和制鞋业	Leather. Furs. Downand Related and Shoes Products
木材加工和木、竹、藤、棕、草制品业	Timber Processing, Bamboo, Cane, Palm Fiber and Straw Products
家具制造业	Furniture Manufacturing
造纸和纸制品业	Paper Making and Paper Products
印刷和记录媒介复制业	Printing and Record Media
文教、工美、体育和娱乐用品制造业	Cultural, Educational. Industrial Arts. Sports and Entertainment Goods
石油、煤炭及其他燃料加工业	Petroleum, Coal and Other Fuel Processing
化学原料和化学制品制造业	Raw Chemical Materials and Chemical Products
医药制造业	Medical and Pharmaceutical Products

企业主要经济效益指标(2021 年)
Enterprises Above Designated Size by Sector(2021)

每百元固定资产原值实现利税 (元) Pre tax Profits per 100 Yuan Original Value of Fixed Assets (yuan)	每百元营业收入实现利税 (元) Pre tax Profits per 100 yuan Revenues in Main Business (yuan)	新产品产值率 (%) New Product ratio (%)
32.87	**11.22**	**39.29**
42.67	15.78	12.54
22.97	19.07	
61.29	31.79	12.58
16.46	3.54	11.46
28.81	13.69	16.95
27.89	19.15	20.11
344.44	53.53	1.33
13.73	7.51	34.91
22.79	8.02	48.31
28.74	6.06	31.64
48.48	8.87	27.62
17.73	4.94	31.00
27.29	11.44	36.42
12.19	8.49	20.34
17.15	4.19	38.14
34.58	11.17	11.38
31.64	11.60	41.73
66.74	23.19	38.95

4-11 续表

行 业	Sector
化学纤维制造业	Chemical Fiber
橡胶和塑料制品业	Rubber and Plastic Products
非金属矿物制品业	Nonmetal Minerals Products
黑色金属冶炼和压延加工业	Ferrous Metals Smelting and Processing
有色金属冶炼和压延加工业	Nonferrous Metals Smelting and Processing
金属制品业	Metals Products
通用设备制造业	Ordinary Machinery
专用设备制造业	For Special Purpose Equipment Manufacturing
汽车制造业	Automobile Manufacturing
铁路、船舶、航空航天和其他运输设备制造业	Railway. watercraft. Avigation spaceflight and other Equipment Manufacturing
电气机械和器材制造业	Electric Equipment and Machinery
计算机、通信和其他电子设备制造业	Computers. Telecommunications and Other Electronic Equipment Manufacturing
仪器仪表制造业	Instruments and Meters Manufacturing
其他制造业	Other Manufacturing
废弃资源综合利用业	Multiple Utilization of Waste Resouces
金属制品、机械和设备修理业	Metal Products, Machinery and Equipment Repair
电力、热力生产和供应业	Production and Supply of Electric Power and Hot Water
燃气生产和供应业	Production and Supply of Gas
水的生产和供应业	Production and Supply of Tap Water

continued

每百元固定资产原值实现利税（元）Pre tax Profits per 100 Yuan Original Value of Fixed Assets (yuan)	每百元营业收入实现利税（元）Pre tax Profits per 100 yuan Revenues in Main Business (yuan)	新产品产值率（%）New Product ratio (%)
24.40	5.45	43.62
14.05	5.61	33.58
43.14	12.11	22.90
24.20	4.84	47.54
54.93	4.72	18.42
20.49	5.00	40.07
45.59	11.56	52.40
61.46	17.86	41.60
22.14	10.65	59.93
39.65	7.27	39.64
33.79	6.97	58.43
92.90	12.49	46.75
62.99	14.41	49.82
33.37	7.79	18.74
69.05	16.45	41.12
223.26	9.05	59.22
3.66	6.05	2.15
2.18	1.22	
2.43	9.80	

4－12 市区规模以上工业

Main Economic Indicators of Industrial Enterprises

单位:万元

项　目	Item	企业单位数(个) Number of Enterprises (unit)	亏损企业(个) Loss Making Enterprises (unit)	工业总产值(当年价格) Gross Industrial Output Value (current price)	新产品产值 Output of New Products
总　　计	**Total**	**5653**	**1029**	**164637453**	**64942759**
按隶属关系分	**Grouped by Subordination**				
中央	Central	31	8	11028256	389110
地方	Local	71	12	3836979	1730333
其他	Other	5551	1009	149772218	62823317
按所有制分	**Grouped by Ownership**				
国有企业	State－owned Enterprises	5		199356	6
集体企业	Collective－owned Enterprises	1		3990	3990
股份合作企业	Cooperative Enterprises	6	3	31569	3764
联营企业	Joint Ownership Enterprises	－	－	－	－
有限责任公司	Limited Liability Corporations	505	108	39611167	12828702
股份有限公司	Share－holding Corporations Ltd.	231	29	22980677	14419907
私营企业	Private Enterprises	4208	720	52499046	19856379
外商及港澳台投资企业	Enterprises with Investment from Foreign、Hong Kong、Macao and Taiwan	697	169	49311648	17830011
其他企业	Other Enterprises	－	－	－	－
按企业规模分	**Grouped by Size of Enterprises**				
大型企业	Large	126	11	53169579	27135249
中型企业	Medium－sized	528	68	47900478	20948152
小微企业	Small	4999	950	63567396	16859358
按轻重工业分	**Grouped by Light & Heavy Industry**				
轻工业	Light Industry	2545	511	52134466	18021260
重工业	Heavy Industry	3108	518	112502987	46921499

企业主要经济指标(2021 年)(一)

Above Designated Size in Urban District(2021)(Ⅰ)

(10000 yuan)

实收资本 Total Capital Hold	国家资本 State Capital	个人资本 Personal Capital	港澳台资本 Hongkong, Macau and TaiWan Capital	外商资本 Foreign Capital	就业人员年平均人数(人) Annual Average Number of Staff and Workers (person)
34429613	**1642801**	**7204688**	**1978911**	**3166839**	**964398**
747474	99054	6109	–	–	12229
1574454	187178	102902	228340	13717	30551
32107686	1356569	7095677	1750571	3153122	921618
88721					929
4500					297
6068		5978			543
–	–	–	–	–	–
8270559	732301	258901	5799		130777
6611920	252388	1936353	3761	4380	122998
9439525	28664	4733831	11194	8032	468593
10008320	629448	269624	1958158	3154427	240261
–	–	–	–	–	–
9950000	762498	1050526	397238	708900	265225
9392150	227133	1649477	541677	1031636	264233
15087463	653170	4504685	1039996	1426302	434940
11835123	218966	3088958	846524	1397721	414998
22594490	1423835	4115730	1132388	1769118	549400

单位:万元

4-12 续表1

项　目	Item	企业单位数（个）Number of Enterprises (unit)	亏损企业(个) Loss Making Enterprises (unit)	工业总产值（当年价格）Gross Industrial Output Value (current price)	新产品产值 Output of New Products
按国民经济行业分	**Grouped by Economic Sector**				
采矿业	Mining and Quarrying	12	2	162202	29982
煤炭开采和洗选业	Coal Mining and Dressing	-	-	-	-
黑色金属矿采选业	Ferrous Metals Mining and Dressing	-	-	-	-
有色金属矿采选业	Nonferrous Minerals Mining and Dressing	3		21760	
非金属矿采选业	Nonmetal Minerals Mining and Dressing	9	2	140442	29982
制造业	Manufacturing Industry	5558	1014	153112511	64736602
农副食品加工业	Agricultural Products Processing	101	16	1284180	130609
食品制造业	Food Manufacturing	102	23	2204009	347536
酒、饮料和精制茶制造业	Wine, Beverage and Tea Manufacturing	34	3	1000682	149090
烟草制品业	Tobacco Processing	1		3638911	48230
纺织业	Textile Industry	606	127	6625473	2342238
纺织服装、服饰业	Textile Products and Costume Industry	177	65	1791563	939231
皮革、毛皮、羽毛及其制品和制鞋业	Leather. Furs. Downand Related and Shoes Products	91	24	1132070	363563
木材加工和木、竹、藤、棕、草制品业	Timber Processing, Bamboo, Cane, Palm Fiber and Straw Products	36	6	221198	62016
家具制造业	Furniture Manufacturing	93	16	1332788	400664
造纸和纸制品业	Paper Making and Paper Products	190	35	2428961	856055
印刷和记录媒介复制业	Printing and Record Media	94	17	781108	165145
文教、工美、体育和娱乐用品制造业	Cultural, Educational. Industrial Arts. Sports and Entertainment Goods	74	17	1444699	523450
石油、煤炭及其他燃料加工业	Petroleum, Coal and Other Fuel Processing	12	2	147179	13506
化学原料和化学制品制造业	Raw Chemical Materials and Chemical Products	255	43	7105448	3079521

continued 1 (10000 yuan)

实收资本 Total Capital Hold	国家资本 State Capital	个人资本 Personal Capital	港澳台资本 Hongkong, Macau and TaiWan Capital	外商资本 Foreign Capital	就业人员年平均人数(人) Annual Average Number of Staff and Workers (person)
43368		8268			870
–	–	–	–	–	–
–	–	–	–	–	–
3868		3868			250
39500		4400			620
31708965	1147870	7165106	1900451	3095440	944896
176304		70433	47167	6452	6768
599941	27937	83328	38847	256918	21215
422614		10530	112313	122558	7771
60512					2503
1529023	3593	793102	98861	182354	85520
583295	12606	96834	298861	80265	33670
221139	179	76809	18893	13586	13227
46440		27214			3070
341169	440	63962	12273	34929	20581
452255	2235	138291	21923	5171	21012
248148	31558	62958	44824	16679	10457
201581		45235	10849	60456	12178
394513		15367	4200		850
1580828	15223	336409	14654	129776	29378

单位:万元 4－12 续表2

项 目	Item	企业单位数（个）Number of Enterprises (unit)	亏损企业(个) Loss Making Enterprises (unit)	工业总产值（当年价格）Gross Industrial Output Value (current price)	新产品产值 Output of New Products
医药制造业	Medical and Pharmaceutical Products	125	22	8363214	3241141
化学纤维制造业	Chemical Fiber	140	14	8235931	3583984
橡胶和塑料制品业	Rubber and Plastic Products	323	48	5961082	1856044
非金属矿物制品业	Nonmetal Mineral Products	273	46	6994317	1457919
黑色金属冶炼和压延加工业	Ferrous Metals Smelting and Processing	36	5	1206419	581313
有色金属冶炼和压延加工业	Nonferrous Metals Smelting and Processing	41	6	4528373	839948
金属制品业	Metal Products	413	58	6411072	2591801
通用设备制造业	Ordinary Machinery	596	82	14684800	7690468
专用设备制造业	For Special Purpose Equipment Manufacturing	329	75	4064970	1649740
汽车制造业	Automobile Manufacturing	210	38	8477989	5105918
铁路、船舶、航空航天和其他运输设备制造业	Railway. watercraft. Avigation spaceflight and other Equipment Manufacturing	54	8	1294512	508720
电气机械和器材制造业	Electric Equipment and Machinery	483	89	16829729	10035968
计算机、通信和其他电子设备制造业	Computers. Telecommunications and Other Electronic Equipment Manufacturing	412	90	29416627	13512131
仪器仪表制造业	Instruments and Meters Manufacturing	227	35	4790826	2389330
其他制造业	Other Manufacturing	15	3	287708	52883
废弃资源综合利用业	Multiple Utilization of Waste Resouces	11	1	364881	181849
金属制品、机械和设备修理业	Metal Products, Machinery and Equipment Repair	4		61791	36590
电力、燃气及水的生产和供应业	Produotion and supply of electricity, gas & water	85	13	11362741	176176
电力、热力生产和供应业	Production and Supply of Electric Power and Hot Water	46	5	7642007	176176
燃气生产和供应业	Production and Supply of Gas	14	4	3088334	
水的生产和供应业	Production and Supply of Tap Water	25	4	632399	

continued 2 (10000 yuan)

实收资本 Total Capital Hold	国家资本 State Capital	个人资本 Personal Capital	港澳台资本 Hongkong, Macau and TaiWan Capital	外商资本 Foreign Capital	就业人员年平均人数(人) Annual Average Number of Staff and Workers (person)
1345396	38154	171419	19642	160738	40729
2667660		698195	12931	81890	30022
1085124	41422	333877	21953	240570	41437
860449	28613	275919	39830	92572	28041
113328		53810		4715	2801
375445		28331	2037	30333	4929
1045326	22086	363984	82864	85539	45650
2469312	115116	744545	96038	293213	109720
1328657	55782	307431	114215	196010	40985
2593739	435964	326673	234207	166745	39617
189928	650	44077		21232	8188
4141499	213551	797747	179066	341497	90492
5534140	95730	764418	345362	388624	141535
1028122	7033	410519	27128	78480	47624
31089		19471	814	4138	2969
38289		2900			1634
3700		1320	700		323
2677280	494931	31314	78460	71399	18632
1167175	120134	20348	78460	8150	10078
475427	122418	1494		63249	2429
1034678	252379	9472			6125

4－13 市区规模以上工业

Main Economic Indicators of Industrial

单位:万元

项 目	Item	资产合计 Total Assets	流动资产合计 Total Circulating Funds	应收账款 Receivables	存货 Stock
总 计	**Total**	**217806452**	**134577176**	**42587954**	**26867062**
按隶属关系分	**Grouped by Subordination**				
中央	Central	9718538	3852808	639126	1971463
地方	Local	10588284	5144049	1099378	905564
其他	Other	197499630	125580320	40849450	23990035
按所有制分	**Grouped by Ownership**				
国有企业	State－owned Enterprises	358480	103120	20846	19955
集体企业	Collective－owned Enterprises	5463566	227998	21518	1894
股份合作企业	Cooperative Enterprises	50205	43735	11744	3926
联营企业	Joint Ownership Enterprises	－	－	－	－
有限责任公司	Limited Liability Corporations	48751136	24755366	8099308	6145805
股份有限公司	Share－holding Corporations Ltd.	50698634	29237152	6981580	5449603
私营企业	Private Enterprises	56432425	39091779	12770284	7786288
外商及港澳台投资企业	Enterprises with Investment from Foreign、Hong Kong、Macao and Taiwan	56052006	41118027	14682674	7459591
其他企业	Other Enterprises	－	－	－	－
按企业规模分	**Grouped by Size of Enterprises**				
大型企业	Large	77775312	48014560	16458335	8131781
中型企业	Medium－sized	59790942	39343146	11381005	8316446
小微企业	Small	80240198	47219471	14748614	10418835
按轻重工业分	**Grouped by Light & Heavy Industry**				
轻工业	Light Industry	69017904	41057771	9094629	9577799
重工业	Heavy Industry	148788548	93519405	33493325	17289263

企业主要经济指标(2021 年)(二)

Enterprises Above Designated Size in Urban District(2021)(Ⅱ)

(10000 yuan)

产成品 Finished Products	固定资产净额 Fixed Assets	累计折旧 Accumulated Depreciation	本年折旧 Depreciation of the year	负债合计 Total Liabilities	流动负债合计 Total Current Liabilities	非流动负债合计 Total Non - current Liabilities	所有者权益合计 Creditors´Equity
10450115	**31047409**	**29751385**	**3780630**	**114866202**	**102121833**	**12744369**	**101641227**
89768	4300526	5347800	509204	5351228	5599569	-248341	3490516
462073	2277489	1695159	179380	5654702	3528279	2126424	4922577
9898274	24469394	22708426	3092046	103860272	92993985	10866287	93228134
9170	232328	273321	17944	228415	214010	14404	130065
#VALUE!	101364	9284	1194	4164658	3226004	938654	1298908
2101	3138	4917	668	13446	16036	-2590	34169
–	–	–	–	–	–	–	–
1973100	12194484	10924215	1281071	29714834	24796758	4918075	18552935
2313062	3503899	3067974	427693	21121440	17750199	3371241	29566190
3278064	8505498	7792747	1116614	32098273	30468251	1630022	24201376
2874619	6506700	7678928	935447	27525137	25650574	1874562	27857585
–	–	–	–	–	–	–	–
3397820	8245534	7458236	1049106	40192464	35049661	5142803	37582848
3564024	8556490	8745702	1074443	30008057	26579657	3428400	29782887
3488271	14245385	13547448	1657081	44665682	40492515	4173167	34275493
3699101	10222195	10602282	1298644	33778374	31196041	2582332	35080317
6751014	20825214	19149103	2481986	81087829	70925792	10162037	66560911

单位:万元 4－13 续表1

项　目	Item	资产合计 Total Assets	流动资产合　计 Total Circulating Funds	应收账款 Receivables	存　货 Stock
按国民经济行业分	**Grouped by Economic Sector**				
采矿业	Mining and Quarrying	315308	265639	38925	8988
煤炭开采和洗选业	Coal Mining and Dressing	–	–	–	–
黑色金属矿采选业	Ferrous Metals Mining and Dressing	–	–	–	–
有色金属矿采选业	Nonferrous Minerals Mining and Dressing	15160	6159	624	3938
非金属矿采选业	Nonmetal Minerals Mining and Dressing	300148	259480	38302	5050
制造业	Manufacturing Industry	201787646	130800726	41843877	26753839
农副食品加工业	Agricultural Products Processing	1174342	822274	193926	282103
食品制造业	Food Manufacturing	2512263	1623401	370113	258156
酒、饮料和精制茶制造业	Wine, Beverage and Tea Manufacturing	1233326	787537	187701	163916
烟草制品业	Tobacco Processing	3536597	2753028	111207	1886219
纺织业	Textile Industry	7917488	4772838	1102789	1181655
纺织服装、服饰业	Textile Products and Costume Industry	2440281	1619987	355319	482930
皮革、毛皮、羽毛及其制品和制鞋业	Leather. Furs. Downand Related and Shoes Products	1195351	903447	292779	328470
木材加工和木、竹、藤、棕、草制品业	Timber Processing, Bamboo, Cane, Palm Fiber and Straw Products	339962	199656	58599	27992
家具制造业	Furniture Manufacturing	2394084	1322233	377671	177792
造纸和纸制品业	Paper Making and Paper Products	2852742	1849506	494801	272135
印刷和记录媒介复制业	Printing and Record Media	955211	615071	202879	91351
文教、工美、体育和娱乐用品制造业	Cultural, Educational. Industrial Arts. Sports and Entertainment Goods	809333	559578	97881	237182
石油、煤炭及其他燃料加工业	Petroleum, Coal and Other Fuel Processing	681906	294339	61729	9408
化学原料和化学制品制造业	Raw Chemical Materials and Chemical Products	9889665	5149405	1024046	861629

continued 1 (10000 yuan)

产成品 Finished Products	固定资产 净　额 Fixed Assets	累计折旧 Accumulated Depreciation	本年折旧 Depreciation of the year	负债合计 Total Liabilities	流动负债 合　计 Total Current Liabilities	非流动负债 合　计 Total Non – current Liabilities	所 有 者 权益合计 Creditors´Equity
4620	35774	53694	7779	163404	131348	32056	151904
–	–	–	–	–	–	–	–
–	–	–	–	–	–	–	–
2232	8878	4651	829	10474	10026	447	4686
2388	26896	49043	6950	152930	121321	31609	147217
10406897	22906750	22362823	3011475	104045433	94872449	9172984	96897182
69084	173895	111595	16571	833669	774279	59390	338160
86529	554629	589252	67448	966536	921957	44579	1545727
77122	340440	561233	59063	525245	498365	26880	708081
69705	337698	580929	56060	615747	598543	17204	2920850
599919	1740785	2123976	242315	4331390	4240341	91049	3520025
268658	369648	318884	37166	1283797	1063462	220335	1156004
56116	135024	90596	12331	853333	835067	18266	336413
16929	28004	21128	4313	223377	211787	11590	116585
50863	265893	163583	26155	1338816	1306912	31904	1040605
108484	562107	438810	72696	1226290	1138413	87877	1565795
37795	232527	354710	32635	519627	445081	74547	435583
63317	158354	190580	19688	418266	396313	21953	391066
3634	47141	19585	5786	207815	189545	18270	474090
379600	1457866	1410803	180132	4470034	3691048	778986	5419630

单位:万元　　4－13　续表2

项　目	Item	资产合计 Total Assets	流动资产合　计 Total Circulating Funds	应收账款 Receivables	存　货 Stock
医药制造业	Medical and Pharmaceutical Products	9924753	6471373	1120615	1458948
化学纤维制造业	Chemical Fiber	15158565	5762682	1356437	865289
橡胶和塑料制品业	Rubber and Plastic Products	6132090	3998738	1274371	1088737
非金属矿物制品业	Nonmetal Mineral Products	7223742	5569202	3359562	605000
黑色金属冶炼和压延加工业	Ferrous Metals Smelting and Processing	506838	368366	45258	98670
有色金属冶炼和压延加工业	Nonferrous Metals Smelting and Processing	2165819	1455496	178992	527453
金属制品业	Metal Products	4957484	3509647	976039	1026952
通用设备制造业	Ordinary Machinery	19559093	13421591	3960171	2801967
专用设备制造业	For Special Purpose Equipment Manufacturing	6665204	5115241	1201290	1028619
汽车制造业	Automobile Manufacturing	16310072	6699499	1906933	1231331
铁路、船舶、航空航天和其他运输设备制造业	Railway. watercraft. Avigation spaceflight and other Equipment Manufacturing	1386321	1076394	275690	240928
电气机械和器材制造业	Electric Equipment and Machinery	25125999	17098295	5657188	3491431
计算机、通信和其他电子设备制造业	Computers. Telecommunications and Other Electronic Equipment Manufacturing	39280276	29775789	13701881	4483811
仪器仪表制造业	Instruments and Meters Manufacturing	8577213	6541662	1688251	1459854
其他制造业	Other Manufacturing	380439	276477	36167	39085
废弃资源综合利用业	Multiple Utilization of Waste Resouces	458558	351976	158708	43309
金属制品、机械和设备修理业	Metal Products, Machinery and Equipment Repair	42634	36001	14887	1515
电力、燃气及水的生产和供应业	Produotion and supply of electricity, gas & water	15703497	3510811	705152	104235
电力、热力生产和供应业	Production and Supply of Electric Power and Hot Water	8261741	1374938	444162	33460
燃气生产和供应业	Production and Supply of Gas	2153492	537776	133887	35344
水的生产和供应业	Production and Supply of Tap Water	5288265	1598098	127103	35431

continued 2 (10000 yuan)

产成品 Finished Products	固定资产净额 Fixed Assets	累计折旧 Accumulated Depreciation	本年折旧 Depreciation of the year	负债合计 Total Liabilities	流动负债合计 Total Current Liabilities	非流动负债合计 Total Non－current Liabilities	所有者权益合计 Creditors´Equity
782230	1569802	1075213	174179	4085142	3586651	498491	5839611
501498	1493713	1851513	188619	9224657	8503801	720855	5933909
733115	1100157	1578832	164137	3425864	2998221	427643	2697090
298749	855471	773957	121681	5169106	4908530	260576	2034582
49118	78575	166671	9431	344613	325624	18990	162224
126137	259163	286482	33828	1512068	1448150	63919	651273
403159	836684	817434	97208	2788805	2626855	161950	2165774
1054339	2108826	1848225	237936	10943898	9909122	1034776	8609239
323785	596602	624929	80348	2497737	2366699	131038	4148816
618166	2019074	1982881	340158	9190936	8251878	939058	6497775
85337	141557	100050	15093	804795	756507	48287	581526
1599075	2327631	1927292	279397	13082649	11376025	1706624	12028869
1491602	2386949	1772056	343083	18926275	17533692	1392583	20354000
414423	604543	513002	82007	3824786	3620264	204522	4752424
13044	59984	36272	5053	173340	159467	13873	207084
25360	62324	31338	6606	204639	158290	46348	253920
5	1686	1013	353	32182	31561	621	10452
38598	8104885	7334868	761377	10657365	7118036	3539329	4592142
1209	4916864	5474419	549954	5832031	4809851	1022181	1975719
11860	1293977	466575	77522	1621080	990076	631004	532412
25530	1894044	1393873	133901	3204254	1318110	1886145	2084011

4-14 市区规模以上工业

Main Economic Indicators of Industrial

单位:万元

项　目	Item	营业收入 Tax excluded	主营业务收入 Revenues in Main Business	销售费用 Sales Expenses
总　　计	**Total**	**190397956**	**180115726**	**8476837**
按隶属关系分	**Grouped by Subordination**			
中央	Central	12896867	10350483	92738
地方	Local	4217767	4106203	233728
其他	Other	173283322	165659041	8150371
按所有制分	**Grouped by Ownership**			
国有企业	State - owned Enterprises	198221	196476	1188
集体企业	Collective - owned Enterprises	6075	3721	279
股份合作企业	Cooperative Enterprises	34185	30410	658
联营企业	Joint Ownership Enterprises	-	-	-
有限责任公司	Limited Liability Corporations	51396553	47106038	799905
股份有限公司	Share - holding Corporations Ltd.	27506115	25015817	1638542
私营企业	Private Enterprises	56981945	55230931	2225597
外商及港澳台投资企业	Enterprises with Investment from Foreign、Hong Kong、Macao and Taiwan	54274862	52532333	3810668
其他企业	Other Enterprises	-	-	-
按企业规模分	**Grouped by Size of Enterprises**			
大型企业	Large	65638370	62241144	4207811
中型企业	Medium - sized	52363560	50645591	2429767
小微企业	Small	72396026	67228991	1839259
按轻重工业分	**Grouped by Light & Heavy Industry**			
轻工业	Light Industry	65042814	59447775	4005015
重工业	Heavy Industry	125355142	120667951	4471822

企业主要经济指标(2021 年)(三)

Enterprises Above Designated Size in Urban District(2021)(Ⅲ)

(10000 yuan)

管理费用 Management Expenses]	财务费用 Financial Expenses	利息支出 Interest Expenditure	营业利润 Business Profits	利润总额 Total Profits	利税总额 Total Pre - tax Profits	本年应交增值税 Value Added Tax Payable
6402646	**1092632**	**1443000**	**13288404**	**13893219**	**21185920**	**4004790**
265763	2521	18642	491253	517629	3416952	529525
276339	58511	83948	431066	439419	591114	124817
5860545	1031600	1340411	12366085	12936171	17177854	3350448
3991	89	#VALUE!	19030	19791	26369	4723
15628	151447	158278	32930	32764	32492	-2062
2330	262	270	1629	1517	2754	1086
–	–	–	–	–	–	–
1151111	354542	406957	2052749	2152952	5794096	1168218
957835	159258	258163	2984419	3036099	3606656	459174
2332420	373254	447671	3444735	3753583	5273390	1304727
1939332	53780	171661	4752913	4896514	6450163	1068925
–	–	–	–	–	–	–
1635710	188207	356325	5933501	6019969	7957730	1443599
1748030	203968	329313	3725516	3846921	4930662	888869
3018906	700458	757362	3629387	4026329	8297528	1672322
2688804	345427	469272	4590720	4817065	9020877	1606617
3713842	747206	973728	8697684	9076155	12165042	2398173

项　目	Item	营业收入 Tax excluded	主营业务收入 Revenues in Main Business	销售费用 Sales Expenses
按国民经济行业分	**Grouped by Economic Sector**			
采矿业	Mining and Quarrying	161884	161636	12589
煤炭开采和洗选业	Coal Mining and Dressing	-	-	-
黑色金属矿采选业	Ferrous Metals Mining and Dressing	-	-	-
有色金属矿采选业	Nonferrous Minerals Mining and Dressing	20843	20841	505
非金属矿采选业	Nonmetal Minerals Mining and Dressing	141041	140794	12084
制造业	Manufacturing Industry	178874359	169172166	8403930
农副食品加工业	Agricultural Products Processing	1434138	1416193	44632
食品制造业	Food Manufacturing	2455973	2362291	225360
酒、饮料和精制茶制造业	Wine, Beverage and Tea Manufacturing	1416865	1289431	218670
烟草制品业	Tobacco Processing	5910601	3636643	72939
纺织业	Textile Industry	7123064	6862928	157439
纺织服装、服饰业	Textile Products and Costume Industry	2037046	1995321	148231
皮革、毛皮、羽毛及其制品和制鞋业	Leather. Furs. Downand Related and Shoes Products	1163236	1127325	33791
木材加工和木、竹、藤、棕、草制品业	Timber Processing, Bamboo, Cane, Palm Fiber and Straw Products	284131	280472	11276
家具制造业	Furniture Manufacturing	1598632	1496655	163238
造纸和纸制品业	Paper Making and Paper Products	2556028	2446178	83271
印刷和记录媒介复制业	Printing and Record Media	813852	788276	18903
文教、工美、体育和娱乐用品制造业	Cultural, Educational. Industrial Arts. Sports and Entertainment Goods	1452487	1443743	28870
石油、煤炭及其他燃料加工业	Petroleum, Coal and Other Fuel Processing	210207	206834	5238
化学原料和化学制品制造业	Raw Chemical Materials and Chemical Products	7843757	7578404	356489

continued 1 (10000 yuan)

管理费用 Management Expenses]	财务费用 Financial Expenses	利息支出 Interest Expenditure	营业利润 Business Profits	利润总额 Total Profits	利税总额 Total Pre - tax Profits	本年应交增值税 Value Added Tax Payable
17356	4122	2854	33028	32031	43926	7598
–	–	–	–	–	–	–
–	–	–	–	–	–	–
2108	65	66	1261	1272	3863	2140
15249	4058	2788	31767	30759	40063	5459
6228161	976171	1294998	12959485	13508468	20605782	3847898
33645	12502	12830	30024	31939	51357	16439
124231	-9489	10411	211033	252146	343821	81201
47647	2473	4796	103077	105665	177090	44598
195908	-24236	830	422295	419367	3164080	397007
313987	58045	69850	329010	358083	553100	166265
220820	8589	10955	73872	96067	170665	63013
43619	15477	13233	41992	44292	72087	24484
20590	5429	5201	18617	18833	25849	5978
77114	10687	5488	46505	51654	86703	27285
111753	13309	19360	161508	188267	268083	69700
53786	5691	5867	42646	46741	73108	22626
43190	8141	6931	28560	30911	50236	15813
12236	5853	6464	15640	16034	24405	7267
390611	61248	85247	654007	692856	894317	167264

单位:万元　　　　4-14　续表2

项　目	Item	营业收入 Tax excluded	主营业务收入 Revenues in Main Business	销售费用 Sales Expenses
医药制造业	Medical and Pharmaceutical Products	7804444	7656198	1683599
化学纤维制造业	Chemical Fiber	15026928	13377136	26365
橡胶和塑料制品业	Rubber and Plastic Products	7268957	6639214	242325
非金属矿物制品业	Nonmetal Mineral Products	7190349	7104726	387922
黑色金属冶炼和压延加工业	Ferrous Metals Smelting and Processing	1228980	1217099	3918
有色金属冶炼和压延加工业	Nonferrous Metals Smelting and Processing	6454236	6241640	12400
金属制品业	Metal Products	6943169	6517735	83699
通用设备制造业	Ordinary Machinery	16006005	15581546	553027
专用设备制造业	For Special Purpose Equipment Manufacturing	4279034	4169217	260679
汽车制造业	Automobile Manufacturing	8972581	8674116	123277
铁路、船舶、航空航天和其他运输设备制造业	Railway. watercraft. Avigation spaceflight and other Equipment Manufacturing	1408901	1390945	38916
电气机械和器材制造业	Electric Equipment and Machinery	20968299	19757949	1110728
计算机、通信和其他电子设备制造业	Computers. Telecommunications and Other Electronic Equipment Manufacturing	32994817	32017516	1908360
仪器仪表制造业	Instruments and Meters Manufacturing	5104286	4978536	379499
其他制造业	Other Manufacturing	427940	422906	18403
废弃资源综合利用业	Multiple Utilization of Waste Resouces	428819	428397	1609
金属制品、机械和设备修理业	Metal Products, Machinery and Equipment Repair	66599	66599	860
电力、燃气及水的生产和供应业	Produotion and supply of electricity, gas & water	11361714	10781925	60318
电力、热力生产和供应业	Production and Supply of Electric Power and Hot Water	7353002	6851834	1574
燃气生产和供应业	Production and Supply of Gas	3201176	3170963	27683
水的生产和供应业	Production and Supply of Tap Water	807536	759128	31061

continued 2 (10000 yuan)

管理费用 Management Expenses]	财务费用 Financial Expenses	利息支出 Interest Expenditure	营业利润 Business Profits	利润总额 Total Profits	利税总额 Total Pre - tax Profits	本年应交增值税 Value Added Tax Payable
463739	22811	33408	1476658	1502191	1826480	274421
113250	164980	180586	652489	670628	818933	128151
237336	50378	48989	278717	290611	403529	93073
233648	63991	66580	469299	467485	712835	210702
20909	6976	8872	40147	46586	60658	12238
35447	14865	22877	92408	105858	307068	194316
212241	38091	37674	205190	230126	337548	89229
696207	27984	79861	1383708	1461021	1838664	317518
322175	18639	22681	540556	592307	725315	105974
394695	180490	194190	486895	495977	964856	178396
50978	6840	3886	73647	74758	102644	15613
691067	149466	193319	1099193	1159706	1478640	253045
737973	31487	111788	3320839	3373138	4213613	720617
303031	22722	28347	561362	584504	738159	127653
13948	-1442	907	30944	31400	33746	1003
7307	3841	3300	65111	65579	82172	14908
5075	335	272	3538	3737	6027	2103
157129	112340	145148	295892	352720	536212	149294
68431	42627	55316	207001	262135	416874	132025
31945	27242	28883	32308	32739	43004	5522
56753	42470	60949	56584	57847	76334	11748

4－15 规模以上工业企业

Main Economic Indicators of Industrial Enterprises

单位:万元

项　目	Item	企业单位数（个）Number of Enterprises (unit)	亏损企业(个) Loss Making Enterprises (unit)	工业总产值(当年价格) Gross Industrial Output Value (current price)	新产品产值 Output of New Products
按登记注册类型分组	**Grouped by Status of Registration**	**6528**	**1198**	**177461811**	**69720499**
内资企业	Domestic－funded Enterprises	5787	1018	126993820	51460548
国有企业	State－owned Enterprises	7	1	263794	6
中央企业	Central Enterprises	1	1	22610	
地方企业	Local Enterprises	6		241184	6
集体企业	Collective－owned Enterprises	2		6244	3990
股份合作企业	Cooperative Enterprises	6	3	31569	3764
联营企业	Joint Ownership Enterprises	－	－	－	－
集体联营企业	Collective Joint Ownership Enterprises	－	－	－	－
有限责任公司	Limited Liability Corporations	584	127	43331996	14303043
国有独资公司	State－funded Corporations	30	12	10713556	59309
其他有限责任公司	Other Limited Liability Corporations	554	115	32618440	14243734
股份有限公司	Share－holding Corporations Ltd.	250	32	24355982	15035105
私营企业	Private Enterprises	4938	855	59004235	22114641
私营独资企业	Private－funded Enterprises	96	18	466374	15431
私营合伙企业	Private Partnership Enterprises	10	2	46052	4722
私营有限责任公司	Private Limited Liability Corporations	4703	813	54814516	20101031
私营股份有限公司	Private Share－holding Corporations Ltd.	129	22	3677294	1993457
港、澳、台商投资公司	Enterprises with Investment from Hong Kong, Macao and Taiwan	265	76	13536148	5762361
内地与港澳台合资经营企业	Joint－venture Enterprises with funds from Hong Kong, Macao and Taiwan	130	26	4414970	1917889
内地与港澳台合作经营企业	Cooperative Enterprises with funds from Hong Kong, Macao and Taiwan	－	－	－	－
港澳台商独资经营企业	Enterprises with Sole Investment from Hong Kong, Macao and Taiwan	115	44	5805459	996622
港澳台商投资股份有限公司	Share－holding Corporations Ltd. with Investment from Hong Kong, Macao and Taiwan	19	5	3315127	2847850
其他港澳台商投资	Other Enterprises with Investment from Hong Kong, Macao and Taiwan	1	1	591	
外商投资企业公司	Enterprises with Foreign Investment	476	104	36931843	12497589
中外合资经营企业	Joint－venture Enterprises	186	39	10250715	3065295
中外合作经营企业	Cooperation Enterprises	3		72211	33025
外商独资经营企业	Enterprises with Sole Foreign Investment	269	57	25173163	8497100
外商投资股份有限公司	Share－holding Corporations Ltd. with Foreign Investment	18	8	1435754	902169
其他外商投资企业	Other Enterprises With Foreign Investment	－	－	－	－

主要经济指标按登记注册类型分(2021年)

Above Designated Size by Status of Registration(2021)

(10000 yuan)

实收资本 Total Capital Hold	国家资本 State Capital	个人资本 Personal Capital	港澳台资本 Hongkong, Macau and TaiWan Capital	外商资本 Foreign Capital	就业人员年平均人数(人) Annual Average Number of Staff and Workers (person)
36794304	**1771393**	**7979088**	**2081334**	**3344823**	**1065659**
26399691	1139617	7696246	24262	12979	816776
88721					1532
					269
88721					1263
4530					321
6068		5978			543
–	–	–	–	–	–
–	–	–	–	–	–
8729206	831111	282673	6515		153012
923178	41604	142			9778
7806028	789507	282531	6515		143234
6810253	255768	2095967	4524	4947	130949
10760914	52738	5311628	13224	8032	530419
33909		21515			5792
8951		8586			629
9575273	37278	4613275	13224	5950	495670
1142781	15460	668252		2082	28328
3899101	62168	145290	1973328	44881	84001
1142905	14185	58096	566042	35532	29679
–	–	–	–	–	–
1388410		3497	1327171	144	26182
1367787	47983	83697	80115	9205	28059
					81
6495513	569609	137552	83744	3286963	164882
2362550	569534	63414	68097	866193	58881
26181				8366	1083
3663309		4104	8004	2368501	94622
443474	75	70034	7643	43905	10296
–	–	–	–	–	–

4－16 分地区规上

Added Value of Industrial Enterprises Above

单位:亿元

年 份 Year	全 市 Whole City	市 区							
		上城区 Shangcheng	上城区(原) Shangcheng (Original)	下城区(原) Xiacheng (Original)	拱墅区 Gongshu	江干区(原) Jianggan (Original)	拱墅区(原) Gongshu (Original)	西湖区 Xihu	高新(滨江)区 Hi－Tech (Binjiang)
2000	360.97								
2001	444.91								
2002	597.01								
2003	783.51								
2004	1019.47								
2005	1126.54								
2006	1363.17								
2007	1717.65								
2008	1743.20								
2009	1792.00								
2010	2153.83								
2011	2369.00		215.48	20.83		47.25	119.11	49.03	162.30
2012	2492.00		296.64	22.05		48.00	117.08	49.07	210.02
2013	2664.13		318.89	23.33		53.33	104.34	49.62	278.48
2014	2813.51		328.06	15.16		57.60	78.34	50.45	324.69
2015	2875.05		329.70	7.13		53.79	60.64	52.30	365.67
2016	2990.34		349.57	9.64		47.37	65.80	57.06	374.24
2017	3184.05		362.41	8.16		42.98	74.76	61.04	502.19
2018	3415.45		364.56	13.36		38.46	81.84	65.07	574.95
2019	3481.89		374.72	14.03		42.13	93.95	68.23	623.97
2020	3467.16		374.34	13.65		48.93	95.82	80.99	600.18
2021	4021.14	452.94	－	－	95.84	－	－	107.59	719.33

工业增加值(2000 – 2021 年)

Designated Size by Region (2000 – 2021)

(100 million yuan)

Urban District								桐庐县 Tonglu	淳安县 Chun'an	建德市 Jiande
萧山区 Xiaoshan	余杭区 Yuhang	余杭区 (原) Yuhang (Original)	临平区 Linping	钱塘区 Qiantang	富阳区 Fuyang	临安区 Lin'an	西湖风景名胜区 The West Lake Scenic Zone			
77.95		31.54			22.05	11.83		9.29	2.24	10.13
106.28		38.50			31.69	14.71		11.98	2.99	8.86
145.26		40.29			38.87	18.55		14.08	3.40	13.05
199.34		69.17			52.52	25.09		18.98	5.46	16.82
245.57		86.96			63.65	32.25		29.73	6.59	27.62
311.61		129.16			80.22	37.84		31.60	9.29	28.54
385.34		150.85			103.73	47.54		42.10	12.70	37.88
401.88		195.17			136.42	62.53		57.06	17.35	50.54
482.29		212.97			160.31	74.51		68.41	20.56	61.38
538.91		225.60			167.30	80.02		62.17	23.48	60.03
606.90		297.10			182.30	98.91		76.63	29.18	76.13
721.27		243.41			162.41	98.20		71.74	32.66	68.09
727.65		250.64			165.25	106.67		80.02	38.69	76.19
704.46		275.99		380.51	198.03	115.18	0.06	81.63	43.44	81.74
712.21		301.62		405.16	200.53	123.24	0.12	94.92	47.53	85.18
706.49		334.30		457.66	200.89	127.85	0.76	102.26	52.06	83.67
742.23		349.74		541.62	201.89	136.80	-1.77	99.78	49.96	85.75
745.62		386.71		417.58	234.29	138.50	-0.26	83.38	40.35	86.33
790.64		428.65		439.27	248.45	145.71	0.06	83.09	30.36	110.96
531.95		462.74		632.06	231.69	168.86	0.16	86.57	34.24	116.60
479.12		493.96		630.21	215.10	184.97	0.43	92.78	27.79	128.90
547.60	236.81	-	353.78	738.51	250.69	215.86	0.44	114.53	31.96	155.26

4－17 分地区规上

Index of Added Value of Industrial

（上年＝100）

年份 Year	全市 Whole City	市区 上城区 Shangcheng	上城区（原）Shangcheng (Original)	下城区（原）Xiacheng (Original)	拱墅区 Gongshu	江干区（原）Jianggan (Original)	拱墅区（原）Gongshu (Original)	西湖区 Xihu	高新（滨江）区 Hi－Tech (Binjiang)
2010	114.9		110.0	121.1		112.2	110.5	109.1	119.6
2011	112.7		112.1	104.0		109.4	112.3	111.8	118.2
2012	110.9		106.6	103.5		105.5	112.2	108.8	113.7
2013	108.0		106.3	107.7		109.4	104.5	109.6	115.1
2014	108.9		108.9	91.6		115.1	105.5	104.9	118.3
2015	105.4		106.0	90.1		100.5	95.2	101.0	117.8
2016	105.6		98.5	102.0		87.5	105.0	105.0	114.9
2017	107.0		108.7	105.5		95.2	111.3	105.1	118.1
2018	106.3		101.7	118.9		101.3	111.2	99.2	117.3
2019	105.1		103.0	91.5		91.9	117.7	114.4	110.7
2020	103.8		103.4	112.5		110.8	93.0	100.4	110.8
2021	110.6	106.5			105.1			120.5	116.6

工业增加值发展指数(2010－2021年)

Enterprises Above Designated Size by Region(2010－2021)

(Preceding Year＝100)

Urban District								桐庐县 Tonglu	淳安县 Chun'an	建德市 Jiande
萧山区 Xiaoshan	余杭区 Yuhang	余杭区(原) Yuhang (Original)	临平区 Linping	钱塘区 Qiantang	富阳区 Fuyang	临安区 Lin'an	西湖风景名胜区 The West Lake Scenic Zone			
114.3		115.0		118.5	113.1	122.7		114.0	114.9	115.5
112.9		109.2		111.2	113.3	113.1		109.1	115.1	113.0
113.5		107.2		102.4	112.1	112.4		109.0	119.6	110.8
108.1		108.0		107.3	109.3	105.5		105.6	112.7	106.1
108.1		107.0		109.3	106.2	107.2		109.0	103.2	108.1
106.2		102.6		106.9	104.1	105.1	90.9	106.9	103.4	108.2
106.3		105.0		110.2	103.0	109.0	100.3	108.6	110.6	107.0
101.3		107.6		106.5	106.0	106.7	117.5	106.3	104.1	106.7
102.6		107.0		107.0	104.5	104.5		104.6	88.2	107.6
102.8		105.3		99.7	101.1	108.8		111.1	103.5	108.6
100.4		108.3		104.2	95.9	109.5		103.1	82.9	108.5
108.5	116.7		113.0	106.5	109.1	113.2		111.6	106.4	111.7

4－18 规上工业三大新兴产业发展情况(2013－2021 年)
Statistics on the Three Emerging Industries Above Designated Size(2013－2021)

指标 Item	高新技术产业 High－tech Industries		战略性新兴产业 Strategic Emerging Industries		装备制造业 Equipment Manufacturing Industries	
	增加值 (亿元) Value－added (100 million yuan)	为上年 (%) As Compared with the Preceding Year (%)	增加值 (亿元) Value－added (100 million yuan)	为上年 (%) As Compared with the Preceding Year (%)	增加值 (亿元) Value－added (100 million yuan)	为上年 (%) As Compared with the Preceding Year (%)
2013	785.4	108.9	636.6	107.1	900.5	108.6
2014	1096.6	110.5	813.1	113.0	921.4	109.3
2015	1212.6	109.8	877.3	109.4	1086.1	113.5
2016	1372.9	112.5	812.1	111.6	1249.6	114.6
2017	1605.5	113.6	979.5	115.0	1384.2	111.0
2018	1948.4	110.8	1135.3	113.1	1531.0	109.3
2019	2178.4	108.5	1328.6	113.1	1640.5	107.9
2020	2448.3	108.6	1415.1	108.1	1837.0	111.8
2021	2827.7	113.1	1850.6	117.6	2061.9	114.8

4-19 主要工业产品生产量(2021 年)
Output of Major Industrial Products(2021)

产品名称	Item	全市 Whole City 2021 年	全市 Whole City 为上年(%) As Compared with the Preceding Year(%)	市区 Urban District
发电量 (亿千瓦时)	Electricity (100 million kWh)	187	115.9	149
#水力发电 (亿千瓦时)	Of which:Hydropower (100 million kWh)	35	82.7	3
垃圾发电 (亿千瓦时)	Garbage Power (100 million kWh)	20	183.2	20
罐头 (万吨)	Canned Food (10000 tons)	3	103.3	3
乳制品 (吨)	Dairy Products (ton)	180534	103.7	180534
啤酒 (千升)	Beer (1000 litres)	1011563	95.7	735407
软饮料 (万吨)	Soft Drinks (10000 tons)			
精制茶 (吨)	Tea (ton)	20355	90.8	14761
卷烟 (亿支)	Cigarettes (100 million)	512	101.2	512
方便面 (吨)	Instant Noodle (ton)	249031	104.6	249031
化学纤维 (吨)	Chemical Fiber (ton)	8483163	96.8	8466234
#合成纤维 (吨)	Synthetic Fibre (ton)	8479283	96.8	8462354
纱 (万吨)	Yarn (10000 tons)	31	94.2	31
布 (万米)	Cloth (10000 m)	193319	101.8	192322
印染布 (万米)	Printed Fabric (10000 m)	575789	118.1	575789
蚕丝及交织机织物(含蚕丝≥50%) (万米)	Silk and Woven Fabrics (Containing Greater than or Equal 50% silk) (10000 m)	1152	109.6	1152
服装 (万件)	Garment (10000 units)	19992	106.0	18736
皮革鞋靴 (万双)	Leather Footwear (10000 units)	544	82.8	544
家具 (万件)	Furniture (10000 units)	2063	107.4	1846
塑料制品 (万吨)	Plastic Membrane (10000 tons)	153	102.1	124
机制纸及纸板 (万吨)	Machine Made Paper and Paperboard (10000 tons)	68	37.2	63

4－19 续表1 continued 1

产品名称	Item	全市 Whole City 2021年	全市 Whole City 为上年(%) As Compared with the Preceding Year(%)	市区 Urban District
盐酸(含量31%以上)(吨)	Mariatic Acid(above 31% percent) (ton)	103429	122.1	103429
氢氧化钠(烧碱)(折100%) (吨)	Caustic Soda (ton)	246970	104.3	246970
碳酸钠(纯碱) (吨)	Soda ash (ton)	275603	93.1	275603
初级形态的塑料(塑料树脂及共聚物)(吨)	Plastics in Primary Form(Plastic Resins and Copolymers) (ton)	304936	95.6	287913
合成氨 (吨)	Synthetic Ammonia (ton)	211995	95.0	211995
农用氮、磷、钾化学肥料总计(折纯) (吨)	Chemical Fertilizer (ton)	607833	130.0	607833
化学农药原药(折有效成分100%)(吨)	Chemical Pesticide (ton)	91187	102.4	29029
涂料(油漆) (吨)	Paint (ton)	564385	165.1	236511
合成洗涤剂 (吨)	Synthetic Detergent (ton)	91301	55.0	68734
化学药品原药(化学原料药) (吨)	Original Drug Chemicals (ton)	1534	97.2	1534
中成药 (吨)	Traditional Chinese Medicine (ton)	7986	105.8	6193
橡胶轮胎外胎(轮胎外胎) (万条)	Rubber Tires (10000 units)	7026	108.6	6198
水泥 (万吨)	Cement (10000 tons)	1752	100.9	846
铁合金 (万吨)	Iron Alloy (10000 tons)			
钢材 (万吨)	Steel Products (10000 tons)	348	70.0	344
精炼铜(电解铜) (吨)	Refined Copper (ton)	400757	101.9	400757
工业锅炉 (蒸发量吨)	Industry Boiler (ton)	9432	118.3	9432
金属切削机床 (台)	Metal－cutting Machine Tools (unit)	14552	132.7	13837

4－19　续表2　continued 2

产品名称	Item	全市 Whole City 2021 年	为上年(%) As Compared with the Preceding Year(%)	市区 Urban District
金属成形机床(锻压设备)(台)	Metal Forming Machine(Forge Equipment) (Tai)	7561	138.2	7531
泵(液体泵) (万台)	Pump (10000 sets)	171	117.9	169
滚动轴承(轴承) (万套)	Bearings (10000 units)	16114	130.1	16114
汽车 (辆)	Motor Vehicles (unit)	107951	110.1	107951
叉车 (台)	Forklift (unit)	271698	120.5	271698
两轮自行车(自行车) (万辆)	Bicycles (10000 units)	113	103.3	113
交流电动机 (万千瓦)	AC Motor (10000 kW)	416	132.3	416
钢绞线 (吨)	Strand (ton)	51973	96.1	51973
通信及电子网络用电缆 (万对千米)	Communication Cable (10000 km)	231	95.1	230
光缆(光纤通讯电缆) (万芯千米)	Electric Power Cable (10000 km)	3555	131.1	3555
家用电冰箱 (万台)	Household Refrigerators (10000 units)	73	89.2	73
家用洗衣机 (万台)	Household Washing Machines (10000 units)	264	113.5	264
吸排油烟机 (万台)	Smoke Absorbers (10000 units)	381	107.2	381
移动通信手持机(手机) (万部)	Mobile Telephone Sets (10000 units)	93	6.8	93
电工仪器仪表 (万台)	Electric Instrument and Apparatus (10000 units)	4037	114.5	4037
工业自动调节仪表与控制系统 (万台)	Industrial Automatic Adjustment Meter and Control System (10000 units)	673	120.7	673
电光源(灯泡) (亿只)	Light Bulbs (100 million units)	5	89.4	5
彩色电视机 (万部)	Color－Television Sets (10000 units)			
微型计算机设备 (万台)	Micro－computer Equipment (10000 units)	165	119.7	165

4－20　分地区单位 GDP 能耗降低情况(2021 年)
Energy Efficency and Energy Consumption Reduction by Region(2021)

地　区	Region	单位 GDP 能耗降低率(%) Decrease Rate of Energy Consumption Per Unit of GDP (±%)	单位 GDP 电耗降低率(%) Decrease Rate of Energy Consumption Per Unit of GDP (±%)	单位工业增加值能耗降低率(%) Decrease Rate of Energy Consumption Per Unit of Industriul Value－Added (±%)
杭州市	Hangzhou	0.9	－3.8	6.6
#上城区	Shangcheng	－	－7.6	－71.5
拱墅区	Gongshu	－	－5.6	2.4
西湖区	Xihu	－	－6.9	11.6
高新(滨江)区	Hi－Tech(Binjiang)	－	－5.0	－0.6
萧山区	Xiaoshan	－1.2	－3.8	0.3
余杭区	Yuhang	－1.8	－6.5	8.8
临平区	Linping	2.8	－	17.5
钱塘区	Qiantang	－2.3	－	1.2
富阳区	Fuyang	11.3	4.4	21.9
临安区	Lin'an	2.3	－2.5	9.4
西湖风景名胜区	The West Lake Scenic Zone	－	－	－
桐庐县	Tonglu	1.5	－4.0	10.9
淳安县	Chun'an	1.2	－1.3	4.4
建德市	Jiande	2.6	－1.4	6.0

注:若降低率为负数,说明本期的指标值与去年同期相比没有降低,反而上升。

a) If the Decrease Rate was a negative number, it means the indicator was increased compared to last year.

4-21 规模以上工业企业主要能源品种购进与消费(2021年)

Purchasing and Consuming of Major Energy in Industrial Enterprises Above Designated Size(2021)

能源名称		Item		购进量 Purchasing	工业生产消费 Industry Consumption
原煤	(吨)	Raw Coal	(Ton)	8619465	8600492
洗精煤	(吨)	Washing Coal	(Ton)	-	-
煤制品	(吨)	Coal Puoducts	(Ton)	428133	428279
焦炭	(吨)	Coke	(Ton)	33165	28452
天然气(气态)	(万立方米)	Natural Gas(Gas)	(10000 cu. m)	287128	284392
液化天然气(液态)	(吨)	Liquefied Natural Gas(Liquid)	(Ton)	168963	168963
汽油	(吨)	Gasoline	(Ton)	40102	17242
煤油	(吨)	Kerosene	(Ton)	633	639
柴油	(吨)	Diesel Oil	(Ton)	154064	149546
燃料油	(吨)	Fuel Oil	(Ton)	23406	23286
液化石油气	(吨)	Liquefied Petroleum Gas	(Ton)	10598	10492
润滑油	(吨)	Lubricating Oil	(Ton)	15473	15512
溶剂油	(吨)	Solvent Oil	(Ton)	473	474
石油沥青	(吨)	Petroleum Asphalt	(Ton)	178567	172500
其他石油制品	(吨)	Other Petroleum Products	(Ton)	2199	2162
热力	(百万千焦)	Heat	(Million kilo-joule)	65585098	78682195
电力	(万千瓦时)	Electricity	(10000 kWh)	3735872	3662233
煤矸石用于燃料	(吨)	Coal Gangue For Fuel	(Ton)	77003	67574
城市垃圾用于燃料	(吨)	Waste For Fuel	(Ton)	1586329	2867822
生物质废料用于燃料	(吨标准煤)	Biomass Waste For Fuel	(Ton)	108778	112663
余热余压	(百万千焦)	Residual Heat and Pressure	(Million kilo-joule)	2660041	9668749
其他工业废料用于燃料	(吨)	Other Industrial Wastes Are Used For Fuel	(Ton)	33020	664394
其他燃料	(吨标准煤)	Other Fuel		30895	31061

4－22 规模以上工业企业主要能源

Energy Consumption of Industrial

行　业　　Sector	原煤(吨) Raw Coal(Ton)	洗精煤(吨) Washing Coal(Ton)	焦炭(吨) Coke(Ton)	汽油(吨) Gasoline(Ton)	煤油(吨) Kerosene(Ton)
总　计 Total	**8600492**	**–**	**28452**	**17242**	**639**
煤炭开采和洗选业 Coal Mining and Dressing	–	–	–	–	–
有色金属矿采选业 Nonferrous Minerals Mining and Dressing	–	–	–	–	–
非金属矿采选业 Nonmetal Minerals Mining and Dressing	50164	–	–	–	–
农副食品加工业 Agricultural Products Processing	–	–	–	192	–
食品制造业 Food Manufacturing	–	–	–	452	–
酒、饮料和精制茶制造业 Wine, Beverage and Tea Manufacturing	–	–	–	1	–
烟草制品业 Tobacco Processing	–	–	–	–	–
纺织业 Textile Processing	100787	–	–	1136	11
纺织服装、服饰业 Textile Products and Costume Industry	–	–	–	391	–
皮革、毛皮、羽毛及其制品和制鞋业 Leather. Furs. Downand Related and Shoes Products	–	–	–	333	–
木材加工和木、竹、藤、棕、草制品业 Timber Processing, Bamboo, Cane, Plam Fiber and Straw Products	–	–	–	26	–
家具制造业 Furniture Manufacturing	–	–	–	349	–
造纸和纸制品业 Paper Making and Paper Products	–	–	–	360	–
印刷和记录媒介复制业 Printing	–	–	–	403	–
文教、工美、体育和娱乐用品制造业 Cultural, Educational. Industrial Arts. Sports and Entertainment Goods	–	–	–	560	–
石油、煤炭和其他燃料加工业 Petroleum, Coal and Other Fuel Processing	–	–	–	9	–

消费量按行业分(2021 年)

Enterprises above Designated Size by Sector(2021)

柴油(吨) Diesel oil(Ton)	燃料油(吨) Fuel Oil(Ton)	液化石油气(吨) Liquefied Petroleum Gas(Ton)	天然气(万立方米) Natural Gas (10000 cu. m)	其他石油制品(吨) Other Petroleum Products(Ton)	热力(百万千焦) Heat(Million kilo - joule)	电力(万千瓦时) Electricity (10000 kWh)
149546	**23286**	**10492**	**284392**	**2162**	**78682195**	**3662233**
–	–	–	–	–	–	254
23	–	–	–	–	–	1639
3727	–	–	–	–	–	9981
1829	–	134	2044	–	299310	15988
2131	612	282	2222	–	1742453	35828
794	–	–	3041	–	1363775	70428
–	–	–	492	–	–	5118
3117	–	825	19015	183	30509860	419563
561	–	10	576	–	376984	17385
448	–	5	752	3	8344	10605
144	–	–	101	–	10147	3328
797	–	–	625	3	27273	17065
1802	–	856	6905	3	2597625	75191
756	–	–	363	–	44313	20813
310	–	–	236	–	128793	15405
604	–	22	122	–	19204	771

4－22 续表

行 业	Sector	原煤(吨) Raw Coal(Ton)	洗精煤(吨) Washing Coal(Ton)	焦炭(吨) Coke(Ton)	汽油(吨) Gasoline(Ton)	煤油(吨) Kerosene(Ton)
化学原料和化学制品制造业	Raw Chemical Materials and Chemical Products	1565005	–	–	613	–
医药制造业	Medical and Pharmaceutical Products	42647	–	–	266	–
化学纤维制造业	Chemical Fiber	363532	–	–	148	–
橡胶和塑料制品业	Rubber and Plastic Products	144050	–	–	930	15
非金属矿物制品业	Nonmetal Minerals Products	2806710	–	–	532	7
黑色金属冶炼和压延加工业	Smelting and Processing of Ferrous Metals	–	–	–	135	–
有色金属冶炼和压延加工业	Smelting and Processing of Nonferrous Metals	2002	–	28447	33	–
金属制品业	Metal Products	68	–	5	762	54
通用设备制造业	Ordinary Machinery	–	–	–	1797	302
专用设备制造业	Special Purpose Equipment	–	–	–	614	–
汽车制造业	Automobile Manufacturing	–	–	–	603	234
铁路、船舶、航空航天和其他运输设备制造业	Railway. watercraft. Avigation spaceflight and other Equipment Manufacturing	–	–	–	369	–
电气机械和器材制造业	Electric Equipment and Machinery	–	–	–	1174	7
计算机、通信和其他电子设备制造业	Computers. Telecommunications and Other Electronic Equipment Manufacturing	–	–	–	2212	4
仪器仪表制造业	Instruments and Meters Manufacturing	–	–	–	625	4
其他制造业	Other Manufacturing	–	–	–	63	–
废弃资源综合利用业	Multiple Utilization of Waste Resouces	–	–	–	14	–
电力、热力生产和供应业	Production and Supply of Electric Power and Hot Water	3421119	–	–	1644	–
燃气生产和供应业	Production and Supply of Gas	–	–	–	298	–
水的生产和供应业	Production and Supply of Tap Water	104407	–	–	153	–

continued

柴油（吨） Diesel oil(Ton)	燃料油（吨） Fuel Oil(Ton)	液化石油气（吨） Liquefied Petroleum Gas(Ton)	天然气（万立方米） Natural Gas (10000 cu. m)	其他石油制品（吨） Other Petroleum Products(Ton)	热力（百万千焦） Heat(Million kilo – joule)	电力（万千瓦时） Electricity (10000 kWh)
4643	109	72	4140	101	28012948	363889
1284	–	–	2722	–	2199703	79387
1862	7010	–	2680	320	4438734	569916
2256	15442	5505	1885	333	2748003	276235
94823	4	–	8050	–	389708	258510
464	–	106	1946	9	200608	28744
1298	–	176	3715	–	70342	86157
3249	101	1065	10077	47	211089	148461
6422	9	323	3464	931	101729	139987
781	–	109	642	6	248648	35178
3999	–	49	1655	178	109180	99059
215	–	266	319	41	15014	10178
2390	–	109	2011	1	1527553	164390
1779	–	576	1316	2	338697	179629
504	–	1	76	–	5464	28294
522	–	1	167	–	16914	1967
1550	–	–	239	–	35924	31440
4068	–	–	202780	–	874731	349527
113	–	–	13	–	–	1017
270	–	–	–	–	9125	90867

4 - 23 全社会用电情况(2021 年)
Electricity Consumption In the Whole Society(2021)

单位:万千瓦时 (10000 kWh)

项 目	Item	2021	增长(%) Inctease(%)
总 计	**Total**	**9103265**	**12.7**
#线路损失电量	#Losses in Transmission	237039	2.4
全行业用电合计	**Total Electricy Consumption for the whole industries**	**7519545**	**13.2**
第一产业	Primary Industry	39052	12.1
第二产业	Secondary Industry	4724447	8.8
第三产业	Tertiary Industry	2756046	21.9
全行业用电按行业分	**Electricity Consumption by Sector**	**7519545**	**13.2**
农林牧渔业	Farming,Forestry,Animal Husbandry and Fishery Conservancy	52473	10.2
工业	Industry	4429430	8.4
#采矿业	#Mining and Quarrying	28027	11.5
制造业	Manufacturing Industry	3948833	8.7
电力、热力、燃气及水的生产和供应业	Produotion and supply of electricity,gas & water	452570	5.1
建筑业	Construction	296026	14.9
批发和零售业	Wholesale and Retail Trade	492683	23.7
交通运输、仓储及邮政业	Transportation,Storage,Post & Telecommunications	265853	24.9
住宿和餐饮业	Lodging and Catering Services	152551	16.4
信息传输、软件和信息技术服务业	Information Transmission,Computer Services and Software	333731	15.8
金融业	Finance	43615	11.2
房地产业	Real Estate	368849	25.9
租赁和商务服务业	Renting and Business Service	382904	29.0
科学研究、技术服务业	Scientific Researoh and Fechnicla Senice	41378	18.8
水利环境和公共设施管理业	Water Conservancy,Environment and Public Utility	136008	11.9
居民服务、修理和其他服务业	Service for the Residents,Repair and others	67096	15.4
教育	Education	189786	34.5
卫生和社会工作	Health Care,Sports Social Welfare	113387	15.9
文化、体育和娱乐业	Culture,Sports and Entertainment	38007	25.4
公共管理、社会保障和社会组织	Public Administration,Social Security and Social Organization	115767	10.8
城乡居民生活用电	**Residential Consumption**	**1583720**	**10.0**
#城市	#Cities	887595	-3.8
乡村	Rural Areas	696124	34.7

4-24 水资源量和总用水量(2019-2021年)

Total Water Resources and Water Consumption(2019-2021)

单位:亿立方米 (100 million Cubic Meters)

地区	Region	水资源量 Water Resources			用水量 Water Consumption		
		2019	2020	2021	2019	2020	2021
全市	Whole City	188.12	218.89	191.42	30.96	29.76	29.75
市区	Urban District	82.77	91.53	94.91	25.94	24.86	24.74
萧山区	Xiaoshan	11.06	11.94	8.82	7.45	7.28	5.06
余杭区	Yuhang	11.54	12.35	9.96	5.30	5.31	3.47
临平区	Linping	-	-	2.69	-	-	2.06
钱塘区	Qiantang	-	-	5.66	-	-	3.30
富阳区	Fuyang	18.37	20.67	22.63	3.59	3.19	3.04
临安区	Lin'an	35.51	39.67	38.32	2.42	2.13	2.09
桐庐县	Tonglu	20.55	23.05	20.32	1.73	1.65	1.65
淳安县	Chan'an	58.30	76.26	22.73	1.33	1.33	1.39
建德市	Jiangde	26.50	28.05	53.46	1.97	1.93	1.98

注:根据行政区划调整,2021年公报统计临平区、钱塘区水量,余杭区数据为行政区划调整后的口径。

a) According to the adjustment of administrative divisions, the water volume of Linping District and Qiantang District will be counted in the bulletin in 2021, and the data of Yuhang District will be the caliber after the adjustment of administrative divisions.

4-25 规模以下工业主要指标(2020-2021年)
Main Indicators of Industrial Enterprises Below Designated Size(2020-2021)

指标名称		Item		2021	2020
企业数	(万家)	Number of Enterprises	(10,000 Units)	2.28	2.37
年末从业人数	(万人)	Total Number of Employed Persons at Year End	(10,000 persons)	21.03	22.46
资产总计	(亿元)	Total Assets	(100 million yuan)	1284.81	1368.23
负债合计	(亿元)	Total Liabilitiess	(100 million yuan)	927.38	966.57
营业收入	(亿元)	Tax excluded	(100 million yuan)	887.14	855.33
营业成本	(亿元)	Operating Costs	(100 million yuan)	699.20	658.20
税金总额	(亿元)	Total taxes	(100 million yuan)	-	24.87
利润总额	(亿元)	Total Profits	(100 million yuan)	2.12	8.14
应付职工薪酬	(亿元)	Employee benefits Payable	(100 million yuan)	103.17	97.67

注:2021年开始报表取消税金总额指标。

a) The total tax has been cancelled in the statement since 2021.

主要统计指标解释

工业总产值 是以货币表现的工业企业在报告期内生产的已出售或可供出售工业产品总量，它反映一定时间内工业生产的总规模和总水平，它包括：在本企业内不再进行加工，经检验、包装入库（规定不需包装的产品除外）的成品价值，对外加工费收入，自制半成品，在产品期末初差额价值。工业总产值采用“工厂法”计算，即以工业企业作为一个整体，按企业工业生产活动的最终成果来计算，企业内部不允许重复计算，不能把企业内部各个车间（分厂）生产的成果相加。

工业增加值 是指工业行业在报告期内以货币表现的工业生产活动的最终成果。

固定资产原价 固定资产原值指企业在建造、购置、安装、改建、扩建、技术改造某项固定资产时所支出的全部货币总额。它一般包括买价、包装费、运杂费和安装费等。

固定资产净值 是指固定资产原价减去历年已提折旧额后的净额。

利税总额 指企业利润总额、产品销售税金及附加和应交增值税之和。

主营业务收入 指企业销售产品的销售收入和提供劳务等主要经营业务取得的收入总额。

主营业务利润 指企业销售产品和提供工业性劳务等主要经营业务收入和除其成本、费用、税金后的利润。

利润总额 指企业实现的利润。

应交增值税 指企业在报告期内应交纳的增值税额。

总资产 指企业拥有或控制的全部资产。包括流动资产、长期投资、固定资产、无形及递延资产、其他长期资产、递延税项等，即为企业资产负债表的资产总计项。

（1）流动资产指企业可以在一年内或者超过一年的一个生产周期内变现或耗用的资产合计。包括现金及各种存款、短期投资、应收及预付款项、存货等。

（2）固定资产指企业固定资产净值、固定资产清理、在建工程、待处理固定资产损失所占用的资金合计。

（3）无形资产指企业长期使用而没有实物形态的资产。包括专利权、非专利技术、商标权、著作权、土地使用权、商誉等。

总负债 指企业承担并需要偿还的全部债务。包括流动负债和长期负债、递延税项等，即为企业资产负债表的负债合计项。

（1）流动负债指企业在一年内或者超过一年的一个营业周期内需要偿还的债务合计，其中包括短期借款、应付及预收款项、应付工资、应交税金和应交利润等。

（2）长期负债指企业在一年以上或者超过一年的一个生产周期以上需要偿还的债务合计，其中包括长期借款、应付债务、长期应付款项等。

所有者权益 指企业投资人对企业净资产的所有权。企业净资产等于企业全部资产减去全部负债后的余额。其中包括投资者对企业的最初投入，以及资本公积金、盈余公积金和未分配利润，对股份制企业即为股东权益。

Explanatory Notes on Main Statistical Indicators

Gross Industrial Output Value is the total volume of industrial products sold or available for sale in value terms which reflects the total achievements and overall scale of industrial production during a given period. It includes the value of the finished products, which are not to be further processed in the enterprises and have been inspected, packed and put in storage, the income from external processing, and the difference of the value of semi – finished products between the beginning and end of the period. The gross industrial output value is calculated with "factory method", which is to consider an industrial enterprise as a whole and calculate by final results of its industrial production activities. It is not allowed to double count or to add up the production results of each workshop (or branch factory) within the enterprise.

Value Added of Industry refers to the final results of industrial production in money terms during the reference period.

Original Value of Fixed Assets refers to the total amount of the expenditure of industrial enterprises in building, purchasing, installing, reconstructing, expanding or technically transforming a fixed asset, which includes expenses on purchase, package, transportation, and installation, etc.

Net Value of Fixed Assets is obtained by deducting depreciation over years from the original value of fixed assets.

Total Pre – tax Profits refers to the sum of total profits, products sales tax and surcharges and the value added tax payable.

Main Business Revenue refers to the revenue of enterprises from selling products, providing labor services and etc.

Main Business Profit refers to the profit gained by the enterprises from the main business income of selling products and providing industrial services after deducting cost, charges and taxes.

Total Profits refer to the profits gained by the enterprises.

Value added Tax Payable refers to the amount of the value added tax which should be paid by the enterprises in the reporting period.

Total Assets refer to all assets which are owned or controlled by enterprises, including circulating assets, long term investment, fixed assets, intangible assets and deferred assets, other long term assets, and deferred taxes, etc. The summation of above items is equal to total assets shown in the balance sheets of the enterprises.

(1) Circulating assets refer to assets which can be cashed in or consumed in an operating cycle of one year or over one year, including cash, all kinds of deposits, short term investment, receivables, advance payment, stock, etc.

(2) Fixed assets refer to the sum of funds occupied by the net value of fixed assets, clearance of fixed assets, project under construction, losses of fixed assets to be processed..

(3) Intangible assets refer to assets without material form used by enterprises over a lone time, such as patents, non – patent technologies, trademarks, copyright, land use right, business reputation, etc.

Total Liabilities refer to the debts that enterprises are responsible for repayment, including liquid liabilities, long – term liabilities and deferred taxes, etc. Total liabilities correspond to the summation item of liabilities shown in the balance sheets of the enterprises.

(1) Liquid liabilities refer to enterprises' total debt payable within an operating cycle of one year or over one year, including short term loans, payables and advance payments, payable wages, taxes and profit, etc.

(2) Long term liabilities refers to total debt payable within an operating cycle of over one year, including long – term loans, payable liabilities, long – term payables, etc.

Creditors' Equity refers to investors' ownership of net assets of the enterprise. It is equal to the total assets of the enterprise minus its total liabilities, including the primary input from investors, capital accumulation fund, surplus accumulation fund and undistributed profit. It is the shareholder's equity in share – holding companies.

五、建筑业

CONSTRUCTION

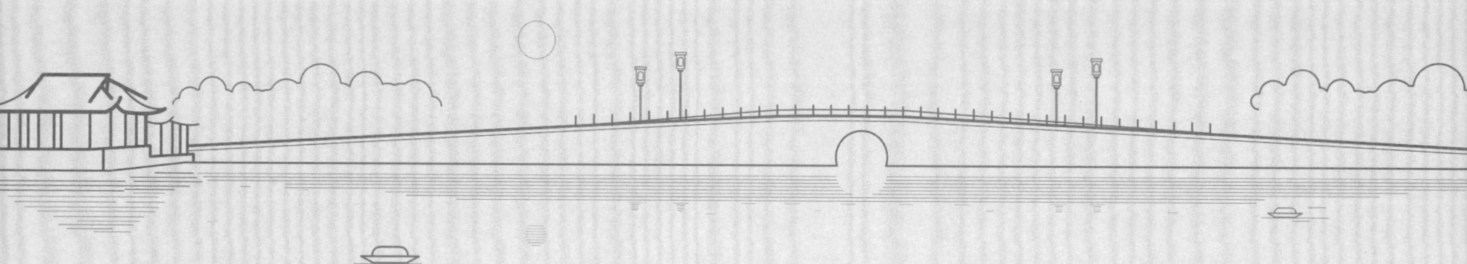

5 建筑业
Construction

主要统计指标
Major Statistical Indicators

建筑业总产值	Gross Output Value of Construction	5575	亿元	(100 million yuan)
为上年	As Compared with the Preceding Year	113.2	%	(%)
房屋建筑施工面积	Floor Space of Buildings Under Construction	33132	万平方米	(10, 000 sq.m)
为上年	As Compared with the Preceding Year	102.9	%	(%)
房屋建筑竣工面积	Floor Space of Buildings Completed	7265	万平方米	(10, 000 sq.m)
为上年	As Compared with the Preceding Year	113.2	%	(%)

5-01 分地区建筑业总产值（2021年）

Gross Output Value of Construction by Region (2021)

单位：万元 (10000 yuan)

地 区	Region	建筑企业单位数（个）Number of Construction Enterprises (unit)	建筑业总产值 Gross Output Value of Construction	建筑工程产值 Output Value of Construction Projects	安装工程产值 Output value of Installation Projects	其他产值 Other Output Values
全 市	**Total**	**1914**	**55745743**	**48457675**	**5934925**	**1353143**
市 区	Urban District	1733	53330442	46168055	5850708	1311680
#上城区	Shangcheng	181	8715506	6660093	1897818	157595
拱墅区	Gongshu	223	6869998	5243418	1470487	156093
西湖区	Xihu	137	10496008	9712122	467893	315993
高新(滨江)区	Hi-Tech(Binjiang)	64	7400619	7216365	147021	37233
萧山区	Xiaoshan	355	9105099	7745381	886750	472969
余杭区	Yuhang	173	3100440	2999692	77009	23740
临平区	Linping	240	2618138	2106672	492158	19308
钱塘区	Qiantang	100	1280913	1134012	90395	56505
富阳区	Fuyang	172	2490280	2293324	161065	35892
临安区	Lin'an	87	1253441	1056975	160113	36353
西湖风景名胜区	The West Lake Scenic Zone	1	-	-	-	-
桐庐县	Tonglu	67	1381788	1355322	20638	5828
淳安县	Chun'an	65	386383	331631	26959	27793
建德市	Jiande	49	647131	602667	36621	7843

5-02 建筑总专包

Financial Indicators on Construction Enterprises of

单位:万元

指标名称	Item	年末资产 Asset and Liabilities		
		流动资产合计 Circulating Funds	固定资产原价 Fixed Assets	资产合计 Total Assets
总计	**Total**	**44920895**	**3754510**	**54643353**
#特、一、二级企业	of Which: Special Grade, First Grade, Second Grade	41030701	3216776	50141105
#国有及国有控股企业	of Which: State - owned and State Holding Enterprises	14737741	766756	18698018
一、按登记注册类型分组	**Grouped by Registration Status**			
内资企业	Domestic Funded	44115854	3722589	52915850
国有企业	State - owned	111525	6636	115252
集体企业	Collective - owned	1463	1497	2032
股份合作企业	Share - holding Cooperative Enterprises	32458	15096	44589
联营企业	Joint Venture			
有限责任公司	Limited Liability Corporations	18969472	1061649	21786056
股份有限公司	Share - holding Corporations Ltd.	5180208	401019	7397950
私营企业	Private Enterprises	19820729	2236693	23569972
其他企业	Other Enterprises			
港、澳、台商投资企业	Funded from Hong Kong, Macao and Taiwan	767719	30411	1688513
外商投资企业	Foreign Funded	37321	1510	38989
二、按国民经济行业分组	**Grouped by Sector**			
房屋建筑业	Housing Construction	20931281	1180911	25755609
土木工程建筑业	Civil Engineering Construction	17188789	1812602	21227618
建筑安装业	Installation of Lines, Pipelines and Equipment	2694037	275517	3012541
建筑装饰和其他建筑业	Fitting、Decoration of Building and Others Construction	4106787	485480	4647585

企业财务指标（2021 年）

General Contractors and Specialist Contractors (2021)

(10000 yuan)

负债 at Year - end				
流动负债合计 Current Liabilities	负债合计 Total Liabilities	所有者权益合计 Owners´Equity	实收资本 Paid - in Capitals	个人资本 State Capital
38327576	**40444779**	**14198573**	**8007347**	**2639612**
35449676	37415255	12725851	6873720	2197034
14408989	15516629	3181389	1621796	6172
37192028	39106454	13809396	7875723	2636199
89500	89500	25752	11210	-
1004	1004	1028	1218	-
30472	30473	14116	10000	10000
17156853	18023945	3762111	1927494	114597
4773271	5095659	2302291	767330	93926
15140928	15865874	7704098	5158471	2417676
1101858	1304636	383878	128134	3413
33690	33690	5299	3490	-
17766067	18975809	6779800	3626595	1282630
14996520	15724144	5503474	3297251	913857
2168827	2215940	796601	408297	146405
3396162	3528886	1118698	675204	296720

指标名称	Item	损益 Expenditure, Income 工程结算收入 Revenue of Project Settlement Accounts	工程结算成本 Costs of Project Settlement Accounts
总　计	**Total**	**54040599**	**50192098**
#特、一、二级企业	of Which: Special Grade, First Grade, Second Grade	49803806	46362051
#国有及国有控股企业	of Which: State－owned and State Holding Enterprises	16060624	15024752
一、按登记注册类型分组	**Grouped by Registration Status**		
内资企业	Domestic Funded	53588096	49785826
国有企业	State－owned	78452	69306
集体企业	Collective－owned	7834	6834
股份合作企业	Share－holding Cooperative Enterprises	9192	6994
联营企业	Joint Venture		
有限责任公司	Limited Liability Corporations	19982976	18750870
股份有限公司	Share－holding Corporations Ltd.	4208427	3837480
私营企业	Private Enterprises	29301214	27114343
其他企业	Other Enterprises		
港、澳、台商投资企业	Funded from Hong Kong, Macao and Taiwan	400826	356541
外商投资企业	Foreign Funded	51677	49731
二、按国民经济行业分组	**Grouped by Sector**		
房屋建筑业	Housing Construction	27057984	25502543
土木工程建筑业	Civil Engineering Construction	17680952	16239676
建筑安装业	Installation of Lines, Pipelines and Equipment	3480591	3182440
建筑装饰和其他建筑业	Fitting Decoration of Building and Others Construction	5821072	5267440

continued (10000 yuan)

及分配 and Distribution					
工程结算 税金及附加 Taxes and Extra Charges Project Settlement Accounts	销售费用 Sales Expenses	管理费用 Management Expenditure	财务费用 Financial Expenditure	利润总额 Total Profits	应交所得税 Income Taxes Payable
168906	**199767**	**1735227**	**268080**	**1116679**	**224050**
153428	182714	1452219	248163	1021404	200654
35836	20876	357023	60830	454913	93508
167068	198101	1711661	255059	1067642	217900
246	832	5739		2381	595
40	732	565			1
63	551	1648		206	52
47945	29241	516318	55984	449651	101664
10197	5050	95732	32040	191458	34065
108576	161695	1091658	167329	424259	81525
1713	1666	22216	12948	48633	6049
125	–	1351	73	405	101
92241	19565	573200	153322	472375	81190
49018	48326	710274	69544	445313	98287
10608	17423	163619	18586	80579	14119
17038	114454	288134	26628	118412	30455

5－03　建筑业企业生产情况(2018－2021年)

Statistics on Production of Construction Enterprises(2018－2021)

指标名称		Item		2018	2019	2020	2021
一、建筑业合同情况		**Contract of Construction**					
签订的合同额	(万元)	Total Value of Contracts	(10000 yuan)	87772266	100912299	113433283	120507299
上年结转合同额	(万元)	Value from Contracts Signed in 2016	(10000 yuan)	33731635	43492461	53861878	63986580
本年新签合同额	(万元)	Value from New Contracts Signed in 2017	(10000 yuan)	54040631	57419838	59571405	56520719
二、承包工程完成情况		**Completion of Contracted Projects**					
直接从建设单位承揽工程完成的产值	(万元)	Complete Output Value of Projects Contacted Directly from Investors	(10000 yuan)	43606124	43690527	47053000	53730135
自行完成施工产值	(万元)	Own－completed Output Value	(10000 yuan)	41057696	40837087	43764817	49958119
分包出去工程的产值	(万元)	Output Value of Out－sourced Projects	(10000 yuan)	2548428	2853440	3288183	3772016
从建设单位以外承揽工程完成的产值	(万元)	Completed Output Value of Projects Contacted from Non－investors	(10000 yuan)	3269828	4944966	5475028	5787624
建筑业总产值	(万元)	Gross Output Value	(10000 yuan)	44327525	45782053	49239845	55745743
#装饰装修产值	(万元)	of Which: Output Value of Fitting and Decoration of Buildings	(10000 yuan)	4199587	4394782	4395669	5350657
#在外省完成的产值	(万元)	of Which: Completed Output Value outside of Zhejiang Province	(10000 yuan)	12095931	12442013	12008609	12399872
按构成分		by Structure					
建筑工程产值	(万元)	Output Value of Construction Projects	(10000 yuan)	38230682	39495688	43023525	48457675
安装工程产值	(万元)	Output value of Installation Projects	(10000 yuan)	4919966	4916534	5240694	5934925
其他产值	(万元)	Other Output Values	(10000 yuan)	1176877	1369831	975626	1353143
竣工产值	(万元)	Output Value of Buildings Completed	(10000 yuan)	21893653	20586072	21696056	25636864
房屋建筑施工面积	(万平方米)	Floor Space of Buildings Under Construction	(10000 sq.m)	26842	29470	32204	33132
#本年新开工面积	(万平方米)	of Which: Beginning Projects in this Year	(10000 sq.m)	10946	10214	9444	9053
房屋建筑竣工面积	(万平方米)	Floor space of Buildings Completed	(10000 sq.m)	6764	6417	6419	7265
三、年末自有施工机械设备		**Machinery and Equipment Owned (year－end)**					
年末自有施工机械设备净值	(万元)	Net Value of Machinery and Equipment Owned	(10000 yuan)	742142	669716	645089	569737
年末自有施工机械设备总台数	(台)	Number of Machinery and Equipment Owned	(set)	149125	147904	145649	99628
年末自有施工机械设备总功率	(千瓦)	Total Power of Machinery and Equipment Owned	(1000 kW)	3046124	2706236	3345274	2782860
四、就业人员情况		**Number of Employed Persons**					
计算劳动生产率的平均人数	(人)	Average Employed Persons Overall Labor Productivity	(person)	1221420	1230569	1246941	1308883
年末就业人员数	(人)	Employed Persons (year－end)	(person)	1167509	1150807	1174958	1268792

5-04 具有资质等级建筑业企业主要生产经营指标(2015-2021年)
Major Economic Indicators of Qualified Construction Enterprises(2015-2021)

单位:万元 (10000 yuan)

指标名称 Item	2015	2016	2017	2018	2019	2020	2021
企业个数(个) Nomber of Enterprises (unit)	1480	1474	1410	1541	1606	1728	1914
亏损企业个数(个) Loss Making Enterprises (unit)	236	256	253	329	351	482	574
建筑业总产值 Gross Output Value of Construction	40975734	41052972	43237256	44327525	45782053	49239845	55745743
竣工产值 Output Value of Buildings Completed	25994238	23746502	21888828	21893653	20586072	21696056	25636864
房屋建筑施工面积(万平方米) Floor Space of Buildings Under Construction (10,000 sq. m)	28124	27221	25617	26842	29470	32204	33132
房屋建筑竣工面积(万平方米) Floor Space of Buildings Completed (10,000 sq. m)	10137	9754	8108	6764	6417	6419	7265
固定资产原价 Orginal Value of Fixed Assets	3488088	3239557	3552611	3352353	3429694	3457257	3754510
实收资本合计 Total Capital Hold	5799067	5932301	6364527	6756936	6792046	7159307	8007347
流动资产合计 Circulating Funds	23867659	25412440	27695056	30371728	10116084	37520298	44920895
其中:存货 Stock	6360774	6751318	7530374	7823812	7414341	6720337	7648734
在建工程 Projects wnder Construction	211195	175075	216619	262751	259028	279576	354437
固定资产合计 Fixed Assets	2829483	2067226	2292476	1678207	-	-	-
年末负债合计 Total Liabilities at Year-end	19365824	20274680	22067498	25107296	29000375	33070346	40444779
流动负债合计 Circulating Funds	17964478	18752593	20579766	23735159	27570766	31351636	38327576
所有者权益合计 Crediors´Equity	10453107	10883382	12196061	12658441	12210275	12646788	14198573
营业收入 Tax excluded	35568492	36069232	36965857	40293678	44677368	48165053	55631840
营业成本 Operating Costs	32365477	33270805	34248463	37687072	41764885	45156343	52179314
营业税金及附加 Main Sales Tax and Extra Charges	1020437	541967	199457	157132	146939	157582	180276
管理费用 Management Expenditure	965161	1042943	1163505	1263222	1399064	1509282	1735227
财务费用 Financial Expenditure	301313	258903	271466	243248	298729	260854	268080
营业利润 Management Profits	883320	917779	1043476	912880	944590	1025402	1060438
利润总额 Total Profits	895484	950047	1075458	983741	977498	1059324	1116679

主要统计指标解释

建筑业总产值 建筑业总产值是以货币表现的建筑业企业在一定时期内生产的建筑业产品和服务的总和。建筑业总产值包括建筑工程产值、安装工程产值和其他产值三部分内容。

房屋建筑施工面积 指报告期内施过工的全部房屋建筑面积,它包括本期新开工的面积、上期跨入本期继续施工的房屋面积、上期停缓建在本期恢复施工的房屋面积、本期竣工的房屋面积以及本期施工后又停缓建的房屋面积。

房屋建筑竣工面积 指在报告期内房屋建筑按照设计要求已全部完工,达到了使用条件,经检查验收鉴定合格的房屋建筑面积。

工程结算收入(主营业务收入) 指本企业承包工程实现的工程价款结算收入以及向发包单位收取的除工程价款以外按规定列作营业收入的各种款项,如临时设施费、劳动保险费、施工机构调迁费等以及向发包单位收取的各种索赔款。

工程结算成本(主营业务成本) 指在报告期内与发包单位办理工程价款结算的已完工程实际成本。

Explanatory Notes on Main Statistical Indicators

Gross Output Value of Construction refers to the total of construction products and services, expressed in money terms, produced or rendered by construction enterprises in a given period. It includes the output value of construction projects, installation projects and others.

Floor Space of Buildings Under Construction refers to the floor space of all buildings under construction during the reference period, including the floor space of buildings those are newly started construction, those were started earlier and continues construction; those were suspended in the previous period but resumed construction in this period, those are completed in this period, and those are under construction but suspended in this period.

Floor Space of Buildings Completed refers to the floor space of buildings that are completed in the reference period in accordance with the design requirements, up to the service standard, and qualified after inspection and acceptance.

Project Settlement Income refers to the income received by the construction enterprise from the contracted project through settlement procedures, and other charges to the contractee listed as operational costs, such as temporary facility fee, labor insurance premium, moving cost of construction equipment, as well as various types of claims to the contractee.

Project Settlement Cost refers to the actual cost of completed projects that have been settled prices with the contractee during the reporting period.

六、交通运输 邮电

TRANSPORTATION,
POST AND TELECOMMUNICATIONS

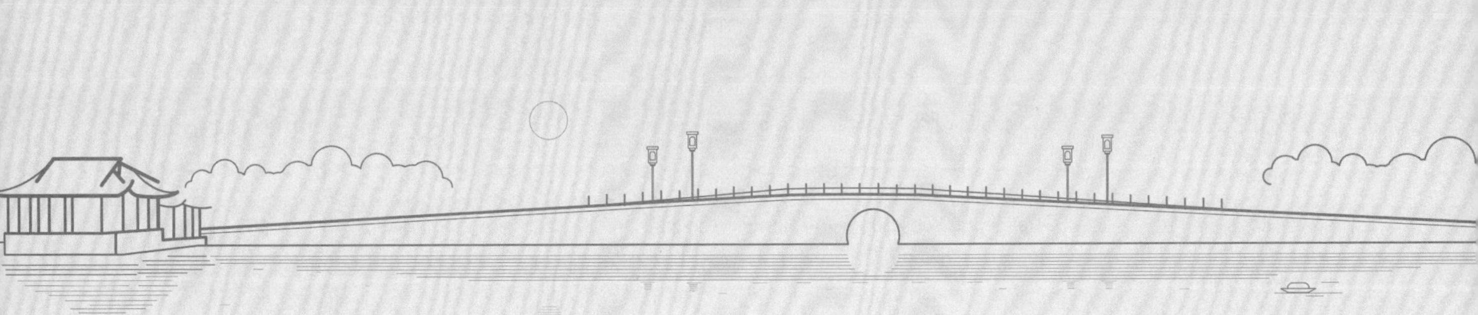

6 交通运输、邮电
Transportation, Post and Telecommunications

主要统计指标
Major Statistical Indicators

客运量	Passenger Traffic	13823	万人次	(10, 000 person-times)
为上年	As Compared with the Preceding Year	113.5	%	(%)
货运量	Freight Traffic	46997	万吨	(10, 000 tons)
为上年	As Compared with the Preceding Year	112.0	%	(%)
邮电业务收入	Business Income of Post & Telecommunication Service	745.23	亿元	(100 million yuan)
为上年	As Compared with the Preceding Year	112.6	%	(%)
年末固定电话用户数	Number of Local Telephone Subscribers(year-end)	194.9	万户	(10, 000 subscribers)
年末移动电话用户数	Number of Mobile Telephone Subscribers(year-end)	1833.0	万户	(10, 000 subscribers)
年末宽带业务户数	Broadband Subscribers of Internet(year-end)	579.4	万户	(10, 000 subscribers)

6-01 客货运输量(2015-2021年)
Total Passenger and Freight Traffic(2015-2021)

项目 Item	2015	2016	2017	2018	2019	2020	2021
一、客运量合计(万人次) Passenger Traffic(10000 person-times)	**23942**	**20541**	**22289**	**20121**	**20888**	**12183**	**13823**
铁路客运量 Passenger Railways	5282	6053	6807	7535	8874	5895	6914
民航客运量 Passenger Civil Aviation	1472	1622	1825	1956	2044	1414	1432
公路客运量 Passenger Highways	16591	12282	13019	10027	9360	4535	5042
水路客运量 Passenger Waterways	597	584	638	603	610	339	436
二、旅客周转量合计(万人公里) Total Passenger-kilometers(10000 passenger-km)	**1085769**	**943874**	**905008**	**829027**	**700446**	**387013**	**457260**
公路旅客周转量 Passenger-kilometers Highways	1078054	936574	897116	821267	689970	381790	450070
水路旅客周转量 Passenger-kilometers Waterways	7715	7300	7892	7760	10476	5223	7190
三、货运量合计(万吨) Total Freight Traffic(10000 tons)	**29384**	**30170**	**34785**	**35180**	**36384**	**41944**	**46997**
铁路货运量 Freight Railways	307	274	328	306	537	578	498
民航货运量 Freight Civil Aviation	25	29	35	38	41	46	50
公路货运量 Freight Highways	23800	25194	29378	30593	31732	34837	38804
水路货运量 Freight Waterways	5251	4673	5044	4244	4073	6483	7645
四、货运周转量合计(万吨公里) Total Freight Ton-kilometers(10000 ton-km)	**4629814**	**4796677**	**5304007**	**5440793**	**5534460**	**10070617**	**10472959**
公路货物周转量 Freight Ton-kilometers Highways	3003728	3217983	3615581	3875561	3928822	4599433	5521947
水路货物周转量 Freight Ton-kilometers Waterways	1626086	1578694	1688426	1565232	1605638	5471184	4951012

6-02 货运量(1978-2021年)

Total Freight Traffic (1978-2021)

单位:万吨 (10000 tons)

年份 Year	合计 Total	铁路 Railways	公路 Highways	水路 Waterways	民航 Civil Aviation
1978	1706	418	633	655	
1979	1983	440	771	772	
1980	2070	444	762	864	
1981	1972	449	886	637	
1982	2261	485	795	981	
1983	2299	488	838	973	
1984	2385	510	888	987	
1985	2488	524	890	1074	
1986	2558	551	874	1133	
1987	2515	574	899	1041	1
1988	2416	555	823	1037	1
1989	7377	539	5095	1743	
1990	6522	449	4479	1594	
1991	7017	451	4891	1675	
1992	8434	534	6063	1836	1
1993	9082	580	6353	2148	1
1994	8962	491	6563	1907	1
1995	10347	482	7021	2842	2
1996	10962	445	7735	2780	2
1997	11015	406	7932	2676	1
1998	11329	418	8196	2713	2
1999	11684	403	8037	3241	3
2000	11459	417	7865	3173	4
2001	12443	452	8588	3398	5
2002	14347	446	10391	3504	6
2003	16815	438	12118	4253	6
2004	18895	480	13117	5289	9
2005	19909	525	13539	5833	12
2006	20924	569	14588	5754	13
2007	22569	573	16484	5500	12
2008	22550	483	16822	5232	13
2009	22372	427	16536	5396	13
2010	25915	379	19148	6371	17
2011	28831	331	21755	6727	18
2012	30089	322	23243	6503	20
2013	30734	284	23884	6545	22
2014	29335	312	23202	5797	24
2015	29384	307	23800	5251	25
2016	30170	274	25194	4673	29
2017	34785	328	29378	5044	35
2018	35180	306	30593	4244	38
2019	36384	537	31732	4073	41
2020	41944	578	34837	6483	46
2021	46997	498	38804	7645	50

6－03　客运量(1978－2021年)

Total Passenger Traffic (1978－2021)

单位:万人次　　(10,000 person－times)

年　份 Year	合　计 Total	铁　路 Railways	公　路 Highways	水　路 Waterways	民　航 Civil Aviation
1978	2878	485	－	－	3
1979	3122	560	1829	729	4
1980	3905	672	2358	870	5
1981	4484	769	2857	850	8
1982	5263	813	3377	1064	9
1983	5451	878	3530	1035	8
1984	6056	983	3912	1151	10
1985	6724	1004	4595	1111	14
1986	6765	1034	4768	941	22
1987	6905	1127	4852	896	30
1988	6593	1237	4445	877	34
1989	7493	1182	5488	801	22
1990	8119	1056	6350	691	22
1991	10701	1062	8876	710	53
1992	13358	1083	11538	670	67
1993	13070	1139	11403	454	74
1994	13373	1230	11669	390	84
1995	16620	1242	14921	339	118
1996	16714	1112	15184	273	145
1997	17034	1040	15623	260	111
1998	17395	1120	15925	235	115
1999	17882	1168	16369	235	110
2000	18607	1202	17102	179	124
2001	20342	1342	18707	148	145
2002	21089	1574	19213	108	194
2003	21348	1534	19510	89	215
2004	22833	1908	20372	237	316
2005	24124	2011	21431	304	378
2006	25810	2124	22961	267	458
2007	28026	2255	24836	306	629
2008	29084	2498	25630	277	679
2009	30116	2494	26454	372	796
2010	33772	2741	29671	456	904
2011	34778	2962	30305	595	916
2012	35819	3112	31126	592	989
2013	36409	3717	30994	547	1151
2014	24070	4689	17431	616	1334
2015	23942	5282	16591	597	1472
2016	20541	6053	12282	584	1622
2017	22289	6807	13019	638	1825
2018	20121	7535	10027	603	1956
2019	20888	8874	9360	610	2044
2020	12183	5895	4535	339	1414
2021	13823	6914	5042	436	1432

注:1990年以前为交通系统数,1990年起为全社会数(后同)。2014年起运输量统计方法调整。

a) The data in the table only included transportation department before 1990, while extended to the whole society after 1990 (the same below). The statistical method has been adjusted since 2014.

6-04 分地区交通

Statistics on Traffic and

项　目		Item		全市 Whole City	市区 Urban District
铁路旅客运量	(万人)	Passenger Railways	(10,000 Persons)	6914	6615
铁路货物运量	(万吨)	Freight Railways	(10,000 tons)	498	177
公路客运量	(万人)	Passenger Highways	(10,000 Persons)	5042	2809
公路货运量	(万吨)	Freight Highways	(10,000 tons)	38804	25220
民用航空客运量	(万人)	Passenger Civil Aviation	(10,000 Persons)	1432	1432
民用航空货邮运量	(万吨)	Freight Civil Aviation	(10,000 tons)	50	50
水路客运量	(万人)	Passenger Waterways	(10,000 Persons)	436	189
水路货运量	(万吨)	Freight Waterways	(10,000 tons)	7645	-
非营运汽车拥有量	(辆)	Possession of Non-Business Vehicles(year-end)	(Unit)	3486094	3154413
#私人汽车拥有量	(辆)	in which:Possession of Private Vehicles	(Unit)	2965827	2735888

运输情况(2021 年)
Transport by Region(2021)

萧山区 Xiaoshan	余杭区 Yuhang	临平区 Linping	钱塘区 Qiantang	富阳区 Fuyang	临安区 Lin'an	桐庐县 Tonglu	淳安县 Chun'an	建德市 Jiande
–	–	–	–	–	–	127	100	72
–	–	–	–	–	–	–	91	231
159	75	5	–	36	84	876	390	967
4931	1542	127	2872	2459	1304	11923	452	1209
1432	–	–	–	–	–	–	–	–
50	–	–	–	–	–	–	–	–
14	–	–	–	–	8	27	201	18
–	–	–	–	–	–	–	–	–
616618	609827	4861	97156	220325	178662	121367	90341	119973
490669	505690	3950	82687	171911	123022	89733	58935	81271

6-05 运输线路长度(2015-2021 年)

Length of Transportation Routes(2015-2021)

单位:公里 (km)

项 目 Item	2015	2016	2017	2018	2019	2020	2021
公路通车里程 (公里) Length of Highways (km)	16210	16306	16424	16520	16667	16919	16988
#高速公路 (公里) Expressway (km)	615	632	632	632	632	801	801
一级公路 (公里) First Class Highways (km)	836	832	835	840	877	912	944
二级公路 (公里) Second Class Highways (km)	1616	1615	1631	1634	1759	1700	1758
内河通航里程 (公里) Length of Navigable Inland Waterways (km)	2006	2006	2006	2006	2006	2006	2006
民用航空航线 (条) Number of Civil Aviation Routes (line)	235	240	286	292	301	336	268
国内航线 (条) Domestic Routes (line)	196	195	229	234	232	261	236
国际航线 (条) International Routes (line)	32	38	49	51	63	69	30
地区航线 (条) Regional Routes (line)	7	7	8	7	6	6	2
民用航空通航城市 (个) Number of Cities Can Arrive by Civil Aviation	129	138	160	172	183	187	162
国内城市 (个) Domestic Cities	99	103	117	123	126	132	133
港澳台城市 (个) Hongkong,Macau and Taiwan	5	5	5	5	5	5	2
国际城市 (个) International Cities	30	35	43	44	52	50	27

6-06 民用机动车辆年末拥有量(2015-2021年末)

Total Number of Motor Vehicles End of the Year(End of 2015-2021)

单位:辆　　　　　　　　　　　　　　　　　　　　　　　　　(unit)

项　目	Item	2015	2016	2017	2018	2019	2020	2021
全市合计	**Total**	**2733537**	**2633541**	**2793595**	**2880804**	**2975762**	**3118978**	**3765971**
一、汽车	Vehicles	2244767	2341536	2451226	2571230	2671807	2813576	3453726
1.载客汽车	Passenger Vehicles	2056143	2127393	2210376	2310070	2399022	2497100	3109706
其中:大型	Large	18657	20017	20880	21546	20907	20470	18785
中型	Medium	10797	10035	9365	8499	7628	7394	7233
小型	Small	2002730	2076098	2157089	2258635	2351862	2451908	3068721
微型	Mini	23959	21243	23042	21390	18625	17328	14967
其中:轿车	Car	1773864	1483128	1530805	1548328	1610070	1641979	2011299
2.载货汽车	Trucks	177674	202775	229038	248614	259746	302251	328509
其中:重型	Heavy	41999	49480	57794	64289	71102	92122	97945
中型	Medium	8851	9422	9213	8147	6611	7065	6892
轻型	Light	126321	143441	161703	175945	181872	202969	223641
微型	Mini	503	432	328	233	161	95	31
3.其他汽车	Vehicles	10950	11368	11812	12546	13039	14225	15511
其中:三轮汽车	Vehicles	179	139	102	69	44	26	18
低速货车	Low Speed Trucks	549	806	792	779	724	680	649
二、摩托车	Motorcycles	481230	282477	329905	292662	281403	273133	276411
1.普通	Genera	463722	277238	324469	288562	276568	267062	269753
2.轻便	Light	17508	5239	5436	4100	4835	6071	6658
三、挂车	Trailer	7464	9457	12396	16846	22493	32220	35787
四、其他类型	Other	76	71	68	66	59	49	47

6-07 邮政、电信主要指标(2015-2021年)
Main Indicators of Post and Telecommunications(2015-2021)

项目 Item	2015	2016	2017	2018	2019	2020	2021
邮政业务总收入 (万元) Total Business Income of Postal Service (10,000 yuan)	1596884	2151732	2750911	3646724	4023039	4500008	5071180
#快递业务收入 (万元) Business Income of Express Mail Service (10,000 yuan)	1437542	1956944	2510479	2966169	3267926	3669946	4162523
电信业务收入 (亿元) Total Business Income of Telecommunications Services (100 million yuan)	173.66	190.83	192.68	199.70	205.48	212.09	238.11
函件 (万件) Number of Letters (10,000 pcs)	13256	9634	11656	8768	5508	4910	6060
订销报纸累计份额(万份) Number of Newspapers (10,000 pcs)	29304	24067	24273	23497	22342	21382	23083
订销杂志累计份额(万份) Number of Publications (10,000 pcs)	1310	1061	1010	1047	895	786	858
包裹 (万件) Number of Parcels (10,000 pcs)	81	49	51	50	63	44	43
快递 (万份) Pieces of Express Mail Service (10,000 copies)	125707	180473	232630	258910	265666	300081	367134
#国际及港澳台快递 (万份) Pieces of Express to overseas and HongKong, macao, Taiwan (10,000 copies)	2046	2495	4065	11005	13741	30034	45316
纪特邮票 (万枚) Stamps for Collettion (10,000 pcs)	1231	1295	969	210	-	281	321
年末固定电话用户数 (万户) Number of Local Telephone Subscribers(year-end) (10,000 subscribers)	293.44	265.70	259.37	241.84	233.08	204.55	194.9
年末移动电话用户数 (万户) Number of Subscribers of Mobile Telephone(year-end) (10,000 subscribers)	1726.76	1734.41	1724.17	1913.91	1817.85	1868.9	1833.0
年末宽带业务户数 (万户) Number of Wide Band Subscribers (10,000 subscribers)	294.96	443.57	508.69	537.73	554.51	547.58	579.4

注:邮政业务总收入含规模以上快递企业。

a) The total business income of postal services included the express enterprises above designated sice.

主要统计指标解释

货(客)运量 指在一定时期内,各种运输工具实际运送的货物(旅客)数量。是反映运输业为国民经济和人民生活服务的数量指标,也是制定和检查运输生产计划、研究运输发展规模和速度的重要指标。货运按吨计算,客运按人计算。货物不论运输距离长短、货物类别,均按实际重量统计。旅客不论行程远近或票价多少,均按一人一次作为客运量统计;半价票、小孩票也按一人统计。

货物(旅客)周转量 指在一定时期内,由各种运输工具运送的货物(旅客)数量与其相应运输距离的乘积之总和。是反映运输业生产总成果的重要指标,也是编制和检查运输生产计划,计算运输效率、劳动生产率以及核算运输单位成本的主要基础资料。通常以吨公里和人公里为计算单位。计算货物周转量通常按发出站与到达站之间的最短距离,也就是计费距离计算。

邮政、电信业务总量 指以货币形式表示的邮政、电信通信企业为社会提供各类邮政、电信通信服务的总数量。计算方法为各类业务的实物量分别乘以相应的不变单价,求出各类业务的货币量加总求得。没有不变单价的业务按其业务收入直接相加。

移动电话用户 指在电信运营企业营业网点办理开户登记手续,通过移动电话交换机进入移动电话网,占用移动电话号码的各类电话用户。包括各类签约用户、智能网预付费用户、无线上网卡用户。

Explanatory Notes on Main Statistical Indicators

Freight(passenger) Transport refers to the volume of freight (passenger) transported with various means in a certain period. It provides a quantitative measure to show how the transport industry serves the national economy and people, and is also an important indicator for working out and checking the transportation plan and studying its development scale and speed. Freight transport is calculated in tons and passenger transport is d in the number of persons. Despite the type of freight and traveling distance, the freight transport is calculated in the actual weight of the goods. Despite the traveling distance and ticket price, the passenger transport is calculated by the principle that one person is counted only once in one travel. The passenger with a half – price ticket or a child ticket is also calculated as one person.

Freight Ton – kilometers(Passenger – kilometers) refers to the sum of the products of the volume of transported cargo (passengers) multiplying by the transport distance. It is an important indicator to show the total results of the transport industry, to prepare and examine the transport plan and to measure the efficiency, the labour productivity and the unit cost of transport. Normally, it is calculated using ton – kilometer and passenger – kilometer as calculation units, and by the shortest distance between the departure station and the terminal station (i. e. , the payable distance).

Business Volume of Post and Telecommunication refers to the total amount of postal and telecommunication services, expressed in value terms, provided by the post and telecommunications departments for society. Business volume of post and telecommunication is the sum of each service in kind multiplying with its correspondent unit price(constant price). Businesses without constant unit price are added directly according to their business income.

Mobile Telephone Subscribers refers to persons who have gone through registration procedures in the operation points of enterprises engaged in telecommunications and are hence connected with the mobile telephone communication network through the mobile telephone switchboards and occupy mobile phone numbers. Included are various types of subscriber, prepaid users for intelligent network and wireless network card users.

七、固定资产投资

INVESTMENT IN FIXED ASSETS

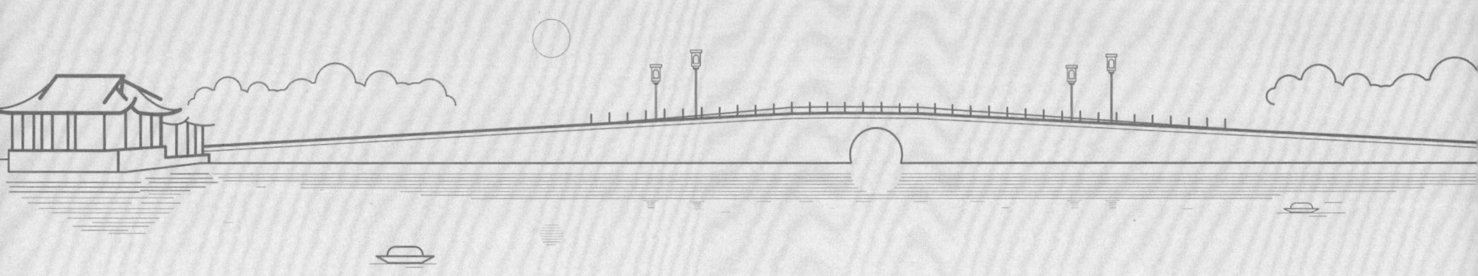

固定资产投资
Investment in Fixed Assets

主要统计指标
Major Statistical Indicators

固定资产投资额为上年	Investment in Fixed Assets As Compared with the Preceding Year	109.0	%	(%)
第一产业为上年	Primary Industry As Compared with the Preceding Year	149.1	%	(%)
第二产业为上年	Secondary Industry As Compared with the Preceding Year	115.3	%	(%)
第三产业为上年	Tertiary Industry As Compared with the Preceding Year	108.3	%	(%)
房地产开发企业营业收入	Operating Revenue of Real Estate Enterprise	4235	亿元	(100 million yuan)
为上年	As Compared with the Preceding Year	110.2	%	(%)
房地产开发企业单位数	Number of Enterprises for Real Estate Developement	1480	个	(unit)
为上年	As Compared with the Preceding Year	91.8	%	(%)

7－01 固定资产投资总额(1978－2021 年)
Investment in Fixed Assets (1978－2021)

单位:万元 (10000 yuan)

年 份 Year	固定资产投资 Investment in Fixed Assets	房地产开发投资 Investment in Real Estate Development	项目投资 Projects Investment	基础设施投资 Investment in Infrastructure	工业投资 Industrial Investment	民间投资 Nongovernment Investment
1978	23941					
1979	34407					
1980	45752					
1981	51538					
1982	66123					
1983	68306					
1984	93244					
1985	141889					
1986	182398					
1987	200516					
1988	205967					
1989	202131					
1990	229214	20409				
1991	255696	25247				
1992	384136	41886				
1993	825382	218006				
1994	1059437	320532				
1995	1566280	527985				
1996	1819333	572749				
1997	2139012	572686				
1998	2681740	666244				
1999	3233609	848441				
2000	3766473	1015347				
2001	4634929	1409132				
2002	5623366	1982517				
2003	8952090	2588452	6363638	2907234	3194960	4192567
2004	11081993	3285409	7796584	3254648	4357950	5761350
2005	12777972	4105706	8672266	3715525	4438723	6723758
2006	13734482	4426534	9307948	3871462	4640261	7551249
2007	15837775	5187904	10649871	4056241	5271141	8215570
2008	18822936	6154060	12668876	5410313	5693385	9450542
2009	21951706	7046752	14904954	6018416	6091653	11127373
2010	26518839	9561970	16956869	6452236	6855587	13680327
2011	31000218	13027234	17972984	6437025	7474806	17507040
2012	37227544	15973611	21253933	7785196	8518653	20595909
2013	42638732	18532841	24105891	8524663	9104614	22536325
2014	49527010	23010823	26516187	10055306	9133973	28438054
2015	55563183	24720743	30842440	13551793	9300133	29768831
2016	58424194	26064090	32360104	16305335	8839451	30067802
2017	58566453	27340047	31226406	15970399	8614761	33005389
2018 比上年增长 Increased over the Previous year in 2018	10.8	12.2	9.3	26.9	－11.3	10.1
2019	11.6	10.7	12.6	5.2	5.6	4.8
2020	6.8	5.3	8.5	7.7	6.9	3.4
2021	9.0	1.5	16.8	8.2	15.2	7.0

注:1. 2011 年起固定资产投资口径由计划总投资 500 万元以上项目投资及房地产开发投资构成。

2. 项目投资统计口径调整,计划投资 500 万元－5000 万元以上项目,由原先形象进度法改为财务支出法统计。2018 年比上年增长按可比口径计算。

3. 2018 年起基础设施投资口径调整,教育、卫生等剔除并单独设为公共服务投资。

a) Since 2011, the date of investment in fixed Assets was composed by investment projects and investment in Real Estate development of which each is over 5 million yuan.

b) The statistical caliber of project investment was adjusted, the projects which planned to invest 5 million－50 million, it was changed fron progress method to financial expenditure method. The gronth was calculated at comparable caliber since 2018.

c) The statistical caliber of infrastructure investment was adjusted, education and health were excluded, and set them as public service investment since 2018.

7-02 市区固定资产投资总额(1990-2021年)

Investment in Fixed Assets of Urban District (1990-2021)

单位:万元 (10000 yuan)

年份 Year	固定资产投资 Investment in Fixed Assets	房地产开发投资 Investment in Real Estate Development	项目投资 Projects Investment	基础设施投资 Investment in Infrastructure	工业投资 Industrial Investment	民间投资 Nongovernment Investment
1990		12750				
1991		16509				
1992		29784				
1993		115116				
1994		189357				
1995		375816				
1996		439245				
1997		445316				
1998		538499				
1999		636705				
2000		737950				
2001		1255605				
2002		1724128				
2003	7409538	2176433	5233105	2535843	2424383	3316886
2004	8963515	3088508	6153009	2624214	3299235	5238005
2005	10358519	3485810	6872709	3071506	3247399	5802542
2006	10944075	3653393	7290682	3150192	3289532	5559199
2007	12630099	4298687	8331412	3396807	3617512	6218211
2008	15184281	5269947	9914334	4726734	3676567	7076219
2009	17797778	6261562	11536216	5070500	3821313	8632900
2010	21437496	8486495	12951001	5438685	4293707	10332997
2011	25202394	11409566	13792828	5451654	4801419	13302115
2012	30160782	13749412	16411370	6495070	5554286	15669790
2013	34029665	15978470	18051195	6728552	5787728	16735292
2014	42572154	21128840	21443314	8010162	7100359	24220917
2015	47507571	22981761	24525810	10960519	6835700	25114041
2016	49572744	24325359	25247385	13229143	6173050	24924679
2017	52395657	26449190	25946467	13447972	6718135	29402238
2018 比上年增长 Increased over the Previous year in 2018	11.5	11.7	11.4	31.1	-12.6	10.2
2019	11.8	11.0	12.7	5.6	5.5	5.1
2020	7.3	5.7	9.0	9.2	4.3	3.5
2021	9.4	0.6	19.2	11.3	18.0	6.6

7－03 固定资产投资总额发展指数(2011－2021年)

Indices of Investment in Fixed Assets(2011－2021)

(上年＝100) (Preceding Year＝100)

年份 Year	固定资产投资 Investment in Fixed Assets	第一产业 Primary Industry	第二产业 Secondary Industry	第三产业 Primary Industry	民间投资 Nongovernment Investment	房地产开发投资 Investment in Real Estate Development	基础设施投资 Investment in Infrastructure	工业投资 Industrial Investment	高新技术产业投资 High tech industry investment
2011	116.9	183.3	108.9	119.6	128.0	136.2	99.8	109.0	–
2012	120.1	55.5	114.0	122.3	117.6	122.6	120.9	114.0	–
2013	114.5	196.9	107.0	116.7	109.4	116.0	109.5	106.9	–
2014	116.2	227.0	100.3	120.2	126.2	124.2	118.0	100.3	–
2015	112.2	165.0	101.8	114.3	104.7	107.4	134.8	101.8	–
2016	105.1	125.1	95.2	107.0	101.0	105.4	120.3	95.0	–
2017	101.4	111.2	100.9	101.5	110.4	104.9	100.1	100.5	–
2018	110.8	28.7	88.1	114.2	110.1	112.2	126.9	88.7	–
2019	111.6	61.3	106.2	112.2	104.8	110.7	105.2	105.6	108.4
2020	106.8	260.9	106.2	106.8	103.4	105.3	107.7	106.9	110.0
2021	109.0	149.1	115.3	108.3	107.0	101.5	108.2	115.2	119.7

7-04 分地区固定资产投资发展指数(2011-2021年)

Indices of Investment in Fixed Assets by Region(2011-2021)

(上年=100) (Preceding Year=100)

年 份 Year	全 市 Whole City	上城区 Shangcheng	上城区(原) Shangcheng (Original)	下城区(原) Xiacheng (Original)	拱墅区 Gongshu	江干区(原) Jianggan (Original)	拱墅区(原) Gongshu (Original)	西湖区 Xihu	高新(滨江)区 Hi-Tech (Binjiang)	萧山区 Xiaoshan
2011	116.9		67.8	101.3		119.1	135.3	120.6	115.9	115.0
2012	120.1		109.4	116.6		129.8	120.7	121.5	118.9	118.9
2013	114.5		107.2	125.6		92.2	125.1	124.5	111.7	118.4
2014	116.2		121.6	66.5		118.7	124.6	118.4	118.9	116.4
2015	112.2		114.1	112.5		118.5	118.9	107.2	76.5	113.2
2016	105.1		123.1	129.3		101.3	97.8	80.1	126.5	112.0
2017	101.4		111.3	102.0		87.4	75.2	120.5	79.8	104.3
2018	110.8		114.3	76.9		102.1	121.2	100.0	116.8	111.7
2019	111.6		101.1	130.2		120.5	125.8	94.9	112.1	113.8
2020	106.8		93.2	133.2		108.1	87.4	102.5	90.4	108.0
2021	109.0	91.7	-	-	103.2	-	-	100.7	102.7	113.0

(上年=100) 7-04 续表 continued (Preceding Year=100)

年 份 Year	余杭区 Yuhang	余杭区(原) Yuhang (Original)	临平区 Linping	钱塘区 Qiantang	富阳区 Fuyang	临安区 Lin'an	西湖风景名胜区 The West Lake Scenic Zone	桐庐县 Tonglu	淳安县 Chun'an	建德市 Jiande
2011		118.8		116.5	106.5	118.6	46.7	115.7	118.9	120.9
2012		123.9		120.7	122.5	121.6	74.2	121.9	122.0	120.8
2013		123.3		118.7	122.4	119.2	712.7	122.2	123.1	122.3
2014		124.5		106.3	122.0	120.1	125.3	121.5	121.5	121.8
2015		117.0		68.2	115.3	117.1	136.9	117.9	104.3	122.7
2016		113.1		101.2	100.2	115.0	176.4	102.5	106.0	116.7
2017		108.0		111.2	87.4	109.2	28.8	89.5	108.8	115.1
2018		110.0		110.6	100.5	111.2	36.2	89.3	85.4	118.6
2019		107.4		100.1	122.0	130.2	39.1	118.7	92.2	112.7
2020		107.6		115.0	130.7	124.5	39.9	123.4	92.6	90.1
2021	104.9	-	118.9	112.1	136.2	114.6	244.3	129.5	85.2	87.7

7-05 三次产业固定资产投资(1978-2021年)

Investment in Fixed Assets Grouped by Three Industries (1978-2021)

单位:万元 (10000 yuan)

年份 Year	绝对数(万元) Absolute Figure(10000 yuan)				比重(以投资总额为100) Proportion(%)		
	合计 Total	第一产业 Primary Industry	第二产业 Secondary Industry	第三产业 Tertiary Industry	第一产业 Primary Industry	第二产业 Secondary Industry	第三产业 Tertiary Industry
1978	23941	2174	14455	7312	9.1	60.4	30.5
1979	34407	2454	19927	12026	7.1	57.9	35.0
1980	45752	1608	26211	17933	3.5	57.3	39.2
1981	51538	850	29176	21512	1.6	56.6	41.8
1982	66123	1352	37648	27123	2.0	57.0	41.0
1983	68306	1297	37823	29186	1.9	55.4	42.7
1984	93244	2831	46619	43794	3.0	50.0	47.0
1985	141889	3207	71608	67074	2.3	50.5	47.2
1986	182398	2265	94394	85739	1.2	51.8	47.0
1987	200516	2994	106600	90922	1.5	53.2	45.3
1988	205967	4746	118736	82485	2.3	57.6	40.1
1989	202131	3038	117651	81442	1.5	58.2	40.3
1990	229214	2181	126263	100770	1.0	55.1	43.9
1991	255696	3204	132303	120189	1.3	51.7	47.0
1992	384136	4424	206659	173053	1.2	53.8	45.0
1993	825382	5650	346416	473316	0.7	42.0	57.3
1994	1059437	3905	354672	700860	0.4	33.5	66.1
1995	1566280	5821	534687	1025772	0.4	34.1	65.5
1996	1819333	3100	640273	1175960	0.2	35.2	64.6
1997	2139012	1712	595966	1541334	–	27.9	72.1
1998	2681740	4053	706948	1970739	0.2	26.4	73.4
1999	3233609	23546	764309	2445754	0.7	23.6	75.7
2000	3766473	774	844334	2921365	–	22.4	77.6
2001	4634929	595	953494	3680840	–	20.6	79.4
2002	5623366	6514	1104212	4512640	0.1	19.6	80.3
2003	8952090	10489	3208885	5732716	0.1	35.9	64.0
2004	11081993	15992	4369015	6696986	0.1	39.4	60.5
2005	12777972	13982	4451936	8312054	0.1	34.8	65.1
2006	13734482	17892	4651420	9065170	0.1	33.9	66.0
2007	15837775	23278	5286340	10528157	0.1	33.4	66.5
2008	18822936	30810	5705736	13086390	0.2	30.3	69.5
2009	21951706	31335	6115482	15804889	0.1	27.9	72.0
2010	26518839	41959	6875840	19601040	0.2	25.9	73.9
2011	31000218	76931	7486832	23436455	0.2	24.2	75.6
2012	37227544	42668	8531598	28653278	0.1	22.9	77.0
2013	42638732	84018	9125316	33429398	0.2	21.4	78.4
2014	49527010	190748	9152477	40183785	0.4	18.5	81.1
2015	55563183	314688	9317825	45930670	0.6	16.8	82.6
2016	58424194	393625	8869013	49161556	0.7	15.2	84.1
2017	58566453	336686	8665510	49564257	0.6	14.8	84.6
2018 比上年增长 Increased over the Previous year in 2018	10.8	-71.3	-11.9	14.2	0.1	9.6	90.3
2019	11.6	-38.7	6.2	12.2	0.0	9.2	90.8
2020	6.8	160.9	6.2	6.8	0.1	9.1	90.8
2021	9.0	49.1	15.3	8.3	0.1	9.6	90.3

7-06 分地区

Investment in Fixed Assets

单位:万元

年 份 Year	全 市 Whole City	上城区 Shangcheng	上城区(原) Shangcheng (Original)	下城区(原) Xiacheng (Original)	拱墅区 Gongshu	江干区(原) Jianggan (Original)	拱墅区(原) Gongshu (Original)	西湖区 Xihu	高新(滨江)区 Hi-Tech (Binjiang)
2003	8952090								
2004	11081993								
2005	12777972								
2006	13734482								
2007	15837775								
2008	18822936								
2009	21951706								
2010	26518839		802793	1030077		2901447	1508325	2188293	1609857
2011	31000218		544686	1043891		3456831	2041130	2638752	1866605
2012	37227544		595996	1217244		4486541	2463963	3205079	2220183
2013	42638732		638625	1528423		4138372	3081999	3991415	2480827
2014	49527010		776441	1017029		4914073	3838785	4723858	2948885
2015	55563183		885811	1144348		5823773	4565672	5064510	2254688
2016	58424194		1090808	1479399		5899757	4467059	4058658	2851746
2017	58566453		1214556	1509493		5158741	3327270	4889773	2274389
2018 比上年增长 Increased over the Previous year in 2018	10.8		14.3	-23.1		2.1	21.2	0.0	16.8
2019	11.6		1.1	30.2		20.5	25.8	-5.1	12.1
2020	6.8		-6.8	33.2		8.1	-12.6	2.5	-9.6
2021	9.0	-8.3	-	-	3.2	-	-	0.7	2.7

固定资产投资(2003－2021 年)
by Region(2003－2021)

(10000 yuan)

萧山区 Xiaoshan	余杭区 Yuhang	余杭区(原) Yuhang (Original)	临平区 Linping	钱塘区 Qiantang	富阳区 Fuyang	临安区 Lin'an	西湖风景名胜区 The West Lake Scenic Zone	桐庐县 Tonglu	淳安县 Chun'an	建德市 Jiande
1835889		1162453			563603	346980		250100	135275	246594
2246807		1478151			767880	479669		352987	218730	299212
2161067		1718028			896329	525840		424962	275543	316779
2424763		1758656			1017368	600270		470450	324444	377875
2745133		1929019			1155871	673495		542615	403119	432576
3184947		2317510			1334619	665978		653234	475340	509484
3769557		2823192			1534401	763725		738391	542037	575374
4515095		3480147		1732557	1796500	956408	18393	1001737	668168	658530
5190805		4134743		2018316	1913712	1134746	8594	1158682	794383	796301
6169275		5121242		2436859	2343812	1379851	6378	1412038	969471	961590
7307304		6312261		2891767	2868320	1644498	45458	1725986	1193796	1176467
8508518		7861506		3074966	3500717	1975132	56971	2096371	1450503	1432850
9631238		9200016		2098220	4037889	2312053	77986	2472662	1512184	1758713
10783163		10403247		2123585	4043949	2659669	137576	2534994	1603624	2053163
11042552		11232991		2162102	3406491	2904328	39564	2133136	1744157	2293503
11.7		10.0		10.6	0.5	11.2	-63.8	-10.7	-14.6	18.6
13.8		7.4		0.1	22.0	30.2	-60.9	18.7	-7.8	12.7
8.0		7.6		15.0	30.7	24.5	-60.1	23.4	-7.4	-9.9
13.0	4.9	-	18.9	12.1	36.2	14.6	144.3	29.5	-14.8	-12.3

7-07 分地区分类型固定
Investment in Fixed Assets

单位:%

指　标	Item	全　市 Total	市　区 Urban District
固定资产投资额	**Investment in Fixed Assets**	**9.0**	**9.4**
#民间投资	#Private Investment	7.0	6.6
#工业投资	#Industrial Investment	15.2	18.0
#基础设施投资	#Investment in Infrastructure	8.2	11.3
一、按投资类型分	**Grouped by Sector**		
投资项目完成额	Investment Projects	16.8	19.2
房地产开发投资完成额	Real Estate	1.5	0.6
二、按登记注册类型分	**Grouped by Status of Registration**		
内资	Domestic - funded	9.1	9.4
国有	State - owned	15.4	16.4
集体	Collective - owned	-11.4	-10.8
股份合作	Cooperative	27.6	28.3
联营企业	State Joint Ownership	86.4	-56.8
国有独资公司	State - owned Corporations	-4.8	-6.3
其他有限责任公司	Other Limited Liability Corporations	19.0	19.7
股份有限公司	Share - holding Corporations Ltd.	40.8	35.8
私营	Private	-5.5	-5.7
其他	Other	-7.2	-0.1
港、澳、台商投资	Investment from Hong Kong, Macao and Taiwan	7.8	11.9
外商投资	Foreign Investment	4.3	4.3
个体经营	Individual	-92.3	-95.3

资产投资(2021 年)

by Region and type(2021)

萧山区 Xiaoshan	余杭区 Yuhang	临平区 Linping	富阳区 Fuyang	临安区 Lin'an	桐庐县 Tonglu	淳安县 Chun'an	建德市 Jiande
13.0	**4.9**	**18.9**	**36.2**	**14.6**	**29.5**	**-14.8**	**-12.3**
6.9	13.8	10.9	18.1	20.9	40.6	15.0	-7.2
17.9	9.6	20.7	34.9	15.2	27.5	41.9	-12.9
2.3	14.2	95.2	19.2	19.7	-11.4	-65.8	-33.1
22.2	21.7	34.6	42.0	19.3	18.0	-38.4	-16.5
7.1	-15.7	7.3	29.1	12.8	60.0	19.4	3.5
13.9	7.4	20.3	36.4	17.0	47.1	-14.7	-12.1
0.4	18.3	47.2	59.8	-4.5	-29.9	-2.9	-8.6
62.7	12.3	118.3	27.4	256.2	-6.8	35.3	-35.2
-	-3.0	-	-	-	-	-	2.7
-67.2	-42.4	-	-	-	-	-	-
1.0	-5.6	-59.8	50.7	-20.2	111.8	5.2	-80.8
27.7	27.2	61.9	47.4	21.3	88.6	-34.4	-10.0
10.4	81.4	60.2	29.2	33.8	1488.7	-49.1	-10.7
5.6	-32.5	-12.2	6.3	17.5	1.5	9.8	-13.3
-77.4	-89.3	-	214.8	-71.6	-77.2	-55.2	-
-6.3	-6.0	24.6	52.4	-32.7	-66.9	-57.6	19.6
40.8	-22.5	-23.5	-49.7	39.3	291.1	132.9	-49.9
-	-95.3	-	-	-	-	-	-31.9

单位:%　　7－07　续表

指　　标	Item	全　市 Total	市　区 Urban District
三、按行业分	**Grouped by Sector**		
农林牧渔业	Agricultare, Forestry, Animal Husbandry and Fishery	49.0	65.0
采矿业	Mining	－25.0	－95.2
制造业	Manufacturing	28.4	33.1
电力、热力、燃气及水的生产和供应业	Production and Supply of Electric Power, Heat Power, Gas and Tap Water	－19.3	－19.4
建筑业	Construction	－31.8	－68.7
批发和零售业	Wholesale & Retail Trades	－44.2	－40.7
交通运输、仓储和邮政业	Transportation, Storage and Post	13.4	18.5
住宿和餐饮业	Hotels and Catering Services	5.1	21.2
信息传输、软件和信息技术服务业	Information Transmission, Software and Information Technology	7.6	8.2
金融业	Financial Intertnediation	－34.4	－34.5
房地产业	Real Estate	6.1	5.4
租赁和商务服务业	Leasing and Business Services	37.8	38.8
科学研究和技术服务业	Scientific Research and Technical Service	－1.7	－3.2
水利、环境和公共设施管理业	Management of Water Conservancy, Environment and Public Facilities	16.7	18.6
居民服务、修理和其他服务业	Residentid Service, Repairs and Other Service	－42.6	－43.5
教育	Education	39.1	38.7
卫生和社会工作	Health Care and Social Welfare	22.1	21.8
文化、体育和娱乐业	Culture, Sports and Entertainment	－29.3	－31.3
公共管理、社会保障和社会组织	Public Management, Social Security and Social Organizations	40.6	39.7

注:2018年起采用2017版行业代码。

continued

萧山区 Xiaoshan	余杭区 Yuhang	临平区 Linping	富阳区 Fuyang	临安区 Lin'an	桐庐县 Tonglu	淳安县 Chun'an	建德市 Jiande
–	29.9	–	–	1252.2	-25.3	-30.5	65.5
–	–	–	-97.0	-82.5	–	45.2	-28.6
18.1	56.5	20.9	67.9	18.0	37.3	70.7	-10.0
16.5	-61.2	18.3	-40.2	1.5	-28.9	0.6	-10.1
–	–	–	15.4	–	–	–	–
73.3	-18.5	206.3	-74.0	-46.8	87.7	-61.6	-79.3
7.5	284.0	250.2	2.6	8.7	-30.2	-81.7	-55.6
-18.4	44.8	–	–	71.3	28.5	46.1	-49.8
55.5	-1.6	449.5	89.9	35.7	0.6	-81.4	223.3
-38.9	–	–	–	29.2	–	4.3	2.7
14.1	-6.1	5.9	39.8	11.1	65.7	17.8	4.0
155.0	59.3	196.3	14.4	-52.0	-21.9	77.2	408.1
31.4	-60.2	–	107.3	120.6	25.6	167.5	136.7
-1.4	41.5	27.4	49.9	38.2	29.3	6.2	-27.6
–	-61.2	-34.0	-0.6	-40.5	–	–	–
23.8	77.4	54.5	45.2	46.8	73.0	-1.5	25.0
44.9	-37.3	-35.5	194.3	29.4	131.0	129.2	-84.4
-65.4	-50.8	-69.3	-44.5	-40.2	31.8	14.3	-56.7
138.1	14.0	-38.3	43.1	1435.1	22.1	44.6	72.2

a) The" classification of National Economic Industries 2017" was applied since 2018.

7－08 分地区分类型

Investment in Industrial

单位:%

指标	Item	全市 Total	市区 Urban District
			合计 Total
总计	**Total**	**15.2**	**18.0**
#技术改造投资	Investment in Technique Innovation	9.0	10.7
一、按登记注册类型分	**Grouped by Status of Registration**		
内资	Domestic－funded	14.9	18.1
国有	State－owned	－86.5	－89.5
集体	Collective－owned	23.7	22.5
股份合作	Cooperative	－	－
联营企业	State Joint Ownership	－	－
国有独资公司	State－funded Corporations	7.7	3.8
其他有限责任公司	Other Limited Liability Corporations	－1.8	0.9
股份有限公司	Share－holding Corporations Ltd.	41.0	44.6
私营	Private	39.1	48.9
其他	Other	－12.3	－14.1
港、澳、台商投资	Investment from Hong Kong, Macao and Taiwan	52.0	53.6
外商投资	Foreign Investment	－5.3	－5.6
个体经营	Individual	－95.5	－95.3
二、按行业分	**Grouped by Sector**		
采矿业	Mining	－25.0	－95.2
制造业	Manufacturing	28.4	33.1
#农副食品加工业	Processing of Food from Agricultural Products Processing	36.8	46.0
食品制造业	Food Manufacturing	67.4	76.5
酒、饮料和精制茶制造业	Wine, Beverage and Tea Manufacturing	－11.3	51.0
烟草制品业	Tobacco Processing	－51.2	－51.2
纺织业	Textile Processing	3.0	6.9
纺织服装、服饰业	Textile Products and Costume Industry	45.6	53.2

工业投资(2021 年)
Sector by Region and type(2021)

萧山区 Xiaoshan	余杭区 Yuhang	临平区 Linping	富阳区 Fuyang	临安区 Lin'an	桐庐县 Tonglu	淳安县 Chun'an	建德市 Jiande
17.9	**9.6**	**20.7**	**34.9**	**15.2**	**27.5**	**41.9**	**-12.9**
10.1	11.4	10.5	1.6	37.8	34.9	63.3	-10.9
21.2	2.8	19.4	61.9	4.0	26.1	60.4	-13.3
-35.1	-87.3	-	-49.7	148.4	-47.6	162.0	-
29.4	-60.1	-69.9	-	-	101.9	-	-
-	-	-	-	-	-	-	-
-	-	-	-	-	-	-	-
-1.7	2.0	51.0	-94.7	-21.1	255.7	44.4	-
38.7	-16.8	-16.1	-13.0	-24.3	10.1	-4.3	-17.9
51.6	43.9	45.9	60.5	-8.1	149.2	-	-11.1
11.0	44.4	40.9	139.1	35.6	22.5	70.1	-7.1
-	2.8	-	-	-68.1	-	-	-
24.7	238.4	9.7	-53.6	276.5	-22.5	-98.1	471.1
-15.7	43.8	42.0	-50.8	533.9	291.1	146.5	-59.7
-	-95.3	-	-	-	-	-	-
-	-	-	-97.0	-82.5	-	45.2	-28.6
18.1	56.5	20.9	67.9	18.0	37.3	70.7	-10.0
181.7	-1.4	64.0	39.6	3.1	-12.5	1167.5	-65.1
-13.3	82.4	-9.9	51.4	-54.1	-73.3	84414.3	116.5
-84.7	-47.8	-	86.7	-	72.2	146.3	-74.8
-	-	-	-	-	-	-	-
26.8	7.3	7.7	70.5	-49.4	-78.9	-49.4	-13.1
51.3	244.4	85.9	-74.0	-	440.6	-	-79.7

指　　标	Item	全　市 Total	市　区 Urban District 合　计 Total
皮革、毛皮、羽毛及其制品和制造业	Leather,Furs,Down and Related Products	6.1	4.8
木材加工和木、竹、藤、棕、草制品业	Timber Processing,Bamboo,Cane,Palm Fiber and Straw Products	-56.4	22.0
家具制造业	Furniture Manufacturing	33.6	34.7
造纸和纸制品业	Paper Making and Paper Products	7.8	14.4
印刷业和记录媒介复制业	Printing and Reproduction of Recording media	-0.6	-3.2
文教、工美、体育和娱乐用品制造业	Cultural,Educational and Sports Goods	35.3	28.8
石油加工、炼焦和核燃料加工业	Petroleum and Nuclear Fuel Processing	-37.2	-83.0
化学原料和化学制品制造业	Raw Chemical Material and Chemical Products	39.3	52.0
医药制造业	Medical and Pharmaceutical Products	60.3	60.5
化学纤维制造业	Chemical Fiber	2.6	-0.3
橡胶和塑料制品业	Rubber and Plastic Products	77.9	174.0
非金属矿物制品业	Nonmetal Mineral Products	-27.3	-39.1
黑色金属冶炼和压延加工业	Ferrous Metals Smelting and Pressing	-21.9	0.6
有色金属冶炼和压延加工业	Nonferrous Metal Smelting and Pressing	29.7	91.4
金属制品业	Metal Products	29.5	30.9
通用设备制造业	General Purpose Machinery	4.5	4.4
专业设备制造业	Special Purpose Machinery	50.0	48.1
汽车制造业	Automobile Manufacturing	-9.0	-9.7
铁路、船舶、航空航天和其他运输设备制造业	Railway,Watercraft,Avigation Spaceflight and other Equipment Manufacturing	157.3	133.3
电气机械和器材制造业	Electric Equipment and Machinery	27.2	30.4
计算机、通信和其他电子设备制造业	Computers,Telecommunications and other Electronic Equipment Manufacturing	72.9	73.6
仪器仪表制造业	Instruments and Meters Manufacturing	47.7	47.1
其他制造业	Other Manufacturing	-75.9	-68.4
废弃资源综合利用业	Multiple Utilization of Waste Resouces	21.0	67.8
金属制品、机械和设备修理业	Metal Products,Machinery and Equipment Repair	-25.3	-25.3
电力、燃气及水的生产和供应业	Production and Supply of Electric Power,Heat Power,Gas and Tap Water	-19.3	-19.4

continued

					桐庐县 Tonglu	淳安县 Chun'an	建德市 Jiande
萧山区 Xiaoshan	余杭区 Yuhang	临平区 Linping	富阳区 Fuyang	临安区 Lin'an			
70.6	-89.6	-98.3	-32.2	-	34.5	-	-
311.8	-95.9	-	-	-38.6	-	-86.6	-
24.9	-	325.8	-64.4	1447.5	172.5	-22.3	7.4
-14.0	152.0	-57.7	-68.6	96.3	-22.8	-	-12.9
-11.5	-53.9	68.8	-43.0	272.2	69.3	-	-
20.3	-47.1	-65.6	107.0	-	94.4	-	50.1
-83.0	-	-	-	-	-	-	153.1
21.1	-29.3	-86.0	-63.6	16.0	-15.7	-26.3	30.7
33.6	68.4	304.2	-29.7	217.5	119.3	10.0	49.9
-4.3	-84.8	516.9	-	-	-	-	25.4
238.2	375.3	1978.6	62.4	127.7	75.4	-63.9	7.3
-54.6	327.3	-52.4	-69.6	-36.6	18.3	-17.7	-17.6
-67.6	-40.6	-63.2	49.0	-	-	-	-86.3
1865.1	161.4	-	27.7	-25.9	150.4	-	-33.9
66.5	159.6	-21.5	44.0	36.4	28.9	59.5	20.6
33.5	59.3	-6.3	-2.5	9.3	58.2	88.7	-25.0
21.4	105.7	292.0	5.6	118.0	103.9	-	-39.9
-4.7	167.1	-38.9	-43.6	48.8	43.5	296.4	-55.1
938.7	-8.1	14.1	-46.3	-	-	-	324.5
33.2	57.5	-25.7	46.6	54.4	-41.6	240.0	28.8
12.9	21.2	-8.7	644.3	-27.8	62.1	384.1	124.9
106.9	77.3	219.9	10.0	5.2	67.2	-	-
-71.6	-99.9	4.6	-	-	-	-54.5	-91.0
615.5	25.1	-	94.9	-	99.1	-2.2	-45.0
-19.2	-	-	-	-	-	-	-
16.5	-61.2	18.3	-40.2	1.5	-28.9	0.6	-10.1

7－09 分地区房地产
Investment in Real Estate

指　　标	Item	全　市 Total	市区 Urban District 合计 Total
房地产开发投资额　（万元）	**Investment in Real Estate Development (10000 yuan)**	**36283268**	**34873678**
住宅　（万元）	Residential Buildings (10000 yuan)	23001625	21961015
办公楼　（万元）	Office Buildings (10000 yuan)	2669944	2654040
商业营业用房　（万元）	Buildings for Business Use (10000 yuan)	3042802	2881389
其他　（万元）	Others (10000 yuan)	7568897	7377234
房屋建筑面积	**Floor space of Buildings**		
施工面积　（万平方米）	Under Construction (10000 sq. m)	13291	12456
#住宅　（万平方米）	#Residential Buildings (10000 sq. m)	6811	6263
新开工面积　（万平方米）	Started This Year (10000 sq. m)	2447	2263
#住宅　（万平方米）	#Residential Buildings (10000 sq. m)	1221	1092
竣工面积　（万平方米）	Construction Completed (10000 sq. m)	1733	1600
#住宅　（万平方米）	#Residential Buildings (10000 sq. m)	897	806
商品房销售情况	**Selling of Commercialized Buildings**		
销售金额　（万元）	Total Sales of Buildings (10000 yuan)	65891110	64111910
#住宅　（万元）	#Residential Buildings (10000 yuan)	58200093	56542407
现房销售额　（万元）	Sales of Completed Buildings (10000 yuan)	4240012	4070935
#住宅　（万元）	#Residential Buildings (10000 yuan)	2518504	2407062
期房销售金额　（万元）	Sales of Future Buildings (10000 yuan)	61651098	60040975
#住宅　（万元）	#Residential Buildings (10000 yuan)	55681589	54135345
销售面积　（万平方米）	Floor Space of Buildings Sold (10000 sq. m)	2236	2111
#住宅　（万平方米）	#Residential Buildings (10000 sq. m)	1954	1841
现房销售面积　（万平方米）	Floor Space of Completed Buildings Sold (10000 sq. m)	160	145
#住宅　（万平方米）	#Residential Buildings (10000 sq. m)	84	75
期房销售面积　（万平方米）	Floor Space of Futures Buildings Sold (10000 sq. m)	2076	1966
#住宅　（万平方米）	#Residential Buildings (10000 sq. m)	1871	1766

开发投资(2021 年)
Development by Region(2021)

萧山区 Xiaoshan	余杭区 Yuhang	临平区 Linping	钱塘区 Qiantang	富阳区 Fuyang	临安区 Lin'an	桐庐县 Tonglu	淳安县 Chun'an	建德市 Jiande
7867168	**3113825**	**3119746**	**1774153**	**2381489**	**3135057**	**591767**	**435129**	**382694**
5229417	1716605	2072277	1168510	2014396	2272562	472651	308152	259807
555209	274653	154681	74714	53028	102682	5185	4132	6587
487429	205684	126505	148012	71285	153217	69155	46077	46181
1595113	916883	766283	382917	242780	606596	44776	76768	70119
2453	1395	1146	732	1047	1448	273	284	278
1242	761	620	417	687	910	210	167	170
336	197	252	240	283	308	71	53	59
178	65	113	150	170	187	56	33	40
332	80	91	150	193	271	21	51	61
165	40	50	47	133	161	17	29	46
15207039	6381853	6755813	3857025	3915185	4848094	744840	438957	595403
13078394	5738428	6465387	3707156	3764363	4733602	716846	403239	537601
648726	262407	176707	162894	85722	192266	58150	58421	52506
343800	156184	126834	98069	78750	151602	35093	48170	28179
14558313	6119446	6579106	3694131	3829463	4655828	686690	380536	542897
12734594	5582244	6338553	3609087	3685613	4582000	681753	355069	509422
488	202	270	166	173	231	47	32	46
419	176	257	158	165	220	42	29	42
27	9	7	10	4	12	7	4	4
14	4	4	6	3	9	3	3	3
461	193	264	156	170	218	40	28	42
405	172	253	152	161	211	39	26	40

7-10 分注册类型和资质等级

Financial Statistics on Enterprises for Real Estate Development

单位:万元

项　　目	Item	法人企业数(个) Number of Enterprises (unit)	年末 Asset and 流动资产合计 Circulating Funds	应收账款 Account Receivable	固定资产合计 Fixed Assets
总计	**Total**	**1480**	**253948396**	**3303207**	**5040539**
一、按登记注册类型分组	**Grouped by Registration Status**				
内资企业	Domestic Funded	1374	222857670	3027697	3809453
国有企业	State - owned	2	23543	379	309
集体企业	Collective - owned	-	-	-	-
股份合作企业	Share - holding Cooperative Enterprises	-	-	-	-
联营企业	Joint Venture	-	-	-	-
国有独资公司	Wholly State - owned Company	23	14249909	490642	936480
有限责任公司	Limited Liability Corporations	573	104474002	1707893	1179176
股份有限公司	Share - holding Corporations Ltd.	8	6551314	9440	19897
私营独资企业	Private - owned Sole Proprietorship	1	880548	-	16
私营企业	Private Enterprises	766	96530758	811524	1673515
私营股份有限公司	Private Shareholding Limited Companies	1	147597	7820	60
其他企业	Other Enterprises	-	-	-	-
港澳台商投资企业	Funded from Hong Kong, Macao and Taiwan	70	14482541	263399	821885
外商投资企业	Foreign Funded	36	16608184	12111	409202
二、按企业资质等级分	**Grouped by Qualification Grade**				
一级	Grade Ⅰ	34	24479459	93721	73972
二级	Grade Ⅱ	61	11311134	399263	1065536
三级	Grade Ⅲ	80	8185751	66443	338884
四级	Grade Ⅳ	24	218972	21952	4046
暂定	Tentative	802	127570875	1520040	2178683
其他	Others	479	82182206	1201789	1379417

房地产开发企业财务状况(2021 年)

Grouped by Registration Status and Qualification Grade(2021)

(10000 yuan)

资产负债 Liabilities at Year - end						所有者权益合计 Creditors´ Equity	
固定资产原价 Orginal Value of Fixed Assets	累计折旧 Accumulated Depreciation	#本年折旧 Depreciation This Year	在建工程 Projects wnder Construction	资产合计 Total Assets	负债合计 Total Liabilities		实收资本 Capital Hold
6103386	**1062847**	**197556**	**6870689**	**311519929**	**242403798**	**69116131**	**46518574**
4566962	757509	137702	6847443	263072322	209950596	53121726	35093154
710	401	30	–	42236	25053	17184	3715
–	–	–	–	–	–	–	–
–	–	–	–	–	–	–	–
–	–	–	–	–	–	–	–
1045715	109235	16572	1191737	19497229	12808485	6688744	1645136
1413487	234311	46651	5337087	125548938	103292001	22256938	16679087
41447	21550	2516	–	10202035	7329454	2872581	739920
65	49	16	–	888361	859774	28587	47000
2064777	391262	71917	318619	106678183	85592940	21085243	15868295
762	702	1	–	215339	42889	172450	110000
–	–	–	–	–	–	–	–
1032829	210944	39085	786	18865591	9014284	9851307	8849294
503595	94394	20769	22460	29582016	23438918	6143098	2576126
154940	80968	8475	46030	44116472	33768117	10348355	2941278
1254575	189039	27980	1033405	18467622	10887223	7580399	2227394
480488	141603	16941	3705592	14546347	11005776	3540571	1504557
12173	8127	516	589	298558	221147	77411	57020
2577659	398976	89040	690756	140767671	114163946	26603725	22121695
1623552	244134	54604	1394316	93323260	72357589	20965671	17666630

单位:万元 7-10 续表

项　　目	Item	营业收入 Tax excluded	#主营业务收入 Main Revenue of Business	营业成本 Operating Costs	#主营业务成本 Main Cost of Business
总计	**Total**	**42345549**	**41302439**	**33943135**	**33346951**
一、按登记注册类型分组	**Grouped by Registration Status**				
内资企业	Domestic Funded	38672345	37849020	31285341	30776903
国有企业	State - owned	612	150	130	130
集体企业	Collective - owned	-	-	-	-
股份合作企业	Share - holding Cooperative Enterprises	-	-	-	-
联营企业	Joint Venture	-	-	-	-
国有独资公司	Wholly State - owned Company	553271	456405	335658	327337
有限责任公司	Limited Liability Corporations	15600139	15022095	12918113	12620403
股份有限公司	Share - holding Corporations Ltd.	37052	16267	5046	5046
私营独资企业	Private - owned Sole Proprietorship	-	-	-	-
私营企业	Private Enterprises	22479201	22352033	18026189	17823782
私营股份有限公司	Private Shareholding Limited Companies	2071	2071	206	206
其他企业	Other Enterprises	-	-	-	-
港澳台商投资企业	Funded from Hong Kong, Macao and Taiwan	1991045	1872248	1382454	1330424
外商投资企业	Foreign Funded	1682159	1581171	1275341	1239625
二、按企业资质等级分	**Grouped by Qualification Grade**				
一级	Grade Ⅰ	844713	555750	473544	419490
二级	Grade Ⅱ	1054544	1008301	625505	609904
三级	Grade Ⅲ	1118605	922187	662907	533064
四级	Grade Ⅳ	49567	49012	38600	38600
暂定	Tentative	26003452	25661374	21168017	20907927
其他	Others	13274668	13105817	10974561	10837967

continued (10000 yuan)

营业税金及附加 Main Sales Tax and Extra Charges	销售费用 Cost of Sales	管理费用 Administration Cost	财务费用 Financial Cost	#利息支出 Interest Expenditure	营业利润 Management Profits	利润总额 Total Profits	应交所得税 Income Tax
1667928	**1584306**	**1531826**	**803856**	**1322400**	**4400856**	**4478825**	**995723**
1435105	1460961	1353925	633450	795918	3608509	3681581	891079
11	–	960		–	653	607	
–	–	–	–	–	–	–	–
–	–	–	–	–	–	–	–
–	–	–	–	–	–	–	–
22255	9010	39050	27546	40710	126106	130741	15700
539348	684549	520412	284089	435471	1120568	1223531	333706
1884	4248	28794	53603	62681	40243	40306	15603
167	1347	7539	1166	7479	–	–	–
871313	761807	756528	266544	249578	2330439	2296058	528722
127	–	643	521	–	722	578	–
–	–	–	–	–	–	–	–
133579	63594	88071	40002	57796	349684	349565	98273
99244	59751	89830	130403	468687	442663	447680	6372
34475	45292	173507	279344	693684	689232	690997	–
74875	47453	91713	22700	97964	456352	459214	22422
133843	24300	78665	25170	38987	288324	309034	59330
3480	2666	5744	201	446	606	231	1099
1002803	997260	768405	324753	358645	2139173	2113785	711266
418452	467334	413794	151687	132674	827170	905564	218191

7-11 分行业基础设施投资(2010-2021年)

Investment in Infrastructure by Sector(2010-2021)

单位:亿元 (100 million yuan)

年份 Year	基础设施投资 Investment in Infrastructure	水利、环境和公共设施 Water, Environment and Public Facilities	电力、热力、燃气及水的生产供应业 Produotion and supply of Electricity, heat Gas and Water	交通运输、邮政业 Transportation and Post	电信和其他信息传输服务业 Telecommunications and Other Information Transmission Services	教育设施 Education Facilities	卫生设施 Sanitary Facilities
2010	6452236	2593603	682482	2415265	162166	339381	165668
2011	6437025	2529677	809813	2193350	142099	382672	167024
2012	7785196	2725934	1275603	2572604	162947	572350	201913
2013	8524663	3486809	1167072	2375342	199444	643681	261722
2014	10055306	3940406	1131323	3129697	180788	959814	241614
2015	13551793	5899889	1616380	3892605	201924	1234331	231015
2016	16305335	8101751	1696715	3887608	231813	1587853	358314
2017	15970399	6596611	1502546	5058477	229410	1627072	396390
2018 比上年增长 Increased over the Previous year in 2018	26.9	4.0	-12.9	63.3	19.9	11.5	-24.4
2019	5.2	-8.7	9.5	16.9	-11.6	5.3	16.5
2020	7.7	4.0	30.0	6.3	8.5	-8.5	13.3
2021	8.2	16.7	-19.3	13.0	-18.9	39.1	29.4

注:2018年起基础设施投资口径调整,教育、卫生等剔除并单独设为公共服务投资。

a) Since 2018, The statistical caliber of infrastructure investment was adjusted, education and health were excluded, and set them as public service investment.

7-12 分地区房地产开发企业商品房屋销售面积和销售额(2018-2021年)
Sales Area and Sales Volume of Commercial Housing of Real Estate Development Enterprises by Region(2018-2021)

城市	City	销售面积(万平方米) Sales Area(10,000 sq. m)				销售额(亿元) Sales Volume(100 million yuan)			
		2018	2019	2020	2021	2018	2019	2020	2021
全　市	**Total**	**1675.50**	**1513.62**	**1699.34**	**2236.25**	**4008**	**3924**	**4595**	**6589**
#上城区	Shangcheng				208.28				860
上城区(原)	Shangcheng(Original)	22.40	20.70	10.41		152	125	73	
下城区(原)	Xiacheng(Original)	18.00	4.54	11.51		86	22	50	
拱墅区	Gongshu				206.36				852
江干区(原)	Jianggan(Original)	130.23	128.40	141.75		437	483	547	
拱墅区(原)	Gongshu(Original)	79.65	97.59	71.91		287	361	296	
西湖区	Xihu	102.66	54.66	58.41	91.80	294	183	205	314
高新(滨江)区	Hi-Tech(Binjiang)	42.76	35.55	38.79	74.31	174	153	159	289
萧山区	Xiaoshan	400.85	270.90	382.19	488.04	988	801	1109	1521
余杭区	Yuhang				201.96				638
余杭区(原)	Yuhang(Original)	443.92	373.52	406.91		949	882	1059	
临平区	Linping				270.34				676
钱塘区	Qiantang	11.65	78.23	64.86	165.81	26	160	145	386
富阳区	Fuyang	129.66	131.03	163.41	173.47	225	245	340	392
临安区	Lin'an	141.81	218.00	268.87	230.50	201	372	520	485
西湖风景名胜区	The West Lake Scenic Zone	-	-	-	-	-	-	-	-
桐庐县	Tonglu	40.76	36.30	39.88	46.97	49	58	67	74
淳安县	Chun'an	52.66	25.33	31.79	32.11	73	37	43	44
建德市	Jiande	58.51	38.86	54.09	46.30	69	43	67	60

7-13 分地区房地产开发企业住宅销售面积和销售额(2018-2021年)

Sales Area and Sales Volume of Residence of Real Estate Development Enterprises by Region(2018-2021)

城市	City	销售面积(万平方米) Sales Area(10,000 sq. m)				销售额(亿元) Sales Volume(100 million yuan)			
		2018	2019	2020	2021	2018	2019	2020	2021
全市	**Total**	**1328.92**	**1284.27**	**1471.62**	**1954.30**	**3238**	**3406**	**4039**	**5820**
#上城区	Shangcheng				176.60				756
上城区(原)	Shangcheng(Original)	22.11	15.21	10.08		150	107	71	
下城区(原)	Xiacheng(Original)	12.27	2.02	7.94		71	15	40	
拱墅区	Gongshu				180.63				774
江干区(原)	Jianggan(Original)	76.04	93.97	108.97		288	376	456	
拱墅区(原)	Gongshu(Original)	46.61	68.71	58.67		201	290	261	
西湖区	Xihu	62.48	29.68	20.41	50.00	202	109	88	191
高新(滨江)区	Hi-Tech(Binjiang)	19.64	29.48	25.70	39.09	96	130	120	185
萧山区	Xiaoshan	320.32	238.79	339.15	419.23	796	728	988	1308
余杭区	Yuhang				176.08				574
余杭区(原)	Yuhang(Original)	394.17	336.73	370.44		869	820	985	
临平区	Linping				256.82				647
钱塘区	Qiantang	4.40	63.25	57.36	157.81	11	134	131	371
富阳区	Fuyang	110.92	113.65	146.13	164.65	198	216	312	376
临安区	Lin'an	130.82	206.31	253.92	219.75	188	356	501	473
西湖风景名胜区	The West Lake Scenic Zone	-	-	-	-	-	-	-	-
桐庐县	Tonglu	24.77	27.68	35.27	42.06	33	51	63	72
淳安县	Chun'an	50.54	24.48	29.37	29.11	71	35	41	40
建德市	Jiande	53.82	34.30	49.89	42.49	63	40	61	54

主要统计指标解释

固定资产投资额 固定资产投资完成额是以货币表现的建造和购置固定资产的工作量以及与此有关的费用的总称。它是反映固定资产投资规模、速度、比例关系和使用方向的综合性指标。

房地产开发投资 包括各种经济类型的房地产开发公司、商品房建设公司及其他房地产开发单位统一开发的包括统代建、拆迁还建的住宅、厂房、仓库、饭店、宾馆、度假村、写字楼、办公楼等房屋建筑物和配套的服务设施、土地开发工程,如道路、给水、排水、供电、供热、通讯、平整场地等基础设施工程的投资。不包括单纯的土地交易活动。

施工和竣工房屋建筑面积 房屋建筑面积是从房屋外墙线算起的各层平面面积的总和,包括房屋结构(如柱、墙)占用的面积和地下室面积。多层建筑按各自然层面积总和计算,包括房屋内的楼隔层,突出墙面的眺望间、门斗、有柱雨罩的面积。不包括突出墙面结构的构件、艺术装饰等所占的面积,如台阶等。凹阳台、挑阳台按其水平投影面积一半计算建筑面积。

房屋新开工面积 指在报告期内新开工建设的房屋面积。不包括上期跨入报告期继续施工的房屋面积和上期停缓建而在本期恢复施工的房屋面积。房屋的开工应以房屋正式开始破土刨槽(地基处理或打永久桩)的日期为准。

商品房销售面积 指报告期内出售商品房屋的合同总面积(即双方签署的正式买卖合同中所确定的建筑面积)。由现房销售建筑面积和期房销售建筑面积两部分组成。

(1)现房销售面积:是指在报告期内正式签订买卖合同、已经竣工达到入住条件的商品房屋建筑面积。包括以一次性付款方式和分期付款方式销售的现房建筑面积。

(2)期房销售面积:是指在报告期内正式签订买卖合同、正在建设尚未竣工交付使用的商品房屋建筑面积。包括以一次性付款方式和分期付款方式销售的商品房屋建筑面积。期房销售建筑面积竣工后不再转为现房销售建筑面积。

新增固定资产 指通过投资活动所形成的新的固定资产价值。包括已经建成投入生产或交付使用的工程价值和达到固定资产标准的设备、工具、器具的价值及有关应摊入的费用。它是以价值形式表示的固定资产投资成果的综合性指标,可以综合反映不同时期、不同部门、不同地区的固定资产投资成果。

Explanatory Notes on Main Statistical Indicators

Investment in Fixed Assets refer to the volume of activities in construction and purchases of fixed assets in monetary terms and other relative expenses. It is a comprehensive indicator which shows the size, pace, proportional relations and use orientation of investment in fixed assets.

Investment in Real Estate Development include the investment by the real estate development companies, commercial buildings construction companies and other real estate development units of various types of ownership on the construction of house buildings, such as residential buildings, factory buildings, warehouses, hotels, guesthouses, Resorts and office buildings, and supporting service facilities and land development projects, and infrastructure projects like roads, water supply, water drainage, power supply, heating, telecommunications and land leveling. The simple activities of land transaction are excluded.

Floor space of Building Under Construction and Completed refer to total floor space of each story of buildings calculated from the exterior wall line of buildings, including the area occupied by construction like pillars or walls and basement area. The floor space of multi – story building includes the total floor space of each story, including area occupied by separating walls inside the house, watching rooms protruding from walls, anterooms, and rain covers with pillars, but excluding protruding wall structures, artistic decoration, etc. (for example, steps) . The floor space of recessed veranda and cantilevered balcony is counted by half of the projection area.

New Construction Floor Space of Building refer to the area space which constructed in report period, not including the floor whose construction lasted to report period and which stopped in the last period to continue construction in the report period. The new construction should be subjected to the date of breaking the earth(foundation treatment or permanent pile driving).

Sales Area of the Commercial Building refer to the total area in contracts for sale of commercial housing(i. e. the floor space confirmed in contracts signed by two parties) , which is composed by the floor area of existing house sales and that of future house sales.

(1) Floor Space of Existing House: refer to the floor area of commercial houses that have been completed and reached the condition of living, and whose formal sale contracts have been signed in report period, including houses sold in one – off payment and installment payment.

(2) Floor Space of Future House: refer to the floor area of commercial houses still under constructing but whose formal sale contracts have been signed in report period, including houses sold in one – off payment and installment payment. It cannot be turned into the floor space of existing house when these houses are completed.

Newly Increased Fixed Assets refer to the value of new fixed assets through investment, including the value of projects completed and put into production, the value of equipment, tools, and vessels considered as fixed assets, as well as the relevant expenses. It is a comprehensive indicator of investment in fixed assets, reflecting the achievements of investment in fixed assets in different periods, sectors and regions.

八、批发、零售贸易和住宿餐饮业

WHOLESALE AND RETAIL TRADE AND HOTEL AND CATERING TRADE

批发、零售贸易和住宿餐饮业
Wholesale and Retail Trade and Hotel and Catering Trade

主 要 统 计 指 标
Major Statistical Indicators

社会消费品零售总额	Total Retail Sales of Consumer Goods	6744	亿元	(100 million yuan)
为上年	As Compared with the Preceding Year	111.4	%	(%)
商品零售	Commodity Retail	5577	亿元	(100 million yuan)
为上年	As Compared with the Preceding Year	110.2	%	(%)
餐饮收入	Catering Revenue	1167	亿元	(100 million yuan)
为上年	As Compared with the Preceding Year	117.2	%	(%)

8-01 社会消费品零售总额(2001-2021年)

Total Retail Sale of Consumer Goods(2001-2021)

单位:万元 (10,000 yuan)

年份 Year	全市 Total	为上年(%) As Compared with the Preceding Year(%)
2001	5743625	113.6
2002	6553477	114.1
2003	7366108	112.4
2004	8485756	115.2
2005	9673762	114.0
2006	11028088	114.0
2007	12847723	116.5
2008	15442963	120.2
2009	17666750	114.4
2010	21553743	122.0
2011	26225593	121.7
2012	30384753	115.9
2013	36397616	119.9
2014	39252082	107.8
2015	43573055	111.0
2016	48109537	110.4
2017	53005190	110.2
2018	57686712	108.8
2019	62732150	108.8
2020	60554683	96.5
2021	67435217	111.4

注:根据国家统计规定,2018年经济普查后对各年度数据做了相应调整。

a) According to the national statistical regulations, the annual data of previous years has been adjusted accordingly after the Economic Census in 2018.

8－02 分地区社会消费品零售总额(2021 年)
Total Retail Sale of Consumer Goods by Region(2021)

单位:万元 (10000 yuan)

地　区	Region	2021 年	为上年(%) As Compared with the Preceding Year (%)
全　市	**Total**	**67435217**	**111.4**
市　区	Urban District	63688211	111.3
#上城区	Shangcheng	9768600	110.6
拱墅区	Gongshu	12733766	111.2
西湖区	Xihu	7876289	114.2
高新(滨江)区	Hi－Tech(Binjiang)	4767173	111.2
萧山区	Xiaoshan	8134312	114.4
余杭区	Yuhang	6762860	122.7
临平区	Linping	3489976	111.8
钱塘区	Qiantang	3394995	109.6
富阳区	Fuyang	4174312	109.2
临安区	Lin'an	2126758	111.4
西湖风景名胜区	The West Lake Scenic Zone	459169	111.5
桐庐县	Tonglu	1586157	115.4
淳安县	Chun'an	900287	107.5
建德市	Jiande	1260562	110.5

8-03 按登记注册类型分限额以上批发零售贸易企业商品销售总额(2021年)

Sales of Wholesale and Retail Trades Above Designated Size by Status of Registration(2021)

单位:万元 (10000 yuan)

项目	Item	法人企业(个) Number of Enterprises (unit)	商品销售额 Total Sales of Commodities	批发额 Wholesale	零售额 Retail
总计	**Total**	**6559**	**388847158**	**349475864**	**39371294**
1.内资企业	**Domestic - funded Enterprises**	**6265**	**347719774**	**320598769**	**27121006**
国有企业	State - owned Enterprises	10	2588654	2551102	37552
集体企业	Collective - owned Enterprises	3	26669	9718	16951
股份合作企业	Cooperative Enterprises	-	-	-	-
联营企业	Joint Ownership Enterprises	4	46950	4577	42373
国有联营企业	State Joint Ownership Enterprises	-	-	-	-
国有与集体联营企业	Joint State - collective Enterprises	3	31417	3797	27620
有限责任公司	Limited Liability Corporations	980	159519001	147267415	12251586
国有独资公司	State - funded Corporations	44	13769655	13456234	313421
其他有限责任公司	Other Limited Liability Corporations	936	145749346	133811181	11938165
股份有限公司	Share - holding Corporations Ltd.	77	35509488	34707024	802464
私营企业	Private Enterprises	5183	150003887	136044421	13959466
私营独资企业	Private - funded Enterprises	33	446622	419130	27492
私营合伙企业	Private Partnership Enterprises	-	-	-	-
私营有限责任公司	Private Limited Liability Corporations	5122	147610359	133795739	13814620
私营股份有限公司	Private Share - holding Corporations Ltd.	27	1944613	1829551	115062
其他企业	Other Enterprises	7	22518	14326	8192
2.港、澳、台商投资企业	**Enterprises With Investment from Hong Kong, Macao and Taiwan**	**98**	**11766973**	**7177875**	**4589098**
合资经营企业(港或澳、台资)	Joint - venture Enterprises (With Funds from Hong Kong, Macao and Taiwan)	26	1582657	287384	1295273
合作经营企业(港或澳、台资)	Coorperative Enterprises (With Funds from Hong Kong, Macao and Taiwan)	2	50645	33123	17523
港、澳、台商独资经营企业	Enterprises With Sole Investment from Hong Kong, Macao and Taiwan	65	6369335	3558276	2811059
港、澳、台商投资股份有限公司	Share - holding Corporations Ltd. With Investment from Hong Kong, Macao and Taiwan	4	3341736	2876493	465243
其他港澳台投资企业	Other Enterprises With Investment from Hong Kong, Macao and Taiwan	-	-	-	-
3.外商投资企业	**Enterprises With Foreign Investment**	**196**	**29360410**	**21699220**	**7661191**
中外合资经营企业	Joint - venture Enterprises	57	12236010	10393125	1842886
中外合作经营企业	Cooperation Enterprises	3	174519	37050	137468
外资企业	Enterprises With Sole Foreign Investment	135	16946951	11269045	5677906
外商投资股份有限公司	Share - holding Corporations Ltd. With Foreign Investment	-	-	-	-
其他外商投资企业	Other Enterprises With Foreign Investment	-	-	-	-

8-04 按国民经济行业分限额以上批发零售
Total Sales of Wholesale and Retail Trades

单位:万元

项目	Item
总计	**Total**
一、批发业	**Wholesale**
农、林、牧产品批发	Wholesale of Farm, Forestry and Animal Husbandry Products
食品、饮料及烟草制品批发	Wholesale of Food, Beverages and Tobaccos
纺织、服装及家庭用品批发	Wholesale of Textile Products, Garments and Household Articles
文化、体育用品及器材批发	Wholesale of Cultural and Sports Goods
医药及医疗器材批发	Wholesale of Medicines and Medical Appliances
矿产品、建材及化工产品批发	Wholesale of Mineral Products, Building and Chemical Materials
机械设备、五金产品及电子产品批发	Wholesale of Machinery, Hardware and Electronic Products
#汽车、摩托车及零配件批发	Wholesale of Automobiles, Motorcycle and Parts
贸易经纪与代理	Trade Broker and agent
其他批发业	Other
二、零售业	**Retail Trade**
综合零售	Comprehensive Retail Trade
食品、饮料及烟草制品专门零售	Specialism Retail of Food, Beverages and Tobaccos
纺织、服装及日用品专门零售	Specialism Retail of Textile Products, Garments, Shoes and Caps
文化、体育用品及器材专门零售	Specialism Retail of Cultural and Sports Goods
医药及医疗器材专门零售	Specialism Retail of Medicines and Medical Appliances
汽车、摩托车、燃料及零配件专门零售	Specialism Retail of Automobiles, Motorcycle, Fuels and Parts
#汽车零售	Specialism Retail of Automobiles
家用电器及电子产品专门零售	Specialism Retail of Household Electric Applianes, and Electronic Products
五金、家具及室内装饰材料专门零售	Specialism Retail of Hardware and Upholstery Materials
货摊、无店铺及其他零售业	Stall, Non-shop and Other Retails

贸易企业商品销售总额(2021 年)

Above Designated Size by Sector(2021)

(10000 yuan)

法人企业(个) Number of Enterprises(unit)	商品销售额 Total Sales of Commodities	批发额 Wholesale	零售额 Retail
6559	**388847158**	**349475864**	**39371294**
4970	**346588967**	**343062881**	**3526086**
54	1896142	1894354	1788
420	22283953	22031893	252059
1004	34257080	33463673	793407
221	5831197	5718836	112362
342	14206557	14158783	47774
1906	225986536	225332746	653790
881	34708961	33987671	721290
202	13071921	12681562	390360
–	–	–	–
141	7417279	6474926	942353
1589	**42258191**	**6412983**	**35845208**
128	6645275	820241	5825034
125	819778	123184	696594
79	869783	233927	635856
51	354633	33955	320678
86	981705	129536	852169
586	17938832	2853222	15085610
387	12026430	1227391	10799039
110	977261	179136	798124
21	279576	44936	234640
403	13391350	1994847	11396503

8-05 按登记注册类型分限额以上

Main Financial Indicators of Enterprises Above Designated Size of

单位:万元

项目	Item	法人企业数(个) Number of Enterprises (unit)	年末资产负债 Assets and Liabilities 流动资产合计 Circulating Funds	存货 Inventory	固定资产原价 Orginal Value of Fixed Assets
批发零售贸易业企业合计	**Total**	**6559**	**118365522**	**16502448**	**7603059**
1. 内资企业	**Domestic - funded Enterprises**	**6265**	**100223523**	**14486394**	**5617790**
国有企业	State - owned Enterprises	10	1110696	100380	114530
集体企业	Collective - owned Enterprises	3	5586	1022	1020
股份合作企业	Cooperative Enterprises	-	-	-	-
联营企业	Joint Ownership Enterprises	4	6477	242	1578
国有联营企业	State Joint Ownership Enterprises	-	-	-	-
国有与集体联营企业	Joint State - collective Enterprises	3	4780	207	1392
有限责任公司	Limited Liability Corporations	980	41453440	6726962	1829737
国有独资公司	State - funded Corporations	44	2604223	990810	214654
其他有限责任公司	Other Limited Liability Corporations	936	38849217	5736152	1615083
股份有限公司	Share - holding Corporations Ltd.	77	12296894	1660861	671259
私营企业	Private Enterprises	5183	45341198	5995975	2998212
私营独资企业	Private - funded Enterprises	33	101494	5810	4080
私营合伙企业	Private Partnership Enterprises	-	-	-	-
私营有限责任公司	Private Limited Liability Corporations	5122	44545856	5891217	2910812
私营股份有限公司	Private Share - holding Corporations Ltd.	27	692183	98690	83312
其他企业	Other Enterprises	7	8048	678	1232
2. 港、澳、台商投资企业	**Enterprises With Investment from Hong Kong, Macao and Taiwan**	**98**	**6595995**	**544974**	**507318**
合资经营企业(港或澳、台资)	Joint - venture Enterprises (With Funds from Hong Kong, Macao and Taiwan)	26	771420	52820	143300
合作经营企业(港或澳、台资)	Coorperative Enterprises (With Funds from Hong Kong, Macao and Taiwan)	2	127109	-	13740
港、澳、台商独资经营企业	Enterprises With Sole Investment from Hong Kong, Macao and Taiwan	65	2888402	406454	206865
港、澳、台商投资股份有限公司	Share - holding Corporations Ltd. With Investment from Hong Kong, Macao and Taiwan	4	2777804	85700	143094
其他港澳台投资企业	Other Enterprises With Investment from Hong Kong, Macao and Taiwan	-	-	-	-
3. 外商投资企业	**Enterprises With Foreign Investment**	**196**	**11546004**	**1471080**	**1477951**
中外合资经营企业	Joint - venture Enterprises	57	4075769	212320	223911
中外合作经营企业	Cooperation Enterprises	3	495023	12798	14530
外资企业	Enterprises With Sole Foreign Investment	135	6973462	1245620	1239485
外商投资股份有限公司	Share - holding Corporations Ltd. With Foreign Investment	-	-	-	-

批发零售贸易企业财务状况(2021 年)
Wholesale and Retail Trades by Status of Registration(2021)

(10000 yuan)

累计折旧 Accumulated Depreciation	本年折旧 Depreciation	资产总计 Total Assets	负债合计 Total Liabilities	所有者权益合计 Creditors′ Equity
3199877	**467838**	**162671828**	**114539698**	**47228563**
2245438	**339014**	**138642313**	**98215949**	**39574789**
80027	4254	1174020	220706	953315
676	59	5930	1732	4198
–	–	–	–	–
789	75	7500	1819	5681
–	–	–	–	–
639	60	5768	1502	4266
692814	91989	56208422	40506855	15663090
59591	7478	3993205	2990393	1002812
633224	84511	52215218	37516462	14660278
263420	45122	20991431	11309268	9460770
1207345	197440	60242463	46169206	13481554
1535	280	109043	86943	22100
–	–	–	–	–
1173304	193629	58843503	45229015	13022786
32499	3527	1288250	853211	435039
294	48	11213	6290	4923
214590	**44021**	**8549628**	**4564053**	**3985575**
76660	4879	1278845	699301	579544
9038	1388	459146	202032	257114
53611	15106	3707783	2665430	1042353
75185	22588	3071812	975893	2095919
–	–	–	–	–
739850	**84803**	**15479887**	**11759696**	**3668198**
113263	17570	4858255	3921319	921647
3714	816	521880	477861	44020
622869	66413	10097952	7358135	2703113
–	–	–	–	–

项 目	Item	营业收入 Tax Excluded	主营业务收入 Main Revenue of Business	营业成本 Cost of Business	税金及附加 Sales Tax and Extra Charges
批发零售贸易业企业合计	**Total**	**356607063**	**352615288**	**338063599**	**604860**
1. 内资企业	**Domestic－funded Enterprises**	**309118703**	**306042004**	**295069076**	**504260**
国有企业	State－owned Enterprises	2311170	2309057	1663953	263868
集体企业	Collective－owned Enterprises	23606	23601	22108	26
股份合作企业	Cooperative Enterprises	－	－	－	－
联营企业	Joint Ownership Enterprises	41571	41560	35388	100
国有联营企业	State Joint Ownership Enterprises	－	－	－	－
国有与集体联营企业	Joint State－collective Enterprises	27803	27803	23963	62
有限责任公司	Limited Liability Corporations	141893914	140636412	137397362	90417
国有独资公司	State－funded Corporations	11836723	11808543	11658472	4390
其他有限责任公司	Other Limited Liability Corporations	130057191	128827869	125738889	86027
股份有限公司	Share－holding Corporations Ltd.	29529373	29260341	28205900	25425
私营企业	Private Enterprises	135294738	133746701	127724467	124406
私营独资企业	Private－funded Enterprises	403214	402307	349535	667
私营合伙企业	Private Partnership Enterprises	－	－	－	－
私营有限责任公司	Private Limited Liability Corporations	133101433	131564654	125720792	122142
私营股份有限公司	Private Share－holding Corporations Ltd.	1788056	1777712	1653521	1580
其他企业	Other Enterprises	22023	22023	18169	9
2. 港、澳、台商投资企业	**Enterprises With Investment from Hong Kong, Macao and Taiwan**	**10931781**	**10747082**	**8947785**	**37659**
合资经营企业(港或澳、台资)	Joint－venture Enterprises (With Funds from Hong Kong, Macao and Taiwan)	1463952	1424541	1221764	12706
合作经营企业(港或澳、台资)	Cooperative Enterprises (With Funds from Hong Kong, Macao and Taiwan)	46847	46847	42671	294
港、澳、台商独资经营企业	Enterprises With Sole Investment from Hong Kong, Macao and Taiwan	6057735	5963797	5146721	14747
港、澳、台商投资股份有限公司	Share－holding Corporations Ltd. With Investment from Hong Kong, Macao and Taiwan	2988781	2937914	2169875	9203
其他港澳台投资企业	Other Enterprises With Investment from Hong Kong, Macao and Taiwan	－	－	－	－
3. 外商投资企业	**Enterprises With Foreign Investment**	**36556579**	**35826203**	**34046739**	**62941**
中外合资经营企业	Joint－venture Enterprises	10961780	10828760	10128942	11486
中外合作经营企业	Cooperation Enterprises	165039	126777	141745	3920
外资企业	Enterprises With Sole Foreign Investment	25427165	24868072	23774860	47534
外商投资股份有限公司	Share－holding Corporations Ltd. With Foreign Investment	－	－	－	－

continued (10000 yuan)

销售费用 Cost of Sales	管理费用 Administration Cost	财务费用 Financil Cost	营业利润 Management Profits	利润总额 Total Profits	所得税费用 Income Tax Expense	从事批发和零售业活动的从业人员平均人数(人) Average Number of Employees (person) engaged in wholesale and retail activities
9911279	**4426775**	**1280389**	**5834660**	**5977907**	**933635**	**318999**
7194051	**3482824**	**1214349**	**4284355**	**4416789**	**693086**	**260989**
33026	48328	-38705	290092	290189	91001	1443
439	387	-81	726	723	175	20
-	-	-	-	-	-	-
1386	65	-3	4678	4676	1169	70
-	-	-	-	-	-	-
926	37	-	2858	2857	714	49
2142135	968980	328458	2124322	2213046	298446	73123
103690	67006	63869	-19169	8302	11915	2892
2038445	901973	264589	2143490	2204745	286532	70231
504580	312840	267520	987540	1000051	59493	15260
4507921	2151587	657111	877829	908881	242776	170999
27808	10194	659	14356	14900	3469	383
-	-	-	-	-	-	-
4409343	2105428	626648	827844	858273	235561	167349
69404	35818	29808	35740	35820	3746	3259
4564	367	44	-1125	-1070	1	60
1228035	**358140**	**11721**	**938425**	**933142**	**133635**	**26265**
95738	59602	5588	99583	98572	25210	2585
4633	72	328	-1151	-1212	-171	216
654443	177866	24987	61130	56636	39743	12297
471655	115253	-19074	778657	778978	68761	11006
-	-	-	-	-	-	-
1489193	**585811**	**54319**	**611880**	**627976**	**106914**	**31745**
607980	94576	19388	189638	197306	34135	10690
5714	2599	1286	9159	9286	2329	141
871003	488208	33647	416605	424905	70451	20845
-	-	-	-	-	-	-

8－06 按国民经济行业分限额以上

Main Financial Indicators of Enterprises Above Designated

单位:万元

项　　目	Item	法人企业数(个) Number of Enterprises (unit)	年末资产负债 Assets and Liabilities		
			流动资产合计 Circulating Funds	存　货 Inventory	固定资产原价 Orginal Value of Fixed Assets
总　　计	**Total**	**6559**	**118365522**	**16502448**	**7603059**
一、批发业	**Wholesale**	**4970**	**105639653**	**13819835**	**5428599**
农、林、牧产品批发	Wholesale of Farm, Forestry and Animal Husbandry Products	54	819922	114040	48218
食品、饮料及烟草制品批发	Wholesale of Food, Beverages and Tobaccos	420	10370213	1688223	714042
纺织、服装及家庭用品批发	Wholesale of Textile Products, Garments and Household Articles	1004	12384833	1638949	651416
文化、体育用品及器材批发	Wholesale of Cultural and Sports Goods	221	2367411	637567	111557
医药及医疗器材批发	Wholesale of Medicines and Medical Appliances	342	6441686	1043875	358715
矿产品、建材及化工产品批发	Wholesale of Mineral Products, Building and Chemical Materials	1906	55793088	6623271	2581603
机械设备、五金产品及电子产品批发	Wholesale of Machinery, Hardware and Electronic Products	881	15232213	1736454	872432
#汽车、摩托车及零配件批发	Wholesale of Automobiles, Motorcycle and Parts	202	5927183	451564	243237
其他批发业	Other	142	2230288	337457	90615
二、零售业	**Retail Trade**	**1589**	**12725869**	**2682613**	**2174460**
综合零售	Comprehensive Retail Trade	128	3705461	357242	1039358
食品、饮料及烟草制品专门零售	Specialism Retail of Food, Beverages and Tobaccos	125	384847	47577	52070
纺织、服装及日用品专门零售	Specialism Retail of Textile Products, Garments, Shoes and Caps	79	479813	89302	59890
文化、体育用品及器材专门零售	Specialism Retail of Cultural and Sports Goods	51	309421	104080	86851
医药及医疗器材专门零售	Specialism Retail of Medicines and Medical Appliances	86	293920	98949	27656
汽车、摩托车、燃料及零配件专门零售	Specialism Retail of Automobiles, Motorcycle, Fuels and Parts	586	3334127	882480	635060
#汽车零售	Specialism Retail of Automobiles	387	2715407	819760	430471
家用电器及电子产品专门零售	Specialism Retail of Household Electric Applianes, and Electronic Products	110	438317	109601	28319
五金、家具及室内装饰材料专门零售	Specialism Retail of Hardware and Upholstery Materials	21	127597	33318	68503
货摊、无店铺及其他零售业	Stall, Non－shop and Other Retails	403	3652367	960063	176754

批发零售贸易企业财务状况(2021 年)

Size in Wholesale and Retail Trades by Sector(2021)

(10000 yuan)

累计折旧 Accumulated Depreciation	本年折旧 Depreciation	资产总计 Total Assets	负债合计 Total Liabilities	所有者权益合计 Creditors´ Equity
3199877	**467838**	**162671828**	**114539698**	**47228563**
2274782	**330035**	**144411209**	**101389876**	**42154167**
18302	1623	1333618	898005	435613
334245	48722	12401295	7313978	5073150
275962	38111	14723908	11757241	2942055
55459	5548	2941966	2166014	773107
159397	29024	8784782	5638514	3137627
1068133	127758	82386523	57753921	24316069
343412	72808	19327041	13829631	4997041
79549	15720	6589487	5715046	873487
19872	6442	2512077	2032572	479505
925095	**137803**	**18260619**	**13149823**	**5074396**
448652	53301	6562878	4518201	2013718
24211	4464	488996	359346	130403
27952	3596	686316	436883	249514
40674	3237	383211	254757	123639
16477	2586	350612	277916	72452
280125	50148	5030858	3362823	1666110
186536	37149	3476769	2753084	722596
13881	1945	531202	432434	99220
26958	3132	187634	122697	64864
46166	15395	4038913	3384766	654475

单位:万元 8－06 续表

项　　目	Item	营业收入 Tax Excluded	主营业务收入 Main Revenue of Business	营业成本 Cost of Business	税金及附加 Sales Tax and Extra Charges
总　　计	**Total**	**356607063**	**352615288**	**338063599**	**604860**
一、批发业	**Wholesale**	**319206714**	**316060735**	**306676177**	**475339**
农、林、牧产品批发业	Wholesale of Farm , Forestry and Animal Husbandry Products	1755534	1738989	1700988	1135
食品、饮料、烟草制品批发	Wholesale of Food, Beverages and Tobaccos	20649789	20192657	18119210	290208
纺织、服装及家庭用品批发	Wholesale of Textile Products, Garments and Household Articles	31364082	31052449	29271707	25747
文化、体育用品及器材批发	Wholesale of Cultural and Sports Goods	5270923	5245171	4931031	5777
医药及医疗器材批发	Wholesale of Medicines and Medical Appliances	12822548	12771617	11609132	21744
矿产品、建材及化工产品批发	Wholesale of Mineral Products, Building and Chemical Materials	208130999	206567533	204157193	89547
机械设备、五金产品及电子产品批发	Wholesale of Machinery, Hardware and Electronic Products	31596091	30932263	29726647	36409
#汽车、摩托车及零配件批发	Wholesale of Automobiles, Motorcycle and Parts	11723573	11524616	11288923	12659
其他批发业	Other	7616748	7560056	7160270	4773
二、零售业	**Retail Trade**	**37400349**	**36554553**	**31387422**	**129521**
综合零售	Comprehensive Retail Trade	6250501	5805792	5154995	31643
食品、饮料及烟草制品专门零售	Specialism Retail of Food, Beverages and Tobaccos	783768	770974	685720	1528
纺织、服装及日用品专门零售	Specialism Retail of Textile Products, Garments, Shoes and Caps	813744	781315	472799	4067
文化、体育用品及器材专门零售	Specialism Retail of Cultural and Sports Goods	339364	333467	252420	3473
医药及医疗器材专门零售	Specialism Retail of Medicines and Medical Appliances	920532	909989	747929	1891
汽车、摩托车、燃料及零配件专门零售	Specialism Retail of Automobiles, Motorcycle, Fuels and Parts	14429873	14265360	13155730	54996
#汽车零售	Specialism Retail of Automobiles	11044964	10897749	10220706	48208
家用电器及电子产品专门零售	Specialism Retail of Household Electric Applianes, and Electronic Products	883728	872116	796521	1061
五金、家具及室内装饰材料专门零售	Specialism Retail of Hardware and Upholstery Materials	259617	255024	159828	1743
货摊、无店铺及其他零售业	Stall, Non－shop and Other Retails	12719222	12560515	9961480	29119

continued (10000 yuan)

销售费用 Cost of Sales	管理费用 Administration Cost	财务费用 Financil Cost	营业利润 Management Profits	利润总额 Total Profits	所得税费用 Income Tax Expense	从事批发和零售业活动的从业人员平均人数(人) Average Number of Employees (person) engaged in wholesale and retail activities
9911279	**4426775**	**1280389**	**5834660**	**5977907**	**933635**	**318999**
5681865	**3291195**	**1193545**	**5154621**	**5253887**	**722439**	**192983**
15707	25868	30350	10586	16215	3890	1280
959526	560547	-18441	1394595	1416705	238876	34566
1179265	595618	100350	323876	329519	72621	47165
135224	103343	8204	91140	93530	17230	7408
647417	324031	55166	348082	342436	63609	20716
1376987	1076975	900657	2663421	2727401	231035	41273
1047664	498940	105591	315216	321735	86929	34470
490772	125628	17775	-94117	-92032	6055	9404
320077	105873	11668	7706	6346	8248	6105
4229414	**1135581**	**86844**	**680040**	**724020**	**211196**	**126016**
711427	238894	25832	200561	214613	39557	39990
96007	62449	1093	-11498	-11110	963	6924
214971	49028	1024	91029	92475	22594	5876
53305	28442	-1444	4040	4318	143	3338
115678	39081	1963	18660	18584	4696	8881
572021	266134	41958	421495	431925	102491	26963
346981	216652	30235	261961	272362	61486	22335
63612	35263	5650	-18745	-13993	1142	5218
57767	26405	1549	17744	17901	3749	1612
2344627	389885	9218	-43246	-30693	35862	27214

8－07　分地区限额以上
Main Indicators of Wholesale

单位:万元

地　区	Region	企业法人数（个）Number of Enterprises（unit）	商品销售总额 Total Sales of Commodities	营业收入 Tax Excluded	主营业务收入 Main Revenue of Business	营业成本 Cost of Business
全　市	**Total**	**6559**	**388847158**	**356607063**	**352615288**	**338063599**
市　区	Urban District	6152	384134652	352331066	348367950	334274175
#上城区	Shangcheng	1034	97673823	95370537	94465533	90831055
拱墅区	Gongshu	1064	107363582	95393612	94556463	92088390
西湖区	Xihu	480	21406968	17498391	17148718	15463068
高新(滨江)区	Hi－Tech(Binjiang)	498	34377015	31198227	30977557	28973163
萧山区	Xiaoshan	936	55316703	49561445	49153800	47970839
余杭区	Yuhang	463	27492053	26633218	25948706	25127662
临平区	Linping	485	10734798	9635406	9401378	8831668
钱塘区	Qiantang	531	14222125	13089634	12824045	11630053
富阳区	Fuyang	459	12340785	11096597	11047607	10646391
临安区	Lin'an	185	3015227	2683829	2674202	2561752
西湖风景名胜区	The West Lake Scenic Zone	17	191573	170170	169940	150132
桐庐县	Tonglu	193	1859730	1695507	1680724	1503051
淳安县	Chun'an	101	1735011	1557996	1547856	1340598
建德市	Jiande	113	1117764	1022493	1018758	945775

批发零售业主要指标(2021 年)

and Retail Trades by Region(2021)

(10000 yuan)

税金及附加 Sales Tax and Extra Charges	销售费用 Cost of Sales	管理费用 Administration Cost	财务费用 Financil Cost	利润总额 Total Profits	应交增值税 Value Adder Tax Payables	从事批发和零售业活动的从业人员平均人数(人) Average Number of Employees (person) engaged in wholesale and retail activities
604860	**9911279**	**4426775**	**1280389**	**5977907**	**1695141**	**318999**
598238	9631271	4350783	1264550	5844620	1633508	308477
340869	2046642	910093	173307	1627321	4255651	62864
87353	1483994	903370	391223	1620291	1209452	59333
30292	1085158	465320	229324	1098683	2770720	38782
34489	1578429	426430	107981	10917	2045551	33775
34136	808505	433062	134018	570263	1879999	34015
27819	834498	515226	76943	459380	1511500	25304
12839	429487	198840	38539	206236	486323	19104
18117	1052244	322536	65041	165807	1400808	21359
9725	237803	126555	40387	63354	544371	9421
2324	64561	42018	7461	19123	210927	3888
274	9952	7334	325	3245	19776	632
2614	127034	34123	10268	29619	179615	3819
2779	111268	25608	2527	88084	373783	4599
1230	41706	16262	3045	15584	62930	2104

8－08　按注册类型、行业分限额以上

Main Financial Indicators of Accommodation and Catering Services

单位：万元

项　目	Item	法人企业数(个) Number of Enterprises (unit)	年末资产负债 Assets and Liabilities 流动资产合计 Circulating Funds	存　货 Inventory	固定资产原价 Orginal Value of Fixed Assets
总　计	**Total**	**1238**	**2868658**	**173041**	**3577471**
（一）按登记注册类型分组	**Grouped By Registered Type**				
1. 内资企业	**Domestic－funded Enterprises**	**1195**	**2250440**	**121795**	**2638570**
国有企业	State－owned Enterprises	22	86232	1733	343042
集体企业	Collective－owned Enterprises	7	7743	313	36409
股份合作企业	Cooperative Enterprises	－	－	－	－
联营企业	Joint Ownership Enterprises	－	－	－	－
有限责任公司	Limited Liability Corporations	188	927509	62420	1169358
股份有限公司	Share holding Corporations Ltd.	7	23975	702	62184
私营企业	Private Enterprises	969	1203147	56532	1020723
2. 港、澳、台商投资企业	**Enterprises With Investment from Hong Kong, Macao and Taiwan**	**18**	**466588**	**16427**	**498109**
3. 外商投资企业	**Enterprises With Foreign Investment**	**25**	**151631**	**34819**	**440792**
（二）按国民经济行业分组	**Grouped By Sector**				
1. 住宿业	**Lodging**	**550**	**2080631**	**130546**	**2843119**
旅游饭店	Restaurants for Junketing	296	1865546	126526	2681179
一般旅馆	General Hotel	240	203827	3901	158913
民宿服务	Homestay Service	14	11258	119	3027
2. 餐饮业	**Catering Services**	**688**	**788028**	**42494**	**734352**
正餐服务	Dinner Services	598	600368	28239	385429
快餐服务	Short Order Services	39	121897	10080	328719
饮料及冷饮服务	Beverages and Services	31	24934	3466	11928
餐饮配送及外卖送餐服务	Catering Distribution and Delivery Service	12	17419	313	3696
其他餐饮业	Others Catering Services	8	23410	396	4580

住宿业和餐饮业财务状况(2021 年)

Enterprises Above Designated Size by Status of Registration and Sector(2021)

(10000 yuan)

累计折旧 Accumulated Depreciation	本年折旧 Depreciation	资产总计 Total Assets	负债合计 Total Liabilities	所有者权益合计 Creditors´ Equity
1640547	**198399**	**6690486**	**5140862**	**1534228**
1244958	**110844**	**5034560**	**3865741**	**1153423**
161687	14781	281876	63081	218447
25227	536	24856	19359	5169
–	–	–	–	–
–	–	–	–	–
543246	43731	2058807	1407040	631674
42738	2387	104278	20887	83391
467413	49095	2557116	2351118	211372
215742	**24277**	**980453**	**744087**	**236366**
179847	**63279**	**675474**	**531034**	**144439**
1325373	**109363**	**4848250**	**3539657**	**1292171**
1233303	100218	4376930	3129415	1247751
91434	8911	450291	397227	36404
636	234	21030	13015	8015
315174	**89037**	**1842236**	**1601206**	**242057**
202599	24802	1188663	1039564	150126
101341	61761	552844	462244	90600
5777	1851	44216	52869	-8653
2401	288	20526	15429	5097
3056	334	35986	31099	4886

单位:万元

8－08 续表

项 目	Item	营业收入 Tax Excluded	主营业务收入 Main Revenue of Business	税金及附加 Sales Tax and Extra Charges
总 计	**Total**	**3907833**	**3808718**	**15730**
(一)按登记注册类型分组	**Grouped By Registered Type**			
1. 内资企业	**Domestic－funded Enterprises**	**2726004**	**2642837**	**13095**
国有企业	State－owned Enterprises	98863	95605	833
集体企业	Collective－owned Enterprises	9721	9353	65
股份合作企业	Cooperative Enterprises	－	－	－
联营企业	Joint Ownership Enterprises	－	－	－
有限责任公司	Limited Liability Corporations	662829	626902	7713
股份有限公司	Share－holding Corporations Ltd.	49472	48056	143
私营企业	Private Enterprises	1898701	1856502	4299
2. 港、澳、台商投资企业	**Enterprises With Investment from Hong Kong, Macao and Taiwan**	**367538**	**357417**	**1413**
3. 外商投资企业	**Enterprises With Foreign Investment**	**814291**	**808464**	**1222**
(二)按国民经济行业分组	**Grouped By Sector**			
1. 住宿业	**Lodging**	**1230314**	**1163683**	**12510**
旅游饭店	Restaurants for Junketing	952028	901155	11454
一般旅馆	General Hotel	265996	250340	1019
民宿服务	Homestay Service	12290	12189	37
2. 餐饮	**Catering Services**	**2677519**	**2645035**	**3220**
正餐服务	Dinner Services	1508175	1483086	2676
快餐服务	Short Order Services	920095	916279	434
饮料及冷饮服务	Beverages and Services	135640	133426	51
餐饮配送及外卖送餐服务	Catering Distribution and Delivery Service	53568	52203	45
其他餐饮业	Others Catering Services	60042	60041	16

continued (10000 yuan)

销售费用 Cost of Sales	管理费用 Administration Cost	财务费用 Financil Cost	营业利润 Management Profits	利润总额 Total Profits	应交增值税 Value Adder Tax Payables	从事批发和零售业活动的从业人员平均人数(人) Average Number of Employees (person) engaged in wholesale and retail activities
1353872	**739853**	**98452**	**-2699**	**9615**	**44466**	**122712**
950830	**592619**	**67013**	**-126223**	**-112676**	**18339**	**82934**
44143	36100	-1124	-4767	-4578	260	3032
4332	3247	26	-839	-723	46	454
-	-	-	-	-	-	-
-	-	-	-	-	-	-
222108	162846	29814	-51615	-48500	3674	23432
25385	11582	100	-3601	-3312	132	1604
653596	376530	38049	-65444	-55630	14224	54253
196966	**59503**	**20735**	**-12558**	**-12649**	**2005**	**15643**
206075	**87731**	**10704**	**136082**	**134940**	**24121**	**24135**
475502	**455154**	**66579**	**-146289**	**-138827**	**6511**	**39832**
392662	362197	61492	-114163	-106359	5205	31816
81713	91181	4966	-31350	-31794	1310	7796
1127	1776	120	-777	-674	-4	220
878370	**284699**	**31873**	**143590**	**148442**	**37955**	**82880**
519387	176284	19540	40959	47913	11972	43181
282089	81212	11338	97136	95589	24829	33853
41512	17255	199	5589	5435	911	3290
12104	6333	12	360	566	85	1286
23278	3615	784	-453	-1061	157	1270

8-09 按登记注册类型和国民经济行业分限额以上住宿业和餐饮业经营情况(2021年)

Management Conditions of Accommodation and Catering Services Enterprises Above Designated Size by Status of Registration and Sector(2021)

单位:万元 (10000 yuan)

项目	Item	法人企业(个) Number of Enterprises (unit)	营业额 Turnover of Business	其中:客房收入 Revenue of GuestRooms	餐费收入 Revenue of Catering Services	商品销售额 Revenue of Goods Sales
一、按登记注册类型分	**Grouped By Registered Type**					
总　计	**Total**	**1238**	**4055666**	**706063**	**2994842**	**85346**
1.内资企业	**Domestic - funded Enterprises**	**1195**	**2806956**	**615354**	**1918521**	**76375**
国有企业	State - owned Enterprises	22	104612	45281	45777	833
集体企业	Collective - owned Enterprises	7	10245	5389	2816	34
股份合作企业	Cooperative Enterprises	-	-	-	-	-
联营企业	Joint Ownership Enterprises	-	-	-	-	-
有限责任公司	Limited Liability Corporations	188	671801	193702	336091	42127
国有独资公司	State - funded Corporations	20	135073	31608	60964	2153
其他有限责任公司	Other Limited Liability Corporations	168	536728	162094	275127	39974
股份有限公司	Share - holding Corporations Ltd.	7	52417	9510	39157	694
私营企业	Private Enterprises	969	1961424	359282	1490794	32554
私营独资企业	Private - funded Enterprises	10	6838	-	6749	72
私营合伙企业	Private Partnership Enterprises	4	4578	-	4475	-
私营有限责任公司	Private Limited Liability Corporations	953	1944529	358473	1475232	32283
私营股份有限公司	Private Share - holding Corporations Ltd.	2	5478	809	4337	200
其他企业	Other Enterprises	-	-	-	-	-

单位:万元　　8－09　续表　continued　　(10000 yuan)

项　目	Item	法人企业(个) Number of Enterprises (unit)	营业额 Turnover of Business	其中:客房收入 Revenue of GuestRooms	餐费收入 Revenue of Catering Services	商品销售额 Revenue of Goods Sales
2. 港、澳、台商投资企业	**Enterprises With Investment from Hong Kong, Macao and Taiwan**	**18**	**390542**	**59632**	**275072**	**6164**
合资经营企业(港或澳、台资)	Joint－venture Enterprises (With Funds from Hong Kong, Macao and Taiwan)	9	81574	26713	43937	504
合作经营企业(港或澳、台资)	Coorperative Enterprises (With Funds from Hong Kong, Macao and Taiwan)	–	–	–	–	–
港、澳、台商独资经营企业	Enterprises With Sole Investment from Hong Kong, Macao and Taiwan	7	222852	4695	207797	2649
港、澳、台商投资股份有限公司	Share－holding Corporations Ltd. With Investment from Hong Kong, Macao and Taiwan	2	86117	28223	23337	3011
3. 外商投资企业	**Enterprises With Foreign Investment**	**25**	**858169**	**31077**	**801250**	**2807**
中外合资经营企业	Joint－venture Enterprises	4	677723	9507	667300	–
中外合作经营企业	Cooperation Enterprises	–	–	–	–	–
外资企业	Enterprises With Sole Foreign Investment	19	113145	14891	86653	2041
外商投资股份有限公司	Share－holding Corporations Ltd. With Foreign Investment	–	–	–	–	–
二、按国民经济行业分	**Grouped By Sector**					
总　计	**Total**	**1238**	**4055666**	**706063**	**2994842**	**85346**
1. 住宿业	**Lodging**	**550**	**1268188**	**678934**	**382323**	**17525**
旅游饭店	Restaurants for Junketing	296	978252	459790	345294	15866
一般旅馆	General Hotel	240	277189	207723	35992	1648
民宿服务	Homestay Service	14	12746	11421	1037	11
露营地服务	Campground Service	–	–	–	–	–
其他住宿业	Others Lodging	–	–	–	–	–
2. 餐饮业	**Catering Services**	**688**	**2787478**	**27128**	**2612519**	**67821**
正餐服务	Dinner Services	598	1557522	27128	1413242	59467
快餐服务	Short Order Services	39	969252	–	953523	4705
饮料及冷饮服务	Beverages and Services	31	142797	–	133605	3647
餐饮配送及外卖送餐服务	Catering Distribution and Delivery Service	12	54790	–	49048	–
其他餐饮业	Others Catering Services	8	63118	–	63100	2

8-10 分地区限额以上
Main Indicators of Accommodation

单位:万元

地　区	Region	企业法人数(个) Number of Enterprises (unit)	营业额 Turnover of Business	其中:客房收入 Revenue of GuestRooms	餐费收入 Revenue of Catering Services	营业收入 Tax Excluded
全　市	**Total**	**1238**	**4055666**	**706063**	**2994842**	**3907833**
市　区	Urban District	1094	3883986	621478	2922217	3746157
#上城区	Shangcheng	303	1050442	160907	832113	1014545
拱墅区	Gongshu	186	716578	91984	522359	697246
西湖区	Xihu	142	1010369	63553	884218	964160
高新(滨江)区	Hi-Tech(Binjiang)	64	162786	38334	120304	157303
萧山区	Xiaoshan	88	332703	100275	175625	321590
余杭区	Yuhang	51	107443	36377	64688	105542
临平区	Linping	36	49092	13592	31765	47108
钱塘区	Qiantang	85	151183	24530	112576	146649
富阳区	Fuyang	39	52602	14091	33896	54778
临安区	Lin'an	36	33438	15367	16125	29352
西湖风景名胜区	The West Lake Scenic Zone	64	217351	62468	128549	207884
桐庐县	Tonglu	50	48817	17260	26949	45066
淳安县	Chun'an	66	89209	51767	30800	84553
建德市	Jiande	28	33654	15558	14876	32057

住宿餐饮业主要指标(2021 年)

and Catering by Region(2021)

(10000 yuan)

主营业务收入 Main Revenue of Business	税金及附加 Sales Tax and Extra Charges	销售费用 Cost of Sales	管理费用 Administration Cost	财务费用 Financil Cost	利润总额 Total Profits	从事批发和零售业活动的从业人员平均人数(人) Average Number of Employees (person) engaged in wholesale and retail activities
3808718	**15730**	**1353872**	**739853**	**98452**	**9615**	**122712**
3651332	14904	1295278	674081	85865	36213	115592
978336	3675	433182	161027	35922	36348	28340
679007	2057	264691	107991	13617	-14374	23114
952359	1494	226458	123335	10166	86893	32063
155159	121	38449	35614	2086	-5939	4054
307465	700	144829	87089	11251	-27358	9816
104627	920	20622	26224	770	-4278	2785
46435	37	17130	14112	788	-6383	2233
140874	3694	43950	28548	4266	-14580	3971
54150	743	14900	12801	4665	-1208	1729
29042	79	11331	8160	2329	-4102	1537
203880	1385	79736	69180	6	-8806	5950
42158	184	9553	22960	5828	-10216	1840
83256	416	35811	33937	5637	-13920	3891
31972	227	13230	8875	1122	-2461	1389

8－11　分行业、类型规模以上

Main Indicators of Service Enterprises

单位:亿元

项　　目	Item	单位数(个) Number of Enterprise (Unit)	资产总计 Total Assets	固定资产原价 Orginal Value of Fixed Assets
总　计	**Total**	**4652**	**38948**	**6530**
按登记注册类型分	**Grouped By Registered Type**			
国有企业	State－owned Enterprises	20	374	62
集体企业	Collective－owned Enterprises	44	369	112
股份合作企业	Cooperative Enterprises	3	25	16
其他联营企业	Other Joint Ownership Enterprises	－	－	－
其他有限责任公司	Other Limited Liability Corporations	976	12067	2850
股份有限公司	Share－holding Corporations Ltd.	183	4554	508
私营企业	Private Enterprises	2953	6044	691
其他企业	Other Enterprises	22	13	7
港澳台商投资企业	Enterprises With Investment from Hong Kong, Macao and Taiwan	139	10553	1256
外商投资企业	Enterprises With Foreign Investment	168	2396	548
按国民经济行业分	**Grouped by Sector**			
交通运输、仓储和邮政业	Transportation, Storage and Post	653	8304	2786
信息传输、软件和信息技术服务业	Information Transmission, Softuare and Information Technology	1091	16364	1912
房地产业	Real Estate	576	3916	507
租赁和商务服务业	Leasing and Business Services	942	6264	713
科学研究和技术服务业	Scientific Research and Technical Service	682	2362	231
水利、环境和公共设施管理业	Water Conservancy, Environment and Public Utility	83	647	206
居民服务、修理和其他服务业	Service for the Residents and Other Service Sector	150	88	16
教育	Education	74	63	20
卫生和社会工作	Health Care and Social Welfare	172	163	31
文化、体育和娱乐业	Culture, Sports and Entertainment	229	777	106

服务业企业主要经济指标(2021 年)

Above Designated Size by Sector and Type(2021)

(100 million yuan)

其中:本年折旧 Depreciation	负债合计 Total Liabilities	所有者权益合计 Total Owners´ Equities	营业收入 Tax Excluded	营业成本 Operating Costs	营业税金及附加 Sales Taxes and Extra Charges in Main Business
493	**22274**	**16674**	**18163**	**12074**	**72**
3	66	308	108	95	1
3	129	240	23	13	1
–	9	17	1	–	–
–	–	–	–	–	–
131	7065	5003	3644	2812	14
30	2585	1969	560	373	3
69	3968	2076	5797	4159	22
1	9	4	28	20	–
191	5905	4647	4168	1028	16
46	1364	1032	3340	3154	11
124	4915	3389	2474	2331	7
256	9053	7311	11070	6043	36
18	2231	1685	519	355	12
53	3908	2356	1933	1680	8
21	1331	1031	1537	1226	6
8	395	252	101	75	1
2	64	24	86	60	–
2	51	12	72	40	–
3	100	63	165	105	–
5	227	551	205	158	2

项　　目	Item	销售费用 Cost of Sales	管理费用 Administration Cost	财务费用 Financil Cost
总　计	**Total**	**1264**	**2485**	**38**
按登记注册类型分	**Grouped By Registered Type**			
国有企业	State－owned Enterprises	1	10	－7
集体企业	Collective－owned Enterprises	1	11	－
股份合作企业	Cooperative Enterprises	－	－	－
其他联营企业	Other Joint Ownership Enterprises	－	－	－
其他有限责任公司	Other Limited Liability Corporations	120	449	70
股份有限公司	Share－holding Corporations Ltd.	47	61	4
私营企业	Private Enterprises	380	418	23
其他企业	Other Enterprises	4	5	－
港澳台商投资企业	Enterprises With Investment from Hong Kong, Macao and Taiwan	627	1387	－46
外商投资企业	Enterprises With Foreign Investment	69	105	－12
按国民经济行业分	**Grouped by Sector**			
交通运输、仓储和邮政业	Transportation, Storage and Post	39	93	72
信息传输、软件和信息技术服务业	Information Transmission, Softuare and Information Technology	1025	1980	－79
房地产业	Real Estate	20	69	30
租赁和商务服务业	Leasing and Business Services	89	123	18
科学研究和技术服务业	Scientific Research and Technical Service	25	131	－2
水利、环境和公共设施管理业	Water Conservancy, Environment and Public Utility	3	13	5
居民服务、修理和其他服务业	Service for the Residents and Other Service Sector	9	14	－
教育	Education	20	12	－
卫生和社会工作	Health Care and Social Welfare	21	23	1
文化、体育和娱乐业	Culture, Sports and Entertainment	12	26	－7

continued (100 million yuan)

营业利润 Management Profits	利润总额 Total Profits	所得税费用 Income Tax Expense	应付职工薪酬 Payroll Payable	应交增值税 Value Added Tax Payables	期末用工人数（万人） Number of Employed Persons at the Year End (10000 Persons)
2030	**2081**	**361**	**2490**	**354**	**110**
8	8	–	29	1	1
-2	1	–	3	1	–
1	1	–	–	–	–
–	–	–	–	–	–
189	208	30	550	68	30
107	104	7	132	14	7
604	610	89	742	132	47
-2	-2	–	15	1	1
1082	1089	175	724	99	10
2	14	54	188	29	9
46	39	24	246	45	16
1681	1717	285	1433	216	33
70	82	17	138	19	15
77	82	13	228	30	20
109	112	15	277	35	13
8	8	2	20	3	2
3	3	1	30	2	4
-1	-2	1	32	1	1
17	17	3	43	1	3
21	23	1	42	3	2

8-12 规模以上服务业企业主要经济指标(2015-2021年)

Main Indicators of Service Enterprises Above Designated Size(2015-2021)

单位:亿元 (100 million yuan)

项　目	Item	2015	2016	2017	2018	2019	2020	2021
单位数(个)	Number of Enterprises(Unit)	3238	3486	3744	4145	4303	4660	4652
资产总计	Total Assets	15412	18951	20198	27522	29337	31764	38948
固定资产原价	Orginal Value of Fixed Assets	2847	3129	3657	4319	4915	5564	6530
本年折旧	Depreciation	177	207	234	303	396	446	493
负债合计	Total Liabilities	7463	9134	10063	14317	15205	17059	22274
所有者权益合计	Total Owners´Equities	7949	9816	10135	13235	14132	14704	16674
营业收入	Tax Excluded	5236	6639	8557	11158	12866	15116	18163
营业成本	Main Cost of Business	3215	4111	5410	7280	8102	9614	12074
营业税金及附加	Sales Taxes and Extra Charges in Main Business	59	47	47	54	61	55	72
销售费用	Cost of Sales	314	341	457	651	724	972	1264
管理费用	Administration Cost	765	932	1223	1747	2064	2042	2485
财务费用	Financil Cost	65	43	53	37	58	50	38
营业利润	Management Profits	1020	1352	1636	1812	1994	2371	2030
利润总额	Total Profits	1110	1443	1689	1853	2073	2451	2081
所得税费用	Income Tax Costs	110	174	196	192	240	274	361
应付职工薪酬	Employee benefits Payable	718	904	1123	1344	1599	1936	2490
应交增值税	Value Added Tax Payables	106	153	194	216	253	305	354
期末用工人数(万人)	Number of Employed Persons at the Year End(10000 Persons)	63	69	76	81	85	96	110

8-13 私营企业、个体工商户登记注册情况(主要年份)

Statistics on Private Enterprises and Individual Business Registration (main years)

年份 year	在册私营企业(户) Registered Private Enterprise (unit)	注册资金(万元) Registered Capital (10,000 yuan)	在册个体工商户(户) Registered Individual Business (unit)	注册资金(万元) Registered Capital (10,000 yuan)
2013	225219	70699701	327961	2392950
2014	276005	101081913	345327	2693164
2015	334732	150653768	386127	3330334
2016	400586	266020927	426028	3743654
2017	480986	417947655	471374	4498107
2018	554683	494453994	510198	5410789
2019	632298	548095350	610074	7517273
2020	678469	561289945	659054	8502960
2021	742679	677743440	712131	9663357

主要统计指标解释

社会消费品零售总额 指各种经济类型的批发零售贸易业、住宿餐饮业对城乡居民和社会集团的消费品零售额总和。这个指标反映通过各种商品流通渠道向居民和社会集团供应的生活消费品来满足他们生活需要，是研究人民生活、社会消费品购买力、货币流通等问题的重要指标。社会消费品零售额包括：(1)售给城乡居民作为生活用的商品和修建房屋用的建筑材料；(2)售给机关、团体、学校、部队、企业、事业单位的职工食堂各种食品、燃料；(3)售给部队干部、战士生活用的粮食、副食品、衣着品、日用品、燃料；(4)售给来华的外国人、华侨、港澳台同胞的消费品；(5)售给社会集团的办公用品、纸张、帐册、文印用品、计算工具、书刊和奖品；公共用品和纺织品、针织品；学校用的教学用具；文体用品；非专用的劳动保护用品，如工作服、套袖、围裙、手套、毛巾、肥皂等；日用百货和杂品，包括职工食堂用的餐具、炊具、设备和清洁卫生工具等；家具、设备、日用电器、电讯设备、电影器材和照相器材等；取暖用的设备和燃料、防暑、降温的饮料；非生产经营用的交通工具，如小轿车、面包车、工具车、卡车和油料；零星修理的各种零配件、材料、工具、建筑材料等；举办各种招待会、茶话会、宴会用的烟酒茶和各种食品及馈赠的礼品；从公费医疗经费中开支的中、西药品、中药材和医疗器材以及其他非生产性设备和用品。

限额以上批发零售业 指批发业年主营业务收入在2000万元及以上，零售业年主营业务收入在500万元及以上的各种经济类型商贸企业。

商品销售总额 指对本企业(单位)以外的单位和个人出售(包括对国(境)外直接出口)的商品金额。这个指标反映批发零售贸易业在国内市场上销售商品以及出口商品的总量。商品销售总额包括：(1)售给城乡居民和社会集团消费用的商品；(2)售给工业、农业、建筑业、运输邮电业、批发零售贸易业、餐饮业、服务业等作为生产、经营使用的商品；(3)售给批发零售贸易业作为转卖或加工后转卖的商品；(4)对国(境)外直接出口的商品，不包括：出售本企业(单位)自用的废旧包装用品，未通过买卖行为付出的商品，经本单位介绍，由买卖双方直接结算，本单位只收取手续费的业务，购货退出的商品以及商品损耗和损失等。

规模以上服务业企业 辖区内年营业收入2000万元及以上服务业法人单位。包括：交通运输、仓储和邮政业，信息传输、软件和信息技术服务业，水利、环境和公共设施管理业三个门类和卫生行业大类。辖区内年营业收入1000万元及以上服务业法人单位。包括：租赁和商务服务业，科学研究和技术服务业，教育三个门类，以及物业管理、房地产中介服务、房地产租赁经营和其他房地产业四个行业小类。辖区内年营业收入500万元及以上服务业法人单位。包括：居民服务、修理和其他服务业，文化、体育和娱乐业两个门类，以及社会工作行业大类。

Explanatory Notes on Main Statistical Indicators

Total Retail Sales of Consumer Goods refer to the sum of retail sales of consumer goods sold by wholesale and retail trade, catering and lodging industry of various economic types to urban and rural residents and social groups. This indicator is used to show the supply of consumer goods through various channels to residents and social groups to meet their needs in life, and is very important for the study on people's livelihood, on the purchasing power of consumer goods and on the circulation of money. The total retail sales of consumer goods include: (1) commodities sold to urban and rural residents for their daily use and building materials sold to them for the construction or repair of houses; (2) food and fuels sold to canteens of government organs, organizations, schools, troops, enterprises and institutions; (3) grains, non – staple food, clothing, daily articles and fuels sold to military, personnel for their daily use; (4) consumer goods sold to foreigners, overseas Chinese, and Chinese compatriots form Taiwan, Hong Kong and Macao during their stay in the mainland of China; (5) commodities sold to social groups, including office appliances, paper, account books, printing articles, calculators, newspapers, magazines and prizes; public articles, textiles and knit goods; school teaching equipment; cultural and sports articles; non special labor protection articles like working clothes, sleeves, aprons, gloves, towel sand soaps; commodities and miscellaneous goods for daily use including tableware, cooking utensils, equipment and cleaning articles for canteens; furnishings, appliances, household electrical appliances, communications facilities, film and photograph equipment; heating facilities, fuels and cooling beverages preventing heatstroke; vehicles (not for business use) such as cars, vans, tool cars, trucks and oils; parts, fittings, materials, instruments and building materials in ordinary repair, tobaccos, alcohols, teas, foods and presents for all kinds of reception meetings and banquets; Chinese and Western medicines, herbs and medical facilities and other non – production goods and equipment paid by public medical fund.

Wholesale and Retail Trade Above Designated Size refer to business enterprises of various economic types engaged in wholesale trade with year main business revenue over 20 million Yuan, and in retail sale trade with year main business revenue over 5 million Yuan.

Total Sales of Commodities refer to the amount of commodities sold by enterprises to other units and individuals (including direct export). This indictor is used to show the total value of commodities sold at domestic markets and exported. It includes: (1) commodities sold to urban and rural residents and social groups for consumption; (2) commodities sold for production and management of industry, agriculture, construction, transportation, post and telecommunications, wholesale and retail trades, catering trade and service industry; (3) commodities sold to wholesale and retail establishment for re – selling, with or without further processing; (4) commodities for direct export, excluding waste packaging materials used by the establishments(units) themselves, commodities transferred without buying or selling procedures, businesses directly settled by both parties through introduction of units who only charge commission, rejected commodities in the purchase, loss in commodities, etc.

Service industry enterprises above designated size service industry legal entities with an annual operating income of 20 million yuan and above in the jurisdiction. Including health industry category and other three categories: transportation, warehousing and postal industry; information transmission, software and information technology service industry; water conservancy, environment and public facilities management industry. Service industry legal entities with annual business income of 10 million yuan and above in the jurisdiction. Including three categories and four sub – categories: leasing and business service industry, scientific research and technical service industry, education; and property management, real estate intermediary services, real estate leasing operation and other real estate industry. Service industry legal entities with an annual business income of 5 million yuan and above in the jurisdiction. Including social work industry category and other 2 categories: Resident service, repair and other service industries; culture, sports and entertainment industries.

九、对外经济旅游

FOREIGN ECONOMIC COOPERATION AND TOURISM

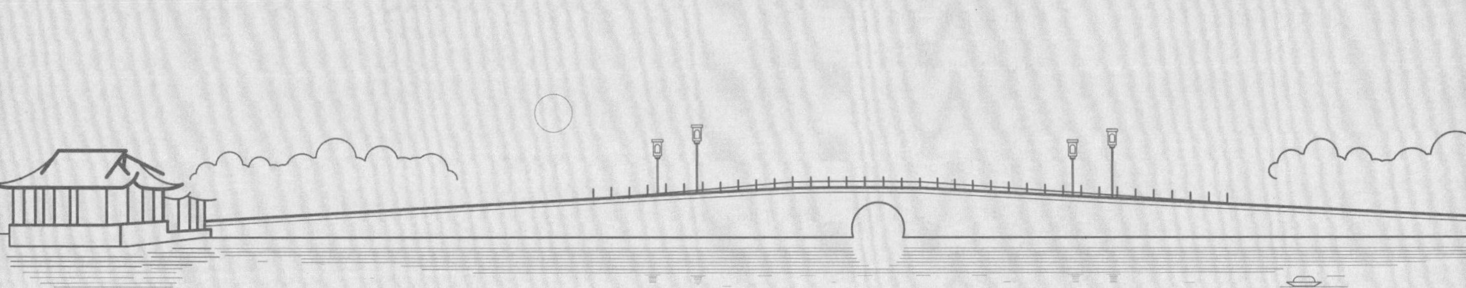

对外经济、旅游
Foreign Economic Cooperation and Tourism

主要统计指标
Major Statistical Indicators

实际利用外资金额	Foreign Investments Actually Utilized	81.7	亿美元	(USD 100 million)
为上年	As Compared with the Preceding Year	113.5	%	(%)
进出口总额	Total Imports and Exports	1140.26	亿美元	(USD 100 million)
为上年	As Compared with the Preceding Year	132.7	%	(%)
# 出口总额	Total Exports	719.28	亿美元	(USD 100 million)
为上年	As Compared with the Preceding Year	135.1	%	(%)
进出口总额	Total Imports and Exports	7368.97	亿元	(100 million yuan)
为上年	As Compared with the Preceding Year	123.7	%	(%)
# 出口总额	Total Exports	4647.02	亿元	(100 million yuan)
为上年	As Compared with the Preceding Year	125.9	%	(%)
入境过夜游客	Number of Oversea Visitor Arrivals	18.16	万人次	(10000 person-times)
为上年	As Compared with the Preceding Year	127.0	%	(%)
旅游外汇收入	Total Foreign Exchange Earnings from International Tourism	0.85	亿美元	(USD 100 million)
为上年	As Compared with the Preceding Year	144.7	%	(%)

9－01 外商直接投资情况(1978－2021年)

Foreign Direct Investment(1978－2021)

单位:万美元 (USD 10000)

年份 Year	项目个数(个) Number of Projects (unit)	协议总投资额 Total Investments of Agreements	协议利用外资金额 Contracted Foreign Investment	实际利用外资金额 Foreign Investments Actually Utilized
1978				
1979				
1980	3	153	128	
1981				
1982				
1983	2	356	100	
1984	9	6932	2697	
1985	21	6638	1731	907
1986	9	5722	2017	683
1987	10	2685	1256	1470
1988	23	6781	2734	696
1989	34	3897	1569	1860
1990	68	7817	3951	751
1991	121	11107	5551	2129
1992	583	125224	60915	9678
1993	1078	222325	121947	35713
1994	624	174406	110541	41098
1995	427	136662	90207	42659
1996	221	108150	70982	53651
1997	174	51682	27888	41187
1998	216	98219	51400	38425
1999	212	83416	56742	42025
2000	315	89781	64548	43093
2001	483	154447	103023	50324
2002	587	247888	96720	52186
2003	869	432660	200104	100850
2004	802	629727	307746	140982
2005	756	770941	400503	171274
2006	747	1080602	537986	225536
2007	574	854907	558059	280181
2008	483	862523	622788	331154
2009	554	948323	696486	401370
2010	545	1188055	770911	435627
2011	500	1291015	817108	472230
2012	510	1342616	826516	496061
2013	415	1419926	913144	527633
2014	408	1329217	723838	633460
2015	475	1649709	1038042	711253
2016	462	1503411	847841	720915
2017	575	1877119	1069651	661001
2018	744	2545689	1565483	682658
2019	735	3066139	1321928	612818
2020	804	3622167	1059312	720184
2021	989	1898573	993225	817116

9-02 分行业外商直接投资情况(2021 年)
Foreign Direct Investment by Sector(2021)

单位:万美元 (USD 10,000)

行业 Sector	项目数(个) Projects (unit)	占总数% Proportion (%)	实际利用外资金额 Foreign Investments Actually Utilized	占总数(%) Proportion (%)
合计 Total	**989**	**100.00**	**817116**	**100.00**
第一产业 Primary Industry	**6**	**0.61**	**59**	**0.01**
农业 Agriculture	6	0.61	59	0.01
第二产业 Secondary Industry	**70**	**7.08**	**154056**	**18.85**
采矿业 Mining	–	–	–	–
制造业 Manufacturing	65	6.57	148298	18.15
电力、燃气及水生产和供应业 Production & Supply of Electricity, Gas & Water	–	–	449	0.05
建筑业 Construction	5	0.51	5309	0.65
第三产业 Tertiary Industry	**913**	**92.32**	**663001**	**81.14**
交通运输、仓储和邮政业 Transportation, Storage and Post	11	1.11	23618	2.89
信息传输、软件和信息技术服务业 Information Transmission, Softuare and Information Technology	260	26.29	267598	32.75
批发和零售贸易、餐饮业 Whole sale and Retail Tvade. Catering Services	198	20.02	63734	7.80
金融业 Banking and Insurance	6	0.61	7163	0.88
房地产业 Real Estate	12	1.21	199747	24.45
租赁和商务服务业 Leasing and Business Services	202	20.42	55375	6.78
科学研究和技术服务业 Scientific Research and Technical Service	164	16.58	40412	4.95
其他行业 Others	60	6.07	5354	0.66

9-03 分国别(地区)外商直接投资情况(2021年)
Foreign Direct Investment by Region or Territory(2021)

单位:万美元 (USD 10000)

国 别(地区)	Country(territory)	项目(个) Projects (unit)	总投资额 Total Investments	协议外资金额 Total Contracted Foreign Investments	实际利用外资 Foreign Investments Actually Utilized
合 计	**Total**	**989**	**1898573**	**9993225**	**817116**
#中国香港	#Hong Kong China	396	1360067	832659	736595
中国澳门	Macao China	13	32377	3439	-
中国台湾	Taiwan China	131	12445	-7268	304
日本	Japan	15	18111	6668	3455
泰国	Thailand	2	38253	3617	-
马来西亚	Malaysia	8	391	209	-
新加坡	Singapore	36	23292	16244	4753
印度	India	5	95	72	5
韩国	Republic of Korea	24	2584	2361	122
德国	Germany	15	4463	1425	-
法国	France	14	6460	2163	232
意大利	Italy	11	-3090	871	26
荷兰	Netherlands	1	193	131	27
英国	Britain	19	16027	9517	1569
西班牙	Spain	4	30	29	-
奥地利	Austria	2	124537	4736	3139
俄罗斯联邦	The Russion Federation	10	122994	36957	-
英属维尔京群岛	The British Virgin Islands	7	56445	8363	55535
加拿大	Canada	29	5289	906	449
美国	U. S. A	91	64649	47641	1835
澳大利亚	Australia	16	-18	-574	-
新西兰	New Zealand	3	583	74	-

9-04 分地区外商直接投资情况(2021年)
Foreign Direct Investment by Region(2021)

单位:万美元　　(USD 10000)

区 域	Region	批准项目个数(个) Number of Projects(unit)		实际利用外资金额 Foreign Investments Actually Utilized	
		2021年 In Year 2021	同比增速 Year-on-year Growth Rate	2021年 In Year 2021	同比增速 Year-on-year Growth Rate
全 市	**Total**	**989**	**22.0**	**817116**	**13.5**
#上城区	Shangcheng	79	-19.6	62690	-65.3
拱墅区	Gongshu	80	-28.9	86334	-50.7
西湖区	Xihu	86	-5.4	83101	-17.5
高新(滨江)区	Hi-Tech(Binjiang)	177	40.6	85053	-17.5
萧山区	Xiaoshan	170	23.1	88588	5.3
余杭区	Yuhang	159	-	96605	-
临平区	Linping	32	-	16825	-
钱塘区	Qiantang	103	57.5	99035	-19.8
富阳区	Fuyang	36	88.5	33897	9.1
临安区	Lin'an	16	13.3	26341	39.6
西湖风景名胜区	The West Lake Scenic Zone	-	-	-	-
桐庐县	Tonglu	11	56.1	25953	38.0
淳安县	Chun'an	9	199.0	2626	159.2
建德市	Jiande	25	107.3	13032	-10.9

9-05 特色小镇发展情况(2021年)
Statistics on Characteristic Towns(2021)

项目 Item	企业数(家) Number of Enterprises (unit)	本年新入驻企业数(家) Number of new Enterprises to enter this year (unit)	固定资产投资(不包括商业住宅和商业综合体项目)(亿元) Investment in Fixed Assets (Excluding commercial housing and commercial complex projects) (100 million yuan)
合 计 **Total**	**46145**	**9498**	**393**
省级特色小镇创建对象 Provincial Characteristic Towns to Create Objects	44970	9483	362
省级特色小镇培育对象 Provincial Characteristic Towns to Cultivate Objects	1175	15	31

9-05 续表 continued

项目 Item	特色产业投资(亿元) Characteristic Industry Investment (100 million yuan)	工业企业营业收入(亿元) Industrial Enterprise Tax excluded (100 million yuan)	服务业营业收入(亿元) Service Revenues Tax excluded (100 million yuan)	税收收入(亿元) Tax Revenues (100 million yuan)
合 计 **Total**	**307**	**3439**	**5758**	**616**
省级特色小镇创建对象 Provincial Characteristic Towns to Create Objects	279	3436	5735	610
省级特色小镇培育对象 Provincial Characteristic Towns to Cultivate Objects	28	3	23	6

9－06 国家级开发区

The Construction of National－

项　目		Item	
规划面积	(平方公里)	Area of planning	(sq. km)
已开发面积	(平方公里)	Area of Development	(sq. km)
历年累计基础设施投资额	(亿元)	Accumulative Total Investments in Infrastructure	(100 million yuan)
历年累计批准进区企业	(个)	Accumulative Number of Enterprises Approved	(unit)
#三资企业	(个)	Foreign Investments Enter－prises	(unit)
历年累计协议利用外资	(亿美元)	Accumulative Total Foreign Investments of Agreements	(USD 100 million)
历年累计实际利用外资	(亿美元)	Accumulative Total Foreign Investments Actually Used	(USD 100 million)
年末实有投产企业个数	(个)	Number of Enterprises in Production or Operation at the Year－end	(unit)
#三资企业	(个)	Foreign Investments Enter－prises	(unit)
当年规模以上工业总产值	(亿元)	Gross Industrial Output Value of the Year	(100 million yuan)
当年规模以上企业主营业务收入	(亿元)	Fulfilled Profits and Tax of the Year	(100 million yuan)
当年规模以上企业实现利润	(亿元)	Fulfilled Profits of the Enterprises above the Designated Size of the Year	(100 million yuan)
当年出口创汇	(亿美元)	Foreign Exchange Earmings of Export of the Year	(USD 100 million)
当年财政总收入	(亿元)	Total Financial Revenue of the Year	(100 million yuan)
# 税收收入	(亿元)	Tax Revenue	(unit)

注:2021 年杭州市行政区划调整,余杭经济技术开发区 2021 年数据剔除瓶窑、良渚、仁和。

建设发展情况(2021 年)
Class Development Zones(2021)

杭州高新技术开发区 Hangzhou High - tech Development Zone	萧山经济技术开发区 Xiaoshan Economic and Technological Development Zone	富阳经济技术开发区 Fuyang Economic and Technological Development Zone	余杭经济技术开发区 Yuhang Economic and Technological Development Zone	临江国家高新区 Linjiang Nationd High - Tech Zone
12.12	58.41	106.04	88.95	531.70
12.12	47.31	42.60	35.30	-
528.32	610.51	1060.92	643.35	1176.54
90463	-	28041	54707	-
1073	819	617	531	-
-	136.84	39.94	46.92	297.18
111.77	75.29	35.36	35.60	160.03
38878	15093	8365	54707	-
1073	504	259	460	-
2924.36	983.00	1148.64	1484.04	3528.00
10473.23	5112.67	2833.33	3347.50	3778.74
799.35	193.59	69.69	141.58	256.16
115.18	35.41	19.02	46.64	90.45
406.99	298.60	140.82	138.62	240.61
396.60	293.22	104.11	138.62	232.52

a) The administrative division of Hangzhou was adjusted in 2021, the data of Yuhang Economic and Technological Development Zone in 2021 exclude Pingyao, Liangzhu and Renhe.

9－07 进出口情况（1990－2021年）
Imports and Exports（1990－2021）

年份 Year	亿美元 USD 100 million						亿元 100 million yuan					
	进出口 Exports And Imports		出口 Exports		进口 Imports		进出口 Exports And Imports		出口 Exports		进口 Imports	
	总值 Total Value	为上年% As Compared with the Preceding Year(%)	总值 Total Value	为上年% As Compared with the Preceding Year(%)	总值 Total Value	为上年% As Compared with the Preceding Year(%)	总值 Total Value	为上年% As Compared with the Preceding Year(%)	总值 Total Value	为上年% As Compared with the Preceding Year(%)	总值 Total Value	为上年% As Compared with the Preceding Year(%)
1990	1.45	172.6	0.99	198.0	0.46	135.3						
1991	2.18	150.3	1.48	149.5	0.70	152.2						
1992	3.42	156.9	2.16	146.0	1.26	180.0						
1993	8.73	255.3	4.92	227.8	3.81	302.4						
1994	34.96	400.5	26.11	530.7	8.85	232.3						
1995	45.18	129.2	33.18	127.1	12.00	135.6						
1996	43.52	96.3	31.11	93.8	12.41	103.4						
1997	48.83	112.2	37.43	120.3	11.40	91.8						
1998	59.73	122.3	44.16	118.0	15.57	136.6						
1999	73.40	122.9	50.79	115.0	22.61	145.3						
2000	104.76	142.7	69.65	137.1	35.11	155.3						
2001	112.98	107.9	72.84	104.6	40.14	114.3						
2002	131.07	116.0	84.81	116.4	46.26	115.3						
2003	182.38	139.2	109.55	129.2	72.83	157.4						
2004	244.96	134.3	151.75	138.6	93.21	128.0						
2005	298.70	121.9	198.04	130.5	100.66	108.0						
2006	389.09	130.3	262.28	132.4	126.81	126.0						
2007	434.26	111.7	299.66	114.3	134.60	106.2						
2008	480.65	110.7	336.14	112.2	144.51	107.4						
2009	404.20	84.1	271.80	80.9	132.40	91.6						
2010	523.55	129.5	353.37	130.0	170.18	128.6	3551.87		2397.67		1154.20	
2011	639.72	122.2	415.21	117.5	224.50	131.9	4152.76	116.9	2696.47	112.5	1456.28	126.2
2012	616.83	96.4	412.62	99.4	204.22	91.0	3893.23	93.8	2604.88	96.6	1288.35	88.5
2013	650.71	105.5	447.66	108.5	203.05	99.5	4037.01	103.7	2777.31	106.6	1259.70	97.8
2014	679.98	104.5	491.66	109.8	188.32	92.8	4177.24	103.5	3020.29	108.7	1156.95	91.8
2015	665.66	97.9	500.67	101.8	165.00	87.7	4132.43	99.0	3108.03	102.9	1024.40	88.7
2016	679.92	102.2	502.59	100.5	177.34	107.6	4485.97	108.7	3313.80	106.7	1172.17	114.6
2017	750.65	110.4	509.95	101.5	240.70	135.7	5085.08	113.3	3455.61	104.3	1629.46	138.8
2018	795.56	106.0	518.23	101.8	277.33	114.8	5245.28	103.1	3417.11	99.0	1828.17	111.8
2019	811.54	102.0	523.83	101.1	287.71	103.7	5596.81	106.7	3612.66	105.7	1984.14	108.5
2020	856.10	105.4	532.85	101.6	323.25	112.3	5934.16	105.9	3693.23	102.1	2240.93	112.9
2021	1140.26	132.7	719.28	135.1	420.98	128.6	7368.97	123.7	4647.02	125.9	2721.95	120.0

9-08 分经济类型进出口情况(2021年)

Statistics on Imports and Exports by Econimic Type(2021)

单位:亿元 (100 million yuan)

项　目	Item	2021年 In Year 2021	为上年(%) As Compared with the Preceding Year(%)
全市进出口总值(海关口径)	Total Exports And Imports	7368.97	123.7
一、出口总额	Exports	4647.02	125.9
1. 国有企业	State - owned Enterprises	491.55	126.1
2. 三资企业	Foreign Investment Enterprises	855.37	122.8
(1)中外合作企业	Cooperation Enterprises	1.93	103.3
(2)中外合资企业	Joint - Venture Enterprises	349.56	113.6
(3)外商独资企业	Enterprises With Sole Foreign Investment	503.88	130.2
3. 集体企业	Collective - owned Enterprises	165.64	159.2
4. 私营企业	Private Enterprises	3114.12	125.6
二、进口总额	Imports	2721.95	120.0

9-09 分地区外贸进出口情况(2021年)
Imports and Exports by Region(2021)

单位:万元 (10000 yuan)

区域 Region		进出口总值 Total Imports and Exports	为上年(%) As Compared with the Preceding Year(%)	出口总值 Exports of This Year	为上年(%) As Compared with the Preceding Year(%)	进口总值 Imports of This Year	为上年(%) As Compared with the Preceding Year(%)
全市合计	**Total**	**73689663**	**123.7**	**46470183**	**125.9**	**27219480**	**120.0**
#不含省属	#Non-provincial	68797888	124.5	44440911	127.2	24356977	119.9
#上城区	Shangcheng	6330818	111.3	3617996	119.8	2712822	101.6
拱墅区	Gongshu	8830833	126.8	4014011	131.3	4816822	123.3
西湖区	Xihu	3781040	126.0	3093671	129.7	687368	111.4
高新(滨江)区	Hi-Tech(Binjiang)	10885738	135.5	7343600	134.6	3542138	137.3
萧山区	Xiaoshan	10270652	129.7	7884227	129.2	2386425	131.7
余杭区	Yuhang	3485797	134.3	3250110	135.6	235687	118.0
临平区	Linping	3507177	129.7	3281325	129.8	225852	129.1
钱塘区	Qiantang	10286043	115.5	5847830	120.7	4438213	109.4
富阳区	Fuyang	4015938	133.5	1694697	126.3	2321241	139.3
临安区	Lin'an	2444295	132.6	1648491	125.3	795805	150.7
桐庐县	Tonglu	958553	126.7	871240	123.4	87312	171.8
淳安县	Chun'an	144169	112.4	131550	115.2	12619	89.1
建德市	Jiande	992744	119.1	865615	113.3	127130	182.6

9-10 分地区外贸进出口总值(2004-2021年)
Total Value of Imports and Exports by Region(2004-2021)

单位:万美元 (USD 10000)

年份 Year	全市 Whole City	市区 Urban District						桐庐县 Tonglu	淳安县 Chun'an	建德市 Jiande
		合计 Total	#萧山区 Xiaoshan	余杭区 Yuhang	临平区 Linping	富阳区 Fuyang	临安区 Lin'an			
2004	2449671	2364434	414374	88538	-	52399	28918	32333	4461	19525
2005	2986993	2892191	510950	128999	-	72357	33262	30489	5211	25841
2006	3890853	3769910	610201	183930	-	81616	41492	38522	6797	34132
2007	4342666	4181699	795487	255534	-	105765	55542	48811	8319	48295
2008	4806503	4545719	953377	324421	-	126829	74862	71753	12478	101692
2009	4041991	3821965	829827	285496	-	116158	70454	60064	12039	77470
2010	5235549	4946409	1135326	385736	-	166652	101387	73919	17183	96651
2011	6397180	6044765	1432742	484903	-	216575	132729	93464	20459	105763
2012	6168325	5814547	1367290	512531	-	224446	142340	103153	21604	86681
2013	6507102	6115754	1408929	555640	-	265788	165094	119539	19692	87023
2014	6799775	6355378	1384823	601220	-	284980	193001	133392	23802	94202
2015	6656636	6178381	1189039	537405	-	285540	209150	147326	20814	100965
2016	6799241	6313076	1120689	520195	-	273306	223014	139150	18377	105623
2017	7506524	7295048	1079155	577771	-	372442	274535	110464	16843	84169
2018	7352678	7108994	1199436	701156	-	426099	238136	118296	18005	107382
2019	8115399	7889427	1214129	694110	-	429135	246122	108729	19382	97860
2020	8560995	8313802	1139767	766374	-	423847	259590	108617	18525	120050
2021	11402625	11078145	1589037	539608	542834	621247	378223	148413	22325	153743

9-11 外贸出口分国别(地区)情况(2021年)

Export by Country or Region(2021)

单位:万元 (10000 yuan)

国 别 (地区)	Country (territory)	2021年 In Year 2021	为上年(%) As Compared with the Preceding Year(%)
合 计	**Total**	**46470183**	**125.9**
#中国香港	Hong Kong China	819229	120.2
中国台湾	Taiwan China	514444	133.5
美国	U.S.A	7988128	118.5
日本	Japan	2318144	103.4
德国	Germany	2291866	136.6
英国	Britain	1822130	140.2
印度	India	1950974	141.1
越南	Vietnam	1540759	123.1
韩国	Republic of Korea	1401229	123.9
荷兰	Netherlands	1431890	126.3
意大利	Italy	862748	118.6
法国	France	1194143	115.8
俄罗斯	Russia	1190793	126.4
澳大利亚	Australia	1056745	124.3
印度尼西亚	Indonesia	968009	145.8
西班牙	Spain	876972	126.3
加拿大	Canada	931922	139.1
巴西	Brazil	1173727	147.6
墨西哥	Mexico	1044599	149.7
泰国	Thailand	960892	147.7
“一带一路”国家(地区)	Countries along the Belt and Road	14958268	128.1

9－12　进出口货物分贸易方式总值表(2021 年)

Total Value Table of Import and Export Goods by Trade Mode(2021)

单位:万元　　(10000 yuan)

贸易方式 Trade Mode	出口 Export		进口 Import	
	2021 年 In Year 2021	为上年(%) As Compared with the Preceding Year(%)	2021 年 In Year 2021	为上年(%) As Compared with the Preceding Year(%
总值 Total Value	**46470183.20**	**125.9**	**27219480.12**	**120.0**
一般贸易 General Trade	40519630.42	127.9	22359769.86	116.5
来料加工装配贸易 Processing and Assembling Trade with Supplied Materials	233438.94	109.9	207970.47	115.2
进料加工贸易 Imported Materials Processing	4813398.67	116.5	2647634.75	136.5
外商投资企业作为投资进口的设备物品 Equipments and Goods Imported by Foreign－invested Enterprises as Investment	－	－	6402.48	51.0
保税监管场所进出境货物 Import and Export Cargos at Bonded Supervision Place	7210.16	140.5	874029.31	181.6
海关特殊监管区域物流货物 Logistics Goods in Areas under Customs Special Supervision	178072.01	128.4	990588.35	133.2
海关特殊监管区域进口设备 Import Equipments in Areas under Customs Special Supervision	－	－	11053.15	152.1
华侨、港澳台同胞、外籍华人捐赠物资 Materials Donated by Overseas Chinese, Compatriots from Hong Kong, Macao and Taiwan, and Foreign Nationality Overseas	205.00	0.2	246.27	1.4
对外承包工程出口货物 Export Goods of Foreign Contracted Projects	474339.24	139.9	－	－
其他贸易 Other Trade	233903.28	78.4	120829.50	116.1

9－13 主要商品出口情况(2021年)
Major Commodity Exports(2021)

单位:万元 (10000 yuan)

项目名	Item	2021年 In Year 2021	为上年(%) As Compared with the Preceding Year(%)
机电产品	Mechanical and Electrical Products	20586320.99	124.3
高新技术产品	High－tech Products	9073280.90	140.4
文化产品	Cultural Products	2622304.46	124.0
农产品	Agricultural Products	793244.23	100.7
服装及衣着附件	Clothing and Clothing Accessories	3205289.93	110.5
纺织纱线、织物及其制品	Textile Yarns, Fabrics and Their Products	4718531.15	98.2
鞋靴	Footwear	342790.86	122.7
家具及其零件	Furniture and Its Parts	1623557.19	138.3
塑料制品	lastic Products	1191257.70	120.4
灯具、照明装置及其零件	Lamps, Lighting Devices and Their Parts	493574.83	121.9
箱包及类似容器	Bags and Similar Containers	299599.57	119.3
汽车零配件	Automobile Parts	1341265.27	121.7
钢材	Steel	1993198.62	198.6
船舶	Boats and Ships	18976.19	116.5
医药材及药品	Medicinal Materials and Drugs	2456412.16	231.7
电线及电缆	Wire and Cable	555553.65	138.4
水产品	Aquatic Products	40622.08	149.7

9-14 旅游发展情况(1995-2021年)
Statistics on Tourism(1995-2021)

年　份 Year	旅游总收入 (亿元) Total Tourism Revenue (100 million yuan)	国内旅游收入 (亿元) Domestic Earnings (100 million yuan)	旅游外汇收入 (亿美元) Foreign Exchange Earnings from International Tourism (USD 100 million)	旅游总人数 (万人次) Total Tourists (10000 person-times)	国内游客人数 (万人次) Domestic Tourists (10000 person-times)
1995	106.0	94.3	1.45	2148	2104
1996	136.5	122.6	1.67	2055	2009
1997	158.8	142.1	2.01	2150	2100
1998	163.4	146.0	2.10	2172	2121
1999	186.0	166.7	2.37	2266	2207
2000	214.3	190.0	2.92	2376	2305
2001	249.7	218.9	3.37	2592	2510
2002	294.4	254.8	4.77	2758	2652
2003	325.9	290.9	4.22	2862	2776
2004	410.1	361.2	5.97	3139	3016
2005	465.1	403.6	7.58	3417	3266
2006	543.7	471.2	9.09	3864	3682
2007	630.1	548.6	11.19	4320	4112
2008	707.2	617.2	12.96	4773	4552
2009	803.1	708.9	13.80	5324	5094
2010	1025.7	910.9	16.90	6581	6305
2011	1191.0	1063.8	19.60	7487	7181
2012	1392.3	1253.2	22.02	8568	8237
2013	1603.7	1469.9	21.60	9725	9409
2014	1886.3	1743.9	23.18	10933	10606
2015	2200.7	2019.7	29.31	12382	12040
2016	2571.8	2362.6	31.49	14059	13696
2017	3041.3	2802.1	35.43	16287	15884
2018	3589.1	3335.6	38.31	18403	17983
2019	4004.5	3953.7	7.37	20814	20700
2020	3335.4	3331.3	0.59	17573	17559
2021	1524.2	1518.3	0.85	8952	8934

注:自2019年开始,入境旅游口径调整为"入境过夜游客",2018年以前为"境外旅游者人数",2021年起,旅游接待主要指标按国家制度口径进行调整。

a) Since 2019, the caliber of inbound tourism has been adjusted to "inbound overnight tourists", which was "the number of overseas tourists" before 2018, Since 2021, the main indicators of tourism reception have been adjusted according to the national system.

9-15 境外旅游者人数(1978-2021年)

Number of International Tourists (1978-2021)

单位:人次 (person-times)

年 份 Year	合 计 Total	#外国人 Foreigners	港澳台同胞 Compatriots from Hong Kong, Macao and Taiwan	平均逗留天数 Average days of Staying
1978	53475	728	26648	
1979	84914	44714	39131	2.59
1980	124960	61710	61382	2.70
1981	154745	87727	65014	2.71
1982	152897	89100	61314	2.49
1983	160564	97803	59625	2.18
1984	179200	105771	70915	2.12
1985	238385	156311	75063	2.18
1986	266370	170960	87092	2.38
1987	300603	183477	100078	2.38
1988	349246	149512	159745	2.08
1989	248502	66094	163589	2.08
1990	388345	86621	268131	2.09
1991	390197	136809	229690	2.00
1992	489578	183781	267256	2.03
1993	459620	199796	234640	2.06
1994	337362	201692	124346	2.10
1995	441262	249418	177236	2.06
1996	462313	273477	178845	2.07
1997	504276	288949	205267	2.20
1998	507243	261353	231609	2.20
1999	591853	324625	257978	2.09
2000	707148	400906	306242	2.15
2001	819438	447689	371749	2.41
2002	1056266	631576	424690	2.50
2003	861163	482073	379090	2.72
2004	1234063	791616	442447	2.59
2005	1513585	1020840	492745	2.63
2006	1820171	1236792	583379	2.57
2007	2085997	1453650	632347	2.67
2008	2213329	1543665	669654	2.73
2009	2304045	1572838	731207	2.87
2010	2757147	1878528	878619	2.94
2011	3063140	2108263	954877	2.96
2012	3311225	2298763	1012462	2.95
2013	3160058	2198187	961871	2.93
2014	3261337	2254866	1006471	2.93
2015	3415619	2378461	1037158	2.99
2016	3632252	2556247	1076005	3.14
2017	4022309	2849993	1172316	3.25
2018	4205063	2990183	1214056	2.80
2019	1133143	839504	293639	3.20
2020	143084	113640	29444	2.35
2021	181648	145537	36111	2.69

注:从1995年起为全市数。自2019年开始,全省入境旅游统计口径调整为"入境过夜游客",根据省文旅厅数据,我市2018年接待入境旅游者人次为107.23万人次。2018年以前为"境外旅游者人数"。

a) Data in this table has included the tourists of whole municipality since 1995. Since 2019, the statistical caliber of inbound tourism in the whole province has been adjusted to "inbound overnight tourists". According to the data from the Zhejiang Provincial Department of Culture and Tourism, Hangzhou received 1.0723 million person/times inbound tourists in 2018. which was "the number of overseas tourists" before 2018.

9－16　接待境外游客及居民出境旅游情况(2017－2021年)

Number of International Tourists and Outbound Tourists(2017－2021)

项　　目	Item	2017	2018	2019	2020	2021
一、接待境外游客	**International Tourists**					
全年接待人数(人次)	**Number of Foreign Tourists(person－times)**	**4022309**	**4205063**	**1133143**	**143084**	**181648**
#外国人	#Foreigners	2849993	2990183	839504	113640	145537
港澳台同胞	Compatriots From Hong Kong, Macao and Taiwan	1172316	1214056	293639	29444	36111
全年接待人天数(人天)	**Total Person－days (person－days)**	**13092273**	**14694611**	**2991120**	**336562**	**488448**
#外国人	#Foreigners	9545816	10727681	2312566	264402	382107
港澳台同胞	Compatriots From Hong Kong, Macao and Taiwan	3545457	3966930	678553	72159	106341
平均逗留天数(天)	**Average Days of Staying (days)**	**3.25**	**2.8**	**3.2**	**2.4**	**2.69**
#外国人	#Foreigners	3.35	2.8	3.2	2.3	2.63
港澳台同胞	Compatriots From Hong Kong, Macao and Taiwan	3.02	2.6	2.8	2.5	2.94
旅游外汇总收入(万美元)	**Total Foreign Exchange Earnings From International Tourism (USD 10000)**	**354286**	**383063**	**73660**	**5903**	**8544**
二、居民出境旅游	**Outbound Tourism**					
居民出境旅游人数(人次)	**Outbound Tourists(Person－time)**	**1730474**	**2125332**	**2186500**	**87742**	**－**

注:从1995年起为全市数。自2019年开始,全省入境旅游统计口径调整为“入境过夜游客”,根据省文旅厅数据,我市2018年接待入境旅游者人次为107.23万人次。2018年以前为“境外旅游者人数”。

a) Data in this table has included the tourists of whole municipality since 1995. Since 2019, the statistical caliber of inbound tourism in the whole province has been adjusted to "inbound overnight tourists". According to the data from the Zhejiang Provincial Department of Culture and Tourism, Hangzhou received 1.0723 million person/times inbound tourists in 2018. which was "the number of overseas tourists" before 2018.

9－17　接待境外游客分国别(地区)情况(2020－2021 年)

Number of International Tourists by Country or Region(2020－2021)

单位:人次　　　　　　　　　　　　　　　　　　　　　　　　(person－times)

国　别(地区)	Country (territory)	2021	2020	为上年(%) As Compared with the Preceding Year(%)
合　计	**Total**	**181648**	**143084**	**126.95%**
#中国香港	#Hong Kong China	15766	14108	111.75%
中国澳门	Macao China	4703	1532	306.98%
中国台湾	Taiwan China	15641	13804	113.31%
日本	Japan	4330	3421	126.57%
美国	U. S. A	7603	4955	153.44%
新加坡	Singapore	1706	1195	142.76%
澳大利亚	Australia	4182	1214	344.48%
泰国	Thailand	1241	675	183.85%
意大利	Italy	707	401	176.31%
荷兰	Netherlands	583	378	154.23%
西班牙	Spain	1936	1685	114.90%
马来西亚	Malaysia	853	17689	4.82%
韩国	Republic of Korea	2802	2827	99.12%
法国	France	1114	840	132.62%
德国	Germany	5812	1157	502.33%
加拿大	Canada	2013	1422	141.56%
英国	Britain	1445	979	147.60%
印度尼西亚	Indonesia	3154	14521	21.72%
印度	India	373	440	84.77%
菲律宾	Filipine	177	116	152.59%

注:自 2019 年开始,全省入境旅游统计口径调整为“入境过夜游客”。

a) Since 2019, the statistical caliber of inbound tourism in the whole province has been adjusted to "inbound overnight tourists".

主要统计指标解释

利用外资 指我市政府部门,企业和其他经济组织通过对外借款,吸收外商直接投资以及用其他方式筹措的境外现汇、设备、技术等。

外商直接投资 是指外国企业和经济组织或个人(包括华侨、港澳台胞以及我国在境外注册的企业)按我国有关政策、法规,用现汇、实物、技术等在我市境内开办外商独资企业、与我市境内的企业或经济组织共同举办中外合资经营企业、合作经营企业或者合作开发资源的投资(包括外商投资收益的再投资)以及经政府有关部门批准的项目投资总额内,企业从境外借入的资金。

进出口总额 海关进出口总额指实际进出我国国境的货物总金额。包括对外贸易实际进出口货物,来料加工装配进出口货物,国家间、联合国及国际组织无偿援助物资和赠送品,华侨、港澳台同胞和外籍华人捐赠品,租赁期满归承租人所有的租赁货物,进料加工进出口货物,边境地方贸易及边境地区小额贸易进出口货物(边民互市贸易除外),中外合资经营企业、中外合作经营企业、外商独资经营企业进出口货物和公用物品,到、离岸价格在规定限额以上的进出口货样和广告品(无商业价值、无使用价值和免费提供出口的除外),从保税仓库提取在中国境内销售的进口货物,以及其他进出口货物。进出口总额以观察一个国家在对外贸易方面的总规模。我国规定出口货物按离岸价格统计,进口货物按到岸价格统计。

境外旅游者人数 指来我市参观、访问、旅行、探亲、访友、休养、考察、参加会议和从事经济、科技、文化、教育、体育、宗教等活动的外国人、华侨、港澳和台湾同胞的人数。不包括外国在我市的常驻机构,如使领馆、通讯社、企业办事处的工作人员;来我市常住的外国专家、留学生以及在岸逗留不过夜人员。

境外旅游(外汇)收入 指入境旅游的外国人、华侨、港澳台同胞在杭州旅游过程中发生的一切旅游支出,对我市来说就是境外旅游(外汇)收入。

Explanatory Notes on Main Statistical Indicators

Utilization of Foreign Capital refers to foreign spot exchange, equipment and technology financed by foreign loans, foreign direct investment and other forms undertaken by Hangzhou government, enterprises and other economic units.

Foreign Direct Investment refers to the investments inside China by foreign enterprises and economic organizations or individuals (including overseas Chinese, compatriots from Hong Kong, Macao and Taiwan, and Chinese enterprises registered abroad) , following the relevant policies and laws of China, to establish wholly foreign owned enterprises, Sino foreign joint ventures and cooperative enterprises, or to explore resources jointly with enterprises or economic organizations in Hangzhou with spot exchange, material objects and technology. It also includes the re – investment of the foreign entrepreneurs with the profits gained from the investment and funds that enterprises borrow from abroad in the total investment of projects approved by the relevant department of the government.

Total Imports and Exports refer to the value of commodities imported into and exported from the boundary of China. It includes the actual imports and exports through foreign trades, imported and exported goods processed and assembled with supplied materials, supplies and gifts as aid given gratis between countries and by the United Nations and other international organizations, and contributions donated by overseas Chinese, compatriots in Hong Kong, Macao and Chinese foreign citizenship, leasing commodities belong to tenants at the end of leasing period, the imported and exported commodities processed with imported materials, commodities trading in border areas (excluding mutual exchange goods), the imported and exported commodities and articles for public use of the Sino – foreign joint ventures, cooperative enterprises and wholly foreign owned enterprises. It also includes imported or exported samples and advertising goods whose CIF or FOB value are beyond the permitted ceiling (excluding goods without trading or use value and exported free), imported goods sold in China from bonded warehouses and other imported or exported goods. This indicator is used to observe the total size of external trade in a country. In accordance with the stipulation of Chinese government, imports are calculated at CIF, while exports are calculated at FOB.

Number of International Tourists refers to foreigners, overseas Chinese and compatriots from Hong Kong, Macao and Taiwan, who come to Hangzhou for sightseeing, visits, tours, family reunions, vacations, study tours, conferences and other activities of business, scientific and technological, cultural, educational and religious natures. It does not include employees of permanent offices of foreign countries in our city such as embassies, consulates, news agencies and offices of foreign companies, or long – term foreign experts or students residing in Hangzhou, or persons in transition without spending a night in Hangzhou.

Foreign Exchange Earnings from Overseas Tourism refer to the total expenditures of foreigners, overseas Chinese, Chinese compatriots from Hong Kong, Macao and Taiwan during their stay in Hangzhou, which are, for Hangzhou, foreign exchange earnings from overseas tourism.

十、财政、金融保险

FINANCE,BANKING AND INSURANCE

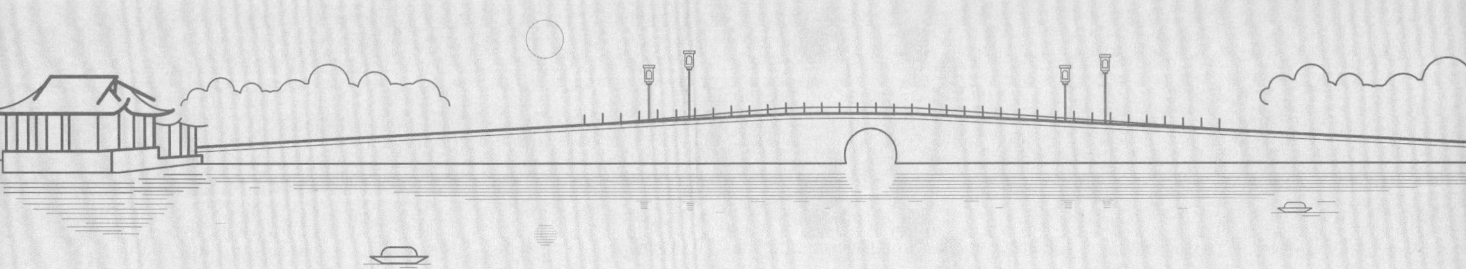

10 财政、金融、保险
Finance, Banking and Insurance

主要统计指标
Major Statistical Indicators

财政总收入	Total Financial Revenue	4561.72	亿元	(100 million yuan)
为上年	As Compared with the Preceding Year	118.4	%	(%)
一般公共预算收入	General Public Budget Revenue	2386.59	亿元	(100 million yuan)
为上年	As Compared with the Preceding Year	114.0	%	(%)
一般公共预算支出	General Public Financial Budgetary Expenditure	2392.04	亿元	(100 million yuan)
为上年	As Compared with the Preceding Year	115.6	%	(%)
年末金融机构各项存款余额	Balance of Deposits of Financial Institutions at Year-end	61044.30	亿元	(100 million yuan)
为上年	As Compared with the Preceding Year	112.5	%	(%)
# 住户存款余额	The Increased Amount of Household Deposits	15818.40	亿元	(100 million yuan)
为上年	As Compared with the Preceding Year	109.9	%	(%)
年末金融机构各项贷款余额	Balance of Loans of Financial Institutions at Year-end	56274.77	亿元	(100 million yuan)
为上年	As Compared with the Preceding Year	113.0	%	(%)

10－01 财政收入及支出(1978－2021年)

Financial Revenue and Expenditure (1978－2021)

单位:万元 (10000 yuan)

年份 Year	财政总收入 Financial Revenue		一般公共预算收入 General Public Budget Revenue		一般公共预算支出 General Public Budget Expenditure	
	全市 Total	市区 Urban District	全市 Total	市区 Urban District	全市 Total	市区 Urban District
1978	94102	73396	–	–	16170	7779
1979	103259	81885	–	–	20334	11289
1980	118529	94015	–	–	21726	11867
1981	128564	100645	–	–	23964	13891
1982	140510	107298	–	–	24945	13687
1983	153941	116559	–	–	32765	17822
1984	172996	130757	–	–	46937	28710
1985	186472	131923	–	–	57710	35435
1986	205952	141943	–	–	73213	43959
1987	226262	152268	–	–	70717	41011
1988	246961	161208	–	–	95655	53031
1989	255003	156649	–	–	113571	61534
1990	252503	149904	–	–	118167	62587
1991	267597	158130	–	–	123134	62403
1992	286394	168341	–	–	132814	65984
1993	394946	233670	–	–	185168	90545
1994	484597	300014	197292	116733	215415	102430
1995	551262	339828	230431	135041	249050	120084
1996	635334	414557	268438	169987	302390	151016
1997	740725	485650	312797	196885	363834	197054
1998	869824	585615	368484	236269	424478	237221
1999	1026577	689394	449593	288002	563524	335243
2000	1428519	970937	691891	599910	734328	445698
2001	1884608	1612225	1042789	884738	1049330	849479
2002	2571408	2235021	1183153	1022964	1410199	1166298
2003	3297091	2861459	1503888	1290778	1635948	1340463
2004	3957516	3488744	1974523	1712813	1956282	1602303
2005	5207930	4584112	2504565	2172575	2383344	1957619
2006	6244906	5484645	3013888	2616084	2754809	2254347
2007	7884237	6929667	3916195	3421403	3357153	2747060
2008	9105489	7991043	4553531	3972842	4196674	3454599
2009	10194264	8965758	5207899	4535191	4903983	4000324
2010	12454323	10988265	6713413	5894414	6165836	4988197
2011	14889206	13009046	7851524	6822765	7475004	5971740
2012	16278879	14244888	8599875	7475989	7862800	6222930
2013	17349750	15157584	9452020	8207264	8557370	6662314
2014	19201076	17750305	10273169	9426504	9611771	8077961
2015	22387456	20738698	12338820	11360166	12054777	10235061
2016	25584128	23844189	14023826	12988095	14043065	12019355
2017	29212996	28010839	15674169	14979182	15409156	13968866
2018	34574596	33198717	18250616	17466268	17170834	15573258
2019	36500413	35006136	19659731	18800198	19528530	17796386
2020	38541929	37001224	20933893	20021700	20696554	18772405
2021	45617231	43797735	23865936	22837555	23920396	21897539

10-02 分地区财政
Local Financial

单位:万元

指标	Item	全市 Total	市区 Urban District
财政总收入合计	**Total**	**45617231**	**43797735**
一、一般公共预算收入	General Public Budget Revenue	23865936	22837555
(一)税收收入	Tax Revenue	22336029	21408092
1. 国内增值税	Domestic Value-added Tax	7830680	7467889
2. 企业所得税	Corporate Income Tax	4919598	4695522
3. 个人所得税	Individual Income Tax	2278722	2221057
4. 资源税	Resource tax	26779	15616
5. 城市维护建设税	City Construction and Maintenance Tax	1414537	1371237
6. 房产税	Real Estate Tax	703768	678424
7. 印花税	Stamp tax	404263	391255
8. 城镇土地使用税	Urban Land Use Tax	113638	102202
9. 土地增值税	Land Appreciation Tax	2266371	2205767
10. 车船税	Vehicle and vessel tax	139182	117110
11. 耕地占用税	Tax on the Use of Arable Land	98443	90227
12. 契税	Contract Tax	2132040	2044668
13. 环境保护税	Environmental protection tax	1828	1166
14. 其他税收	Other Tax	6180	5952
(二)非税收入	Non-tax Revenue	1529907	1429463
1. 专项收入	Special Revenue	1060727	1018996
#教育费附加	Revenue from Extra-Charges for Education	526874	505575
地方教育附加收入	Local Education Additional Revenue	351222	337023
残疾人就业保障金收入	Employment Security for The Disabled Revenue	163935	158721
教育资金收入	Educational Fund Revenue	-	-
农田水利建设资金收入	Fund in The Farmland Irrigation Construction Revenue	-	-
2. 行政事业性收费收入	Income from Administrative Fees	204207	195580
3. 罚没收入	Penalty and Confiscatory Income	335565	314497
4. 国有资本经营收入	Revenue of state-owned capital	-477302	-472602
#国有企业计划亏损补贴	Subsides to Loss-making of state-owned Enterprises	-477462	-472762
5. 国有资源(资产)有偿使用收入	Income from Paid Use of State-owned Resources (Assets)	312040	280921
6. 政府住房基金收入	Government Housing Fund Income	78343	75761
7. 其他收入	Other Revenue	16327	16310
二、上划中央"四税"小计	Subtotal Revenue of Central Government	21751295	20960180
1. 消费税	Consumption Tax	3123131	3117420
2. 增值税	Value Added Tax	7830680	7467889
3. 企业所得税	Corporate Income Tax	7379399	7043285
4. 个人所得税	Individual Income Tax	3418085	3331586

总收入(2021 年)
Revenue by Region(2021)

(10000 yuan)

上城区 Shangcheng	拱墅区 Gongshu	西湖区 Xihu	高新(滨江)区 Hi - Tech (Binjiang)	萧山区 Xiaoshan	余杭区 Yuhang
3777878	**3220448**	**3456693**	**4069946**	**5649824**	**7453086**
2013817	1795357	1756701	2028851	3430286	3756877
1906776	1682650	1654728	1924921	3158215	3627959
672890	663547	648909	657248	1105789	948969
441932	341740	399942	457836	594244	1230397
272238	148206	297660	463493	130972	598166
–	–	–	–	2296	45
108847	109129	100920	124434	159899	150187
121931	95936	78761	71007	82287	69936
40213	45491	37173	33458	52959	71495
8068	7973	6728	4324	19703	9735
238074	199849	84162	112931	565054	308668
23	68946	19	5	19998	895
–	–	–	–	17617	20619
–	–	–	–	406998	218656
12	8	13	2	192	41
2548	1825	441	183	207	150
107041	112707	101973	103930	272071	128918
82555	83071	68672	94907	118245	107171
38980	39355	31894	45450	60385	54556
25983	26184	21270	30300	40247	36398
17551	17530	15503	19157	17216	15213
–	–	–	–	–	–
–	–	–	–	–	–
1049	12874	10849	192	79591	2013
22829	16163	12587	8298	83427	18294
–	–	–	–	-30080	-3600
–	–	–	–	-30080	-3600
608	599	9865	533	19798	5030
–	–	–	–	–	10
–	–	–	–	1090	–
1764061	1425091	1699992	2041095	2219538	3696209
19916	26625	4680	1853	25925	4395
672890	663547	648909	657248	1105789	948969
662898	512610	599913	686754	891366	1845596
408357	222309	446490	695240	196458	897249

单位:万元　　10-02　续表

指标	Item	临平区 Linping	钱塘区 Qiantang
财政总收入合计	**Total**	**2470824**	**2406132**
一、一般公共预算收入	General Public Budget Revenue	1513279	1173123
(一)税收收入	Tax Revenue	1450960	1092146
1. 国内增值税	Domestic Value - added Tax	473165	522157
2. 企业所得税	Corporate Income Tax	243802	227923
3. 个人所得税	Individual Income Tax	72451	64814
4. 资源税	Resource tax	167	-
5. 城市维护建设税	City Construction and Maintenance Tax	77753	106516
6. 房产税	Real Estate Tax	45404	44507
7. 印花税	Stamp tax	18345	27544
8. 城镇土地使用税	Urban Land Use Tax	10590	11787
9. 土地增值税	Land Appreciation Tax	318100	79443
10. 车船税	Vehicle and vessel tax	9504	7221
11. 耕地占用税	Tax on the Use of Arable Land	20070	-
12. 契税	Contract Tax	161551	-
13. 环境保护税	Environmental protection tax	45	150
14. 其他税收	Other Tax	13	84
(二)非税收入	Non - tax Revenue	62319	80977
1. 专项收入	Special Revenue	55348	77844
#教育费附加	Revenue from Extra - Charges for Education	27251	40867
地方教育附加收入	Local Education Additional Revenue	18167	27245
残疾人就业保障金收入	Employment Security for The Disabled Revenue	9255	9731
教育资金收入	Educational Fund Revenue	-	-
农田水利建设资金收入	Fund in The Farmland Irrigation Construction Revenue	-	-
2. 行政事业性收费收入	Income from Administrative Fees	1951	985
3. 罚没收入	Penalty and Confiscatory Income	8184	1514
4. 国有资本经营收入	Revenue of state - owned capital	-5800	-
#国有企业计划亏损补贴	Subsides to Loss - making of state - owned Enterprises	-5800	-
5. 国有资源(资产)有偿使用收入	Income from Paid Use of State - owned Resources (Assets)	2629	634
6. 政府住房基金收入	Government Housing Fund Income	7	-
7. 其他收入	Other Revenue	-	-
二、上划中央"四税"小计	Subtotal Revenue of Central Government	957545	1233009
1. 消费税	Consumption Tax	10000	271746
2. 增值税	Value added Tax	473165	522157
3. 企业所得税	Corporate Income Tax	365704	341885
4. 个人所得税	Individual Income Tax	108676	97221

continued (10000 yuan)

富阳区 Fuyang	临安区 Lin'an	西湖风景名胜区 The West Lake Scenic Zone	桐庐县 Tonglu	淳安县 Chun'an	建德市 Jiande
1746007	**1489215**	**125319**	**675840**	**477591**	**666065**
1050187	903943	65504	383973	259442	384966
985571	858559	60800	354509	229451	343977
350063	273736	21238	139373	91163	132255
186703	166506	18651	82848	57536	83692
43222	38172	7065	18777	24355	14533
9690	3418	–	1449	568	9146
51791	44600	4425	15354	10307	17639
19223	11414	7467	12900	6557	5887
17565	12207	1494	6176	2509	4323
11588	9991	456	4894	1719	4823
115532	142661	–	22920	11453	26231
6045	4454	–	4985	3768	13319
8294	4514	–	3832	1821	2563
165436	146353	–	40727	17605	29040
379	75	1	236	4	422
40	458	3	38	86	104
64616	45384	4704	29464	29991	40989
42641	38823	3393	16515	10311	14905
21983	17895	1594	8282	5472	7545
14657	11932	1063	5522	3648	5029
3964	5112	736	2185	1026	2003
–	–	–	–	–	–
–	–	–	–	–	–
15707	3752	2	1761	4505	2361
22839	11994	127	8221	4122	8725
-79200	-34922	–	–	–	-4700
-79200	-35082	–	–	–	-4700
62629	10405	1182	963	10458	19698
–	112	–	1987	595	–
–	15220	–	17	–	–
695820	585272	59815	291867	218149	281099
869	4519	2	56	4149	1506
350063	273736	21238	139373	91163	132255
280055	249759	27977	124272	86304	125538
64833	57258	10598	28166	36533	21800

10－03 分地区一般公共

General Public

单位:万元

指　　标	Item	全　市 Total	市　区 Urban District
一般公共预算支出	**General Public Budget Expenditure**	**23920396**	**21897539**
一、一般公共服务	Expenditure for General Public Services	1989700	1795008
二、国防	Expenditure for National Defense	14454	13336
三、公共安全	Expenditure for Public Security	1353685	1247450
四、教育	Expenditure for Education	4662642	4273641
五、科学技术	Expenditure for Science and Technology	1796737	1716883
六、文化旅游体育与传媒	Expenditure for Culture, Sports and Media	450250	407732
七、社会保障和就业	Expenditure for Social Safety Net and Employment Effort	2868994	2647383
八、卫生健康	Expenditure for Medical and Health Care	1715324	1516298
九、节能环保	Expenditure for Energy Conservation and Environmental Protection	405613	319690
十、城乡社区	Expenditure for Urban and Rural Community	3676150	3560448
十一、农林水	Expenditure for Agriculture, Forestry and Water Conservancy	987866	732952
十二、交通运输	Expenditure for Transportation	559640	465434
十三、资源勘探工业信息等	Resources Exploration Information, etc	1454847	1426732
十四、商业服务业等	Expenditure for Commercial Service Industry	594158	573790
十五、金融	Expenditure for Financial Supervision	16508	15635
十六、援助其他地区	Expenditure for Aiding Other Territories	75483	73222
十七、自然资源海洋气象等	Expenditure for Land, Ocean and Meteorological Services	214483	161020
十八、住房保障	Expenditure on Housing Support	475180	420062
十九、粮油物资储备	Expenditure for Grain and Oil Reservation and other Materials Services	45709	41221
二十、灾害防治及应急管理	Expenditure for Disaster Prevention and Emergency Management	112766	101046
二十一、债务付息	Expenditure for Interest Payment	417137	356725
二十二、债务发行费用	Expenditure for Interest Payment and issue costs of Government debt	2000	1671
二十三、其他	Other Expenditure	31070	30160

预算支出(2021 年)
Expenditure by Region(2021)

(10000 yuan)

上城区 Shangcheng	拱墅区 Gongshu	西湖区 Xihu	高新(滨江)区 Hi-Tech (Binjiang)	萧山区 Xiaoshan	余杭区 Yuhang
1407796	**1187906**	**1269801**	**1431686**	**3242273**	**3341096**
150214	130878	83569	46826	282157	194093
63	397	2130	1810	4126	1355
113433	131588	86612	46453	150199	74138
379330	308367	454240	270026	626322	419193
102240	70526	97742	344371	174928	252400
29490	17580	12328	35930	41501	51931
189410	178715	151628	183178	296786	285224
83709	72375	71778	38015	264539	134847
10549	6883	1187	6895	90495	60787
248781	172633	198392	262170	497265	920124
10271	2477	18286	10820	96285	193366
-	-	15	80	102779	74791
6584	5841	40018	86900	308073	259407
11075	22416	2197	14414	125137	293283
4004	946	-	495	3158	840
3590	1804	4574	9514	12933	11742
3925	3923	4695	3110	41117	20546
29143	50697	24427	42800	43681	28824
-	100	-	-	194	3993
4647	3095	8541	3772	18694	9044
13803	6621	7313	20772	60583	46871
44	44	129	1	293	154
13491	-	-	3334	1028	4143

指　　标	Item	临平区 Linping	钱塘区 Qiantang
一般公共预算支出	**General Public Budget Expenditure**	**1828865**	**1562549**
一、一般公共服务	Expenditure for General Public Services	180594	145065
二、国防	Expenditure for National Defense	955	231
三、公共安全	Expenditure for Public Security	77786	72891
四、教育	Expenditure for Education	371383	277608
五、科学技术	Expenditure for Science and Technology	33863	204022
六、文化旅游体育与传媒	Expenditure for Culture,Sports and Media	23061	2826
七、社会保障和就业	Expenditure for Social Safety Net and Employment Effort	196015	79056
八、卫生健康	Expenditure for Medical and Health Care	161770	44467
九、节能环保	Expenditure for Energy Conservation and Environmental Protection	14590	8771
十、城乡社区	Expenditure for Urban and Rural Community	344258	311319
十一、农林水	Expenditure for Agriculture,Forestry and Water Conservancy	50638	35915
十二、交通运输	Expenditure for Transportation	65079	5933
十三、资源勘探工业信息等	Resources Exploration Information,etc	182262	269373
十四、商业服务业等	Expenditure for Commercial Service Industry	24651	12414
十五、金融	Expenditure for Financial Supervision	1254	384
十六、援助其他地区	Expenditure for Aiding Other Territories	5994	3031
十七、自然资源海洋气象等	Expenditure for Land, Ocean and Meteorological Services	9309	6110
十八、住房保障	Expenditure on Housing Support	44486	22397
十九、粮油物资储备	Expenditure for Grain, oil and other Materials Reservation Services	1865	261
二十、灾害防治及应急管理	Expenditure for Disaster Prevention and Emergency Management	3227	10467
二十一、债务付息	Expenditure for Interest Payment	29706	49631
二十二、债务发行费用	Expenditure for Interest Payment and issue costs of Government debt	175	377
二十三、其他	Other Expenditure	5944	–

continued (10000 yuan)

富阳区 Fuyang	临安区 Lin'an	西湖风景名胜区 The West Lake Scenic Zone	桐庐县 Tonglu	淳安县 Chun'an	建德市 Jiande
1179980	**1036850**	**163391**	**612469**	**773715**	**636673**
115795	98081	13079	49203	74023	71466
–	467	10	395	231	492
65068	50433	19178	38643	31219	36373
239644	187045	5198	171807	102752	114442
65020	42284	770	36297	12852	30705
23366	23215	8543	16495	13971	12052
152213	198801	23070	50149	100340	71122
140661	115048	2402	63001	70033	65992
22595	24437	123	16174	57806	11943
53561	57170	81908	29203	46935	39564
89348	93679	3021	73044	98809	83061
65434	36354	38	16905	52200	25101
32478	21889	8	5006	19689	3420
7614	4728	80	2608	13825	3935
547	287	–	619	222	32
2847	1988	228	1055	–	1206
12177	10131	566	8780	24043	20640
50660	47269	3751	17322	22015	15781
2004	14	–	2363	2112	13
7984	5368	1418	2541	5030	4149
30766	18124	–	10796	25454	24162
198	38	–	63	44	222
–	–	–	–	110	800

10－04　分税种、支出科目财政收支情况（2015－2021 年）

Local Public Financial Budgetary Revenue and Expenditure by Tax and Expenditure Account(2015－2021)

单位:万元　　　　(10000 yuan)

指　　标 Item	2015	2016	2017	2018	2019	2020	2021
财政总收入合计 Total	**22387456**	**25584128**	**29212996**	**34574596**	**36500413**	**38541929**	**45617231**
一、一般公共预算收入 General Public Budget Revenue	12338820	14023826	15674169	18250616	19659731	20933893	23865936
(一)税收收入 Tax Revenue	11259532	12892210	14171594	16512101	17911758	19785952	22336029
1. 国内增值税 Domestic Value－added Tax	1301043	2097640	2969672	3222118	6464435	6283057	7830680
改征增值税 Newly Changed Value－added Tax	1000427	1705813	2693559	3354083	3293607	3815351	－
2. 营业税 Business Tax	3094627	1988053	5288	16053	－	－	－
3. 企业所得税 Corporate Income Tax	1928567	2215439	2702212	3230360	3762660	3997302	4919598
4. 个人所得税 Individual Income Tax	920917	1155176	1461998	1863436	1813506	1999483	2278722
5. 城市维护建设税 City Construction and Maintenance Tax	792815	890160	984315	1133495	1117782	1138295	1414537
6. 房产税 Real Estate Tax	398528	443407	557952	663805	589684	672537	703768
7. 城镇土地使用税 Urban Land Use Tax	155914	147437	205548	172024	116652	143926	113638
8. 土地增值税 Land Appreciation Tax	551468	851760	975587	931792	1639773	1609298	2266371
9. 耕地占用税 Tax on the Use of Arable Land	64426	40610	37784	31261	119847	417613	98443
10. 契税 Contract Tax	761861	1056441	1205784	1474897	1839509	3031748	2132040
11. 其他税收 Other Tax	288939	300274	371895	418777	447910	492693	578232
(二)非税收入 Non－tax Revenue	1079288	1131616	1502575	1738515	1747973	1147941	1529907
1. 专项收入 Special Revenue	1073893	1102959	1180199	1293351	1173121	934996	1060727
2. 行政事业性收费收入 Income from Administrative Fees	12213	10968	48079	111730	101292	167184	204207

单位:万元 10－04 续表 continued (10000 yuan)

指　标 Item	2015	2016	2017	2018	2019	2020	2021
3. 罚没收入 Penalty and Confiscatory Income	149897	160147	218482	328202	279899	214645	335565
4. 国有资本经营收入 Revenue of state－owned capital	－	－	－	－	－198006	－469821	－477302
#国有企业计划亏损补贴 Subsides to Loss－making of state－owned Enterprises	－197823	－250873	－174529	－230413	－198299	－474590	－477462
5. 国有资源(资产)有偿使用收入 Income from Paid Use of State－owned Resources (Assets)	38904	58175	101288	146357	292317	242891	312040
6. 政府住房基金收入 Government Housing Fund Income	－	47.46	128247	79003	92493	51801	78343
7. 其他收入 Other Revenue	2204	47146	809	10285	6857	6245	16327
二、一般公共预算支出 General Public Budget Expenditure	12054777	14043065	15409156	17170834	19528530	20696554	23920396
1. 一般公共服务 Expenditure for General Public Services	1011605	1125425	1311829	1503663	1708207	1903776	1989700
2. 教育 Expenditure for Education	2234425	2530114	2792968	3154350	3635648	4042682	4662642
3. 科学技术 Expenditure for Science and Technology	701490	749190	923236	1182090	1481879	1443254	1796737
4. 文化旅游体育与传媒 Expenditure for Culture, Sports and Media	449192	283936	309282	332192	389757	400728	450250
5. 社会保障和就业 Expenditure for Social Safety Net and Employment Effort	1309862	1492895	1731704	2043585	2292860	2531543	2868994
6. 卫生健康 Expenditure for Medical and Health Care	766328	970504	1123291	1107731	1300003	1490008	1715324
7. 节能环保 Expenditure for Energy Conservation and Environmental Protection	445749	408576	377904	360033	471506	533234	405613
8. 城乡社区 Expenditure for Urban and Rural Community	1586419	2338331	2736428	2930114	3308192	2705431	3676150
9. 农林水 Expenditure for Agriculture, Forestry and Water Conservancy	880440	914373	896205	942335	1053876	1029656	987866
10. 交通运输 Expenditure for Transportation	389625	518178	515070	754753	743181	583462	559640
11. 住房保障 Expenditure on Housing Support	122825	219590	286287	227453	229186	401739	475180

10－05 金融机构存、贷款余额(1949－2021年)

Balance of Deposits and Loans of Financial Institutions (1949－2021)

单位:万元 (10000 yuan)

年份 Year	各项存款合计 Deposits Total	住户存款 Household Deposits	城镇住户存款 Urban Household Deposits	各项贷款合计 Loans Total
1949	241			131
1950	2044			63
1951	5475			2214
1952	7727			4533
1953	7806			7693
1954	7358			14900
1955	8996			10697
1956	8751			9674
1957	14878			11494
1958	10898			26220
1959	17912			46141
1960	17303			61064
1961	18943			45856
1962	22739			33740
1963	21725			24558
1964	23522			24721
1965	25415			29611
1966	28844			41399
1967	31748			44880
1968	36039			53683
1969	30962			56059
1970	35967			68278
1971	41903			72507
1972	44029			77571
1973	59975			106073
1974	63586			118245
1975	70118			123201
1976	74508			128047
1977	87634			128238
1978	86824	20714	17056	136759
1979	108998	28937	22640	135713
1980	180707	40447	30896	174153
1981	226949	51440	38889	236678
1982	262156	67192	50113	216040
1983	303130	86635	64736	236203
1984	388305	115766	85439	329195
1985	484999	159596	115592	580180
1986	635514	222110	153572	769841
1987	776105	302762	207505	967477
1988	839680	351943	241839	1145989
1989	1017087	501592	346318	1338984

单位:万元　　　　10－05　续表　continued　　　　(10000 Yuan)

年份 Year	各项存款合计 Deposits Total	住户存款 Household Deposits	城镇住户存款 Urban Household Deposits	各项贷款合计 Loans Total
1990	1646165	697515	479031	1803266
1991	2036334	904490	616308	2136903
1992	2652966	1144737	763309	2651983
1993	3469954	1563328	1048413	3415527
1994	5061345	2394370	1642498	4450932
1995	7079650	3423379	2448787	5672105
1996	9619291	4638458	3459439	7434243
1997	12251840	5583306	4229591	9388500
1998	14948225	6701158	5155548	11620537
1999	17886717	7425967	5760527	14937506
2000	20884723	7885579	6151084	16866431
2001	26215100	9418400	7396800	20877000
2002	33731500	11834000	9492300	27523800
2003	46527300	15899600	13079600	38187000
2004	57072000	18351700	15016100	48000400
2005	67487200	21916600	17960100	55453000
2006	78555500	25552400	20789600	66038600
2007	93109600	26348300	21154300	84306800
2008	113333500	34765900	27584600	100690500
2009	142842104	42869189	34027871	131133023
2010	170843548	49909744	39352353	150787269
2011	183965719	55474824	43464332	165737441
2012	201487672	60899841	46965391	180908011
2013	221747107	64085856	47733077	193504605
2014	244505093	67672009	49107745	213168315
2015	298638294	76177515	55659016	233279520
2016	333860429	84932733	62521938	261689982
2017	364832373	86705977	63076960	292709406
2018	398104954	101985223	75755331	365982478
2019	452869942	119012969	–	422451656
2020	542464720	143981152	–	497992776
2021	610442955	158184001	–	562747700

注:1. 1989 年以前数据均为银行机构存贷款,1990 年及以后年份数据为调整后金融机构存贷款。2003 年起金融机构存贷款为本外币合并数据。

2. 2015 年起,各项存款和各项贷款分类调整。

3. 2019 年起,不再区分城镇住户和农村住户。

a) Data before 1989 belonged to banking system, data after 1990 adjusted for deposits and loans of financial institutions, data of 2003 included both RMB and foreign currency.

b) Since 2015, the classification in deposits and Loans has been adjusted.

c) Since 2019, no distinction are made between urban and rural households.

10－06 市区金融机构存、贷款余额(1978－2021年)

Balance of Deposits and Loans of Financial Institutions of Urban District(1978－2021)

单位:万元 (10000 yuan)

年份 Year	各项存款 Deposits	住户存款 Household Deposits	城镇住户存款 Urban Household Deposits	各项贷款 Loans
1978	58372	13774	13246	101144
1979	73720	18055	17241	98792
1980	134275	24702	23282	121231
1981	172721	31358	29345	170539
1982	198350	39756	37047	142091
1983	226160	50439	46833	155297
1984	293145	66108	61934	194977
1985	359825	89114	82868	418214
1986	458142	115818	106703	557763
1987	565429	156704	142642	714313
1988	610601	180341	163466	846998
1989	737388	256238	229518	1000731
1990	1062574	354316	297390	1271779
1991	1309462	451756	397322	1469671
1992	1695011	572660	479248	1774158
1993	2263969	762234	662234	2298124
1994	3383877	1242379	1085363	3033010
1995	4851774	1853512	1639875	3907199
1996	6828786	2734904	2371657	5350499
1997	8831147	3287475	2873638	6772221
1998	10785066	3905602	3440607	8615412
1999	13051806	4336058	3835542	11462505
2000	15436286	4620235	4101716	13105849
2001	23765400	7976400	6460200	19237800
2002	30638400	10139800	8370100	25476700
2003	42522000	13834200	11693000	30297500
2004	52542100	16014700	13479900	44517600
2005	62249500	19231800	16208400	51455900
2006	72269600	22391800	18737800	61190700
2007	86197300	23124600	19132300	78456200
2008	104930100	30665200	24996500	93838100
2009	131800234	37837816	30801878	121473548
2010	156776515	43676938	35370599	138671334
2011	168052916	48263525	38996516	151756838
2012	183719227	52347969	41789531	156426086
2013	201596137	54488059	42142666	175670366
2014	222558892	57202595	43243610	191888081
2015	284321331	68516344	51360093	222078475
2016	317723682	76306727	57718389	249684325
2017	345461303	77416526	57941703	278049912
2018	385383821	94991531	71808820	354926592
2019	437946336	110826488	–	409258262
2020	524892599	134701696	–	481800206
2021	591681266	147787064	–	543499571

注:1. 2018年起,市区数据包含临安区。

2. 2019年起,不再区分城镇住户和农村住户。

a) Since 2018, data of urban District Includes Lin' an district.

b) Since 2019, no distinction are made between urban and rural households.

10-07 住户(本外币)存款余额(2021年末)

Balance of Savings Deposits(RMB and Foreign Currency) of Residents(End of 2021)

单位:万元 (10000 yuan)

地区 Region		总计 Total	
		2021年末 At the End of Year 2021	为上年(%) As Compared with the Preceding Year(%)
全 市	**Total**	**158184001**	**109.86**
市 区	Urban District	147787064	109.71
#萧山区	Xiaoshan	26172275	113.00
余杭区	Yuhang	19236566	109.46
富阳区	Fuyang	7169472	108.18
临安区	Lin'an	5250578	111.72
桐庐县	Tonglu	4108494	111.59
淳安县	Chun'an	2425125	113.21
建德市	Jiande	3863317	111.80

10－08 全市金融机构本外币

Balance of Deposits and Loans(RMB and Foreign Currency)

单位:万元

指 标	Item	全 市 Total		市 区 Urban District
		绝对值 Absolute Value	为上年(%) As Compared with the Preceding Year(%)	小计 Subtotal
一、各项存款	**Deposits**	**610442955**	**112.53**	**591681266**
(一)境内存款	Domestic Deposits	594000251	112.75	575259759
1. 住户存款	Household Deposits	158184001	109.86	147787064
(1)活期存款	Current Deposits	64488969	107.44	60995482
(2)定期及其他存款	Term and Other Deposits	93695032	111.60	86791581
2. 非金融企业存款	Non－financial Enterprise Deposits	272216778	109.17	266860342
(1)活期存款	Current Deposits	98042818	103.39	94863659
(2)定期及其他存款	Term and Other Deposits	174173960	112.72	171996683
3. 广义政府存款	General Government Deposits	104722878	116.04	102145876
(1)财政性存款	Treasury Deposits	20930910	115.42	20695288
(2)机关团体存款	Organization Deposits	83791968	116.19	81450588
4. 非银行业金融机构存款	Non－banking Financial Institutions Deposits	58876594	136.08	58466478
(二)境外存款	Overseas Deposits	16442704	105.27	16421507
二、各项贷款	**Loans**	**562747700**	**113.00**	**543499571**
(一)境内贷款	Domestic Loans	559341676	113.07	540094365
1. 住户贷款	Household Loans	226481187	110.86	217213512
(1)短期贷款	Short－term Loans	74138715	97.89	72112702
(2)中长期贷款	Medium and Long term Loans	152342471	118.51	145100810
2. 非金融企业及机关团体贷款	Non－financial Enterprise and Organization Loans	332375444	114.53	322395808
(1)短期贷款	Short－term Loans	94002215	104.30	91216445
(2)中长期贷款	Medium and Long term Loans	204970148	119.21	197950787
(3)票据融资	Note Financing	25354009	137.06	25179504
(4)融资租赁	Finance lease	7942978	84.12	7942978
(5)各项垫款	Advance Money	106094	53.31	106094
3. 非银行业金融机构贷款	Non－banking Financial Institutions Loans	485044	292.12	485044
(二)境外贷款	Overseas Loans	3406024	102.39	3405207

注:余杭区为原区域口径数据。

存、贷款余额(2021 年末)
of Financial Institutions(End of 2021)

(10000 yuan)

萧山区 Xiaoshan	余杭区 Yuhang	富阳区 Fuyang	临安区 Lin'an	桐庐县 Tonglu	淳安县 Chun'an	建德市 Jiande
59196919	**48167396**	**17418176**	**12533936**	**7537885**	**4087811**	**7135994**
58879026	48068696	17394714	12529509	7520359	4086621	7133512
26172275	19236566	7169472	5250578	4108494	2425125	3863317
7448146	6297820	2713355	2046737	1337736	925742	1230009
18724128	12938746	4456117	3203841	2770759	1499383	2633308
22160423	17575695	7833718	5187389	2354739	907142	2094556
8424103	8141170	2850745	2661597	1313721	569456	1295982
13736320	9434524	4982973	2525792	1041018	337686	798573
10170385	9890717	1737879	1941671	1021782	714158	841063
1302112	1290042	371145	97745	103324	39314	92984
8868273	8600675	1366734	1843927	918457	674844	748079
375944	1365718	653645	149871	35344	40196	334576
317893	98701	23463	4427	17526	1190	2482
58973975	**39774467**	**22424912**	**12183517**	**8258577**	**4146119**	**6843432**
58791048	39773377	22424737	12182889	8258577	4145922	6842812
21098593	16584568	8518450	6304404	3648051	2432838	3186785
3693650	2777473	1362834	1050694	786577	431461	807975
17404942	13807095	7155616	5253710	2861474	2001377	2378811
37524455	23026809	13906287	5878485	4610526	1713083	3656027
14413978	6665498	4302573	1457527	1289439	427480	1068851
21857824	14613053	9009082	4260657	3287753	1235316	2496292
1252353	1748210	594512	160043	33334	50288	90884
–	–	–	–	–	–	–
300	48	120	258	–	–	–
168000	162000	–	–	–	–	–
182927	1090	175	628	–	197	620

a) The data of Yuhang District is the original regional caliber .

10－09 金融机构人民币
Balance of RMB Deposits and Loans

单位:万元

指 标	Item	全 市 Total		市 区 Urban District
		绝对值 Absolute Value	为上年(%) As Compared with the Preceding Year(%)	小计 Subtotal
一、各项存款	**Deposits**	**584092549**	**112.56**	**565632199**
(一)境内存款	Domestic Deposits	583100563	112.58	564647550
1.住户存款	Household Deposits	156230063	110.07	145941155
(1)活期存款	Current Deposits	63450914	107.58	59981437
(2)定期及其他存款	Term and Other Deposits	92779149	111.84	85959718
2.非金融企业存款	Non－financial Enterprise Deposits	263423196	108.61	258242650
(1)活期存款	Current Deposits	91602600	102.14	88571868
(2)定期及其他存款	Term and Other Deposits	171820596	112.41	169670781
3.广义政府存款	General Government Deposits	104707070	116.05	102133587
(1)财政性存款	Treasury Deposits	20930910	115.42	20695288
(2)机关团体存款	Organization Deposits	83776160	116.21	81438299
4.非银行业金融机构存款	Non－banking Financial Institutions Deposits	58740234	135.87	58330159
(二)境外存款	Overseas Deposits	991985	99.59	984649
二、各项贷款	**Loans**	**556614831**	**113.17**	**537401771**
(一)境内贷款	Domestic Loans	555866961	113.21	536654719
1.住户贷款	Household Loans	226473716	110.86	217206121
(1)短期贷款	Short－term Loans	74131348	97.89	72105415
(2)中长期贷款	Medium and Long term Loans	152342368	118.51	145100707
2.非金融企业及机关团体贷款	Non－financial Enterprise and Organization Loans	328908201	114.77	318963554
(1)短期贷款	Short－term Loans	92013761	104.41	89237669
(2)中长期贷款	Medium and Long term Loans	203505993	119.44	196511944
(3)票据融资	Note Financing	25354009	137.06	25179504
(4)融资租赁	Finance lease	7942978	84.12	7942978
(5)各项垫款	Advance Money	91459	73.18	91459
3.非银行业金融机构贷款	Non－banking Financial Institutions Loans	485044	292.12	485044
(二)境外贷款	Overseas Loans	747869	90.29	747052

存、贷款余额(2021 年末)
of Financial Institutions(End of 2021)

(10000 yuan)

萧山区 Xiaoshan	余杭区 Yuhang	富阳区 Fuyang	临安区 Lin'an	桐庐县 Tonglu	淳安县 Chun'an	建德市 Jiande
57712864	**47020802**	**17257990**	**12333487**	**7332312**	**4055942**	**7072095**
57609462	46948644	17252181	12329178	7327671	4054784	7070557
26063156	19181934	7140774	5237524	4013749	2420898	3854261
7386551	6262441	2694039	2038602	1321100	922854	1225523
18676605	12919493	4446735	3198922	2692649	1498044	2628738
21001116	16511638	7720020	5000415	2256797	882379	2041371
7721892	7248163	2751729	2495156	1235912	544727	1250093
13279225	9263475	4968291	2505259	1020885	337652	791278
10169598	9889356	1737741	1941368	1021782	711312	840390
1302112	1290042	371145	97745	103324	39314	92984
8867486	8599314	1366596	1843623	918457	671998	747406
375592	1365716	653645	149871	35344	40196	334536
103401	72158	5809	4309	4641	1158	1537
58494480	**39720977**	**22403222**	**12179396**	**8251285**	**4146000**	**6815775**
58471805	39719887	22403047	12178768	8251285	4145802	6815155
21098330	16584431	8518344	6304337	3648012	2432827	3186755
3693389	2777336	1362760	1050627	786539	431450	807944
17404941	13807095	7155584	5253710	2861474	2001377	2378811
37205475	22973455	13884703	5874431	4603272	1712975	3628400
14094998	6617955	4283731	1453473	1282185	427372	1066536
21857824	14607243	9006340	4260657	3287753	1235316	2470981
1252353	1748210	594512	160043	33334	50288	90884
–	–	–	–	–	–	–
300	48	120	258	–	–	–
168000	162000	–	–	–	–	–
22675	1090	175	628	–	197	620

10 - 10　金融机构人民币信贷收支表(资金来源,2015 - 2021 年)

Credit Funds Balance Sheet of Financial Institutions (RMB,Sources of Funds,2015 - 2021)

单位:亿元　　(100 million yuan)

项　目	Item	2015	2016	2017	2018	2019	2020	2021
资金来源合计	**All Sources**	**30190**	**36882**	**38680**	**42616**	**48922**	**58318**	**66983**
一、各项存款	Deposits	29003	32515	35322	38810	43932	51893	58409
(一)境内存款	Domestic Deposits	28946	32441	35271	38718	43854	51793	58310
1. 住户存款	Household Deposits	7507	8313	8503	9981	11702	14194	15623
2. 非金融企业存款	Non - financial Enterprise Deposits	12437	13854	15557	16819	19729	24254	26342
3. 广义政府存款	General Government Deposits	4675	5789	7162	8442	9339	9023	10471
4. 非银行业金融机构存款	Non - banking Financial Institutions Deposits	4327	4485	4049	3477	3085	4323	5874
(二)境外存款	Overseas Deposits	57	74	51	92	78	100	99
二、金融债券	Bonds	240	343	439	378	542	570	849
三、卖出回购资产	Sell Repurchase Assets	-	-	5	1	-	-	-
四、借款及非银行业金融机构拆入	Borrowing and Non Banking Financial Institutions Borrowing	-	15	3	22	44	51	47
五、联行往来(净)	Interbank Transactions (net)	-	-	-	906	1383	2441	3789
六、应付及暂收款	Accounts Payable and Temporary Collection of Money	935	1008	1102	1138	1282	1465	1544
七、各项准备	All Reserves	600	733	850	1021	1166	1403	1642
八、所有者权益	Creditor's Equity	967	1104	1491	1831	2103	2461	2829
其中:实收资本	Paid - in Capital	283	315	475	525	573	714	799
九、其他	Others	- 1555	1163	- 532	- 1491	- 1529	- 1965	- 2127

10-11 金融机构人民币信贷收支表(资金运用,2015-2021年)

Credit Funds Balance Sheet of Financial Institutions (RMB, Use of Funds, 2015-2021)

单位:亿元 (100 million yuan)

项 目	Item	2015	2016	2017	2018	2019	2020	2021
资金运用合计	**Total Application of Funds**	**30190**	**36882**	**38680**	**42616**	**48922**	**58318**	**66983**
一、各项存款	**Deposits**	**22395**	**25465**	**28574**	**35878**	**41546**	**49185**	**55661**
(一)境内贷款	**Domestic Loans**	**22373**	**25431**	**28552**	**35812**	**41464**	**49102**	**55587**
1. 住户贷款	**Household Loans**	**5858**	**7800**	**9653**	**13945**	**16516**	**20428**	**22647**
(1)短期贷款	Short - term Loans	1874	1998	2351	5338	5925	7573	7413
(2)中长期贷款	Medium and Long term Loans	3984	5801	7302	8607	10591	12855	15234
2. 非金融企业及机关团体贷款	**Non - financial Enterprise and Organization Loans**	**16502**	**17613**	**18868**	**21862**	**24931**	**28657**	**32891**
(1)短期贷款	Short - term Loans	6944	7083	7183	7440	7873	8813	9201
(2)中长期贷款	Medium and Long term Loans	7539	8023	9970	12388	14482	17038	20351
(3)票据融资	Note Financing	1311	1679	819	1126	1627	1850	2535
(4)融资租赁	Finance lease	664	783	865	875	931	944	794
(5)各项垫款	Advance Money	44	45	31	32	18	12	9
3. 非银行业金融机构贷款	**Non - banking Financial Institutions Deposits**	**12**	**18**	**32**	**5**	**17**	**17**	**49**
(二)境外贷款	**Overseas Loans**	**22**	**34**	**21**	**66**	**81**	**83**	**75**
二、债券投资	**Bond Investment**	**2006**	**2033**	**2694**	**3240**	**4020**	**5619**	**7240**
三、股权及其他投资	**Equity and other Investment**	**1738**	**2642**	**2805**	**2495**	**2321**	**2402**	**2860**
四、买入返售资产	**Bug Assets Repurchased**	**63**	**48**	**87**	**348**	**254**	**288**	**316**
五、存放非银行业金融机构款项	**Deposit of non Banking Financial Institutions**	**1**	**1**	**1**	**1**	**1**	**1**	**89**
六、联行往来(净)	**Interbank Transactions (net)**	**3374**	**5961**	**3831**	**-**	**-**	**-**	**-**
七、金银占款	**Funds Outstanding for Gold and Silver**	**-**	**-**	**-**	**-**	**-**	**-**	**-**
八、外汇买卖	**Foreign Exchange Trading**	**-7**	**-**	**-**	**-**	**-**	**-**	**-**
九、应收及预付款	**Collectable Account and Advance Payment**	**392**	**489**	**431**	**405**	**501**	**546**	**525**
十、投资性房地产	**Investment Property**	**3**	**6**	**6**	**8**	**7**	**7**	**5**
十一、固定资产	**Fitness Assets**	**226**	**237**	**250**	**243**	**271**	**270**	**286**

10－12　保险业务情况(2019－2021 年)

Statistics on Insurance Business(2019－2021)

单位:万元　　(10000 yuan)

指　标	Item	保险费收入 Iinsurance premium income			赔付金额 Indemnity Expenditure		
		2019	2020	2021	2019	2020	2021
全市总计	**Total**	**8462670**	**9644446**	**9690425**	**2430755**	**2646389**	**3160463**
为上年%	As Compared with the Preceding Year(%)	127.5	114.0	103.7	119.9	108.9	120.9
一、财产保险	Property Insurance	2479772	2608215	2591031	1526217	1551639	1629228
企业财产险	Enterprise Property Insurance	115355	124850	135037	68244	81685	66378
家庭财产险	Family Property Insurance	24345	25767	39215	6808	5786	14749
机动车辆险	Transportation Equipment Insurance	1427142	1466591	1412974	917104	877885	959408
工程险	Project Insurance	45007	51647	35519	12625	27588	19320
责任险	Responsibilihty Insurance	275356	261909	293550	136641	124049	139763
信用险	Export Credit Insurance	147038	216330	191589	98022	146377	68264
保证险	Guarantee Insurance	192314	189773	146486	73051	91995	91314
船舶险	Shipping Insurance	6814	6595	6377	3570	4042	3663
货运险	Cargo Insurance	96766	97187	127415	69951	66975	91436
特殊风险保险	Special Pisks Insurance	7718	10705	7820	22085	2269	2513
农业保险	Agriculture Insurance	26714	29705	35549	25432	22823	33582
其他险	Other	115202	127156	159501	92682	100165	138835
二、人身险	Personal Insurance	5982897	7036231	7099394	904538	1094751	1531235
寿险	Life Insurance	4711382	5458429	5448637	588620	581472	570612
意外伤害险	Accidental Insurance	259426	239642	240505	66799	82269	93559
健康险	Health Insurance	1012089	1338160	1410252	249119	431011	867064

注:根据银保监会要求,2021 年对外披露行业汇总数据已剔除风险处置机构情况,为上年%按照可比口径计算。

a) According to the requirements of the CBRC, the industry summary data disclosed to the public in 2021 has excluded the risk disposal institutions, and the growth rate is calculated on a comparable basis.

主要统计指标解释

财政收入　包括:(1)各项税收。主要有增值税、营业税、土地增值税、城市维护建设税、资源税、城市土地使用税、印花税、个人所得税、企业所得税、关税和耕地占用税等。

(2)专项收入包括征收排污费、征收城市水资源费收入,教育费附加收入等。

存款　企业、机关、团体或居民根据可以收回的原则,把货币资金存入银行或其他信用机构保管并取得一定利息的一种信用活动形式。根据存款对象的不同可划分为企业存款、财政存款、机关团体存款、基本建设存款、城镇储蓄存款、农村存款等科目。它是银行信贷资金的主要来源。

贷款　银行或其他信用机构根据必须归还的原则,按一定利率,为企业、个人等提供资金的一种信用活动形式。我国银行贷款分为流动资金贷款、固定资产贷款、城乡个体工商户贷款、城乡个体工商户贷款以及农业贷款等科目。

Explanatory Notes on Main Statistical Indicators

Financial Revenue includes: (1) various tax revenues, mainly including value added tax, business tax, land value added tax, tax on city maintenance and construction, resources tax, tax on use of urban land, stamp tax, personal income tax, enterprise income tax, tariff and tax on occupancy of cultivated land, etc. (2) Special revenues, including revenue collected from imposing fee on sewage treatment and on urban water resources, and extra charges for education, etc.

Deposit is a form of credit activity that enterprises, institutions, organizations or residents deposit money into banks or other credit institutions for safekeeping and interest earning under the recoverable principle. According to different depositors, deposits are divided into enterprise deposits, treasury deposits, deposits of institutions and groups, capital construction deposits, urban savings deposits, rural deposits and other deposits. It is the major source of bank credit funds.

Loan is a form of credit activity that banks or other credit institutions provide funds at certain interest rate to enterprises and individuals in the light of the principle of unconditional repayment. Loans from Chinese banks include circulating capital loans, fixed assets loans, loans to urban and rural individuals engaged in industrial and commercial business and agricultural loans.

十一、城市建设环境保护

URBAN CONSTRUCTION AND ENVIRONMENTAL PROTECTION

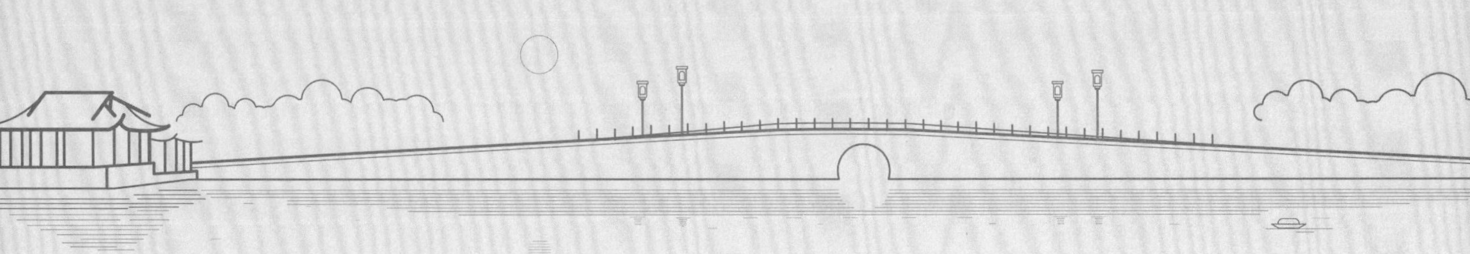

城市建设、环境保护
Urban Construction and Environmental Protection

主要统计指标
Major Statistical Indicators

市区建成区面积	Developed Area in Urban District	801.63	平方千米	(sq.km)
市区实有道路面积	Area of Roads in Urban District at Year-end	12467	万平方米	(10, 000 sq.m)
市区用电量	Electricity Consumption of Urban District	823.03	亿千瓦时	(100 million kW/h)
# 工业用电	Industrial Electricity Consumption	386.93	亿千瓦时	(100 million kW/h)
生活用电	Electricity Consumption for Residential Use	145.09	亿千瓦时	(100 million kW/h)
市区供水能力	Water-supply Capacity of Urban District	509	万吨/日	(10, 000 tons/day)
市区供水总量	Annual Volume of Tap Water Supplied in Urban District	125396	万吨	(10, 000 tons)
市区气化率	Percentage of Population with Access to Gas in Urban District	100	%	(%)
市区公园绿地面积	Park Green Area in Urban District	11124	公顷	(hectare)
市区空气质量达标(AQI < 100)天数	The Number of Days of Air Quality Reaching(AQI<100) the Standards	321	天	(day)

11－01 市区公共交通情况(2014－2021年)
Public Transportation in Urban Districts(2014－2021)

指 标	Item	2014	2015	2016	2017	2018	2019	2020	2021
一、轨道交通	**Rail Transit**								
年末运营线路总长度(千米)	Length of Operating Routes (year－end) (km)	66.30	81.50	81.50	117.60	117.60	135.40	306.30	342.00
客运总量 (万人次)	Passenger Traffic (10,000 person－times)	14521	22348	26877	33986	52985	63202	58241	89837
二、公共汽车	**Bus**								
年末运营线路条数(条)	Number of Operating Routes (year－end) (unit)	703	756	758	937	1152	1140	1307	1361
年末运营线路总长度(千米)	Length of Operating Routes (year－end) (km)	12032	12791	13866	16819	21460	18547	25947	25799
#BRT线路长度(千米)	BRT line length (km)	113	128	151	151	132	289	132	152
年末运营公共汽车(辆)	Number of Public Transportation Vehicles(year－end) (unit)	8656	8555	8770	9672	11272	10708	10866	10850
#无轨电车 (辆)	Number of Operating Trolleys (unit)	115	150	150	150	150	85	85	52
客运总量 (万人次)	Passenger Traffic (10,000 person－times)	140928	142312	141441	151263	158753	155496	70392	71214
三、出租汽车	**Tax**								
年末实有出租汽车数(辆)	Number of Taxis(year－end) (unit)	11913	11963	12209	13233	14125	14133	14093	14313

11－02　市区城市供电、供水情况(1949－2021年)
Electricity and Water Supply in Urban Districts(1949－2021)

年　份 Year	供电总量 Power Supply			供水总量 Water Supply		
	合计(亿千瓦时) Total (100 million kWh)	#工业用电 Industrial	#生活用电 Residents´living	合计(万吨) Total (10000 tons)	#生产用水 Production	#生活用水 Residents´living
1949	0.24	0.15	0.08	191	25	166
1950	–	–	–	–	–	–
1951	–	–	–	–	–	–
1952	0.43	0.35	0.06	229	65	164
1953	0.53	0.43	0.07	353	109	244
1954	0.67	0.57	0.08	452	148	304
1955	0.66	0.55	0.08	540	162	378
1956	0.82	0.68	0.10	714	249	464
1957	0.90	0.72	0.12	845	310	535
1958	1.47	1.27	0.13	1264	622	642
1959	2.18	1.91	0.16	2097	1259	838
1960	2.94	2.61	0.17	2909	1834	1075
1961	2.73	2.37	0.18	2647	1600	1047
1962	2.50	2.06	0.21	2556	1465	1091
1963	2.56	2.09	0.23	2561	1440	1121
1964	3.00	2.50	0.25	2924	1679	1244
1965	3.49	2.97	0.26	3164	1937	1227
1966	4.02	3.46	0.27	3669	2392	1277
1967	3.74	3.11	0.51	3892	2388	1504
1968	–	–	–	3891	2369	1522
1969	4.15	3.48	0.58	4766	3100	1666
1970	4.68	4.00	0.59	4972	3360	1578
1971	5.34	4.49	0.70	5978	4072	1868
1972	5.80	4.95	0.72	6548	4440	2018
1973	5.94	5.05	0.77	6755	4562	2193
1974	5.15	4.20	0.81	6725	4482	2243
1975	4.93	3.94	0.85	7007	4707	2300
1976	5.40	4.33	0.92	7379	4992	2387
1977	7.57	5.72	1.02	8140	5498	2642
1978	8.01	6.52	1.26	9072	6116	2956
1979	9.04	7.23	1.54	10548	6813	3388
1980	10.25	8.73	1.17	11199	7359	3840
1981	10.87	8.98	1.45	12662	7943	4718
1982	11.62	9.41	1.70	13761	8272	5380
1983	12.60	10.13	1.88	14226	8211	6015
1984	13.70	10.72	2.24	15586	8713	6800
1985	14.94	11.18	2.34	17484	8599	8144
1986	15.85	12.96	0.78	17894	8527	9367
1987	16.97	13.56	1.04	18911	9424	9487
1988	17.95	13.96	1.30	19806	10028	9764
1989	18.51	14.20	1.51	20733	8780	11941

11－02 续表 continued

年 份 Year	供电总量 Power Supply			供水总量 Water Supply		
	合计(亿千瓦时) Total (100 million kWh)	#工业用电 Industrial	#生活用电 Residents´living	合计(万吨) Total (10000 tons)	#生产用水 Production	#生活用水 Residents´living
1990	19.95	14.89	1.86	22290	8945	13301
1991	21.16	15.69	1.99	22772	9223	13522
1992	23.34	17.04	2.31	24412	10052	14338
1993	25.70	18.21	2.69	25333	10022	15289
1994	29.49	19.68	3.57	25902	9707	16195
1995	31.41	20.89	4.07	27740	9380	18336
1996	35.41	21.67	5.26	27216	8845	18125
1997	42.39	25.82	6.32	26513	7593	18920
1998	48.46	28.58	7.67	26593	8075	17838
1999	51.19	29.55	7.90	25504	7395	18109
2000	60.19	33.52	9.86	33725	8100	19410
2001	133.12	92.99	16.79	52000	18324	25710
2002	156.61	110.31	18.76	53372	18180	31408
2003	190.12	131.87	23.67	59180	21796	30743
2004	207.75	146.56	23.89	62265	23544	29187
2005	244.78	172.56	27.98	73331	27327	35220
2006	279.94	197.61	32.53	64764	20258	33979
2007	313.47	219.92	36.86	66753	19519	33682
2008	325.75	221.28	41.15	68178	19354	35902
2009	346.93	230.20	45.31	69499	16671	37274
2010	392.64	258.35	50.74	53565	11479	30978
2011	432.57	282.95	55.49	52660	11884	22384
2012	444.95	278.93	63.62	58183	12478	22861
2013	484.05	296.08	71.52	60747	13005	23733
2014	552.71	355.06	72.56	66172	14792	26894
2015	559.54	345.23	78.27	66760	14902	26162
2016	583.96	337.04	93.03	65087	14161	25078
2017	673.73	389.00	105.29	83192	16157	33960
2018	724.31	397.72	117.67	88568	15866	35778
2019	738.88	381.96	125.83	99156	21534	40117
2020	728.74	357.19	131.46	120992	29601	49606
2021	823.03	386.93	145.09	125396	31884	52157

11－03　市区市政建设情况(2014－2021 年)
Public Utilities in Urban Districts(2014－2021)

指　标	Item	2014	2015	2016	2017	2018	2019	2020	2021
一、市政建设	**Urban Infrastructure**								
建成区面积(平方公里)	Constructed Area (sq. m)	495.22	506.09	541.38	591.08	615.22	648.46	666.18	801.63
年末实有道路面积(万平方米)	Area of Roads (year－end) (10,000 sq. m)	6145	6540	6932	8291	8840	9341	10073	12467
年末实有道路长度(公里)	Length of Roads(year－end) (km)	2748	2991	3075	3550	3783	3990	4323	6573
年末实有桥梁数(座)	Number of Bridges(year－end) (unit)	1235	1337	1353	1443	1473	1545	1705	2829
排水管道长度(公里)	Length of Drainage Pipelines (km)	5012	5370	5944	8614	8924	9125	9434	11362
城市污水排放量(万立方米)	Volume of Sewage Drained (10,000 cu. m)	53111	56974	57916	69834	74438	80447	82795	100593
城市污水处理总量(万立方米)	the Total Volume of Urban Sewage Treatment (10,000 cu. m)	50318	54137	55061	66516	71364	77245	80406	97708
二、城市液化气	**Urban Liquefied Petroleum Gas**								
供气总量 (万吨)	Total Volume of Liquefied Petroleum Gas Supply (10,000 tons)	9.87	12.38	13.14	12.86	13.28	12.24	11.17	13.07
#家庭用气(万吨)	Supply for Residential Use (10,000 tons)	5.08	6.08	5.90	6.48	5.81	5.15	6.98	7.23
三、人工煤气及天然气	**Coal Gas and Natural Gas**								
家庭用气总量(万立方米)	Total Volume of Coal Gas Consumed (10,000 cu. m)	18019	20659	21878	23614	26506	32907	50843	49511
家庭用气户数(万户)	Residential Households with Access to Gas (10,000 households)	111.30	130.69	139.03	153.17	172.81	187.85	200.30	270.11
四、全社会气化率(%)	**Percentage of Population with Access to Gas (%)**	**100**	**100**	**100**	**100**	**100**	**100**	**100**	**100**

11-04 市区园林绿化情况(2014-2021年)
Urban Forestation(2014-2021)

指 标	Item	2014	2015	2016	2017	2018	2019	2020	2021
建城区绿化覆盖面积（公顷）	The Green Areas Coveraged in Constructed Areas (hectare)	20031	20464	22035	23620	24999	26312	28885	31856
建城区园林绿地面积（公顷）	Total Area of Parks, Gardens and Green Areas in Constructed Areas (hectare)	18386	18949	20118	21726	22886	23986	26249	28979
#公园绿地（公顷）	Public Green Area (hectare)	6304	7640	8118	8770	8976	9246	9951	11124
建城区绿化覆盖率（%）	Rate of the Green Areas Coveraged in Constructed Areas (%)	40.57	40.43	40.70	39.96	40.63	40.58	43.36	39.74
公园景点个数（个）	Number of Parks and Scenic Resorts (unit)	207	217	222	245	251	260	305	355
公园景点面积（公顷）	Area of Parks and Scenic Resorts (hectare)	2298	2488	2754	3074	3150	3208	3539	3668

11－05 环境保护情况(2021 年)
Statistics on Environmental Protection(2021)

指标名称		Item		全 市 Whole City 2020 年	2021 年
工业废水排放量	(万吨)	Industrial Wastewater Emissions	(10,000 tons)	14221.55	13954.42
工业废水中 COD 排放量	(吨)	COD Emissions in Industrial Wastewater	(tons)	6049.79	4715.38
工业废水中氨氮排放量	(吨)	Ammonia emissions in Industrial wastewater	(tons)	131.28	81.00
工业二氧化硫产生量	(吨)	Industrial Sulfur Dioxide Produced	(tons)	59091.77	47774.19
工业二氧化硫排放量	(吨)	Industrial Emissions of Sulfur Dioxide	(tons)	3973.00	3194.72
工业氮氧化物排放量	(吨)	Industrial Nitrogen Oxide Emissions	(tons)	16055.79	13955.77
工业烟(粉)产生量	(吨)	Industrial Smoke (Powder) Production	(tons)	3507799.56	3510607.92
工业烟(粉)尘排放量	(吨)	Industrial Smoke, Powder and Dust Emissions	(tons)	10411.02	10768.45
一般工业固体废物综合利用率	(%)	Comprehensive Utilization Rate of General Industrial Solid Waste	(%)	99.03	99.16
城市污水集中处理率	(%)	Centralized Treatment Rate of Urban Sewage	(%)	97.06	97.09
城市生活垃圾无害化处理率	(%)	Harmless Treatment Rate of City's Living Garbage	(%)	100	100
空气质量优良天数	(天)	Air Quality Days	(days)	334	321
集中式饮用水源地水质达标率	(%)	Compliance Rate of Centralized Sources of Drinking Water	(%)	100	100

主要统计指标解释

自来水生产能力 指年底城建部门管理的自来水厂实际生产能力。

生活用水量 指居民日常生活与公共福利设施的用水量。包括居民、饮食店、旅馆、医院、理发店、浴池、洗衣店、游泳池、商店、学校、机关、部队等单位的用水量。

供气总量 指全年售给各类用户的全部煤气量。包括工业用量、家庭用量和其他用量。

年末实有道路长度 指除土路外,路面经过铺装宽度在3.5米以上的道路,包括高级、次高级道路和普通道路。

城市桥梁 指城市范围内,修建在河道上的桥梁和道路与道路立交、道路跨越铁路的立交桥,以及人行天桥。包括永久性桥和半永久性桥,不包括临时性桥、铁路桥、涵洞。

营运线路长度 指设置的固定营运线路的长度,包括郊区营运线路长度。不包括临时行驶的线路长度。

用水普及率 指城市用水的非农业人口数(不包括临时人口和流动人口)与城市非农业人口总数之比。计算公式为:

$$用水普及率 = \frac{城市用水非农业人口数}{城市非农业人口数} \times 100\%$$

城市园林绿地面积 指城市公共绿地、专用绿地、生产绿地、防护绿地、郊区风景名胜区的全部面积。

公园绿地面积 指供游览休息的各种公园、动物园、植物园、陵园以及花园、游园和供游览休息用的林荫道绿地、广场绿地。不包括一般栽植的行道树及林荫道的面积。

Explanatory Notes on Main Statistical Indicators

Production Capacity of Tap Water refers to the actual production capacity of the waterworks administered by the urban construction department at the year end.

Domestic water consumption refers to the water consumption of residents daily life and public welfare facilities, including the consumption of residents, restaurants, hotels, hospitals, barber shops, public bathhouses, laundries, swimming pools, shops, schools, institutions, army and other units.

Total Gas Supply refers to the total volume of gas sold to users in a year, including the gas for industrial use, family use and others.

Length of Roads at the Year End refers to the length of roads with pavement width more than 3. 5 meters except unsurfaced roads, including high quality, medium quality and ordinary roads.

Urban Bridges refer to bridges over river courses, overpasses crossing roads or railways and passenger footbridge sin urban areas. Permanent and semi – permanent bridges are included. Temporary bridges, railway bridges and culverts are excluded.

Length of Operation Line refers to the length of the roads in fixed operation, including the suburb one, but excluding the temporary one.

Urban Water Popularity rate refers to the ratio of the urban non – agricultural population (excluding temporary and floating population) using tap water to the total urban non – agricultural population. The formula is as follows:

$$\text{Urban Water Popularity rate} = \frac{\text{Urban Non – agricultural Population Using Tap Water}}{\text{Urban Non – agricultural Population}} \times 100\%$$

Area of Urban Gardens and Green Lands refers to the total area of urban public green land, special green land, production green land, protection green land and suburban scenic spots.

Park Green Area refers to the area of various parks, zoos, botanical gardens, cemeteries, gardens, and boulevard and square green land for sightseeing and rest. Areas of street trees and boulevards are excluded.

十二、科技、教育 文化、卫生、体育

SCIENCE AND TECHNOLOGY,EDUCATION, CULTURE,PUBLIC HEALTHAND SPORTS

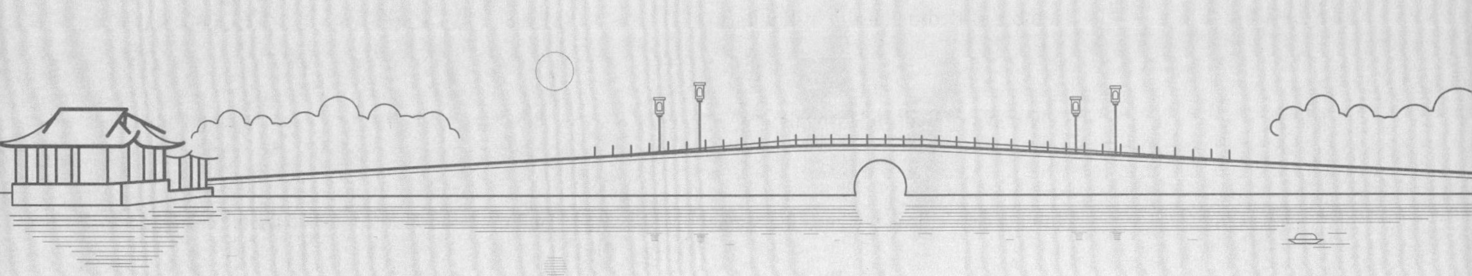

12 科技、教育、文化、卫生、体育
Science and Technology, Education, Culture, Public Health and Sports

主要统计指标
Major Statistical Indicators

高等学校数	Number of Regular Institution of Higher Education	40	个	(unit)
高等学校在校学生数	Number of Students in Regular Institution of Higher Education	58.45	万人	(10, 000 person)
高中在校学生数	Number of Students in Senior High Schools	13.09	万人	(10, 000 person)
初中在校学生数	Number of Students in Junior High Schools	26.39	万人	(10, 000 person)
小学在校学生数	Number of Students in Primary Schools	68.10	万人	(10, 000 person)
医疗病床数	Number of Beds in Health Institutions	9.08	万张	(10, 000 bed)
# 医院	Number of Beds in Hospitals	8.55	万张	(10, 000 bed)
卫生技术人员数	Number of Medical Technical Personnel	14.23	万人	(10, 000 person)
# 执业(助理)医师	Number of Licensed (Assistant) Doctors	5.50	万人	(10, 000 person)
公共图书馆	Public Library	14	个	(unit)

12-01 科技活动情况(2015-2021年)
Statistics on Scientific and Technological Activities(2015-2021)

指 标 Item	2015	2016	2017	2018	2019	2020	2021
一、全社会科技活动 **The Scientific and Technological Activities in Whole Society**							
研究与试验发展活动折合全时人员 (人年) Full-time Equivalent of R&D Personnel	94323	94696	103245	109507	126275	149424	138110
研究与试验发展经费支出 (亿元) R&D Expenditure (0.1 billion Yuan)	302.19	346.36	396.82	464.25	530.42	578.79	666.99
研究与试验发展经费支出与GDP之比 (%) The Proportion of R&D Expenditure in GDP (%)	3.01	3.06	3.15	3.25	3.44	3.57	3.68
二、规模以上工业科技活动 **The Scientific and Technological Activities of Industrial Enterprises Above Designated Size**							
有研究与试验发展活动企业数 (个) The Number of Enterprises with R&D Activities (Unit)	1671	1753	1819	1784	2075	2553	2902
研究与试验发展项目数 (个) The Number of R&D Projects (Unit)	8265	8943	10000	10102	12430	15507	16698
企业有科技机构 (个) Scientific and Technological Institutions of Enterprises (Unit)	1354	1410	1611	1567	1904	2242	2833
科技机构仪器和设备原价 (亿元) Original Value of Equipment in Scientific and Technological Institutions (0.1 billion Yuan)	100.73	126.23	142.78	156	172.41	201.90	265.60
研究与试验发展人员 (万人) R&D Personnel (10,000)	8.01	7.92	8.39	9.29	9.68	10.78	10.80
每万名从业人员中研究与试验发展活动人员数 (人) The Number of R&D Personnel per 10,000 Employees (Person)	724	743	794	906	961	1061	1015
研究与试验发展经费支出 (亿元) R&D Expenditure (0.1 billion Yuan)	198.06	215.03	241.93	268.28	296.90	307.23	342.39
研究与试验发展经费支出占营业收入的比例 (%) The Proportion of R&D Expenditure in Business Income (%)	1.55	1.70	1.78	1.77	1.86	1.96	1.68

12-02 全社会R&D经费投入情况(2012-2021年)
R&D Investment of the Whole Society(2012-2021)

单位:亿元 (100 million yuan)

年份 Year	总计 Total	按执行部门分 By Sector			
		研究机构 Research and Development Institutions	高等院校 Colleges and Universties	规模以上工业企业 Industrial Enterprises above Designated Size	其他 Others
2012	228.00	14.96	38.12	143.47	31.44
2013	248.73	15.91	39.78	160.21	32.83
2014	274.00	17.34	42.06	177.39	37.21
2015	302.19	20.88	46.04	198.06	37.21
2016	346.36	16.55	40.79	215.03	73.99
2017	396.82	18.04	44.56	241.93	92.29
2018	464.25	26.35	49.93	268.28	119.69
2019	530.42	29.17	62.60	296.90	141.75
2020	578.79	32.80	71.00	307.23	167.76
2021	666.99	64.00	76.18	342.39	184.42

12－03　规模以上工业企业R&D经费投入情况(2012－2021年)

Basic Statistics on R&D Investment of Industrial Enterprises above Designated Size(2012－2021)

单位:亿元　　　　(100 million yuan)

年　份 Year	总计 Total	按经费来源分 By Source			
		政府资金 Government Funds	企业资金 Self－raised Funds by Enterprise	境外资金 Overseas Funds	其他资金 Other
2012	143.47	4.63	137.73	0.41	0.70
2013	160.21	4.35	154.42	0.26	1.19
2014	177.39	5.24	171.18	0.10	0.89
2015	198.06	5.35	191.03	0.24	1.43
2016	215.03	3.88	209.98	0.08	1.09
2017	241.93	7.73	233.04	0.22	0.94
2018	268.28	6.31	261.25	0.41	0.21
2019	296.90	5.65	291.25	－	－
2020	307.23	3.70	303.01	0.41	0.11
2021	342.39	5.25	336.68	0.45	0.01

12－04　规模以上工业企业 R&D 经费投入情况(2021 年)
Basic Statistics on R&D Investment of Industrial Enterprises above Designated Size(2021)

项目 Item	有 R&D 活动的企业数(个) Number of Enterprises with R&D Activities	企业办研发机构(个) R&D institutions Run by Enterprises	企业办机构仪器和设备原价(亿元) Original Price of Instruments and Equipment for Institutions Run by Enterprises (100 Million Yuan)	R&D 人员(万人) R&D Personnel (10000 Persons)	R&D 经费支出(亿元) R&D Expenditure (100 Million Yuan)
总　计 Total	**2902**	**2833**	**265.60**	**10.80**	**342.39**
按企业规模分 Grouped by Size of Enterprises					
大型企业 Large	107	140	84.52	3.85	168.50
中型企业 Medium－sized	405	464	78.88	2.62	79.52
小微企业 Small	2390	2229	102.20	4.33	94.37
按登记注册类型分 Grouped by Status of Registration					
国有企业 State－owned Enterprises	1			－	0.21
集体企业 Collective－owned Enterprises	1	1	0.21	－	0.06
股份合作企业 Cooperative Enterprises		2	0.04		
联营企业 Joint Ownership Enterprises					
有限责任公司 Limited Liability Corporations	280	265	53.25	1.49	51.16
股份有限公司 Share－holding Corporations Ltd.	206	274	54.36	2.14	67.70
私营企业 Private Enterprises	2107	1981	96.13	4.70	109.26
外商及港澳台投资企业 Enterprises with Investment from Foreign、Hong Kong、Macao and Taiwan	307	310	61.61	2.47	114.00
其他企业 Other Enterprises					

12－05　分地区、行业规模以上单位年末人才资源(2021 年)

Trained Personnel Resource of Units above Designated Size by Region and Sector(2021)

单位:人　　　　　　　　　　　　　　　　　　　　　　　　　　(person)

项　　目	Item	合计 Total	非私营单位 Non－Private	#专业技术人员 Technical Personnel	非私营单位 Non－Private	#技术工人 Technical Workers	非私营单位 Non－Private
全　市	**Total**	**2318333**	**1088255**	**770022**	**424151**	**1089012**	**466327**
市　区	Urban District	2179763	1042730	744987	417598	1000838	435775
#上城区	Shangcheng	208709	120433	74591	43615	77823	50765
拱墅区	Gongshu	233814	127409	75194	40121	102740	59172
西湖区	Xihu	261886	154004	110557	63841	103350	62521
高新(滨江)区	Hi－Tech(Binjiang)	291349	185300	192630	139611	39584	17516
萧山区	Xiaoshan	371346	121193	84068	31675	226156	69433
余杭区	Yuhang	211328	71352	83327	43778	86044	15932
临平区	Linping	168520	55994	34748	10967	103009	35290
钱塘区	Qiantang	230135	129169	46516	29234	144584	76793
富阳区	Fuyang	104193	43819	22174	7876	60650	28326
临安区	Lin'an	93058	30216	20555	6510	53523	17558
西湖风景名胜区	The West Lake Scenic Zone	5425	3841	627	370	3375	2469
桐庐县	Tonglu	58017	21601	9961	3009	36585	14647
淳安县	Chun'an	20424	5998	5316	1123	11121	3351
建德市	Jiande	60129	17926	9758	2421	40468	12554

注:2020 年起数据口径范围调整为规模以上单位年末人才资源。

a) Numbers since 2020 are human resources of units above designated size in the year－end.

项　目	Item	合计 Total	非私营单位 Non－Private	#专业技术人员 Technical Personnel	非私营单位 Non－Private	#技术工人 Technical Workers	非私营单位 Non－Private
按国民经济行业分组	**Total**						
农、林、牧、渔业	Farming, Forestry, Animal Husbandry and Fishery	–	–	–	–	–	–
采矿业	Mining	596	146	85	30	289	33
制造业	Manufacturing	878429	433579	203567	128684	539174	241302
电力、热力、燃气及水生产和供应业	Production & Supply of Electricity, Heat, Gas & Water	13468	12065	3564	3317	7396	6539
建筑业	Construction	504856	114524	148166	46006	292632	57279
批发和零售业	Wholesale & Retail Trades	158264	75434	38843	21531	32448	19748
交通运输、仓储和邮政业	Transportation, Storage and Posts	87438	69681	15624	11453	52196	48591
住宿和餐饮业	Hotels and Catering Services	33606	18280	4351	1821	12652	7833
信息传输、软件和信息技术服务业	Information Transmission, Software and Information Technology	238199	148041	185571	120464	15915	7962
金融业	Financial Intermediation	–	–	–	–	–	–
房地产业	Real Estate	95826	68907	20514	15003	41119	34507
租赁和商务服务业	Leasing and Business Services	111598	48327	25394	8318	61741	28260
科学研究、技术服务业	Scientific Research, Technical Services	120935	65791	91759	52039	7721	3543
水利、环境和公共设施管理业	Management of Water Conservancy, Environment and Public Facilities	12650	6740	2038	930	8190	4501
居民服务、修理和其他服务业	Service to Households, Repair and Other Services	19926	6419	2464	759	14099	4608
教育	Education	9583	5679	6381	4040	679	416
卫生和社会工作	Health Care and Social Work	22349	6488	15443	4506	1878	503
文化、体育和娱乐业	Culture, Sports and Entertainment	10610	8154	6258	5250	883	702
公共管理、社会保障和社会组织	Public Management, Social Security and Social Organizations	–	–	–	–	–	–

12－06　专利申请与授权情况(2007－2021年)
Patent Application and Authorization(2007－2021)

单位:件　　(item)

年份 Year	专利申请合计 Patent Applications	发明 Inventions	实用新型 Utility Models	外观设计 Designs	专利授权合计 Patent Applications Granted	发明 Inventions	实用新型 Utility Models	外观设计 Designs
2007	13295	4592	4332	4371	7563	1320	3638	2605
2008	18549	5130	5796	7623	9831	1923	4637	3271
2009	26077	6703	9806	9568	15507	2535	5806	7166
2010	29732	7766	13108	8858	26483	3238	11888	11357
2011	40890	9717	18783	12390	29249	4511	14556	10182
2012	53785	11960	25313	16512	40651	5526	20400	14725
2013	58280	14031	25523	18726	41518	4903	23159	13456
2014	48569	14779	21711	12079	33548	5552	18147	9849
2015	60839	17777	29048	14014	46245	8296	24764	13185
2016	73546	24951	32187	16408	41052	8647	21763	10642
2017	75709	25578	35096	15035	42227	9872	21282	11073
2018	98396	36539	44963	16894	55379	10267	30891	14221
2019	113562	43357	53957	16248	61568	11748	36326	13494
2020	143912	55297	70983	17632	92399	17327	58540	16532
2021	–	–	–	–	122520	22948	80512	19060

12-07 分地区专利申请与授权情况(2021年)
Patent Application and Authorization by Region(2021)

单位:件 (item)

地 区	Region	专利授权合计 Patent Applications Granted	发明 Inventions	实用新型 Utility Models	外观设计 Designs
全 市	**Total**	**122520**	**22948**	**80512**	**19060**
市 区	Urban District	117110	22593	76523	17994
#上城区	Shangcheng	8065	947	5416	1702
拱墅区	Gongshu	9771	2437	6220	1114
西湖区	Xihu	13681	5107	6794	1780
高新(滨江)区	Hi-Tech(Binjiang)	17874	5995	7745	4134
萧山区	Xiaoshan	14442	1213	11553	1676
余杭区	Yuhang	15481	2177	11017	2287
临平区	Linping	10354	581	8160	1613
钱塘区	Qiantang	12647	2839	7733	2075
富阳区	Fuyang	5816	780	4563	473
临安区	Lin'an	8979	517	7322	1140
桐庐县	Tonglu	2817	192	2215	410
淳安县	Chun'an	601	27	443	131
建德市	Jiande	1992	136	1331	525

注:西湖区含风景名胜区。
a)Figures of Xihu include the West Lake Scenic Zone.

12－08 文化事业单位数(2000－2021年)
Number of Culture Institutions(2000－2021)

单位:个 (unit)

年 份 Year	电影院 Cinemas	剧场 Theaters	剧团 Opera Troupes	文化馆 Cultural Centers	文化站 Cultural Stations	图书馆 Libraries	博物馆 Museums	展览馆 Exhibition Buildings
2000	16	9	18	13	268	10	9	1
2001	16	15	18	13	226	10	11	1
2002	18	13	18	13	221	10	11	1
2003	20	11	18	13	220	10	11	1
2004	18	16	18	13	165	10	12	1
2005	22	12	19	13	204	12	12	1
2006	22	12	19	13	197	13	12	1
2007	22	12	19	13	195	14	12	1
2008	23	12	19	13	195	14	13	1
2009	22	12	20	13	198	16	35	1
2010	31	12	21	13	199	16	65	1
2011	30	11	21	15	190	15	65	1
2012	40	11	21	15	192	15	65	1
2013	48	11	21	15	189	15	65	1
2014	66	12	21	15	189	15	65	1
2015	90	11	20	15	189	15	67	1
2016	90	11	20	15	189	15	68	1
2017	158	11	20	15	189	15	68	1
2018	158	11	20	15	189	16	76	1
2019	193	9	20	15	189	16	79	1
2020	195	6	20	15	175	15	80	1
2021	200	8	20	14	179	14	86	1

12－09 分地区文化部门机构数(2021 年末)

Number of Culture Institutions by Region(End of 2021)

单位:个 (unit)

指 标	Item	剧场 Theaters	剧团 Opera Troupes	文化馆 Cultural Centers	文化站 Cultural Stations	图书馆 Libraries	博物馆 Museums	展览馆 Exhibition Buildings
全市	**Total**	**8**	**20**	**14**	**179**	**14**	**86**	**1**
市区	Urban District	8	18	11	126	11	79	1
#萧山区	Xiaoshan	–	1	1	22	1	9	–
余杭区	Yuhang	–	1	1	12	1	3	–
临平区	Linping	–	–	1	8	1	2	–
富阳区	Fuyang	–	1	1	24	1	3	–
临安区	Lin'an	–	–	1	18	1	2	–
桐庐县	Tonglu	–	1	1	14	1	3	–
淳安县	Chun'an	–	–	1	23	1	3	–
建德市	Jiande	–	1	1	16	1	1	–

12-10 市区文化事业单位数(1978-2021年)
Culture Institutions of Urban District (1978-2021)

单位:个 (unit)

年份 Year	电影院 Cinemas	剧团 Opera Troupes	剧场 Theaters	文化馆 Cultural Centers	文化站 Cultural Stations	图书馆 Libraries	博物馆 Museums
1978	7	13	6	5	-	2	1
1979	8	14	7	5	27	2	1
1980	8	15	7	5	37	2	1
1981	8	17	7	6	40	2	1
1982	9	17	7	6	45	3	1
1983	9	15	3	6	46	3	1
1984	9	15	4	6	49	3	1
1985	8	16	9	6	47	3	2
1986	8	15	8	6	48	3	2
1987	8	15	9	6	38	3	2
1988	7	14	9	6	50	3	2
1989	7	14	9	6	48	2	2
1990	9	14	9	5	48	3	2
1991	10	14	8	5	48	3	2
1992	11	14	8	5	48	3	6
1993	10	14	9	5	42	3	6
1994	11	13	9	5	48	3	6
1995	11	13	9	5	67	3	6
1996	10	13	8	5	55	3	6
1997	10	13	8	5	52	3	6
1998	9	13	8	6	55	3	7
1999	9	13	6	6	52	3	8
2000	8	12	6	6	52	3	9
2001	49	14	11	8	89	5	11
2002	-	14	10	8	90	4	11
2003	19	14	11	13	92	4	11
2004	18	14	14	8	93	5	12
2005	16	15	10	8	94	7	12
2006	16	15	10	8	94	8	12
2007	16	15	10	8	92	9	12
2008	18	15	11	8	92	9	13
2009	15	16	11	8	95	11	34
2010	25	17	11	8	96	11	54
2011	23	17	10	10	94	10	54
2012	31	17	10	10	96	10	54
2013	31	17	11	10	94	10	54
2014	55	18	11	11	118	11	57
2015	78	18	11	11	118	11	59
2016	78	18	11	11	118	11	60
2017	146	18	11	12	136	12	61
2018	146	18	11	12	136	13	72
2019	178	18	9	12	136	13	74
2020	179	18	6	12	122	12	74
2021	182	18	8	11	126	11	79

12－11　分地区艺术表演团体演出情况(2021 年)
Basic Statistics on Performance of Art Troupes by Region(2021)

指　标	Item	艺术表演场所演出场次(场) Number of Performances in Artistic Performance Place (scene)	艺术表演场所演出收入(万元) Income of Performances in Artistic Performance Place (10000 yuan)	剧团演出场次(场) Number of Performances of Opera Troupes (scene)	农　村(场) Rural Areas (scene)	剧团演出观众人数(万人次) Number of Spectators of Opera Troupes (10000 person－times)	剧团演出收入(万元) Income of Performances of Opera Troupes (10000 yuan)
全市	**Total**	**4957**	**5525.5**	**4753**	**1320**	**217.13**	**13134.8**
为上年(%)	As Compared with the Preceding Year (%)	243.6	275.1	112.4	111.0	84.8	161.9
市区	Urban District	4957	5525.5	4345	980	193.73	12832.9
#萧山区	Xiaoshan	–	–	46	29	3.68	–
余杭区	Yuhang	–	–	162	114	11.16	202.4
临平区	Linping	–	–	–	–	–	–
富阳区	Fuyang	–	–	91	83	4.55	150.4
临安区	Lin'an	–	–	–	–	–	–
桐庐县	Tonglu	–	–	178	134	9.6	151.9
淳安县	Chun'an	–	–	–	–	–	–
建德市	Jiande	–	–	230	206	13.8	150

12－12 图书出版数量(2020－2021年)
Number of Books Published(2020－2021)

项　目 Item	本版图书种数(种) Number of Publications (kind)		租型图书种数(种) Number of Publications for Lease (kind)		总印数(万册、万份) Total Printed Copies (10000 copies)		总印张(千印张) Total Printed Sheets (1000 sheets)	
	2020	2021	2020	2021	2020	2021	2020	2021
图书总计 Total	**13623**	**16211**	**387**	**397**	**40857.37**	**49470.76**	**3108869.42**	**3795060.83**
使用《中国标准书号》部分合计 Publication with "China Standard Book Number"	13565	16126	387	397	40799.85	49409.70	3104869.97	3790700.47
#哲学 Philosophy	144	127			165.74	107.51	22417.66	14512.89
社会科学总论 General Social Science	230	269			106.57	146.97	14452.12	19942.85
文化、科学、教育、体育 Culture, Science, Education and Sports	7017	8659	377	389	33891.14	41849.51	2423460.95	3042420.01
文学 Literature	1939	2237			2978.18	3030.83	286306.25	308760.90
艺术 Arts	1656	1893			768.75	1112.87	83784.20	96728.92
自然科学总论 General Natural Science	28	41			18.31	18.44	3208.41	3739.41
不使用《中国标准书号》部分合计 Publications without "China Standard Book Number"	58	85			57.52	61.06	3999.45	4360.36

12－13 幼儿园基本情况(1978－2021年)

Basic Statistics on Kindergartens(1978－2021)

单位:人 (person)

年份 Year	园数(个) Kindergartens(unit)	在园幼儿数 Number of Children	教职员工数 Teachers and Staff	教师 Number of Full－time Teachers
1978	266	37597	2570	1439
1979	216	59245	3731	2201
1980	518	82182	4763	3398
1981	676	82808	5275	3691
1982	853	95733	6357	4269
1983	1034	95676	6271	4135
1984	1749	112095	7238	4900
1985	1743	115766	7360	5278
1986	1607	118792	7898	5659
1987	1678	133773	8622	6335
1988	1541	139883	9221	6608
1989	1397	132947	9595	6849
1990	1526	136277	9808	7167
1991	1422	150982	10472	7388
1992	1431	133773	9240	6487
1993	1328	171005	10779	7886
1994	1470	165860	10718	7891
1995	1493	149497	10102	7943
1996	1437	150587	10203	7625
1997	1504	146530	10480	7743
1998	1695	153035	10691	7956
1999	1787	156372	10719	8107
2000	2037	168414	11740	8770
2001	1249	174204	11447	7880
2002	1268	175891	11988	8086
2003	1285	176862	13702	9076
2004	1098	186472	14991	9544
2005	1188	188991	16161	10288
2006	1188	195552	17550	11053
2007	1071	212754	19330	12168
2008	1037	235867	21193	12917
2009	972	246336	22970	14211
2010	969	267352	25525	15203
2011	970	271128	27458	16023
2012	914	283421	29843	17811
2013	860	285406	32037	18945
2014	881	295036	35212	20088
2015	910	313385	38238	21404
2016	930	325495	40833	22955
2017	960	336343	43692	24628
2018	991	343646	47635	26326
2019	1020	350261	50352	27685
2020	1049	374861	54246	29646
2021	1073	384680	58090	31614

12－14 小学基本情况（1978－2021 年）
Basic Statistics on Primary Schools（1978－2021）

单位:人 (person)

年 份 Year	学校数(个) Number of Schools (unit)	在校学生数 Enrollment	毕业生数 Graduates	教职员工数 Number of Teachers and Staff	专职教师数 Number of Full－time Teachers
1978	4959	605137	–	24103	22291
1979	4850	577811	–	25089	23220
1980	4781	560244	–	25388	22902
1981	4668	525503	–	22468	20832
1982	4528	479264	–	22213	20289
1983	4417	444301	–	20842	18945
1984	4345	427763	–	20496	18500
1985	4286	414839	–	20945	18415
1986	4250	413507	–	20796	18464
1987	4205	405856	–	21067	18751
1988	4137	426842	–	21658	19236
1989	4106	459162	–	22660	20177
1990	4077	460514	–	20542	18099
1991	3972	453055	–	20781	18369
1992	3654	450496	–	21452	19067
1993	3473	477026	–	22141	19775
1994	3352	504867	–	22751	20462
1995	3172	513988	–	23743	21380
1996	3006	525674	–	24553	22197
1997	2762	538390	–	25269	23022
1998	2395	532845	–	25718	23499
1999	1996	512874	–	26350	24120
2000	1659	485679	100405	25938	23876
2001	1354	467982	93365	25535	23179
2002	1197	456535	89752	25425	23138
2003	1044	448969	84051	25304	22955
2004	897	447971	74872	25396	23066
2005	791	458942	75337	25793	23541
2006	605	459529	79070	26040	23848
2007	437	456152	81767	26455	24251
2008	418	452143	82620	26894	24743
2009	417	445132	80441	27445	25424
2010	408	453897	76126	27881	25709
2011	409	465289	73465	27862	26395
2012	415	472613	74547	25620	27777
2013	419	483489	73682	30373	28949
2014	421	502688	73244	31490	30139
2015	443	524513	71398	32815	31280
2016	447	543038	77726	33873	32549
2017	458	560411	84615	35510	34150
2018	478	590491	78951	37316	35793
2019	489	616929	85564	39297	37708
2020	496	645302	89093	40756	39330
2021	493	680976	92341	42798	41278

12－15 初中基本情况(1978－2021年)

Basic Statistics on Junior Middle Schools(1978－2021)

单位:人 (person)

年 份 Year	学校数(个) Number of Schools (unit)	在校学生数 Enrollment	毕业生数 Graduates	专职教师数 Number of Full－time Teachers
1978	254	247209	－	11978
1979	363	208484	－	11020
1980	369	204073	－	10695
1981	359	194024	－	10015
1982	367	193135	－	10107
1983	370	190221	－	9948
1984	368	192971	－	9679
1985	361	196889	－	9799
1986	376	199638	－	9821
1987	385	195426	－	10264
1988	380	170079	－	10055
1989	376	151223	－	9825
1990	382	160111	－	9564
1991	387	185590	－	10020
1992	367	212022	－	10603
1993	365	203896	－	10876
1994	371	205388	－	11495
1995	373	216300	－	12058
1996	374	229466	－	12810
1997	368	227809	－	13370
1998	359	222191	－	13493
1999	339	239174	－	13723
2000	330	269484	68347	14529
2001	314	285203	75722	15685
2002	315	282951	91056	15758
2003	316	268824	98412	15836
2004	303	252291	93042	16042
2005	289	241374	90094	16205
2006	263	235527	85436	16374
2007	262	238252	76194	16591
2008	260	244464	74827	16965
2009	252	241899	77268	17317
2010	245	236014	78379	17795
2011	246	223545	78431	17652
2012	244	215701	75489	17992
2013	241	213452	71006	18260
2014	241	213936	67988	18671
2015	243	211323	69200	18909
2016	249	215756	69674	19469
2017	251	224797	69084	20144
2018	264	235003	66949	20800
2019	269	244070	73657	21691
2020	280	249434	80451	22525
2021	296	263915	77509	23529

12－16 高中基本情况(1978－2021年)

Basic Statistics on Senior High Schools(1978－2021)

单位:人 (person)

年 份 Year	学校数(个) Number of Schools (unit)	在校学生数 Enrollment	毕业生数 Graduates	专职教师数 Number of Full－time Teachers
1978	352	102815	–	5235
1979	182	58866	–	3471
1980	151	43661	–	3173
1981	118	34606	–	2825
1982	113	35136	–	2740
1983	111	38580	–	2740
1984	105	43167	–	2781
1985	104	47510	–	3016
1986	95	46379	–	2972
1987	92	44697	–	3006
1988	89	42196	–	2947
1989	88	39994	–	2898
1990	86	39829	–	2922
1991	82	37809	–	2896
1992	74	34620	–	2791
1993	72	32483	–	2641
1994	75	35720	–	2673
1995	72	40771	–	2880
1996	70	43692	–	3135
1997	69	47975	–	3388
1998	75	55688	–	3693
1999	82	64459	–	4172
2000	85	73049	17484	4745
2001	88	79632	22012	5262
2002	81	91635	22630	6126
2003	77	108116	25429	6879
2004	81	115303	30630	7510
2005	80	120883	34486	8041
2006	82	124177	39484	8421
2007	80	122939	39805	8542
2008	76	120294	40551	8646
2009	75	118057	41408	8751
2010	72	116983	39319	8871
2011	71	117089	38579	9061
2012	70	115652	38623	9069
2013	70	113894	37810	9125
2014	72	110478	38489	9378
2015	75	109983	37303	9630
2016	77	110431	36022	10016
2017	80	113054	34860	10430
2018	87	114324	36460	10825
2019	87	118039	36865	11161
2020	91	124563	37697	11684
2021	95	130873	38380	12444

12-17 中等专业学校基本情况(1978-2021年)
Basic Statistics on Specialized Secondary Schools(1978-2021)

单位:人 (person)

年份 Year	学校数(个) Number of Schools (unit)	在校学生数 Enrollment	毕业生数 Graduates	教职员工数 Teachers and Staff	专职教师数 Number of Full-time Teachers
1978	26	8711	-	3044	1080
1979	27	11093	-	2601	1124
1980	26	9453	-	2450	1101
1981	35	7309	-	3122	1276
1982	37	8284	-	3694	1529
1983	37	10516	-	3716	1604
1984	42	13419	-	4194	1758
1985	46	16527	-	5095	1959
1986	50	19114	-	5641	2336
1987	52	20929	-	6081	2623
1988	51	22117	-	6144	2741
1989	54	23302	-	6602	2888
1990	55	23564	-	6679	2948
1991	55	23331	-	6584	2770
1992	55	26373	-	6786	2825
1993	56	30336	-	6732	2780
1994	57	36079	-	6881	2840
1995	57	42784	-	6851	2888
1996	58	49593	-	6789	2904
1997	57	51752	-	6731	2896
1998	56	55796	-	6554	2746
1999	50	52272	-	5023	2272
2000	28	45238	15674	2950	1421
2001	26	32763	15202	2053	1051
2002	14	26255	13355	1251	566
2003	13	21735	11866	1058	457
2004	11	21262	6399	869	416
2005	10	20344	6661	893	443
2006	8	12540	5830	410	184
2007	8	8927	4849	414	194
2008	8	5514	4130	345	152
2009	8	4016	2025	233	65
2010	6	3999	1092	348	151
2011	5	4071	934	369	154
2012	5	3909	1252	376	150
2013	5	3656	1215	390	158
2014	7	3974	1077	469	226
2015	7	3968	1134	494	244
2016	7	4402	982	504	262
2017	7	4566	1348	386	177
2018	6	4448	1457	381	172
2019	7	4535	1385	372	173
2020	7	4540	1470	375	181
2021	7	4493	1319	397	203

12－18　高等学校基本情况(1978－2021年)

Basic Statistics on Regular Institutions of Higher Education(1978－2021)

单位:人　　　　(person)

年份 Year	学校数(个) Number of Schools (unit)	招生数 Entrants	在校学生数 Enrollment	毕业生数 Graduates	教职员工数 Teachers and Staff	专职教师数 Number of Full－time Teachers
1978	9	－	13319	－	8966	3946
1979	12	－	17518	－	10182	4458
1980	13	－	23545	－	12400	5278
1981	13	－	28936	－	13090	5359
1982	13	－	25821	－	14363	6067
1983	14	－	27443	－	15267	6172
1984	16	－	31384	－	15889	6387
1985	20	－	36996	－	17507	7247
1986	22	－	40051	－	18968	7845
1987	21	－	39922	－	18965	7876
1988	21	－	40787	－	19582	8133
1989	21	－	40330	－	19680	8107
1990	21	－	39866	－	19495	8075
1991	21	－	42192	－	19489	7737
1992	19	－	43787	－	19841	7561
1993	19	－	51063	－	19787	7561
1994	19	－	59109	－	19903	7703
1995	20	－	63124	－	19883	7799
1996	20	－	66023	－	19693	7824
1997	20	－	69391	－	19540	7793
1998	17	－	76546	－	19320	7723
1999	18	－	89109	－	20136	8135
2000	32	46070	122386	17004	23791	10477
2001	33	63001	174894	22756	25805	11866
2002	34	74656	224048	27213	27307	13605
2003	35	85865	269798	41192	34508	18141
2004	36	96810	313599	53288	33325	18445
2005	36	101374	351918	63989	34816	19583
2006	36	103885	373563	80069	36929	21375
2007	36	110371	392770	90944	38843	23197
2008	36	114714	409559	97778	39762	24017
2009	36	114568	429774	96101	40420	24765
2010	37	113529	434811	101681	41582	25003
2011	38	117892	446721	104486	42222	25735
2012	38	121331	459181	107484	43216	26689
2013	38	123046	471820	108688	43992	27544
2014	38	122099	474652	110512	44710	28265
2015	39	139002	475558	125013	44825	28868
2016	39	138819	480953	128434	45512	29222
2017	39	143784	484070	128880	46337	29843
2018	40	149848	496383	131823	47124	30247
2019	40	160426	518325	132048	49020	31448
2020	40	173873	550608	134221	50983	32801
2021	40	181175	584533	139201	53563	34701

12－19　小学、幼儿园及特殊

Basic Statistics on Primary Schools,

单位:人

指　标	Item	全　市 Total	市　区 Urban District	萧山区 Xiaoshan
小　　学	**Primary Schools**			
学校数(所)	Number of Schools(unit)	493	405	80
班数(班)	Number of Classes(unit)	17514	15668	2783
在校学生数	Number of Students	680976	615520	110128
本年招生数	Number of New Students Enrollment	127243	115665	21186
本年毕业生数	Number of Graduates	92341	82504	15039
专职教师数	Full－time Teachers	41278	36710	5995
2022 年预计毕业生数	Number of Students Will Graduate in 2021	97758	87966	15713
幼儿园	**Kindergartens**			
园数(个)	Number of Kindergartens(unit)	1073	944	192
班数(班)	Number of Classes(unit)	13916	12561	2193
在园幼儿数	Number of Children	384680	346816	62055
教师数	Full－time Teachers	31614	28744	5140
盲聋哑学校	**Schools for the Blind,Deaf and Deaf－mute**			
学校数(个)	Number of Schools(unit)	2	2	－
在校学生数	Number of Students	306	306	－
本年招生数	Number of New Students Enrollment	50	50	－
本年毕业生数	Number of Graduates	72	72	－
专职教师数	Number of Full－time Teachers	173	173	－
智障者学校	**Schools for Weaken in Intelligence**			
学校数(个)	Number of Schools(unit)	12	9	1
在校学生数	Number of Students	1350	1185	260
本年招生数	Number of New Students Enrollment	220	194	61
本年毕业生数	Number of Graduates	218	211	65
专职教师数	Number of Full－time Teachers	458	410	77
工读学校	**Reformatory Schools**			
学校数(个)	Number of Schools(unit)	1	1	－
在校学生数	Number of Students	449	449	－
本年招生数	Number of New Students Enrollment	275	275	－
本年毕业生数	Number of Graduates	269	269	－
专任教师数	Number of Full－time Teachers	64	64	－

教育基本情况(2021 年)

Kindergartens and Special Education(2021)

(person)

余杭区 Yuhang	临平区 Linping	富阳区 Fuyang	临安区 Lin'an	桐庐县 Tonglu	淳安县 Chun'an	建德市 Jiande
36	26	46	42	27	31	30
1702	1641	1234	905	678	555	613
65962	68955	46172	33918	26465	15856	23135
12979	13241	8223	5844	4740	2792	4046
7385	8770	7412	5163	3824	2528	3485
3839	3524	2846	2032	1564	1589	1415
8464	9464	7099	4988	3984	2424	3384
108	61	75	77	47	41	41
1545	1228	919	692	489	359	507
41091	35764	26657	18555	14975	9222	13667
3527	2789	2042	1502	1060	714	1096
–	–	–	–	–	–	–
–	–	–	–	–	–	–
–	–	–	–	–	–	–
–	–	–	–	–	–	–
–	–	–	–	–	–	–
–	–	–	–	–	–	–
–	1	1	1	1	1	1
–	172	65	80	44	39	82
–	37	4	4	6	4	16
–	25	10	13	4	3	–
–	52	27	33	24	7	17
–	–	–	–	–	–	–
–	–	–	–	–	–	–
–	–	–	–	–	–	–
–	–	–	–	–	–	–
–	–	–	–	–	–	–

12－20 普通中学、职业中学

Basic Statistics on Senior,Junior High

单位:人

指　标	Item	全　市 Total	市　区 Urban District	萧山区 Xiaoshan
高　　中	**Senior High Schools**			
学校数(所)	Number of Schools(unit)	95	80	13
在校学生数	Number of Students	130873	112392	20621
本年招生数	Number of New Students Enrollment	45443	39349	6985
本年毕业生数	Number of Graduates	38380	32625	6468
专职教师数	Full－time Teachers	12444	10508	1995
2022 年预计毕业生数	Number of Students Will Graduate in 2022	40930	34842	6827
初　　中	**Junior High Schools**			
学校数(所)	Number of Schools(unit)	296	251	53
在校学生数	Number of Students	263915	234009	40449
本年招生数	Number of New Students Enrollment	92196	82296	14195
本年毕业生数	Number of Graduates	77509	67696	12398
专职教师数	Full－time Teachers	23529	20610	3565
2022 年预计毕业生数	Number of Students Will Graduate in 2022	83375	73302	13090
职业中学	**Vocational Schools**			
学校数(所)	Number of Schools(unit)	31	26	4
在校学生数	Number of Students	61017	53995	10725
本年招生数	Number of New Students Enrollment	20218	17613	3343
本年毕业生数	Number of Graduates	17376	15429	3048
专职教师数	Full－time Teachers	4904	4349	890
2022 年预计毕业生数	Number of Students Will Graduate in 2022	19674	17522	3504
技工学校	**Technical Schools**			
学校数(所)	Number of schools(unit)	20	18	1
在校学生数	Number of Students	31562	29795	2881
专职教师数	Full－time Teachers	2084	1985	236

和技工学校基本情况(2021 年)

Schools and Vacational, Technical Schools(2021)

(person)

余杭区 Yuhang	临平区 Linping	富阳区 Fuyang	临安区 Lin'an	桐庐县 Tonglu	淳安县 Chun'an	建德市 Jiande
12	7	7	5	4	5	6
8055	9514	13124	7200	5955	5277	7249
3191	3397	4444	2229	2072	1536	2486
2021	2743	3972	2288	1718	1762	2275
827	864	1196	669	591	572	773
2265	2943	4160	2461	1859	1914	2315
23	19	17	18	14	13	18
21803	23949	22456	14818	11097	8417	10392
7632	8666	7688	5144	3656	2790	3454
6345	6808	7021	4333	3852	2657	3304
1943	1856	1771	1118	946	933	1040
6758	7157	7333	4776	3720	2912	3441
2	4	2	2	2	2	1
3335	7995	7563	3870	2304	3217	1501
1137	2686	2446	1433	862	1146	597
1045	2184	1993	1117	537	881	529
219	606	623	336	180	259	116
1041	2657	2459	1163	669	1012	471
1	–	1	1	–	1	1
–	–	466	584	–	–	1767
–	–	45	60	–	–	99

12－21 各高等学校

Basic Statistics on Regular

单位:人

单位名称	Item	在校学生数 Number of students 2021	为上年(%) As Compared with the Preceding Year(%)	其中研究生 Graduate Student
全　　市	**Total**	**584533**	**106.26**	**97735**
#市　　区	**Urban District**	**574664**	**106.25**	**97735**
浙江大学	Zhejiang University	67049	105.75	40484
杭州电子科技大学	Hangzhou Dianzi University	24419	108.99	6516
浙江工业大学	Zhejiang Univesity of Technology	32542	107.33	12732
浙江理工大学	Zhejiang Sci－Tech University	25059	106	6725
浙江农林大学	Zhejiang Forestry University	19945	108.03	3956
浙江中医药大学	Zhejiang University of Traditional Chinese Medicine	14973	113.92	3771
杭州师范大学	Hangzhou Normal University	25421	120.32	4836
浙江工商大学	Zhejiang Gongshang University	23378	107.43	6358
中国美术学院	China Academy of Art	9900	104.66	2632
中国计量大学	China JiLiang University	19968	107.72	3621
浙江科技学院	Hangzhou Application Engineering and TechnologyCollege	18134	99.66	1622
浙江开放大学	Zhejiang Radio & TV University	10002	103.11	－
浙江水利水电专科学校	Zhejiang Water Conservancy and Hydroelectricity College	12263	118.12	－
浙江财经大学	Zhejiang University of Finance and Economics	18579	107.02	3246
浙江警察学院	Zhejiang Police College	3627	102.98	－
浙江传媒学院	Zhejiang Institute of Media and Communications	14339	100.24	503
浙江树人大学	Zhejiang Shuren University	18377	102.15	－
浙江大学城市学院	Zhejiang University City College	11052	97.8	－

基本情况(2021 年)

Institutions of Higher Education(2021)

(person)

本年招生数 Entrants	其中研究生 Graduate Student	本年毕业生数 Graduates	其中研究生 Graduate Student	教职员工数 Number of Teachers and Staff 合计 Total	专职教师 Full - time Teachers
181175	**34583**	**139201**	**19215**	**53563**	**34701**
177896	**34583**	**136708**	**19215**	**53061**	**34282**
18804	12463	13470	7555	9596	4140
7499	2490	5121	1382	2313	1658
9799	4686	7274	2698	3515	2410
7124	2598	5497	1209	2447	1751
5983	1520	4396	763	1803	1318
4363	1543	2479	792	1494	961
9309	2035	4952	976	2598	1753
7030	2450	5191	1440	2135	1738
2728	893	2212	598	1303	770
5917	1541	4365	667	1849	1327
4894	634	4190	293	1568	1176
4232	–	3645	–	363	122
4314	–	2386	–	770	528
5328	1215	4086	633	1702	1244
951	–	840	–	475	250
3609	301	3265	121	1457	966
5020	–	4590	–	1147	942
2943	–	2959	–	1182	755

12 - 22 各级成人教育

Basic Statistics on

单位:人

指　标	Item	成人高等学历教育 Higher Education for Adults	成人高校 Adult Institutions of Higher Education	普通高校成人高等学历教育 Adult Higher Education in Ordinary Universities
全　市	**Total**			
学校数(所)	Number of Schools(unit)	3	3	-
在校学生数	Number of Students	164836	10002	154834
本年招生数	Number of New Students Enrollment	83363	4232	79131
本年毕业生数	Number of Graduates	61778	3645	58133
教职员工数	Number of Teachers and Staff	363	363	-
#专职教师	#Full - time Teachers	122	122	-
市　区	**Urban District**			
学校数(所)	Number of Schools(unit)	3	3	-
在校学生数	Number of Students	164836	10002	154834
本年招生数	Number of New Students Enrollment	83363	4232	79131
本年毕业生数	Number of Graduates	61778	3645	58133
教职员工数	Number of Teachers and Staff	363	363	-
#专职教师	#Full - time Teachers	122	122	-

基本情况（2021 年）
Various Adult Education（2021）

（person）

成人中等学历教育 Adult Secondary Education	成人中等专业 Adult Secondary Specialized	成人中学 Secondary Schools for Adults
4	4	
16646	16646	
6837	6837	
6998	6998	
595	595	
271	271	
4	4	
16646	16646	
6837	6837	
6998	6998	
595	595	
271	271	

12－23　医疗卫生机构数（1978－2021年）
Number of Health Institutions（1978－2021）

单位：个　　　　　　　　　　　　　　　　　　　　　　（unit）

年　份 Year	全市合计 Total	医　院 Hospitals	市区合计 Urban District	医　院 Hospitals
1978	1361	421	689	45
1979	1390	426	696	50
1980	1381	425	675	51
1981	1476	424	749	51
1982	1540	432	798	56
1983	1540	435	800	58
1984	1574	437	807	54
1985	1582	404	787	47
1986	1636	407	826	53
1987	1693	420	865	55
1988	1710	438	878	55
1989	1721	443	882	57
1990	1738	440	890	58
1991	1789	441	889	58
1992	1767	436	885	58
1993	1730	403	882	68
1994	1717	416	882	72
1995	1712	414	883	72
1996	1712	416	893	83
1997	1711	411	891	81
1998	1491	419	757	89
1999	1530	400	789	85
2000	1599	396	853	85
2001	1496	391	1072	191
2002	1817	116	1277	88
2003	1901	99	1323	73
2004	1985	114	1396	87
2005	2196	127	1604	97
2006	2570	134	1886	107
2007	2607	138	1872	104
2008	2544	141	1813	108
2009	2687	144	1887	111
2010	2819	151	1906	113
2011	2958	167	1992	122
2012	3017	198	2004	146
2013	4139	208	2233	156
2014	4198	218	2763	173
2015	4428	244	2982	198
2016	4691	277	3214	226
2017	4933	302	3906	273
2018	5377	316	4338	282
2019	5925	343	4857	304
2020	5675	353	4609	312
2021	5633	370	4558	329

12 - 24 医疗病床数(1978 - 2021 年)
Number of Beds in Health Institutions(1978 - 2021)

单位:张 (bed)

年 份 Year	全 市 Total	医 院 Hospitals	市 区 Urban District	医 院 Hospitals
1978	14042	11704	6588	5789
1979	15124	12682	7335	6282
1980	16317	13478	8244	6940
1981	17408	13576	9646	7185
1982	17179	14350	9194	7580
1983	17338	14584	9411	7833
1984	17694	14691	9536	7867
1985	19637	15010	11095	7933
1986	20555	16035	11657	8448
1987	21465	16770	12203	8863
1988	23394	17954	13204	9651
1989	24111	18363	13581	9773
1990	24121	18879	13219	10041
1991	24966	19444	13968	10437
1992	25606	20243	14206	10821
1993	25653	20884	14058	10982
1994	25984	20870	14231	11045
1995	26684	21360	14731	11336
1996	28141	22217	15427	12132
1997	26616	22341	15076	12190
1998	27327	23110	15530	12766
1999	26713	22952	14988	12691
2000	27166	23303	15496	13068
2001	27063	23520	20523	17770
2002	27609	22797	21200	18667
2003	29144	22036	22641	18205
2004	31738	24444	25008	20338
2005	33251	25907	26732	21931
2006	33972	27186	27172	23184
2007	36928	29987	29884	25664
2008	38114	31416	30663	26882
2009	40226	33094	32412	28031
2010	42828	36148	34693	30639
2011	45291	39363	36633	33291
2012	49471	44019	40534	37383
2013	52056	46636	42506	39489
2014	55779	50805	48406	44639
2015	63632	58400	55540	51672
2016	69452	63994	60666	56522
2017	75948	70187	69057	64524
2018	81215	75186	73481	68765
2019	85708	79957	77680	73202
2020	90057	84251	81927	77353
2021	90754	85475	82642	78578

12－25 分种类分地区

Number of

单位:个

指　标	Item	全　市 Total	市　区 Urban District
总　计	**Total**	**5633**	**4558**
一、医院	**Number of Hospitals**	**370**	**329**
1. 综合医院	General Hospitals	172	152
2. 中医医院	Hospitals of Chinese Medicine	45	38
3. 中西医结合医院	Chinese Therapeutics with Western	8	7
4. 专科医院	Specialized Hospitals	117	106
#口腔医院	Hospitals for Mouth	30	29
眼科医院	Hospitals for Eye	10	8
耳鼻喉科医院	ENT Hospitals	–	–
肿瘤医院	Tumor Hospitals	3	3
心血管病医院	Cardiovascular Hospitals	1	1
胸科医院	Chest Hospitals	–	–
血液病医院	Blood Diseases Hospitals	–	–
妇产(科)医院	Hospitals for Pregnant Woman	12	12
儿童医院	Children Hospitals	5	5
精神病医院	Mental Hospitals	9	6
传染病医院	Hospitals for Infectious Diseases	1	1
皮肤病医院	Dermatology Hospital	4	4
结核病医院	Tuberculosis Hospitals	–	–
麻风病医院	Leprosy Hospitals	–	–
职业病医院	Occupational Disease Hospitals	–	–
骨科医院	Orthopaedics Hospitals	4	3
康复医院	Healing Hospitals	14	12
整形外科医院	Plastic Hospitals	2	2
美容医院	Beauty Hospitals	14	14
其他专科医院	Other Special Hospitals	8	6
5. 护理院	Nursing Centers	28	26
二、基层医疗卫生机构	**Community Medical Institutions**	**5150**	**4135**
1. 社区卫生服务中心(站)	Health Service Centers for Community	1314	1141
#社区卫生服务中心	Health Service Centers	138	130
社区卫生服务站	Health Service Stations	1176	1011
2. 卫生院	Health Service Centers	81	29
#街道卫生院	Rural Township Hospitals in Subdistrict	1	–
乡镇卫生院	Rural Township Hospitals in Country	80	29
3. 村卫生室	Health Offices in Village	753	238
4. 门诊部	Clinics	872	816
5. 诊所、卫生所、医务室、护理站	Other Health Care Institutions	2130	1911
三、专业公共卫生机构	**Professional Public Health Institutions**	**53**	**37**
疾病预防控制中心	Centers for Disease Prevention and Control	15	12
专科疾病防治所(所、站)	Specialized Centers for Disease Prevention and Control(stations)	2	–
健康教育所(站、中心)	Education Center for Health(stations)	–	–
妇幼保健院(所、站)	Maternity and Child Care Centers(stations)	10	7
急救中心(站)	First－aid Centers(stations)	10	6
采供血机构	Blood Supplying Agencies	3	2
卫生监督所	Institutions of Public Health Inspection	12	9
计划生育服务机构	Family Planning Service Institutions	1	1
四、其他卫生机构	**Other Health Care Institutions**	**60**	**57**
疗养院	Sanatoriums	7	7
医学科学研究机构	Research Institutions of Medical Science	–	–
医学在职培训机构	Medical Training Organization for Incumbent	3	2
临床检验中心(所、站)	Clinical Laboratory Center	37	36
统计信息中心	Statistical Information Centers	1	1
其他	Other	12	11

医疗卫生机构数(2021 年末)
Health Institutions(End of 2021)

(unit)

萧山区 Xiaoshan	余杭区 Yuhang	临平区 Linping	富阳区 Fuyang	临安区 Lin'an	桐庐县 Tonglu	淳安县 Chun'an	建德市 Jiande
772	**364**	**472**	**202**	**501**	**354**	**320**	**401**
59	**19**	**22**	**14**	**29**	**20**	**11**	**10**
45	9	9	6	14	12	5	3
5	1	2	4	10	3	2	2
–	1	1	1	–	–	–	1
8	5	8	3	5	4	4	3
3	1	2	1	2	–	1	–
1	–	1	–	–	1	–	1
–	–	–	–	–	–	–	–
–	–	–	–	–	–	–	–
–	–	–	–	–	–	–	–
–	–	–	–	–	–	–	–
–	–	–	–	–	–	–	–
–	–	1	–	–	–	–	–
–	–	1	–	–	–	–	–
–	2	1	1	1	1	1	1
–	–	–	–	–	–	–	–
1	–	–	–	–	–	–	–
–	–	–	–	–	–	–	–
–	–	–	–	–	–	–	–
–	–	–	–	–	–	–	–
–	1	1	–	–	1	–	–
1	1	–	1	–	–	1	1
–	–	–	–	–	–	–	–
–	–	–	–	1	–	–	–
2	–	1	–	1	1	1	–
1	3	2	–	–	1	–	1
697	**333**	**441**	**180**	**467**	**329**	**302**	**384**
295	109	86	157	85	107	48	18
25	12	8	25	6	4	2	2
270	97	78	132	79	103	46	16
–	–	–	9	20	11	21	20
–	–	–	–	–	1	–	–
–	–	–	9	20	10	21	20
94	–	–	–	143	117	170	228
92	36	77	13	22	33	7	16
216	188	278	1	197	61	56	102
6	**2**	**3**	**4**	**4**	**3**	**7**	**6**
1	1	1	1	1	1	1	1
–	–	–	–	–	–	1	1
–	–	–	–	–	–	–	–
–	–	1	1	1	1	1	1
2	–	1	1	1	–	3	1
1	–	–	–	–	–	–	1
1	1	–	1	1	1	1	1
1	–	–	–	–	–	–	–
10	**10**	**6**	**4**	**1**	**2**	**–**	**1**
1	–	–	4	–	–	–	–
–	–	–	–	–	–	–	–
–	–	1	–	–	–	–	1
9	9	5	–	1	1	–	–
–	–	–	–	–	–	–	–
–	1	–	–	–	1	–	–

12－26 分种类分地区

Total Number of

单位:张

指　　标	Item	全　　市 Total	市区 Urban District
总　　计	**Total**	**90754**	**82642**
一、医院	**Number of Hospitals**	**85475**	**78578**
1. 综合医院	General Hospitals	47145	43434
2. 中医医院	Hospitals of Chinese Medicine	11410	9759
3. 中西医结合医院	Chinese Therapeutics with Western	5565	5304
4. 专科医院	Specialized Hospitals	16614	15440
#口腔医院	Stomatology Hospitals	480	465
眼科医院	Ophthalmology Hospitals	318	253
耳鼻喉科医院	ENT Hospitals	－	－
肿瘤医院	Tumor Hospitals	2508	2508
心血管病医院	Cardiovascular Hospitals	152	152
胸科医院	Chest Hospitals	－	－
血液病医院	Blood Diseases Hospitals	－	－
妇产(科)医院	Hospitals for Pregnant Woman	2122	2122
儿童医院	Children Hospitals	1796	1796
精神病医院	Mental Hospitals	3048	2332
传染病医院	Hospitals for Infectious Diseases	700	700
皮肤病医院	Dermatology Hospital	147	147
结核病医院	Tuberculosis Hospitals	－	－
麻风病医院	Leprosy Hospitals	－	－
职业病医院	Occupational Disease Hospitals	－	－
骨科医院	Orthopaedics Hospitals	623	577
康复医院	Healing Hospitals	3379	3112
整形外科医院	Plastic Hospitals	121	121
美容医院	Beauty Hospitals	263	263
其他专科医院	Other Special Hospitals	957	892
5. 护理院	Nursing Centers	4741	4641
二、基层医疗卫生机构	**Community Medical Institutions**	**3385**	**2708**
1. 社区卫生服务中心(站)	Health Service Centers for Community	2413	2363
#社区卫生服务中心	Health Service Centers	2413	2363
社区卫生服务站	Health Service Stations	－	－
2. 卫生院	Health Service Centers	757	136
#街道卫生院	Rural Township Hospitals in Subdistrict	－	－
乡镇卫生院	Rural Township Hospitals in Country	757	136
3. 村卫生室	Health Offices in Village	－	－
4. 门诊部	Clinics	214	208
5. 诊所、卫生所、医务室、护理站	Other Health Care Institutions	1	1
三、专业公共卫生机构	**Professional Public Health Institutions**	**1201**	**663**
疾病预防控制中心	Centers for Disease Prevention and Control	－	－
专科疾病防治所(所、站)	Specialized Centers for Disease Prevention and Control(stations)	200	－
健康教育所(站、中心)	Education Center for Health(stations)	－	－
妇幼保健院(所、站)	Maternity and Child Care Centers(stations)	987	649
急救中心(站)	First－aid Centers(stations)	14	14
采供血机构	Blood Supplying Agencies	－	－
卫生监督所(中心)	Institutions of Public Health Inspection	－	－
计划生育服务机构	Family Planning Service Institutions	－	－
四、其他卫生机构	**Other Health Care Institutions**	**693**	**693**
#疗养院	Sanatoriums	693	693
医学科学研究机构	Research Institutions of Medical Science	－	－
医学在职培训机构	Medical Training Organization for Incumbent	－	－
临床检验中心(所、站)	Clinical Laboratory Center	－	－
统计信息中心	Statistical Information Centers	－	－
其他	Other	－	－

医疗病床数(2021 年末)

Beds in Health Institutions(End of 2021)

(bed)

萧山区 Xiaoshan	余杭区 Yuhang	临平区 Linping	富阳区 Fuyang	临安区 Lin′an	桐庐县 Tonglu	淳安县 Chun′an	建德市 Jiande
10643	**2681**	**3986**	**4287**	**2959**	**2682**	**2500**	**2930**
10390	**2639**	**3330**	**3291**	**2817**	**2377**	**2219**	**2301**
7917	1385	1707	1556	1725	1514	1189	1008
1882	16	470	1219	852	586	625	440
–	–	330	72	–	–	–	261
491	853	647	444	240	227	405	542
45	15	–	15	40	–	15	–
80	–	19	–	–	20	–	45
–	–	–	–	–	–	–	–
–	–	–	–	–	–	–	–
–	–	–	–	–	–	–	–
–	–	–	–	–	–	–	–
–	–	–	–	–	–	–	–
–	–	45	–	–	–	–	–
–	–	50	–	–	–	–	–
–	650	69	329	160	116	190	410
–	–	–	–	–	–	–	–
40	–	–	–	–	–	–	–
–	–	–	–	–	–	–	–
–	–	–	–	–	–	–	–
–	–	–	–	–	–	–	–
–	88	249	–	–	46	–	–
20	100	–	100	–	–	180	87
–	–	–	–	–	–	–	–
–	–	–	–	20	–	–	–
306	–	215	–	20	45	20	–
100	385	176	–	–	50	–	50
193	**42**	**340**	**362**	**98**	**207**	**131**	**339**
159	42	340	238	56	22	–	28
159	42	340	238	56	22	–	28
–	–	–	–	–	–	–	–
–	–	–	94	42	185	125	311
–	–	–	–	–	–	–	–
–	–	–	94	42	185	125	311
–	–	–	–	–	–	–	–
34	–	–	30	–	–	6	–
–	–	–	–	–	–	–	–
–	**–**	**316**	**300**	**44**	**98**	**150**	**290**
–	–	–	–	–	–	–	–
–	–	–	–	–	–	–	200
–	–	–	–	–	–	–	–
–	–	316	300	30	98	150	90
–	–	–	–	14	–	–	–
–	–	–	–	–	–	–	–
–	–	–	–	–	–	–	–
–	–	–	–	–	–	–	–
60	**–**	**–**	**334**	**–**	**–**	**–**	**–**
60	–	–	334	–	–	–	–
–	–	–	–	–	–	–	–
–	–	–	–	–	–	–	–
–	–	–	–	–	–	–	–
–	–	–	–	–	–	–	–
–	–	–	–	–	–	–	–

12－27 医院诊疗

Number of

指　　标	Item	机构数(个) Number of Institutions (unit)	诊疗人次数(万人次) Total Number of Patients Treate (10000 person－times)
总　　计	**Total**	**5633**	**14208.20**
一、医院	**Number of Hospitals**	**370**	**7865.67**
1.综合医院	General Hospitals	172	4826.39
2.中医医院	Hospitals of Chinese Medicine	45	1159.49
3.中西医结合医院	Chinese Therapeutics with Western	8	500.33
4.专科医院	Specialized Hospitals	117	1373.16
#口腔医院	Stomatology Hospitals	30	241.28
眼科医院	Ophthalmology Hospitals	10	40.64
耳鼻喉科医院	ENT Hospitals	－	－
肿瘤医院	Tumor Hospitals	3	92.55
心血管病医院	Cardiovascular Hospitals	1	33.83
胸科医院	Chest Hospitals	－	－
血液病医院	Blood Diseases Hospitals	－	－
妇产(科)医院	Hospitals for Pregnant Woman	12	244.81
儿童医院	Children Hospitals	5	410.12
精神病医院	Mental Hospitals	9	60.11
传染病医院	Hospitals for Infectious Diseases	1	62.61
皮肤病医院	Dermatology Hospital	4	24.11
结核病医院	Tuberculosis Hospitals	－	－
麻风病医院	Leprosy Hospitals	－	－
职业病医院	Occupational Disease Hospitals	－	－
骨科医院	Orthopaedics Hospitals	4	18.06
康复医院	Healing Hospitals	14	16.89
整形外科医院	Plastic Hospitals	2	5.25
美容医院	Beauty Hospitals	14	114.01
其他专科医院	Other Special Hospitals	8	8.88
5.护理院	Nursing Centers	28	6.30
二、基层医疗卫生机构	**Community Medical Institutions**	**5150**	**6101.53**
1.社区卫生服务中心(站)	Health Service Centers for Community	1314	3807.89
#社区卫生服务中心	Health Service Centers	138	3753.02
社区卫生服务站	Health Service Stations	1176	54.86
2.卫生院	Health Service Centers	81	529.10
#乡镇卫生院	Rural Township Hospitals in Country	80	520.36
3.村卫生室	Health Offices in Village	753	91.51
4.门诊部	Clinics	872	1024.30
5.诊所、卫生所、医务室	Other Health Care Institutions	2130	648.74
三、专业公共卫生机构	**Professional Public Health Institutions**	**53**	**226.47**
专科疾病防治院(所、站)	Specialized Centers for Disease Prevention and Control(stations)	2	8.81
妇幼保健院(所、站)	Maternity and Child Care Centers(stations)	10	200.24
四、其他机构	**Other Institutions**	**60**	**14.52**
疗养院	Sanatoriums	7	14.52

次数和入院人数（2021 年）

Hospital Patients(2021)

门、急诊人次数(万人次) Out - Patients and Emergency Patients (10000 person - times)	入院人数 (人) Hospital Admissions(person)	每百门急诊次入院人数(人) Hospital Admissions Per 100 Patient - time (person)
13476.03	**2901800**	**2.36**
7798.40	**2795056**	**3.58**
4813.73	1795480	3.73
1156.18	309012	2.67
496.09	155060	3.13
1326.19	508526	3.83
213.44	1543	0.07
40.48	11876	2.93
-	-	-
78.88	161795	20.51
33.83	4622	1.37
-	-	-
-	-	-
243.08	120365	4.95
410.01	98192	2.39
60.11	31269	5.2
62.16	16726	2.69
24.11	668	0.28
-	-	-
-	-	-
-	-	-
18.06	10793	5.98
16.71	21823	13.06
5.25	2801	5.33
111.28	18578	1.67
8.79	7475	8.51
6.21	26978	-
5452.74	**38165**	**0.05**
3706.29	12258	0.03
3651.44	12258	0.03
54.85	-	-
505.02	10085.00	0.20
496.28	10085.00	0.20
88.35	15822.00	-
596.29	-	-
556.79	-	-
215.61	**55830.00**	**0.98**
8.81	863.00	2.90
189.38	54967.00	2.92
9.28	**12749.00**	**13.74**
9.28	12749.00	-

12-28 卫生事业

Total Number of

单位:人

指 标	Item	全 市 Total	市 区 Urban District
总 计	**Total**	**173555**	**159357**
一、卫生技术人员	Number of Medical Technical Personnel	142341	130469
1. 执业(助理)医师	Licensed (Assistant) Doctor	55013	50437
#执业医师	Licensed Doctor	51395	47456
2. 注册护士	Registered Nurse	63044	58259
3. 药剂师	Druggist	8117	7240
4. 技师人员	Checking Member	9378	8628
#检验师	Docimaster	5598	5152
5. 其他	Others	6789	5905
二、其他技术人员	Other Medical Technical Personnel	9526	9024
三、管理人员	Managerial Personnel	6270	5911
四、工勤人员	Logistics Worker	14875	13757

人员数(2021 年末)

Medical Technical Personnel(End of 2021)

(person)

萧山区 Xiaoshan	余杭区 Yuhang	临平区 Linping	富阳区 Fuyang	临安区 Lin'an	桐庐县 Tonglu	淳安县 Chun'an	建德市 Jiande
19253	**7234**	**9389**	**7266**	**6318**	**5424**	**4021**	**4753**
15501	6179	7882	6112	5275	4527	3369	3977
5678	2864	3528	2397	2246	1722	1423	1431
5131	2655	3266	2091	1965	1496	1253	1190
6895	2181	3203	2477	2027	1739	1363	1683
1064	308	386	324	371	363	221	293
860	434	463	364	325	270	205	275
522	288	298	218	189	181	109	156
1004	392	302	550	306	433	157	294
892	218	331	551	240	206	114	182
981	257	372	147	289	206	42	111
1774	580	804	456	424	475	347	296

12－29 卫生技术人员(1978－2021年)

Number of Medical Technical Personnel(1978－2021)

单位:人 (person)

年份 Year	全市 Total	执业(助理)医师 Number of Licensed (Assistant) Doctors	注册护士 Registered Nurses	市区 Urban District	执业(助理)医师 Number of Licensed (Assistant) Doctors	注册护士 Registered Nurses
1978	19059	7375	3483	10867	4346	2510
1979	20060	7539	3536	11779	4733	2632
1980	21110	8311	3885	12376	5179	2804
1981	22737	9284	4139	13697	5946	3032
1982	23558	9883	4369	14221	6204	3193
1983	24914	10833	4562	15213	6990	3352
1984	25648	11291	4817	15807	7393	3487
1985	25593	11503	5071	15840	7644	3705
1986	26489	12623	5391	16543	8239	3940
1987	27663	12369	5805	17361	8329	4156
1988	28676	13674	6938	18022	8710	4801
1989	29791	14177	7348	18619	9146	5085
1990	30990	14483	7822	19231	9374	5397
1991	32169	14858	8153	19630	9494	5610
1992	32628	14842	8417	19690	9373	5736
1993	33172	15181	8643	19708	9499	5797
1994	33964	15465	8979	19907	9472	5940
1995	34245	16465	9531	19943	9607	6249
1996	34946	16789	9794	20695	9889	6508
1997	35423	17112	10019	20728	9902	6571
1998	35857	16022	10577	21035	9452	6788
1999	35256	16668	10587	20519	9610	6856
2000	35487	16317	11186	20344	9050	7300
2001	36643	16994	11576	28293	12968	9343
2002	37193	16092	11922	28818	12332	9653
2003	39019	16614	12460	30299	12731	10161
2004	39816	16770	13248	30886	12894	10840
2005	42353	17833	14514	33206	13802	12034
2006	45375	18831	15557	35904	14689	12986
2007	49780	20701	17455	39860	16290	14601
2008	52379	21223	18702	42015	16747	15556
2009	56270	22753	20997	45219	17996	17530
2010	61117	24345	23418	49232	19414	19481
2011	65869	25773	25231	53008	20566	20949
2012	71618	27369	28382	57971	22004	23760
2013	78340	29686	30996	63359	23886	25808
2014	85614	31977	34724	74064	27675	30528
2015	93036	34832	38182	80799	30316	33672
2016	101194	38172	42011	88076	33344	37154
2017	110395	41833	46343	100478	38333	42580
2018	117425	44896	49911	106923	41105	45838
2019	126995	48962	55004	115959	44842	50639
2020	134258	51135	58542	122937	46884	54024
2021	142341	55013	63044	130469	50437	58259

12－30　体育运动情况(2016－2021 年)
Basic Statistics on Sports Activities(2016－2021)

单位:人　　　　(person)

指　　标	Item	2016	2017	2018	2019	2020	2021
一、年末体委工作人员数	**Workers in Sports Commissions at Year－end**	**705**	**696**	**687**	**615**	**599**	**717**
#教练员	#Full－time Coaches	152	157	163	153	159	163
二、等级裁判员发展人数	**Number of Referees in Grades**	**78**	**110**	**－**	**－**	**298**	**141**
#女	#Female	44	60	－	－	106	22
一级裁判员	First Grade Referees	28	－	－	－	－	－
二级裁判员	Second Grade Referees	50	110	－	－	298	141
三级裁判员	Third Grade Referees	－	－	－	－	－	－
三、等级运动员发展人数	**Number of Athletes in Grades**	**469**	**509**	**364**	**478**	**329**	**744**
#女	#Female	182	223	139	179	127	312
一级运动员	First Grade Athlete	78	113	－	－	－	－
二级运动员	Second Grade Athlete	391	396	364	478	328	744
三级运动员	Third Grade Athlete	－	－	－	－	－	－

主要统计指标解释

文化事业机构 指从事专业文化工作和为专业文化工作服务的独立建制的单独核算的单位。不包括这些单位另外举办独立核算的其他机构和各部门的业余文化组织。

艺术表演团体 指从事戏曲、音乐、舞蹈、杂技等专业艺术表演，有独立帐户，实行单独核算的团体。不包括半工半艺、半农半艺和民间职业剧团。

普通高等学校 指按照国家规定的设置标准和审批程序批准举办，通过国家统一招生考试，招收高中毕业生为主要培养对象，实施高等教育的全日制大学、独立设置的学院和高等专科学校、短期职业大学。

成人高等学校 指按照国家有关规定审批，招收通过全国成人高教统一招生考试的具有高中毕业或同等学历的在职从业人员利用脱产、半脱产、业余或函授等多种形式对其实施高等学历教育，培养高等教育专科或本科毕业水平的专门人才，修业年限、课程设置和总学时数均按高等学历教育要求付诸实施的学校。包括广播电视大学、职工高等学校、农民高等学校、管理干部学院、教育学院、独立设置的函授学院等。

小学学龄儿童入学率 指调查范围内已入小学学习的学龄儿童占校内外学龄儿童总数（包括智力障碍儿童在内，但不包括盲聋哑儿童）的比重。计算公式：

$$小学学龄儿童入学率=\frac{已入学的小学学龄儿童数}{校内外小学学龄儿童总数}*100\%$$

等级运动员人数 指经考核正式批准授予等级运动员称号的人数。运动员等级分为国际级运动健将、运动健将、一级运动员、二级运动员、三级运动员、少年级运动员。

等级裁判员人数 指经考核正式批准授予等级裁判员称号的人数。裁判员等级分为国际裁判、国家级裁判、一级裁判、二级裁判、三级裁判。

卫生机构 卫生机构是指从卫生行政部门取得《医疗机构执业许可证》，或从民政、工商行政、机构编制管理部门取得法人单位登记证书，为社会提供医疗保健、疾病控制、卫生监督等服务或从事医学科研、医学教育等卫生单位和卫生社会团体。不包括卫生行政机构、香港和澳门特别行政区以及台湾所属卫生机构。

卫生技术人员 卫生技术人员包括执业（助理）医师、注册护士、药剂人员、检验和影像技师（士、员）等卫生专业人员。

执业（助理）医师、执业（中）药师和注册护士 执业（助理）医师、执业（中）药师和注册护士是指领取医师、药师执业证书和注册护士证书的人员。不包括从事管理工作的医师、药师和护士。

Explanatory Notes on Main Statistical Indicators

Culture Institutions refer to units specialized in cultural development or service, which have independent organizational system and accounting system, excluding other self – accounting establishments run by these units and amateur cultural groups established by various departments.

Art Troupe refers to the troupe engaged in drama, music, dance, acrobatics or other art performance with independent accounts in banks and self accounting system, excluding the troupes which are engaged partly in industrial or agricultural activities and partly in art performance, and folk professional troupes.

Regular Institutions of Higher Education refer to full – time universities, independent colleges, high professional schools and short – term professional universities which are set up according to the government evaluation and approval procedures, recruit high school graduates as main training objects through the national unified entrance examination and, provide higher education courses.

Adult Higher Education Institutions refer to educational establishments, which are set up in line with government relevant rules and approval, enroll staff and workers with senior secondary school or equivalent education through the national unified entrance examination of adult higher education, provide higher education courses in many forms, such as full – time, part – time, spare – time, or correspondence to cultivate specialized talents with the graduation level of junior college or undergraduate, and implement the length of schooling, curriculum and total class hours according to the requirements of higher education. It includes Radio and TV universities, high education schools for staff and workers and for peasants, colleges for management cadres, pedagogical colleges, and independent correspondence colleges.

Enrollment Rate of Primary School – age Children refer to the proportion of primary school – age children enrolled at primary schools to primary school – age children both in and outside schools within the scope of investigation (including retarded children, but excluding blind, deaf and mute children). The formula is:

$$\text{Enrollment Rate of Primary School – age Children} = \frac{\text{Number of primary School – age Children at Primary Schools}}{\text{Total Number of Primary School – age Children Both in and Outside schools}} \times 100\%$$

Number of Grade Athletes refers to the number of athletes who have been given titles through examination. They are classified as international masters of sports, masters of sports, first – grade, second – grade and third – grade sportsmen and young athletes.

Number of Grade Referees refers to the number of referees who have been given titles after examination. They are classified as international referees, national referees and referees of the first, second and third grades.

Health Institutions refer to health institutions and society organization that get the practice license of medical institution from the health administration department, or get registration certificate of legal entity from civil administration, industry and business administration or organization management department, and offer medical treatment, disease control, supervision of sanitation for society or are engaged in medical research and medical education. It excludes health administration department and Institutions of Hong Kong, Macao, and Taiwan.

Medical Technical Personnel include licensed (assistant) doctor, registered nurse, druggist, checking members and photo artificer.

Licensed(Assistant) Doctor, Licensed Druggist and Registered Nurse refers to the doctor, druggist and nurse who get the practice certificate. Those engaged in management are excluded.

十三、人民生活、物价、民政

PEOPLE' S LIVELIHOOD, PRICE INDICES AND CIVIL ADMINISTRATION

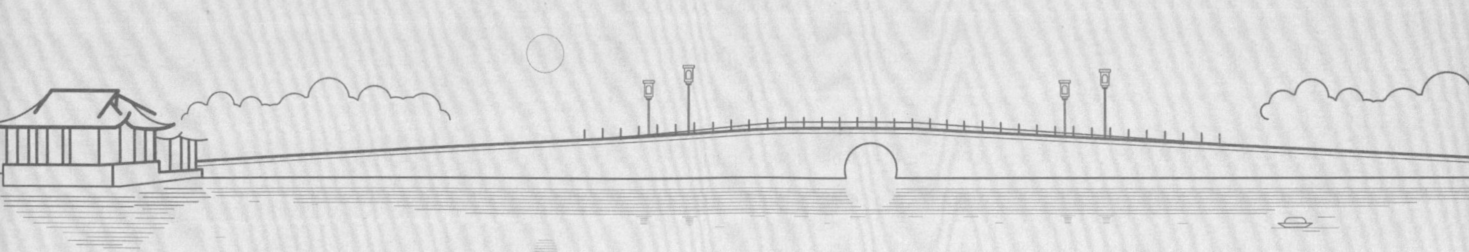

13 人民生活、物价、民政
People's Livelihood, Price Indices and Civil Administration

主要统计指标
Major Statistical Indicators

非私营单位就业人员工资总额	Total Wages of Employed Persons of Non-private Units	4241.82	亿元	(100 million yuan)
非私营单位就业人员平均工资	Annual Average Wages of Employed Persons of Non-private Units	146701	元	(yuan)
全体居民人均可支配收入	Per Capita Disposable Income of Urban and Rural Residents	67709	元	(yuan)
为上年	As Compared with the Preceding Year	109.4	%	(%)
城镇常住居民人均可支配收入	Per Capita Disposable Income of Permanent Urban Residents	74700	元	(yuan)
为上年	As Compared with the Preceding Year	108.8	%	(%)
农村常住居民人均可支配收入	Per Capita Disposable Income of Permanent Rural Residents	42692	元	(yuan)
为上年	As Compared with the Preceding Year	110.3	%	(%)
市区居民消费价格指数	Consume Price Index of Urban District	101.3	上年=100	(Preceding Year=100)
市区商品零售价格指数	Commodity Retail Price Index of Urban District	101.6	上年=100	(Preceding Year=100)
工业生产者出厂价格指数	Producer Price Indices for Industrial Products	104.9	上年=100	(Preceding Year=100)

13 - 01 居民家庭人均收入支出(2019 - 2021 年)

Per Capita Income and Expenditure of Households(2019 - 2021)

单位:元 (yuan)

项 目 Item	全体居民 Urban and Rural Residents			城镇常住居民 Permanent Urban Residents			农村常住居民 Permanent Rural Residents		
	2019	2020	2021	2019	2020	2021	2019	2020	2021
一、可支配收入 Disposable Income	59261	61879	67709	66068	68666	74700	36255	38700	42692
工资性收入 Icome from Wages and salaries	34136	36014	39396	37845	39720	43245	21601	23359	25626
经营净收入 Net Buisness Income	6584	6446	7016	5849	5640	6099	9067	9196	10297
财产净收入 Net Income from Property	8111	8235	9144	10045	10182	11198	1574	1586	1792
转移净收入 Net Income from Transfer	10430	11184	12153	12329	13124	14158	4013	4559	4977
二、消费支出 Expenditure	40016	38235	44609	44076	41916	48629	26296	25664	30224
食品烟酒 Food, Tobacco and Liquor	9833	9901	11268	10651	10717	12129	7067	7114	8187
衣着 Clothing	2182	1972	2292	2432	2177	2528	1339	1272	1449
居住 Residence	10204	10658	12107	11081	11434	12878	7242	8006	9348
生活用品及服务 Daily Necessities and Services	2089	2092	2647	2300	2288	2949	1375	1423	1566
交通通信 Transportation and Communication	6761	6253	7084	7446	6883	7786	4444	4101	4571
教育文化娱乐 Education, Cultural and Recreation Service	4149	3242	4414	4765	3704	4960	2070	1664	2458
医疗保健 Medicine and Medical Service	3636	3215	3556	4057	3651	3929	2210	1729	2224
其他用品及服务 Other Supplies and Services	1162	902	1241	1344	1062	1470	549	355	421

13－02　城镇住户调查情况(1978－2021年)

Basic Conditions of Urban Households（1978－2021）

年份 Year	调查户数（户） Number of Households Surveyed（household）	平均每户人口（人） Average Household Size（person）	平均每户就业人数(人) Average Number of Employed Persons Per Household(person)	年人均可支配收入(元) Per Capita Annual Disposable Income（yuan）	年人均消费支出(元) Per Capita Annual Consumption Expenditure(yuan)	人均住房建筑面积（平方米） Per Capita Living Space in City Areas（sq. m）
1978	28	4.20	2.89	338	301	
1979	28	4.19	2.77	396	365	
1980	28	4.18	2.79	521	491	
1981	100	3.97	2.37	540	513	
1982	100	3.90	2.35	532	532	
1983	100	3.90	2.42	578	535	11.7
1984	100	3.90	2.36	729	679	12.4
1985	150	3.53	2.26	1026	908	12.9
1986	150	3.49	2.27	1169	1072	13.2
1987	150	3.42	2.25	1260	1118	14.1
1988	200	3.41	2.16	1565	1515	14.1
1989	200	3.40	2.15	1764	1615	14.1
1990	200	3.37	2.15	1985	1685	14.5
1991	200	3.40	2.20	2128	1894	14.4
1992	200	3.28	2.14	2580	2296	14.8
1993	200	3.21	2.10	3525	3183	14.9
1994	200	3.31	2.10	5249	4559	15.9
1995	200	3.20	2.05	6301	5559	15.6
1996	200	3.20	2.00	7206	6095	15.9
1997	200	3.14	1.99	7896	6766	16.5
1998	300	3.12	1.93	8465	7235	18.8
1999	300	3.11	1.92	9085	7424	19.5
2000	300	3.10	1.83	9668	7790	19.9
2001	440	2.98	1.72	10896	8968	20.7
2002	500	2.93	1.53	11778	9215	21.7
2003	500	2.92	1.51	12898	9950	22.9
2004	500	2.92	1.48	14565	11213	23.7
2005	600	2.84	1.42	16601	13438	27.6
2006	600	2.81	1.44	19027	14472	28.0
2007	600	2.72	1.45	21689	14896	28.8
2008	600	2.75	1.29	24104	16719	29.9
2009	600	2.68	1.25	26864	18595	30.8
2010	600	2.70	1.25	30035	20219	30.9
2011	600	2.71	1.32	34065	22642	33.7
2012	600	2.69	1.31	37511	22800	34.4
2013	1920	2.79	1.51	40925	30659	34.9
2014	1920	2.79	1.53	44632	32165	35.1
2015	1920	2.79	1.48	48316	33818	35.5
2016	1920	2.80	1.49	52185	35686	35.8
2017	1920	2.91	1.48	56276	38179	36.4
2018	2250	2.93	1.50	61172	41615	37.3
2019	2250	2.96	1.53	66068	44076	38.2
2020	2250	2.94	1.47	68666	41916	39.3
2021	2250	3.01	1.54	74700	48629	40.2

注:2000年及以前为主城区数据;2001－2012年为包括萧山区和余杭区在内的市区数据;2013－2021年为包括所有区、县(市)城乡住户一体化改革后新口径数据。

a)The data on the table include the main urban districts before 2000;The data include Xiaoshan district and Yuhang district in 2001－2012;The date include all districts and counties since 2013;The data in this table are calculated at new rage by the results of integrated survey of urban households and rural households sine 2013.

13-03 城镇居民家庭平均每百户耐用消费品拥有量(2013-2021年)

Number of Major Durable Consumer Goods Owned Per 100 Urban Households(2013-2021)

项目 Item		2013	2014	2015	2016	2017	2018	2019	2020	2021
家用汽车 Family Car	(辆) (unit)	40.2	45.4	48.7	52.3	55.8	59.7	62.6	65.3	68.1
摩托车 Motorcycle	(辆) (unit)	6.6	6.8	5.4	5.0	4.8	7.0	6.2	5.4	4.5
电冰箱 Refrigerator	(台) (unit)	88.0	92.3	92.2	97.6	99.9	107.0	110.0	110.1	112.1
洗衣机 Washing Machine	(台) (unit)	82.6	86.8	86.9	92.6	94.6	98.5	102.3	102.4	103.3
热水器 Water Heater	(台) (unit)	89.4	93.7	95.5	101.4	105.2	109.2	114.0	115.2	117.5
空调器 Air Conditioner	(台) (unit)	189.6	201.5	207.3	226.6	235.3	243.2	250.2	252.2	258.0
彩色电视机 Color TV Set	(台) (unit)	166.4	174.0	174.1	183.1	187.3	187.9	193.8	191.9	191.6
摄像机 Video camera	(架) (unit)	10.0	10.5	10.5	10.3	-	-	-	-	-
照相机 Camera	(架) (unit)	50.6	54.4	51.5	48.4	49.9	34.9	28.9	27.6	25.4
计算机 Computer	(台) (unit)	103.7	110.6	110.1	112.0	115.1	100.5	89.8	90.6	94.2
#接入互联网的计算机 of which: Internet-connected computer	(台) (unit)	92.5	100.2	99.8	100.8	104.9	92.9	86.0	87.3	87.5
固定电话 Telephone	(部) (set)	51.6	54.2	50.7	47.3	45.9	28.9	19.8	17.6	14.5
移动电话 Mobile Phone	(部) (set)	217.4	227.9	229.9	242.1	245.4	258.3	259.0	260.3	263.1
#接入互联网的移动电话 of which: Internet-connected Mobile Phone	(部) (set)	125.1	140.8	155.8	175.3	191.4	212.9	223.6	233.2	251.7

注:2012年为包括萧山区和余杭区在内的市区数据;2013-2021年为包括所有区、县(市)城乡住户一体化改革后新口径数据。

a) The data include Xiaoshan district and Yuhang district in 2012; The date include all districts and counties since 2013; The data in this table are calculated at new rage by the results of integrated survey of urban households and rural households sine 2013.

13-04 农村住户调查情况(1978-2021年)
Basic Conditions of Rural Households(1978-2021)

年份 Year	调查户数(户) Number of Households Surveyed (household)	平均每户人口(人) Average Number of Residents per Household (person)	平均每户就业人数(人) Average Number of Employed Persons Per Household (person)	人均可支配收入(元) Per Capita Annual Disposable Income of Rural Households (yuan)	人均消费支出(元) Per Capita Annual Consumption Expenditure (yuan)	人均住房建筑面积(平方米) Per Capita Floor Space (sq. m)
1978				162		
1979				204		
1980	60	4.72	2.93	250	287	23.3
1981	60	4.60	2.70	333	294	25.2
1982	60	4.43	2.73	405	328	26.3
1983	170	4.55	2.85	395	355	29.9
1984	170	4.44	2.81	510	416	31.7
1985	420	4.40	2.88	624	542	29.9
1986	620	4.39	2.88	675	601	31.3
1987	620	4.34	2.86	820	714	33.1
1988	620	4.26	2.87	996	925	35.5
1989	620	4.17	2.85	1117	1011	36.8
1990	620	4.16	2.89	1171	923	39.6
1991	620	4.03	2.81	1308	1018	38.0
1992	620	4.01	2.81	1493	1129	37.5
1993	540	3.91	2.76	1748	1276	37.1
1994	630	3.85	2.35	2267	1884	37.8
1995	630	3.87	2.30	3012	2373	40.5
1996	630	3.81	2.77	3482	2772	42.2
1997	630	3.87	2.86	3785	2762	42.0
1998	630	3.87	2.88	4006	2858	46.2
1999	630	3.80	2.80	4209	2851	48.0
2000	630	3.61	2.59	4894	3393	49.0
2001	630	3.57	2.53	5330	3909	52.0
2002	630	3.53	2.53	5708	4444	52.7
2003	670	3.48	2.53	6250	5142	54.7
2004	670	3.48	2.54	6950	5608	58.9
2005	1100	3.34	2.34	7655	6004	66.0
2006	1100	3.63	2.52	8515	6901	66.5
2007	1100	3.60	2.61	9549	7568	68.0
2008	1100	3.56	2.58	10692	8446	69.7
2009	1100	3.57	2.59	11822	9065	70.7
2010	1100	3.58	2.59	13186	10267	71.2
2011	1100	3.46	2.49	15245	12125	72.5
2012	1100	3.45	2.50	17017	13612	71.0
2013	1280	3.38	2.03	21208	16021	66.9
2014	1280	3.35	2.05	23555	17816	67.9
2015	1280	3.36	2.02	25719	19334	68.8
2016	1280	3.38	2.04	27908	20563	69.9
2017	1280	3.38	2.03	30397	21983	70.9
2018	950	3.40	2.05	33193	24203	72.5
2019	950	3.42	2.01	36255	26296	74.1
2020	950	3.44	2.03	38700	25664	75.5
2021	950	3.38	2.03	42692	30224	77.1

注:2013-2021年为城乡住户一体化改革后新口径数据。

a) The data in this table are calculated at new rage by the results of integrated survey of urban households and rural households sine 2013.

13-05 农村居民家庭平均每百户耐用消费品拥有量(2013-2021年)
Number of Major Durable Consumer Goods Owned Per 100 Rural Households(2013-2021)

项目	Item	2013	2014	2015	2016	2017	2018	2019	2020	2021
家用汽车 (辆)	Family Car (Unit)	28.8	34.3	38.2	42.4	46.5	50.9	52.7	54.9	57.2
摩托车 (辆)	Motorcycle (Unit)	33.5	32.7	30.7	26.0	24.5	20.4	18.8	17.7	17.0
电冰箱 (台)	Refrigerator (Unit)	93.8	99.5	103.9	109.0	112.0	121.8	124.4	125.6	127.2
洗衣机 (台)	Washing Machine (Unit)	78.3	82.7	86.4	92.5	96.0	100.6	103.4	104.1	106.5
热水器 (台)	Water Heater (Unit)	79.3	85.9	93.2	103.2	109.9	121.1	124.0	127.6	129.2
空调机 (台)	Air Conditioner (Unit)	122.9	135.9	147.6	168.2	186.7	206.4	211.4	211.6	216.3
彩色电视机 (台)	Color TV Set (Unit)	186.0	196.1	202.0	213.5	220.3	223.5	217.0	220.0	213.2
摄像机 (架)	Video camera (unit)	1.8	2.3	2.5	2.9	2.4	-	-	-	-
照相机 (架)	Camera (Unit)	21.1	21.1	19.6	19.8	17.4	10.5	9.7	10.3	9.6
计算机 (台)	Personal Computer (Unit)	59.3	67.3	69.6	75.0	76.4	70.4	60.2	61.3	61.0
#接入互联网的计算机 (台)	of which: Internet - connected computer (Unit)	51.5	59.8	64.2	68.5	70.2	65.0	57.4	59.4	57.3
固定电话 (部)	Telephone (Set)	49.6	52.7	46.4	35.0	31.8	23.0	16.1	14.2	12.9
移动电话 (部)	Mobile Phone (Set)	235.5	244.6	253.8	265.2	274.5	286.4	267.9	270.9	272.7
#接入互联网的移动电话 (部)	of which: Internet - connected Mobile Phone (Set)	106.0	121.2	141.7	172.2	200.8	214.7	209.6	231.8	242.5

注:2013-2021年为城乡住户一体化改革后新口径数据。

a) The data in this table are calculated at new rage by the results of integrated survey of urban households and rural households since 2013.

13-06 就业人员工资总额(1978-2021年)
Total Wages of Employed Persons(1978-2021)

单位:万元 (10000 yuan)

年份 Year	全市(非私营及规上私营) Total (includes Non-private Units and private units above designated size)	非私营单位 Non-private	市区(非私营及规上私营) Urban District(includes Non-private Units and private units above designated size)	非私营单位 Non-private
1978		43775		28256
1979		52127		34318
1980		67918		45574
1981		72896		48809
1982		75584		50959
1983		78336		52909
1984		102223		69135
1985		130114		87774
1986		157471		105995
1987		180077		121003
1988		230868		152859
1989		253956		167055
1990		277910		182985
1991		313906		209052
1992		377614		253653
1993		534537		359041
1994		772236		521669
1995		890488		615450
1996		973592		683244
1997		1073862		762957
1998		1112718		803264
1999		1180947		864418
2000		1267524		949872
2001		1481659		1279749
2002		1614676		1398222
2003		1867776		1617504
2004	2844691	2188159	2313930	1859164
2005	3711915	2970200	3112937	2584779
2006	4526841	3811735	3830043	3338568
2007	6233799	4954813	5256791	4317965
2008	8592198	6416424	7338932	5679543
2009	9909330	7549145	8475547	6665279
2010	12305726	9330552	10531483	8238017
2011	15012179	11222834	12934215	9954506
2012	19540005	14839012	17115217	13217453
2013	23604682	17582336	20762852	15820468
2014	26630950	19822713	24629017	18551986
2015	28884146	21523984	26718242	20179320
2016	32370091	24176045	29918514	22617274
2017	35985206	26467155	34266225	25422943
2018	39952564	28646933	38177817	27526523
2019	45772971	32985194	43842112	31754987
2020	-	36767377	-	-
2021	-	42418207	-	-

注:口径范围,1997年及以前为全市全部职工,1998-2012年为在岗职工,2013年起为就业人员。2004年起包含规模以上私营单位。

a) Data on this table refer to wages of all employees before 1997, that refer to all staff and workers in 1998-2012, and refer to employed persons since 2013. Data on this bill includes Private units above designated size since 2004.

13-07 就业人员年平均工资(1978-2021年)

Average Annual Wages of Employed Persons(1978-2021)

单位:元 (yuan)

年 份 Year	全市(非私营及规上私营) Total (includes Non-private Units and private units above designated size)	非私营单位 Non-private	市区(非私营及规上私营) Urban District(includes Non-private Units and private units above designated size)	非私营单位 Non-private	市区全社会在岗职工 The Fully Employed Persons in Urban Districts	全社会就业人员 Employees of the Whole Society
1978		597		642		
1979		643		692		
1980		777		814		
1981		783		810		
1982		791		809		
1983		813		835		
1984		1036		1071		
1985		1266		1316		
1986		1469		1536		
1987		1616		1690		
1988		1986		2073		
1989		2173		2261		
1990		2382		2486		
1991		2586		2706		
1992		3071		3233		
1993		4220		4561		
1994		6118		6597		
1995		7156		7786		
1996		7966		7851		
1997		9108		10048		
1998		10555		11512		
1999		12187		13225		
2000		14257		15454		
2001		18319		18962	18205	
2002		21418		22091	19749	
2003		24668		25535	20113	
2004	21879	28891	24204	30719	22235	
2005	24685	31069	26366	32166	22645	
2006	27620	32791	29397	33967	23581	
2007	29864	36496	31625	37991	25489	
2008	32513	40193	34107	41501	27863	
2009	35638	43947	37270	45149	30480	
2010	39772	48772	41303	49938	34330	
2011	45775	54408	47695	55958	38837	
2012	51077	56417	52610	57548	42493	
2013	55124	63664	56857	64941	46831	
2014	60904	69209	61924	70034	51449	
2015	66322	76073	67569	77061	55908	
2016	73390	85022	74589	85767	61174	
2017	80482	93891	81440	94430	67047	
2018	88752	103798	89762	104479	-	72951
2019	101069	117339	102289	118337	-	80817
2020	-	128308	-	-	-	-
2021	-	146701	-	-	-	-

注:口径范围,1997年及以前为全市全部职工,1998-2012年为在岗职工,2013年起为就业人员。2004年起包含规模以上私营单位。2015年富阳纳入市区统计范围;2017年临安纳入市区统计范围。

a) Data on this table refer to wages of all employees before 1997, that refer to all staff and workers in 1998-2012, and refer to employed persons since 2013. Data on this bill includes Private units above designated size since 2004. Fuyang was included in urban statistics since 2015, Lin'an was included in ruban statistics since2017.

13－08　规模以上单位就业人员工资总额(2021 年)

Total Wages of Employed Persons of Units Above Designated Size(2021)

单位：万元　　　　(10000 yuan)

项目	Item	就业人员工资总额 Total Wages of Employed Persons	非私营 Non－private	在岗职工工资总额 Total Wages of Fully Employed Staff and Workers	非私营 Non－private	其他就业人员工资总额 Total Wages of Other Employed Persons	非私营 Non－private
全市总计	**Whole city Total**	**38868874**	**22599597**	**38093682**	**22287144**	**775192**	**312452**
市区总计	Urban District	37519333	22083225	36767772	21774222	751561	309003
#上城区	Shangcheng	3755591	2368882	3683482	2330305	72109	38578
拱墅区	Gongshu	3992577	2330061	3882807	2260312	109770	69749
西湖区	Xihu	4763773	2935732	4661619	2882600	102154	53133
高新(滨江)区	Hi－Tech(Binjiang)	8018859	5689247	7907648	5663720	111211	25527
萧山区	Xiaoshan	4862588	2147940	4742522	2094621	120067	53319
余杭区	Yuhang	4625387	2783885	4511316	2775069	114071	8816
临平区	Linping	2186225	846667	2146339	832950	39886	13716
钱塘区	Qiantang	3078244	1973179	3021861	1937061	56383	36117
富阳区	Fuyang	1106786	501411	1094314	497501	12473	3911
临安区	Lin'an	1019514	423567	1009196	419913	10318	3654
西湖风景名胜区	The West Lake Scenic Zone	109790	82654	106670	80170	3120	2484
桐庐县	Tonglu	573826	225294	568059	223731	5767	1562
淳安县	Chun'an	268924	89282	259654	88272	9270	1010
建德市	Jiande	506791	201796	498197	200919	8595	878

注:2020 年起数据口径范围调整为规模以上单位就业人员工资总额。

a) Numbers since 2020 are the total wages of employees in units above designated size.

单位:万元　　13-08 续表 continued　　(10000 yuan)

项 目 Item	就业人员工资总额 Total Wages of Employed Persons	非私营 Non-private	在岗职工工资总额 Total Wages of Fully Employed Staff and Workers	非私营 Non-private	其他就业人员工资总额 Total Wages of Other Employed Persons	非私营 Non-private
按国民经济行业分组 Grouped by Sector						
农、林、牧、渔业 Farming, Forestry, Animal Husbandry & Fishery	-	-	-	-	-	-
采矿业 Mining	10216	3664	10202	3664	15	0
制造业 Manufacturing	11269960	6717204	11150621	6643700	119339	73504
电力、热力、燃气及水生产和供应业 Production & Supply of Electricity, Heat, Gas & Water	247266	230327	244980	228243	2286	2084
建筑业 Construction	5248864	1484534	4976407	1443771	272456	40763
批发和零售业 Wholesale & Retail Trades	3781903	2149496	3713658	2100231	68244	49265
交通运输、仓储和邮政业 Transportation, Storage and Post	1895272	1430681	1877014	1417588	18258	13093
住宿和餐饮业 Hotels and Catering Services	741665	408664	703063	383493	38602	25171
信息传输、软件和信息技术服务业 Information Transmission, Software and Information Technology	8630170	6150172	8585520	6133584	44650	16588
金融业 Financial Intermediation	-	-	-	-	-	-
房地产业 Real Estate	1848352	1135425	1804744	1105003	43607	30422
租赁和商务服务业 Leasing and Business Services	1768857	783161	1681349	770874	87508	12287
科学研究、技术服务业 Scientific Research, Technical Services	2128547	1442108	2089997	1413085	38550	29023
水利、环境和公共设施管理业 Management of Water Conservancy, Environment and Public Facilities	158397	78388	157037	77834	1360	554
居民服务、修理和其他服务业 Service to Honseholds, Repair and Other Services	263461	122113	249585	115268	13876	6845
教育 Education	254391	156298	248452	153037	5939	3261
卫生和社会工作 Health Care and Social Work	348821	92455	334927	87120	13893	5335
文化、体育和娱乐业 Culture, Sports and Entertainment	272733	214908	266126	210651	6607	4257
公共管理、社会保障和社会组织 Public Management, Social Security and Social Organizations	-	-	-	-	-	-

13－09 规模以上单位就业人员平均工资(2021 年)

Average Annual Wages of Employed Persons of Units Above Designated Size(2021)

单位:元 (yuan)

项目	Item	就业人员 Total employment	非私营单位 Non－private	在岗职工 Staff and Workers	非私营单位 Non－private
全　市	**Total**	**118835**	**148696**	**120926**	**151298**
市　区	Urban District	121289	150976	123498	153719
#上城区	Shangcheng	120255	143835	122738	147420
拱墅区	Gongshu	107819	118378	111501	125485
西湖区	Xihu	120849	122406	123485	124270
高新(滨江)区	Hi－Tech(Binjiang)	194340	243695	197256	244748
萧山区	Xiaoshan	93961	113886	94603	114540
余杭区	Yuhang	157465	265170	165605	266931
临平区	Linping	90122	113227	90948	115139
钱塘区	Qiantang	106113	121456	106140	120998
富阳区	Fuyang	84654	96320	85075	96703
临安区	Lin'an	86986	115341	87213	115877
西湖风景名胜区	The West Lake Scenic Zone	90795	99980	91124	100527
桐庐县	Tonglu	77404	89952	77638	90073
淳安县	Chun'an	73799	75817	75010	76077
建德市	Jiande	75805	99231	76453	99830

注:2020 年起数据口径范围调整为规模以上单位就业人员平均工资。

a) Numbers since 2020 are the average wages of employees in units above designated size.

单位:元　　13－09 续表 continued　　(yuan)

项目 Item	就业人员 Total employment	非私营单位 Non－private	在岗职工 Staff and Workers	非私营单位 Non－private
按国民经济行业分组 Grouped by Sector				
农、林、牧、渔业 Farming, Forestry, Animal Husbandry & Fishery	–	–	–	–
采矿业 Mining	84571	103799	84590	103799
制造业 Manufacturing	108952	132724	109127	132853
电力、热力、燃气及水生产和供应业 Production & Supply of Electricity, Heat, Gas & Water	155797	163098	157412	164677
建筑业 Construction	76355	92009	77563	92106
批发和零售业 Wholesale & Retail Trades	118175	144586	120636	150499
交通运输、仓储和邮政业 Transportation, Storage and Post	122135	135817	123519	137492
住宿和餐饮业 Hotels and Catering Services	61696	61956	66209	70279
信息传输、软件和信息技术服务业 Information Transmission, Software and Information Technology	270636	306659	272554	307875
金融业 Financial Intermediation	–	–	–	–
房地产业 Real Estate	104210	98760	106518	100767
租赁和商务服务业 Leasing and Business Services	95557	97026	96889	97296
科学研究、技术服务业 Scientific Research, Technical Services	166332	210782	167430	212814
水利、环境和公共设施管理业 Management of Water Conservancy, Environment and Public Facilities	68023	83900	68307	84017
居民服务、修理和其他服务业 Service to Honseholds, Repair and Other Services	61179	72816	61829	76054
教育 Education	146741	172724	151717	178886
卫生和社会工业 Health Care and Social Work	127200	126911	128734	129048
文化、体育和娱乐业 Culture, Sports and Entertainment	169948	197871	172205	199405
公共管理、社会保障和社会组织 Public Management, Social Security and Social Organizations	–	–	–	–

13-10 市区消费价格指数(1978-2021年)
Consumer Price Indices in Urban District(1978-2021)

(上年=100) (Preceding Year=100)

年份 Year	居民消费价格指数 Consumer Price Index	商品零售价格指数 Retail Price Index
1978	100.1	100.1
1979	100.4	100.9
1980	100.8	109.3
1981	102.0	102.0
1982	102.0	102.3
1983	102.1	102.3
1984	103.1	103.1
1985	117.2	117.5
1986	106.0	106.1
1987	110.5	111.3
1988	121.9	123.4
1989	117.8	118.2
1990	104.6	104.4
1991	107.5	106.9
1992	110.4	110.2
1993	121.4	117.3
1994	121.5	118.8
1995	116.5	113.3
1996	110.5	107.2
1997	106.7	102.4
1998	101.8	99.8
1999	100.4	98.2
2000	100.8	98.3
2001	99.5	95.3
2002	98.8	97.9
2003	99.5	98.1
2004	102.5	101.6
2005	101.7	100.3
2006	101.2	100.2
2007	103.5	103.1
2008	104.9	106.0
2009	98.6	98.6
2010	103.9	103.7
2011	104.8	104.4
2012	102.5	101.9
2013	102.5	101.5
2014	102.0	100.8
2015	101.8	100.2
2016	102.6	101.5
2017	102.5	101.0
2018	102.3	102.0
2019	103.1	103.1
2020	102.1	100.9
2021	101.3	101.6

13－11 市区居民消费价格分类指数(2021年)

Consumer Price Indices by Category in Urban District(2021)

(上年＝100) (Preceding Year＝100)

项目	Item	2021
居民消费价格指数	**Consumer Price Index**	**101.3**
一、食品烟酒	**Food,Tobacco and Liquor**	**99.5**
1.食品	Food	98.1
(1)粮食	Grain	98.1
(2)薯类	Tubers	93.8
(3)豆类	Beans	101.1
(4)食用油	Edible Oil and Fats	107.1
(5)菜及食用菌	Vegetables	99.0
(6)畜肉类	Meat of Livestock	82.4
(7)禽肉类	Meat of Poultry	93.5
(8)水产品	Aquatic Products	109.2
(9)蛋类	Eggs	104.9
(10)奶类	Milk	104.9
(11)干鲜瓜果类	Dried and Fresh Melons and Fruits	100.4
(12)糖果糕点类	Candy and Cake	101.4
(13)调味品	Flavoring	102.1
(14)其他食品类	Other Foods	101.1
2.茶及饮料	Tea and Beverages	101.4
3.烟酒	Tobacco and Liquor	101.8
4.在外餐饮	Dining Out	101.7
二、衣着	**Clothing**	**101.2**
1.服装	Garments	101.3
2.鞋类	Footwear	100.8

项　目	Item	2021
三、居住	**Residence**	**101.1**
1. 租赁房房租	Rent of Rental Housing	100.1
2. 住房保养维修及管理	Housing Maintenance and Management	107.4
3. 水电燃料	Water, Electricity and Fuels	100.6
4. 自有住房	Private Housing	100.1
四、生活用品及服务	**Articles for Daily Use and Services**	**101.0**
1. 家具及室内装饰品	Furniture and Interior Decorations	99.7
2. 家用器具	Home Appliances	100.9
3. 家用纺织品	Home Textiles	101.5
4. 家庭日用杂品	Daily Use Household Articles	100.8
5. 个人护理用品	Personal-care Supplies	101.0
6. 家庭服务	Household Services	102.4
五、交通通信	**Transport and Communications**	**104.4**
1. 交通	Transport	105.6
2. 通信	Communications	100.1
六、教育文化娱乐	**Education, Culture and Recreation**	**103.6**
1. 教育	Education	104.7
2. 文化娱乐	Cultural and Recreation	101.9
七、医疗保健	**Health Care**	**100.0**
1. 药品及医疗器具	Medicine and Medical Instrument	99.9
2. 医疗服务	Medical Services	100.0
八、其他用品及服务	**Other Articles and Services**	**97.7**
1. 其他用品	Other Articles	99.8
2. 其他服务	Other Services	95.7

13-12 市区零售价格分类指数(2021年)

Retail Price Indices by Category in Urban District(2021)

(上年=100) (Preceding Year=100)

项目	Item	2021
商品零售价格指数	**Retail Price Index**	**101.6**
一、食品	**Food**	**99.1**
1. 粮食	Grain	98.1
2. 薯类	Tubers	93.8
3. 豆类	eans	101.1
4. 食用油	Edible Oil and Fats	107.1
5. 菜及食用菌	Vegetables	99.0
6. 畜肉类	Meat of Livestock	82.4
7. 禽肉类	Meat of Poultry	93.5
8. 水产品	Aquatic Products	109.1
9. 蛋类	Eggs	104.9
10. 奶类	Milk	104.9
11. 干鲜瓜果类	Dried and Fresh Melons and Fruits	100.4
12. 糖果糕点类	Candy and Cake	101.4
13. 调味品	Flavoring	102.1
14. 其他食品类	Other Foods	101.1
15. 餐饮业零售	Dining out	101.7
二、饮料、烟酒	**Beverages, Tobacco and Liquor**	**101.8**
1. 茶及饮料	Tea and Beverages	101.4
2. 卷烟	Tobacco	100.7
3. 酒类	Liquor	104.8
三、服装、鞋帽	**Garments, Shoes and Hats**	**101.2**
1. 服装	Garments	101.3
2. 鞋帽袜	Footgear and Hat	100.8
3. 其他衣着配件	Other Clothing and Parts	100.7
四、纺织品	**Textiles**	**101.0**
1. 服装材料	Garments Material	101.9
2. 床上用品	Bedding	100.7
五、家用电器及音像器材	**Household Appliances, Music and Video Equipment**	**101.4**
1. 家庭设备	Household Equipment	100.9
2. 文娱用耐用消费品	Durable Consumer Goods for Entertainment	102.2

项　　目	Item	2021
3. 专业音像器材	Audio and Video Equipment	102.1
六、文化办公用品	**Cultural and office Appliances**	**99.1**
七、日用品	**Articles for Daily Use**	**100.6**
1. 日用百货	General Merchandise for Daily Use	99.8
2. 厨具餐具茶具	Kitchen Ware, Table Ware, Tea Set	100.7
3. 清洗用品	Cleaning Supplies	101.8
4. 其他日用品	Other Articles for Daily Use	100.7
八、体育娱乐用品	**Sports and Recreation Articles**	**100.4**
1. 体育户外用品	Sports Outdoor Products	102.9
2. 娱乐用品	Recreation Articles	99.3
九、交通、通信用品	**Transportation and Communication Appliances**	**100.1**
1. 交通运输机械	Transportation Vehicles	100.0
2. 通信器材	Equipment of Communication	100.8
十、家具	**Furniture**	**99.8**
十一、化妆品	**Cosmetics**	**100.9**
十二、金银饰品	**Gold and Silver Ornaments**	**98.1**
十三、中西药品及医疗保健用品	**Traditional Chinese and Western Medicine and Health Care Articles**	**99.9**
1. 医疗卫生器具	Medical Instruments and Articles	103.0
2. 中药	Traditional Chinese Medicines	101.5
3. 西药	Western Medicines	98.5
4. 保健器具及用品	Articles for Health Care	100.0
十四、书报杂志及电子出版物	**Books, Newspapers, Magazines and Electronic Publications**	**99.8**
1. 教材及参考书	Teaching Materials and Reference Books	100.1
2. 书报杂志及音像制品	Books, Newspapers and Magazines	100.0
3. 计算机办公软件	Computer Office Software	98.8
十五、燃料	**Fuels**	**113.9**
1. 煤炭及制品	Coal and Coal Products	124.0
2. 石油及制品	Oil and Oil Products	112.9
十六、建筑材料及五金电料	**Building Materials and Hardware**	**104.5**
1. 建筑装潢材料	Building Decoration Materials	106.2
2. 五金水暖	Hardware	100.1

13 - 13 工业生产者出厂价格指数(2013 - 2021 年)

Producer Price Indices for Industrial Products(2013 - 2021)

(上年 = 100) (Preceding Year = 100)

项目 Item	2013	2014	2015	2016	2017	2018	2019	2020	2021
工业生产者出厂价格总指数 Total Producer Price Indices for Industrial Products	**98.5**	**98.6**	**96.5**	**99.2**	**104.4**	**102.4**	**99.0**	**97.5**	**104.9**
一、按轻重工业分 Grouped by Industries									
轻工业 Light Industry	**99.9**	**99.2**	**97.4**	**99.8**	**104.0**	**102.0**	**98.1**	**96.3**	**103.8**
以农产品为原料 Made from Agricultural Products	100.8	99.9	98.5	99.8	102.6	101.6	98.6	97.8	101.4
以非农产品为原料 Made from Non - agricultural Products	98.4	98.2	95.8	99.8	106.1	102.5	97.2	94.1	105.8
重工业 Heavy Industry	**97.5**	**98.2**	**95.8**	**98.7**	**104.6**	**102.6**	**99.6**	**98.3**	**105.5**
采掘 Mining & Quarrying Industry	101.0	104.2	94.9	97.3	100.6	101.7	96.9	96.0	101.2
原料 Raw Materials Industry	97.5	96.7	92.5	96.4	106.7	102.3	100.0	95.4	114.0
加工 Manufacturing Industry	97.5	98.5	96.7	99.4	104.1	102.7	99.5	99.0	103.1
二、按二大部类分 Grouped by Means of Producting and Consumer Goods									
生产资料 Means of Production	**97.8**	**98.0**	**95.3**	**98.8**	**105.8**	**103.0**	**98.4**	**96.7**	**106.2**
采掘 Mining	101.0	104.2	94.9	97.3	100.6	101.7	96.9	96.0	101.2
原料 Raw Materials	96.5	95.7	91.0	96.1	109.9	103.2	95.8	90.9	115.8
加工 Manufacture	98.2	98.7	96.6	99.6	104.7	103.0	99.2	98.3	103.2
生活资料 Consumer Goods	**100.6**	**100.6**	**100.1**	**100.1**	**99.9**	**100.3**	**100.8**	**100.0**	**100.4**
食品 Foods	101.0	101.1	100.9	100.0	99.4	100.2	101.1	99.1	101.1
衣着 Clothing	102.0	100.1	100.1	101.1	99.9	101.3	99.6	100.2	99.9
一般日用品 Articles for Daily Use	99.8	100.7	99.9	100.5	100.4	99.7	101.1	100.5	98.9
耐用消费品 Durable Consumer Goods	99.6	100.0	99.2	99.1	99.7	100.7	100.6	100.3	101.8

(上年 = 100)　　13 - 13　续表　continued　　(Preceding Year = 100)

项　　目 Item	2013	2014	2015	2016	2017	2018	2019	2020	2021
三、按工业部门分 Grouped by Industrial Sector									
冶金工业 Metallurgical Industry	95.4	96.2	93.2	101.7	115.0	103.9	97.7	101.6	116.8
电力工业 Power Industry	99.1	99.6	98.2	97.8	100.2	100.9	100.9	97.7	99.0
煤炭及炼焦工业 Coal and Coking Industry									
石油工业 Petroleum Industry	100.5	100.5	92.4	87.7	97.9	101.6	111.1	90.5	109.5
化学工业 Chemical Industry	97.3	95.8	92.7	97.3	107.8	103.4	96.2	91.1	112.7
机械工业 Machine Building Industry	98.1	98.9	97.6	99.4	101.4	100.2	99.3	98.8	101.7
建材材料工业 Building Materials Industry	97.3	103.0	94.0	96.3	111.5	123.1	105.4	102.5	104.1
森林工业 Timber Industry	101.0	101.3	99.9	98.9	100.9	100.5	100.0	99.2	101.1
食品工业 Food Industry	101.2	100.5	100.2	100.2	99.6	100.4	101.2	99.4	100.8
纺织工业 Textile Industry	101.1	98.9	96.3	100.1	103.5	101.7	97.8	96.0	102.4
缝纫工业 Tailoring Industry	102.6	100.5	99.8	99.6	99.6	101.2	99.6	100.1	100.0
皮革工业 Leather Industry	101.1	101.0	100.4	100.5	101.3	101.4	100.2	101.1	-
造纸工业 Paper Industry	96.3	99.7	98.5	98.9	109.8	103.0	93.2	97.0	102.4
文教艺术用品工业 Cultural, Educational & Handicrafts Articles	100.0	98.8	98.9	99.5	99.7	97.9	98.0	99.4	102.7
其他工业 Others	101.3	104.6	102.9	105.5	102.5	103.0	105.4	105.4	101.1

13－14 工业生产者购进价格指数(2013－2021年)

Purchasing Price Indices for Industrial Producers(2013－2021)

(上年＝100)　　(Preceding Year＝100)

项目 Item	2013	2014	2015	2016	2017	2018	2019	2020	2021
工业生产者购进价格指数 Purchasing Price Index for Industrial Producers	**97.3**	**97.3**	**92.9**	**98.9**	**108.4**	**103.7**	**96.8**	**96.1**	**113.0**
燃料动力类 Fuel and Power	96.9	99.0	95.1	93.6	105.7	103.1	99.3	93.7	120.8
黑色金属材料类 Ferrous and Metals	95.0	92.4	85.9	100.9	115.5	106.8	97.6	99.1	123.0
1.钢材 Rolled－steel	95.4	92.5	86.3	101.0	115.9	106.8	97.4	99.0	124.2
2.其他 Other	90.1	90.3	80.5	98.2	106.8	105.1	100.7	100.7	106.8
有色金属材料及电线类 Non－ferrous Metals and Electric Wire	93.7	94.5	92.2	101.3	114.7	101.3	99.8	106.9	125.3
化工原料类 Chemical Raw Materials	97.0	97.7	91.7	100.8	110.9	105.4	91.9	89.8	119.8
木材及纸浆类 Wood and Paper Pulps	98.8	98.5	98.5	99.8	111.6	104.4	92.9	97.3	108.2
建筑材料及非金属类 Building Materials	99.4	105.7	96.9	99.0	117.1	120.9	102.7	100.3	107.7
农副产品类 Farm and Sideline Products	98.4	100.4	99.3	99.3	106.9	96.5	97.4	98.0	105.7
其他工业原材料及半成品类 Other Industrial Raw Materials and Semi－products	97.8	98.9	96.7	98.8	102.7	101.1	98.0	98.4	103.3
纺织原料类 Textile Raw Materials	101.9	99.9	97.1	98.8	104.8	101.9	98.6	96.2	102.9

13 - 15 住宅销售价格指数(2021 年)
Residential Sales Price Indices(2021)

月份 Month		新建商品住宅 New Residential Commodities Building		二手住宅 The Second - hand Residence	
		上月 = 100 Last month = 100	上年同期 = 100 Preceding Year = 100	上月 = 100 Last month = 100	上年同期 = 100 Preceding Year = 100
一月	January	100.1	104.2	100.7	107.7
二月	February	100.2	104.5	100.4	108.2
三月	March	100.5	103.5	101.2	108.7
四月	April	100.5	103.3	101.0	108.7
五月	May	100.6	103.2	100.9	108.7
六月	June	100.8	102.6	100.8	108.6
七月	July	100.5	102.8	100.5	107.8
八月	August	100.6	103.0	100.2	107.3
九月	September	100.4	103.4	99.6	106.6
十月	October	100.4	103.9	99.5	105.7
十一月	November	100.5	104.7	99.9	105.5
十二月	December	100.5	105.5	100.3	105.2

13－16　分地区社会办福利院情况(2021 年末)

Basic Statistics on Welfare Homes by Region(End of 2021)

地区 Region	单　位 (个) Homes (unit)	职　工 (人) Staff and Workers (person)	床位数 (张) Beds (bed)	在院人数 (人) Persons Housed (person)	老　人(人) Seniors(person)
全　市 Total	**252**	**7020**	**41004**	**34643**	**34359**
市　区 Urban District	178	6117	32623	30686	30402
#萧山区 Xiaoshan	23	1588	3181	4112	4112
余杭区 Yuhang	7	223	580	2112	2112
临平区 Linping	9	256	1717	2811	2811
富阳区 Fuyang	30	555	3266	2133	2133
临安区 Lin'an	23	231	2465	1455	1455
桐庐县 Tonglu	30	411	2718	957	957
淳安县 Chun'an	26	291	2657	1225	1225
建德市 Jiande	18	201	3006	1775	1775

注:包含儿童福利院和养老机构。

a) Include children's welfare homes and elderly care institutions.

13－17 分地区优抚对象

Number of Persons Receiving

单位：人

指　　标 Item	全　市 Total	市　区 Urban District	上城区 Shangcheng	拱墅区 Gongshu
享受定期抚恤金人数 Number of Persons Receiving Periodical Commiseration	5172	3871	508	475
烈属遗属 Number of Martyr Kinsfolk	167	86	4	2
牺牲军人遗属 Number of the Sacrifice Soldiers	93	61	1	－
病故军人遗属 Number of Kinsfolks of the Illness－died Soldiers	170	120	12	3
残疾军人 Disabled Soldiers	4742	3604	491	470
享受定期补助人数 Number of Persons Enjoying Regular Subsidies	45007	31326	893	407
在乡复员军人 Rural Demobilized Soldier	799	508	8	10
优待优抚对象带病回乡退伍军人 Number of Rural Veterans with Illness Receiving Subsiders	2679	1518	18	5
优待优抚对象人数 Number of Preferential Treatment Objects	50184	35202	1401	882

人员情况(2021 年)

Public Subsidies by Region(2021)

(person)

西湖区 Xihu	高新(滨江)区 Hi - Tech (Binjiang)	萧山区 Xiaoshan	余杭区 Yuhang	临平区 Linping	钱塘区 Qiantang	富阳区 Fuyang	临安区 Lin'an	桐庐县 Tonglu	淳安县 Chun'an	建德市 Jiande
576	111	632	258	248	93	603	367	398	371	532
6	3	10	8	1	4	25	23	24	28	29
6	–	7	4	4	1	34	4	19	5	8
11	1	22	10	9	3	37	12	18	18	14
553	107	593	236	234	85	507	328	337	320	481
1816	688	8854	3212	2104	1590	6084	5678	4921	3999	4761
16	9	86	72	42	21	130	114	91	78	122
20	12	314	130	59	62	733	165	627	178	356
2397	799	9486	3470	2352	1683	6687	6045	5319	4370	5293

13－18 市、县级社会

Basic Statistics on Institutions and

单位：个

指　　标 Item		全　市 Total	市　区 Urban District	萧山区 Xiaoshan
合　计	**Total**	**3495**	**2643**	**308**
按活动区域分	**Grouped by Region**			
地级社团	Municipal－level Societies	792	792	－
县级社团	County－level Societies	2703	1851	308
按性质分	**Grouped by Category**			
科技与研究	Technology and Research	120	103	11
生态环境	Ecological Envirenment	19	18	3
教育	Education	47	35	4
卫生	Health	92	66	8
社会服务	Social Services	349	255	15
文化	Culture	367	279	40
体育	Sport	401	336	50
法律	Law	13	10	2
工商业服务	Industry and Business Services	1097	896	79
宗教	Religion	49	39	6
农业及农村发展	Agricure and Rural Development	170	94	17
职业及从业组织	Vocational and Business Organizations	288	238	23
国际及涉外组织	International and Foreign Organizations	1	1	－
其他	Other	482	273	50

团体机构情况(2021 年)
Organizations at County Level(2021)

(unit)

余杭区 Yuhang	临平区 Linping	富阳区 Fuyang	临安区 Lin'an	桐庐县 Tonglu	淳安县 Chun'an	建德市 Jiande
99	**163**	**239**	**257**	**250**	**374**	**228**
–	–	–	–	–	–	–
99	163	239	257	250	374	228
6	12	17	7	1	14	2
1	–	–	–	–	1	–
1	–	2	2	4	1	7
4	7	4	7	11	3	12
–	10	4	47	36	36	22
10	19	24	31	32	5	51
5	22	27	28	28	10	27
–	–	–	–	–	1	2
34	53	59	33	96	51	54
2	4	4	4	5	3	2
8	11	19	28	26	7	43
18	4	28	61	11	33	6
–	–	–	–	–	–	–
10	21	51	9	–	209	–

13－19 社会保障情况(2013－2021年)

Social Security(2013－2021)

单位:万人 (10000 persons)

项目 Item	2013	2014	2015	2016	2017	2018	2019	2020	2021
城镇登记失业人员 Number of the Registered Unemployed Persons in Urban	4.60	4.03	3.67	3.72	3.76	4.27	5.32	9.41	12.26
城镇登记失业率(%) The Registered Rate of Unemployment in Urban (%)	1.85	1.84	1.74	1.72	1.70	1.60	1.80	2.42	2.34
失业人员再就业 The Re－employed Persons of Unemployment	13.13	13.50	14.22	11.48	11.04	11.31	6.37	3.44	5.97
职工基本养老保险参保人数 Number of Persons in the Basic Pension Program in Urban	530.70	559.48	569.09	575.98	628.32	671.07	704.69	751.54	799.58
失业保险参保人数 Number of Persons in the Unemployment Insurance Program	316.36	331.83	349.42	374.16	413.20	459.37	486.65	523.46	563.49
职工基本医疗保险参保人数 Number of Persons in the Basic Medical Insurance Program	448.35	469.40	500.21	529.32	580.50	632.66	671.12	713.49	760.52
工伤保险参保人数 Number of Persons in the Work－injure Insurance Program	394.82	406.65	418.17	428.41	462.44	520.12	556.67	633.36	707.43
生育保险参保人数 Number of Persons in the Bear Insurance Program	292.01	309.23	324.59	349.33	390.73	430.43	457.01	514.88	553.94
城乡居民养老保险(障)人数 Number of Persons in the Urban and Rural old－age Security	106.40	103.97	99.45	95.51	88.68	85.09	83.61	81.01	81.12
城乡居民参加医疗保险人数 Number of urban and rural residents participated in medical insurance	373.93	370.81	370.50	368.21	373.93	359.74	364.75	364.60	366.36

13－20 分地区社会保障情况(2021 年末)

Social Security by Region(End of 2021)

单位:人 (persons)

指标 Item	职工基本养老保险参保人数 Number of Employed Persons in the Basic Pension Program	职工基本医疗保险参保人数 Number of Persons in the Basic Medical Insurance Program	工伤保险参保人数 Number of Persons in the Work－injure Insurance Program	生育保险参保人数 Number of Persons in the Bear Insurance Program	失业保险参保人数 Number of Persons in the Unemployment Insurance Program
全 市 Total	**7995826**	**7605173**	**7074322**	**5539373**	**5634933**
市 区 Urban District	7409012	7105982	6665902	5266907	5370214
桐庐县 Tonglu	240826	205394	176931	120397	118165
淳安县 Chun′an	114661	113923	76911	54879	51696
建德市 Jiande	231327	179874	154578	97190	94858

主要统计指标解释

就业人员劳动报酬　指各单位在一定时期内直接支付给本单位全部就业人员的劳动报酬总额。

在岗职工工资总额　指各单位在一定时期内直接支付给本单位全部在岗职工的劳动报酬总额。

工资总额的计算原则应以直接支付给职工的全部劳动报酬为根据。各单位支付给本单位全部职工的劳动报酬,不论是计入成本的还是不计入成本的,不论是以货币形式支付还是以实物形式支付的,不论是单位自筹的资金还是上级(或政府财政部门)下拨的资金,不论是厂级单位筹集的资金还是下属车间(科室)及附属经营单位筹集的资金,均应列入工资总额计算的范围。

在岗职工平均工资　指各单位的在岗职工在一定时期内平均每人所得的工资额。它表明一定时期内在岗职工工资收入的高低程度,是反映在岗职工工资水平的主要指标。计算公式为:

$$在岗职工平均工资=\frac{报告期实际支付的全部在岗职工工资总额}{报告期全部在岗职工平均人数}$$

全社会单位　包括独立核算的机关、事业单位,非私营企业和私营企业,但不含个体工商户。

离休、退休、退职人员　指正式办理了离休、退休、退职手续,并享受相应的离休、退休、退职待遇的人员。

保险福利费用　指企业、事业、机关单位在工资以外实际支付给职工和离休、退休、退职人员个人以及用于集体的劳动保险和福利费用。

社会福利事业单位　指集中收养社会孤、老、残、幼的机构。包括由民政部门管理的社会福利院、儿童福利院、精神病人福利院和城镇集体办的福利院,以及农村集体举办的敬老院。

社会福利事业单位收养人数　包括民政部门管理和城镇及农村集体举办的社会福利事业单位中收养的老人,少年儿童,缺乏生活自理能力的残疾人员和精神病人。

商品零售价格指数　是反映城乡商品零售价格变动趋势的一种经济指数。零售物价的调整变动直接影响到城乡居民的生活支出和国家的财政收入,影响居民购买力和市场供需平衡,影响消费与积累的比例。因此,计算零售价格指数,可以从一个侧面对上述经济活动进行观察和分析。

居民消费价格指数　是反映一定时期内城乡居民所购买的生活消费品价格和服务项目价格变动趋势和程度的相对数。是综合了城市居民消费价格指数和农民消费价格指数计算取得。利用居民消费价格指数,可以观察和分析消费品的零售价格和服务价格变动对城乡居民实际生活支出的影响程度。

工业生产者出厂价格指数　是反映全部工业产品出厂价格总水平的变动趋势和程度的相对数。其中除包括工业企业售给商业、外贸、物资部门的产品外,还包括售给工业和其他部门的生产资料以及直接售给居民的生活消费品。通过工业生产价格指数能观察出厂价格变动对工业总产值的影响。

Explanatory Notes on Main Statistical Indicators

Labour Remuneration of Employees refers to total remuneration payment by various units to all their employees during a certain period of time.

Total Wages of On - the - job Staff and Workers refer to the total remuneration payment by various units to all their on - the - job staff and workers during a certain period of time.

The calculation of total wages should be based on the total remuneration payment directly paid to staff and workers. All wages and salaries and other payments to staff and workers should be calculated in, whether they are include in cost or not, paid in money or in kind, raised by the unit itself or allocated by the superior (or the financial department of the government), raised by the factory level units or by subordinate workshops (departments) and affiliated business units.

Average Wage of On - the - job Staff and Workers refers to the average wage per person during a certain period of time for on - the - job staff and workers in all units, which is a main indicator to reflect the general level of wage income of on - the - job staff and workers during a certain period of time. It is calculated as follows:

$$\text{Average Wage of On - the - job Staff and Workers} = \frac{\text{Total wages of on - the - job staff and workers actually paid in Reference Period}}{\text{Number of on - the - job Staff and workers in Reference period}}$$

Units of Whole Society includes independent accounting units of government organizations and institutions, non - private and private enterprises, but excludes individual business.

Retired and Resigned Person refers to persons who have formally gone through the formalities for their retirement or quitting from work and enjoy the corresponding treatments.

Insurance and Welfare Funds refers to labour insurance and welfare funds paid by enterprises, organizations and institutions to their staff and workers as well as retired and resigned persons individually in addition to their wages and salaries, and for collective use.

Social Welfare Institutions refer to institutions for centralized adoption of orphans, the elderly, the disabled and the young. It includes social welfare institutions run by civil affairs department, children welfare institutions, welfare institutions for mental patients, collective - owned welfare institutions and old people´s home in rural areas.

Number of People Taken in by Social Welfare Institutions refers to the number of old people, children, disabled persons and mental patients who lack self - care ability taken in by social welfare institutions run by civil affairs departments and collective units in urban and rural areas.

Retail Price Index reflects the general change in retail prices of commodities. The change and adjustment in retail prices directly affect the living expenditure of urban and rural residents, government revenue, purchasing power of residents and the equilibrium of market supply and demand, and the ratio of consumption to accumulation. Therefore, the calculation of retail price index is useful in observing and analyzing the above economic activities from one aspect.

Consumer Price Index reflects the trend and degree of changes in prices of consumer goods and services purchased by urban and rural residents in a certain period, and is a composite index derived from the urban consumer price index and the rural consumer price index. Consumer price index can be used to observe and analyze the impact of the change of consumer price and service price on actual expenditure for living cost of urban and rural residents.

Ex - factory Price Index of Industrial Products reflects the trend and degree of changes in general ex - factory prices of all industrial products, including products sold by industrial enterprise to commerce, foreign trade and materials departments, means of production sold to industry and other sectors, as well as consumer goods sold to residents. It can be used to analyze the impact of ex - factory prices on gross industrial output value.

HANGZHOU STATISTICAL YEARBOOK
杭州统计年鉴